社会运行与社会发展

——在社会哲学的视野中

贾高建 著

中央编译出版社
Central Compilation & Translation Press

图书在版编目(CIP)数据

社会运行与社会发展：在社会哲学的视野中 / 贾高建著. —北京：中央编译出版社，2020.6

ISBN 978-7-5117-2401-4

Ⅰ.①社… Ⅱ.①贾… Ⅲ.①社会哲学-研究
Ⅳ.①B0

中国版本图书馆 CIP 数据核字(2020)第 095626 号

社会运行与社会发展：在社会哲学的视野中

出 版 人：	葛海彦
出版统筹：	贾宇琰
责任编辑：	李媛媛
责任印制：	刘 慧
出版发行：	中央编译出版社
地 址：	北京西城区车公庄大街乙 5 号鸿儒大厦 B 座（100044）
电 话：	（010）52612345（总编室） （010）52612335（编辑室） （010）52612316（发行部） （010）52612346（馆配部）
传 真：	（010）66515838
经 销：	全国新华书店
印 刷：	佳兴达印刷（天津）有限公司
开 本：	710 毫米×1000 毫米 1/16
字 数：	430 千字
印 张：	34.5
版 次：	2020 年 6 月第 1 版
印 次：	2020 年 6 月第 1 次印刷
定 价：	90.00 元

网 址：	www.cctphome.com 邮 箱：cctp@cctphome.com
新浪微博：	@中央编译出版社 微 信：中央编译出版社（ID：cctphome）
淘宝店铺：	中央编译出版社直销店（http://shop108367160.taobao.com）

（010）55626985

本社常年法律顾问：北京市吴栾赵阎律师事务所律师 闫军 梁勤
凡有印装质量问题，本社负责调换。电话：（010）55626985

序 言

社会哲学是哲学学科体系中的一个分支学科,也是我所关注的重点研究方向之一。虽然这方面的研究近年来取得了不少新的进展,但在认识上还存在许多分歧和争议;包括社会哲学的学科性质、研究定位、体系框架等基础性问题,也都存在着不同的观点和见解。学术研究,各持所议,本属正常。不妨按照不同的思路展开研究,在讨论和交流中逐步增进共识。

我的看法是,社会哲学作为一个特殊的哲学分支,应是以社会为对象进行哲学研究的专门学科。但这个"社会"不是通常所说的狭义的"社会",即与经济、政治、文化等领域并列、作为社会结构体系中一个特殊领域的"社会",而是作为人类活动的全部领域的总和与自然界相对应的广义"社会",是包括经济、政治、文化、社会(狭义)等领域在内的整个社会结构体系。当然,社会哲学并不是要包罗万象地研究这个范围内的所有各种问题,而是要进行整体高度的根本性研究,即把社会作为一个有机联系的统一整体,揭示其存在、运行和发展的内在机制和一般规律。社会哲学的研究与马克思主义哲学中历史观层次的研究既有联系又有区别,它在逻辑上比后者低一个层次,所研究的问题相对直接和具体;社会哲学视野中的

"存在、运行和发展",应是一定阶段上和一定条件下,社会结构体系存在、运行和发展的具体状态和具体过程。但在另一方面,这种相对具体的研究又不同于各门社会科学,在逻辑层次上又要高于后者;社会科学研究主要借助于实证的方法,而社会哲学研究则是以各门社会科学的研究为基础,更多地运用逻辑的方法。

社会哲学研究涉及社会整体高度的多方面问题,而社会运行和社会发展应是其中不可或缺的重要方面。这两方面问题密切相关,以至于常常被混为一谈;但它们又有着各自不同的规定性,需要区分开来进行研究。而面前的这部书稿,便是我这些年来有关社会运行和社会发展问题研究的部分论文和文章的专辑,它较为集中地体现了我对这两方面问题的一些思考。值得注意的是,在现阶段实践中,中国社会正处于一个特殊的发展和转型过程,各方面都在经历着深刻的变革;因此,社会发展问题较之社会运行问题显得更加迫切和突出。与之相应,这部专辑中所收入的文稿也更多地是围绕社会发展问题展开的。就研究定位而言,社会运行研究主要着眼于一定的社会结构体系在保持其既定的质的前提下,按照其内在机制进行运转和发挥功能的过程;而这方面研究的充分展开,需要有一个成型、稳定的社会结构体系为前提。可以预期,随着中国社会发展目标的不断实现和社会转型的逐步完成,新的社会结构体系终将得到确立和完善;这时,社会运行研究也将随之提升到更加显著的地位,新的实践将会为这方面研究提供更加充足的认识基础和现实条件。

这部专辑同我的前一部专辑《马克思主义哲学与当代实践》之间有一定的联系。该专辑是对于马克思主义哲学相关问题的研究和探讨,而这些问题与本专辑中探讨的社会运行和社会发展问题是密切相关的。前一部专辑中的研究成果,有一些被运用于本专辑的研究中,而本专辑中的一些研究,可以看作是前一部专辑中相关研究的深化和拓展。一些研究成果具有双重性质，但除了少数几篇涉及书中内容逻辑完整性的文稿外，一般不重复收入。同时还需要说明的是，本书收入的文稿中有一些是当年承担社会发展研究相关课题时的阶段性成果，相关内容曾整合纳入课题最终成果《社会发展理论与社会发展战略——建构一种逻辑体系的研究纲要》一书。在此处，则是按照这些成果当初在相关刊物发表时的原稿编录，内容上可相互参照。

同前一部专辑的情况一样，这里所编选的文稿绝大多数都是公开发表过的，少数几篇发表于相关内刊。原稿刊发情况，在每篇文稿的结尾处都做了标注。此外，当年在中央党校工作时，也曾将这方面研究成果纳入校内教学体系，以"社会发展的理论与战略"等专题形式在多个班次进行过讲授；为此也撰写了一些相关讲稿和讲课提纲，由教务部门内部印发使用。在编辑本书时，也从中选录了有代表性的一篇。

由于所选编的文稿写作和发表于不同的时期，其具体内容自然都具有一定的历史性。特别是对于实践领域中现实问题的讨论，更是与不同时期的历史实际直接联系着的。通览这些文稿，从中可以看出对相关问题的研究和思考随着实践的发展而不断推进的过程。在编入本书时，总体上保留了文稿发表时的原貌，只是对个别文字做了一些必要的处理，同时在标题下加注了发表时间。不过，由于不少文稿是依据作者手中的原稿编排，其中难免有一些具体文字与当时的发表稿存在差异，但基本内容应该是一致的。

按照图书出版规则，对于文稿中原有的注释重新做了修订，有些地方还适当增补了新的注释。其中有关马克思主义经典著作的注释及引文，仍继续保留了当时所采用的版本，虽然现在已有新的版本推出，但考虑到本书文稿的历史性特点，还是以不做变动为宜。

中共中央党史和文献研究院第五研究部（原中共中央编译局马列著作编译部）协助核查了有关经典著作的译文修改情况，院信息资料馆提供了数据收集和处理方面的技术帮助。冯潇然同志协助进行了有关引文和注释的核校工作。中央编译出版社对此书的出版给予了大力支持，责任编辑李媛媛同志认真负责地完成了编辑工作任务。对于所有为本书的研究和出版做出贡献、付出辛劳的人们，谨在此表示真诚的谢意。

贾高建

2019 年 12 月

目 录

序言 / 001

第一篇　社会哲学的研究视野 / 001
　　关于社会哲学研究的若干思考 / 003
　　"社会"范畴探析 / 014

第二篇　社会运行与社会发展 / 019
　　社会历史哲学应重视社会运行问题研究 / 021
　　中国社会运行机制的转换 / 025
　　转型时期社会运行的序间状态及其对策研究 / 033
　　关注转型时期社会运行的序间状态 / 041
　　社会转型中的失范问题 / 045
　　规则、"潜规则"及"反规则" / 053
　　拒斥与冲突：社会现代化进程中的规则建构 / 056
　　当前社会发展研究的状况和几个应注意的问题 / 068
　　发展问题研究的整体层面 / 078

社会发展理论和社会发展战略 / 083

社会发展的理论与战略 / 086

第三篇 社会发展的理论研究 / 093

"发展理论"研究中的"发展"概念存在逻辑缺陷 / 095

关于社会发展理论研究的定位与分层 / 101

社会发展理论研究的逻辑分层问题 / 106

关于社会发展的阶段定位问题 / 115

社会发展过程中的五种主要机制探析 / 125

关于社会发展的具体方式问题 / 142

社会发展与人的发展：社会哲学层次的问题研究 / 157

社会发展中的人文关怀与科学精神 / 168

社会发展与人权问题 / 173

社会发展的成本、效益与代价问题 / 178

公平与效率问题上的三个误区 / 185

关于社会发展评价及其指标体系的几个问题 / 190

关于社会发展的整体评价问题 / 198

社会转型问题研究：一种立体的逻辑框架 / 209

技术社会形态与社会现代化问题 / 220

社会转型与社会冲突 / 229

社会改革中利益冲突的四种类型 / 243

第四篇 社会发展的战略思考 / 251

社会发展战略的宏观视野 / 253

社会发展战略的基本要素与体系框架 / 262

社会发展战略：科学还是艺术？ / 275

关于社会全面协调发展的几个方法论问题 / 279

实现社会全面协调发展的几个对策要求 / 290

关于社会全面协调发展的逻辑思考 / 298

论社会主义改革动力作用的三个力度要求 / 307

社会改革"软着陆"的战略分析 / 316

对外开放：后发展国家的矛盾境遇和对策 / 324

全球化问题：社会发展战略研究的关注点 / 330

可持续发展：后发展国家的特殊问题 / 341

塑造可持续发展的社会机制 / 351

社会整体视野中的城乡关系问题 / 358

区域社会发展的战略问题 / 370

第五篇 社会发展的实践探索 / 379

当代中国社会发展中的双重转型 / 381

关于当代中国的社会转型 / 390

社会现代化问题与中国的实践 / 394

中国社会现代化的几个重要特点 / 404

中国社会现代化进程中的主体条件问题 / 408

中国社会现代化：历史性进展与新的挑战 / 415

社会现代化呼唤科学精神 / 425

现代化与小康社会 / 430

全面建成小康社会是中华民族伟大复兴的关键一步 / 435

全面建成小康社会与全面建成社会主义现代化强国 / 443

当代中国社会发展战略研究的几个重要问题 / 454

社会全面协调发展的进程分析与对策探讨 / 464

统筹经济社会发展应从整体高度着眼 / 476

加强精神文明建设应从社会发展的整体进程着眼 / 485

中国改革的渐进式战略评析 / 489

再造新的平衡——中国体制改革的目标选择 / 503

深刻认识全面深化改革的整体性要求 / 511

现阶段可持续发展战略的主要着力点 / 521

当代世界发展格局与构建人类命运共同体 / 531

第一篇 社会哲学的研究视野

关于社会哲学研究的若干思考

(2011 年 10 月)

在哲学研究的诸多分支学科中,社会哲学是一个颇具争议的领域。自上世纪 80 年代以来,这一领域的研究逐渐引起国内哲学界的关注,并取得了一些有价值的成果,但总地看来还有待深入展开;而对于这一学科的研究定位和体系建构等问题,讨论中也还存在较多的分歧。现在所应该做的,便是在整合已有成果的基础上,对相关问题做出进一步的梳理,明确深化研究的逻辑进路。本文便就此谈一些看法参加讨论。

一、关于社会哲学的学科定位及其与相关学科的关系

一门学科要得以成立并真正站住脚,首先必须明确自己究竟要研究什么,以及如何进行研究,这便是所谓学科定位问题。学科定位不可避免地涉及这一学科与其他学科之间的关系,只有将定位问题放在大的学科体系之中,通过对各个学科之间关系的整体分析,才能达到一种合理的解决。当然,从人类思想史来看,学科定位问题的解决曾有过各种不同的情况,许多学科并不是一开始便十分清

晰，而是在研究和发展过程中逐渐形成或明确了自己的定位。但这并不妨碍我们借助于逻辑的方法，自觉地和及时地对一个学科的研究定位做出合理安排。历史过程与逻辑方法之间并不存在绝对的排斥和对立，各个学科的历史演变实际上是以一种自然的方式不断地向体现着各学科之间有机联系的逻辑定位靠拢和接近，逻辑和历史在这里也同样是统一着的。

应该说，在有关社会哲学的讨论中，学科定位问题从一开始就引起了广泛的关注。从目前的情况看，有一点是比较一致的，即多数论者都赞同把社会哲学看作是从哲学高度研究社会问题的学科，即认为它是一种以社会为对象的哲学研究。但这只是一个很宽泛的前提，若要再具体一点，看法就各不相同了。一种观点认为，哲学体系中所有关于社会领域的研究都属于社会哲学；就马克思主义哲学而言，原有体系中历史唯物主义方面的内容也就是马克思主义的社会哲学①，因此可以说社会哲学包含在综合性的哲学体系之中。另一种观点则认为，社会哲学比一般的哲学理论或者说"元哲学"要低一个层次，属于哲学与社会科学之间的中间层次；在马克思主义哲学中，社会哲学不是简单地等同于历史唯物主义，而是历史唯物主义的具体应用和进一步展开，其研究对象和领域更为宽泛。在方法论上，社会哲学除了遵循历史唯物主义的基本方法之外，还吸收和应用其他科学方法。② 与以上两种观点不同的是，还有一种观点主张依据"时代赋予哲学的任务"来确定社会哲学的研究对象。持这种观点的学者认为，近代的社会哲学正是产生于社会变革或社会转

---

① 艾福成：《马克思的唯物史观与社会哲学》，载《吉林大学社会科学学报》2003年第1期；涂可国：《历史唯物主义是一般社会哲学理论》，载《理论学刊》1995年第3期。

② 曾杰、毛金先：《社会哲学》，人民出版社1989年版，第18—19页；王锐生、陈荷清等：《社会哲学导论》，人民出版社1994年版，第4页。

型过程之中，是对社会变革和转型的理论把握，而社会变革或社会转型的基本含义便是社会结构的变迁，据此可以确定社会哲学是以"社会结构及其变化"为基本的研究对象。进一步说，当代中国的社会转型正是一种深刻的社会结构的变迁，它为创建中国特色的社会哲学提供了历史机遇。① 除了以上这几种观点之外，讨论中还提出了其他一些看法，如有的论者认为社会哲学应以社会科学为对象，研究有关社会科学中产生的哲学问题；还有的论者认为社会哲学应是一个"学科群"，可以区分为广义、中义、狭义等不同层次，其中包括经济哲学、政治哲学、文化哲学以及其他等等。②

那么，应如何看待讨论中提出的这些不同观点，社会哲学这一学科的研究定位究竟应该怎样认识呢？为了便于理清思路，这里不妨将所涉及的问题分解开来，逐一进行探讨。

首先，从有关的争议中可以看出，这里有一个哲学学科本身的逻辑结构问题。也就是说，在一般意义上，哲学学科内部是否应该区分不同的逻辑层次？而在这个逻辑结构中，社会哲学是否应该有自己特殊的层次定位？对于这一问题，我认为应该给予肯定的回答。因为从逻辑上说，既然社会哲学是以社会为对象，是专门研究社会领域中的问题的，那么在逻辑层次上就应有别于一般世界观层次的哲学学说，或者说元哲学（如果我们在这一意义上使用这一概念的话）。后者属于哲学领域中抽象程度最高的层次，是从一般世界观的高度研究包括社会历史领域在内的整个世界范围内普遍的和共性的东西；而社会哲学则不是这样，它只是着眼于作为世界的一个组成部分而存在的社会，因此在逻辑上比元哲学低一个层次，二者之间

---

① 陈晏请、阎孟伟：《社会哲学研究的对象和任务》，载《南开学报》1996年第6期；陈晏清、王南湜、李淑梅、阎孟伟、杨桂华：《社会哲学的观念——关于社会哲学的对话》，载《哲学动态》1998年第9期。

② 涂可国：《社会哲学》，山东人民出版社2001年版，第4—5页。

应是一般和特殊的关系。那种主张"包含论"的观点,实际上混淆了两个不同的层次,在逻辑上是难以成立的。而与之相反,那种主张"转型说"的观点则是在另一个方向上发生了偏差,它实际上降低了社会哲学的逻辑层次,将社会哲学的研究定位从作为一个基本领域的"社会"降低到社会发展的某个特殊阶段上的特殊问题研究。社会转型无疑是社会领域中需要特别关注的一个重要问题,社会哲学当然应该研究这个问题,但从逻辑上说,它毕竟只是社会领域中的问题之一,而不等于问题的全部。而如果将所要研究的社会转型进一步定位于当代中国正在经历的社会转型,那么这一研究更是属于一种应用研究,即将社会哲学的基本理论与方法运用来研究现实实践中的具体问题,这与社会哲学本身的学科定位并不是一码事。社会哲学当然应该关注时代,但关注的方式应是从本学科所处的逻辑层次上去关注,而不是离开这一定位,直接以应用研究取代基本理论研究。

其次,按照这一逻辑来考察马克思主义哲学,又应如何认识社会哲学与历史唯物主义的关系呢?这是争论中的焦点问题之一。我认为,讨论中提出的两种观点——一种认为历史唯物主义就是一种社会哲学,另一种则认为历史唯物主义与社会哲学分属于两个不同的层次,都有其合理性的一面,但同时又都需要提出质疑。这是因为,原有教科书体系中的历史唯物主义部分本身就不是单一层次的,而是包含了不同层次的内容。所以这里必须对它做出具体分析,从逻辑上重新梳理和整合;其中一部分内容可以经过进一步的提炼融入到元哲学层次,从而使马克思主义哲学在这一层次上形成一个真正具有内在统一性的完整体系;而另一部分内容则应下沉到社会哲学层次,并按照这一层次的定位进一步具体展开。从某种意义上说,历史唯物主义与社会哲学的关系,取决于它与马克思主义哲学的关系,这两个问题是相互联系和制约着的。而采取这样一种具体分析、区别对待的态度，才能为这两个问题的协调解决提供正确的路径。此外，这里还涉及学科与学派的关系问题；社会哲学作为哲学的一个分支学科，只是从研究领域的区分去定位的，这一领域中可以有各种不同的学派，从而形成不同属性的社会哲学。以元哲学层次上的马克思主义哲学为指导的社会哲学，当然应属于马克思主义社会哲学；而原有历史唯物主义体系中的部分内容纳入社会哲学体系，更是这一属性的直接体现。

再次，要正确认识社会哲学的学科定位，还有一个重要之点需要注意，这便是这一定位的整体性问题。也就是说，社会哲学所要研究的"社会"，不是指社会的局部，而应是社会的整体，即整个社会领域，亦即包括经济、政治、文化等各个构成领域在内的完整的社会结构体系。对于这一规定，多数论者的看法是比较明确的，但也存在一些争议和分歧。而正是这一规定涉及两个方面的关系：一是社会哲学与经济哲学、政治哲学、文化哲学等分支学科的关系，二是社会哲学与各门社会科学之间的关系。就前一种关系而言，是否因为社会哲学要研究社会的整体，便应包含经济哲学、政治哲学、文化哲学等分支学科在内呢？否。它们应该是相对独立的学科，在逻辑上同样要区分不同的层次，不能简单地混同起来。至于第二种关系，恐怕不能笼统地谈论"社会科学"，而应区分不同的社会科学学科。从性质上说，可以将社会哲学看作一种交叉学科，但它不是与包括经济学、政治学、法学等各门具体学科在内的所有的社会科学发生交叉，而只能是在研究领域上处于相同定位的"那种"社会科学学科发生交叉。从目前社会科学领域的情况看，似乎社会学比较接近于这一定位，至少许多社会学家一直坚持这一主张，即认为社会学应以社会的整体性研究为主旨。当然从社会学的学科发展实际来看，要真正做到这一点并不容易；它曾被看作是以经济学、政治学、文化学等学科的研究领域之外的其他社会领域或"剩余领域"

为对象的学科，不论社会学家们怎样对这一看法表示反对甚至愤慨，这种"小社会"定位至今依然存在。正如我们常常将"社会"看作是与经济、政治、文化等领域并列的一个特殊领域而纳入到"四位一体"的结构之中一样，社会学也往往被相应地归属于这样一个特殊的定位。但是从发展方向上说，社会学的确应该努力超越这一局限。

最后，关于讨论中所涉及的另一个相关问题，即社会哲学是否应以社会科学为对象，我认为同样需要从逻辑上区分不同的关系。无疑地，社会哲学与社会科学有着密切的联系，它的研究必须以社会科学的研究为基础，同时又为社会科学的研究提供方法论的指导；但若由此便认为社会哲学不是以社会为对象，而只是对社会科学的相关问题进行研究，那就不合逻辑了。正如有的论者已经指出的，这样一来所谓社会哲学就不再是社会哲学，而成了某种"社会科学哲学"之类的东西。而从另一个角度说，社会科学本身也属于社会，如果一定要从对象的意义上谈论社会科学，那么它只能是作为整个社会结构体系的一个构成要素（属于社会的文化领域）进入社会哲学的研究视野，这就需要从社会整体的高度去加以研究和把握，而不是取代社会整体而成为社会哲学的专门对象。

二、关于社会哲学的理论体系及其逻辑架构

在社会哲学的研究尚处在初始阶段的时候，许多学者持一种明智的宽容态度，主张不急于建构一种理论体系，而是从各种相关问题着手逐步展开，待到有一定基础之后再进行整理和归纳。经过这些年的努力，学界已初步形成了一批有价值的成果，对于各方面问题的研究也在不断深化；这时来做一个阶段性反思，对社会哲学的体系建构问题做一点探讨，以促进各方面研究的进一步展开，应该

是必要的和可行的了。

从近年来讨论的情况看，社会哲学层面上所涉及的问题范围较广，切入的角度和方式也不尽一致。如有的论者认为，应以人与自然的关系为出发点，立足于社会存在，围绕"社会"这个活的有机体的运动和发展来展开对各种问题的讨论，诸如社会起源论、社会实践论、社会系统论、社会价值论、社会交往论、社会认识论、社会整体论等等[1]；有的论者则认为社会哲学"逻辑上主要由社会本体论和社会认识论两大部分组成"，具体内容应包括社会系统论、社会起源论、社会人性论、社会活动论、社会道德论、社会价值论、社会关系论、社会组织论、社会精神论、社会动力论、社会时空论、社会矛盾论、社会发展论、社会认识论、社会规律论等等，并主张"将社会哲学基本问题规定为人类、社会和文化及其相互关系的问题"[2]。还有的论者提出，社会哲学的理论体系应由三个部分组成：社会本体论、社会价值论、研究社会的方法论[3]；但也有的论者认为社会哲学的基本内容应包括三个方面：一是作为社会主体的人的哲学方面，二是社会机体的结构、职能和机制问题，三是当代国际社会生活中的重大问题的哲学方面。[4]

应该说，在社会哲学的体系建构上出现多种不同的主张，这本是十分正常的。因为人类社会本身就是一个巨大而复杂的系统，它可以而且需要从各个不同的角度切入进行认识和把握。就社会哲学而言，它的研究定位应该是确定的、统一的，即必须是从哲学的高度对社会整体进行研究，只有符合这一定位才算是社会哲学；但这

---

[1] 王锐生、陈荷清等：《社会哲学导论》，人民出版社1994年版，第40页。
[2] 涂可国：《社会哲学》，山东人民出版社2001年版，第7—8页。
[3] 王守昌：《社会哲学导论》，载《华南师范大学学报》（社会科学版）1995年第1期。
[4] 罗大文：《近年来社会哲学研究综述》，载《哲学动态》1996年第4期。

种研究具体如何展开,从哪里切入,遵循哪种线索,则完全可以有各种不同的思路和方案。这里所需要的不是"非此即彼"的对立式思维,而是兼容并蓄的宽广眼界。但是另一方面,对这种多样性的肯定,并不意味着对科学评价的否定;也就是说并不是所有提出的方案都是合理的。一种建构方案要能真正得到确立,必须具备相应的条件,它应该符合逻辑,能够自圆其说,并有利于达到对对象的全面和深刻的认识。按照这一要求来看待目前讨论中所提出的各种主张,可以看出其中有些是有道理的,但有些就未必妥当,或者还存在某种逻辑上的混乱。因此,有必要在已有的基础之上,做出进一步的考察和思考。

我们可以将所面对的这一课题区分为两个相互关联的基本方面:一是社会哲学的理论体系到底应该包括什么内容,二是这些内容应该以什么形式具体展开。

就内容而言,既然社会哲学是以社会整体为对象的,那么它的研究首先就应直接围绕这一对象本身去进行。这方面要研究的问题很多,其中最基本的着眼点应是社会整体的存在、运行和发展。所谓存在,就是要弄清楚社会究竟是什么,它是怎样形成的,又是以什么样的方式和状态存在着的。这里必然会涉及社会内部和外部的一系列关系,包括社会主体与社会客体之间的关系,社会各领域、各层次之间的关系,人类社会与自然界之间的关系等等。至于社会的运行和发展,这两者往往被看作是一回事,但实际上却是相互区别的。所谓社会运行是指一定的社会结构体系在保持其既定的质的前提下,按照其内在机制进行运转和发挥功能的过程;而所谓社会发展则是指一定的社会结构体系本身所发生的改变,既包括一个社会结构体系从低级到高级不断生长的过程,也包括一种社会结构体系向另一种新的社会结构体系演进和转化的过程。在这一过程中,通常要经历量变到质变的不同阶段。当然,社会运行和社会发展这两种过程在实际展开中不是各自分离，而是相互联系和交织在一起的：运行中有发展，发展中亦有运行；运行是发展中的运行，发展亦是运行中的发展。但是，不能因为存在这种联系，就将这两个不同的过程简单地混为一谈。社会哲学应该对这两个过程分别做出研究，前者包括运行条件、运行机制、运行方式、运行秩序、运行状态、运行过程、运行结果等问题，后者则包括发展阶段、发展任务、发展机制、发展条件、发展方式、发展道路、发展代价、发展成果等问题。而无论是社会运行研究还是社会发展研究，都同样会遇到社会整体领域中的各种关系，包括上面已经提到的社会主体与社会客体之间的关系、社会各领域、各层次之间的关系、人类社会与自然界之间的关系等等，只不过这里是从动态的角度把握这些关系，并将其贯穿于社会运行和发展的各个环节的研究中。至于讨论中一些学者所关注的社会转型，以及社会变革、社会冲突、社会和谐等，也都应作为社会运行和发展中的特殊问题而分别纳入这两个序列的研究。

如果说对于社会整体的存在、运行和发展的研究属于对对象本身的研究，那么除了这方面的内容之外，社会哲学是否还应有其他方面的内容呢？我赞成讨论中提出的意见，即认为社会哲学不仅应该研究社会本身，而且还应进一步研究认识和把握社会的方法。如果从广义上将前一方面的内容归入所谓社会本体论，那么后一方面的内容也就可以相应地归入所谓社会认识论。但是在后者具体所要研究的问题上，我的观点却与一些论者的看法不同。我认为，这种社会认识论的研究应包括三个方面的问题：一个是真理问题，一个是价值问题，一个是审美问题。这三个方面的问题是人类认识领域中同时存在的三条主线，从而应是一切认识论都应具有的基本着眼点，社会认识论当然也不能例外。只不过在这里，真理问题也好，价值问题也好，审美问题也好，都只是限制在社会整体领域里，立足于对社会这一既定对象的认识和评价。一些论者主张将价值问题独立地加以看待，提出独立于社会认识论之外的社会价值论，这样做的意图固然是为了重视这方面的研究，但实际上却行不通，因为它不合逻辑。此外还应注意一种特殊的情况：有关真理、价值、审美等方面的认识本身就属于社会的意识领域，是作为构成要素而存在于人类社会之中的；而当我们从社会认识论的角度研究社会整体时，当然也包括对社会意识领域的这些要素的认识和评价。这里显然存在着交叉和转换，很容易发生混淆，这就需要从逻辑上区分不同的角度，合理地运用和把握。

社会哲学的体系内容应该如此，而这些内容又应以何种形式具体展开呢？这就涉及社会哲学体系建构中的逻辑方法问题。当年马克思在谈到政治经济学的方法问题时，曾专门论述过"研究方法"与"叙述方法"的不同①：前者是从具体到抽象，而后者则是从抽象到具体。研究问题时"必须充分地占有材料，分析它的各种发展形式，探寻这些形式的内在联系"②，从而使"完整的表象蒸发为抽象的规定"；但叙述问题时却要"从那里回过头来"，使"抽象的规定在思维行程中导致具体的再现"。③ 应该说，马克思所讲的方法不仅适合于政治经济学，也同样适合于社会哲学。这里所要讨论的社会哲学体系中各方面内容的展开形式，正是它的"叙述方法"，因而也应该是"从抽象到具体"，即从社会这一对象的最基本的规定入手，由此及彼、由里到外地逐层展开，不断丰富和拓展研究的内容，最终达到对社会整体的比较全面和深刻的认识，亦即马克思所说的"具有许多规定和关系的丰富的总体"。④ 就基本架构看，这一逻辑

---

① 《马克思恩格斯文集》第5卷，人民出版社2009年版，第22页。
② 《马克思恩格斯文集》第5卷，人民出版社2009年版，第22页。
③ 《马克思恩格斯文集》第8卷，人民出版社2009年版，第24—25页。
④ 《马克思恩格斯文集》第8卷，人民出版社2009年版，第24页。

过程首先应从社会本体论的层面上展开：社会的存在（社会的基本规定、社会的起源、社会结构与社会形态、社会主体与社会客体、主体结构与客体结构、区域结构与城乡结构、国内社会与国际社会、人类社会与自然界等）——社会的运行（运行条件、运行机制、运行方式、运行秩序、运行状态、运行过程、运行结果，以及社会冲突、社会和谐等）——社会的发展（发展阶段、发展任务、发展机制、发展条件、发展方式、发展道路、发展代价、发展成果，以及社会转型、社会变革等）。然后在这些研究的基础上转入社会认识论的层面：对社会的真理性认识——对社会的价值性认识——对社会的审美性认识，这三个方面的内容也要按照各自所固有的逻辑循序展开。

我认为，将上述内容和形式统一起来，建构一种社会哲学的理论体系，应该能够较好地反映这一学科领域里的研究成果，并能够有利于我们不断达到对社会整体的全面和深刻的认识。从我自己来说，近年来也正是遵循这样一个逻辑进路进行社会哲学领域的研究的；特别是在社会发展方面，一直致力于从社会哲学的层次上对相关问题做出梳理，其成果集中体现在2005年出版的《社会发展理论与社会发展战略——建构一种逻辑体系的研究纲要》（国家社会科学基金项目成果）一书中。当然，任何一种体系都只具有相对的意义，社会哲学的理论体系也不会例外。它应该是兼容的和开放的，而不是孤立的和封闭的；随着各方面研究的不断深化和拓展，社会哲学的理论体系也必然会在内容和形式两个方面不断得到丰富和发展。

（原载《哲学动态》2011年第10期）

"社会"范畴探析

(2011年4月)

近年来，随着认识和实践的推进，有关"社会"方面的问题越来越引起人们的关注。社会发展、社会转型、社会变革、社会建设、社会管理、社会结构、社会体制、社会事业、社会参与、社会矛盾……如此等等，"社会"这一范畴在多种场合、以多种方式被运用和谈论着。但是仔细考察一下就可以看出，人们在使用这一范畴时往往有着不同的理解，是在不同的意义上讲问题。为了更好地认识和把握这一范畴，特别是更好地处理和解决与之相关的实际问题，有必要对这一范畴本身做一些研究和考察，特别是从逻辑上对它的基本内涵做一些分析和梳理。

从目前讨论和应用的情况看，"社会"范畴主要有以下几种不同的含义：

首先，在广义上，所谓"社会"是指整个人类活动的领域，亦即通常所说的人类社会。从哲学上讲，这个广义的社会包括社会主体和社会客体，所谓社会主体是现实地存在于一定的社会结构体系中的人，而所谓社会客体便是人所生存于其中的社会结构体系，它包括经济领域、政治领域、文化领域以及其他社会领域，并可进而区分为生产力、生产关系（经济基础）、上层建筑（政治上层建筑和观念上层建筑）等基本层次。社会主体与社会客体是相互依赖和联系着的，只有将二者有机地统一起来，才能达到对广义社会的全面的认识。

其次，与这个广义的规定相关联，"社会"这一范畴还可以与作为社会主体的"人"对应起来，仅从社会客体的意义上去使用。当我们谈论"社会与人"、"社会发展与人的发展"等问题时，就是指这种客体意义上的社会，即人所生存于其中的社会结构体系。其基本构成一如上述，包括经济领域、政治领域、文化领域以及其他社会领域，并可区分为生产力、生产关系（经济基础）、上层建筑（政治上层建筑和观念上层建筑）等基本层次。从哲学上说，人的发展是目的，社会发展是手段，社会发展最终是为了人的，是以人的发展和解放为最高价值目标；而另一方面，人的发展又要依赖于社会发展，只有通过社会的发展和进步，才能最终实现人自身的发展。

第三，与上述客体意义的用法不同，"社会"范畴还可以在社会主体的意义上加以运用。这时，所谓社会就是指作为主体的人的集合，亦即人的群体形态。还有一种常见的提法是"人类共同体"，也可以从这个意义上去理解。应该说，社会学上所讲的"社会"，便往往是从这一角度着眼，其所谓"社会结构"，也主要是指社会的主体结构，包括阶级结构、阶层结构、年龄结构、性别结构以及其他各类社会群体结构。与这种主体结构相联系，社会学在研究"社会"问题时还重视主体的生存状态，包括衣食住行、生老病死等各个方面，以及人口、居住、教育、就业、收入、医疗、卫生、养老等各种问题，关注与之相应的社会事业的发展和社会保障体系的构建。现在讲"社会建设"，往往集中在各种"民生"问题上，也是侧重从主体角度去理解"社会"范畴。如中共十七大报告所提出的，要"加快推进以改善民生为重点的社会建设"，"努力使全体人民学有所教、劳有所得、病有所医、老有所养、住有所居"①；这一目标要求就清楚地体现出"社会"范畴的主体规定。当然，社会主体是与社会客体相对应的，人的存在和发展状态要受到其所生存于其中的整个社会结构体系的制约。要解决好这些民生问题，就必须从社会的经济、政治、文化等各个领域入手，全面推进作为客体的社会结构体系的发展。

第四，如果说以上几种含义的"社会"都是这样或那样地着眼于整个社会，因而具有某种整体的高度，那么还有一种用法便是将"社会"理解为大的社会结构体系中的一个特殊领域，并与经济领域、政治领域、文化领域并列起来，形成所谓"四位一体"的关系。这无疑是一种狭义的理解。那么这种狭义的"社会"具体包括什么内容呢？讨论中涉及的问题比较混杂，梳理起来有一定的难度。但从逻辑上说，它既然是与经济领域、政治领域、文化领域相并列的一个特殊领域，那么显然不应包括这些领域的内容，而只能是这些领域以外的其他方面的内容，否则就不能并列。如果说经济、政治、文化各领域的划分主要是着眼于社会生活和社会关系的不同种类，其所包含的内容分别是经济生活和经济关系、政治生活和政治关系、文化生活和文化关系，那么这个狭义的社会领域，也就应该包含经济生活、政治生活、文化生活之外的其他社会生活，以及经济关系、政治关系、文化关系之外的其他社会关系。例如，本来意义的家庭生活和家庭关系就可以归入这一领域。社会学研究中曾有过一种"剩余社会科学"的观点，即将社会学看作是研究经济学、政治学、文化学等社会科学所覆盖不了的其他社会现象和社会问题的学说；这种观点实际上就是将社会学定位于研究经济、政治、文化等基本领域之外的狭义社会领域。虽然这种观点受到了许多社会学家的批

---

① 《十七大以来重要文献选编》（上），中央文献出版社2009年版，第29页。

评和反对，但目前存在的从"四位一体"的意义上理解"社会"范畴的做法，正是与社会学上的这一观点有着逻辑上的联系。

第五，"社会"范畴还有另外一种特殊的含义，即指政治领域以外的其他社会领域。通常所说的国家与社会的关系，便是从这个意义上说的。这个意义的社会首先包括经济领域，马克思就曾明确指出，"生产关系总合起来"便"构成所谓社会"①。这个意义的"社会"还有一个近义词，即"市民社会"②。在马克思看来，"市民社会"构成"政治国家"的现实基础，而"政治国家""不过是市民社会的正式表现"③。在目前的讨论中，这个意义的社会还涉及与政府的关系，例如关于"小政府、大社会"或是"大政府、小社会"的争论就是如此。我们常说要建立"党委领导、政府负责、社会协同、公众参与的社会管理格局"，这里的"社会协同"，也是指党委和政府以外的其他各种社会组织和群众团体，所涉及的也是政治领域以外的其他各个社会领域。

从以上考察可以看出，"社会"是一个有着多种含义的复杂范畴，在不同的场合有不同的用法。从总体上说，这些不同的含义和用法各有自己的定位，也各有自己的价值，应该联系起来加以把握。但是，它们毕竟属于不同的层次和角度，逻辑上不是一回事。因此，在使用中应注意将它们相对区分开来，防止出现混淆；这样才有利于我们分门别类地研究人类社会领域里的各种问题，并达到对这些问题的正确认识和解决。

（原载《学习时报》2011 年 4 月 18 日）

---

① 《马克思恩格斯文集》第 1 卷，人民出版社 2009 年版，第 724 页。
② 《马克思恩格斯文集》第 1 卷，人民出版社 2009 年版，第 30 页。
③ 《马克思恩格斯文集》第 10 卷，人民出版社 2009 年版，第 43 页。

第二篇　社会运行与社会发展

社会历史哲学应重视社会运行问题研究

——兼论社会运行与社会发展的关系

（1996年2月）

一

近年来，社会历史哲学领域的研究正在不断走向深入，在一些具有理论和实践意义的课题上取得了不少新的进展。但是，应该指出，目前（包括过去）的研究大多侧重于社会发展问题，即所谓社会历史发展的一般规律，以及社会发展过程中的一系列重要问题；而社会领域中的另一个十分重要的课题——社会运行问题则在很大程度上被忽视，甚至还没有被作为一个相对独立的基本课题来对待。在许多场合下，社会运行问题与社会发展问题被混为一谈，前者被湮没于后者之中。这是目前社会历史哲学研究中的一个很大的不足。

值得注意的是，社会运行问题在社会学研究中却受到了极大的关注和重视。近年来，社会学界从本学科所特有的层面上对社会运行问题进行了较为具体的研究，产生了一批专题成果（如郑杭生、李强等著《社会运行导论》）。但是，社会学对这一课题的研究不能代替社会历史哲学层次上的研究，相反更显示出社会历史哲学在这一课题上的欠缺。此外也应指出，社会学研究中也同样存在将社会运行与社会发展混同起来的倾向（如将良性运行与协调发展作为同一个问题看待）。

二

为了正确地提出并认识问题，有必要对社会运行与社会发展的关系做一分析。这两个方面当然有着十分密切的联系，但这种联系是以它们二者之间的不同规定和区分为基础的。一般说来，所谓社会运行是指一定的社会结构体系（或曰社会系统）在保持其既定的质的规定性的前提下，按照其固有的内在机制进行运作和发挥其功能的过程，包括社会生产如何进行、社会活动如何组织、社会生活如何展开等。每一种社会体系，都有自己特定的运行方式和秩序。而所谓社会发展，则是指社会的结构体系或社会系统本身发生的新的变化和更替，是一种社会结构体系向另一种新的更为先进的社会结构体系的过渡，是新的质否定旧的质、新的机制否定旧的机制、新的秩序否定旧的秩序的前进上升的过程。因此，社会运行与社会发展是两个完全不同的问题，在某种意义上可以比拟为横向和纵向两种不同的过程，我们决不能抹杀二者之间的这种区别。

至于社会运行和社会发展之间的联系，主要表现为它们的相互伴随和互为条件。一方面，在社会运行过程中，既定的社会结构体系虽然要保持自己的质，但这种质仍在发展变化中，即表现为多种形式的量变，量变积累到一定的度，便最终引起社会体系的质变。另一方面，在社会发展过程中，社会运行总是不断地进行的，运动是事物存在的方式，社会一旦停止运行，也就不能存在；因此不可能在停止运行的情况下进行发展。这样，社会运行与社会发展、横向和纵向这两种不同的过程，必然是同时并进、相伴展开的：运行总是发展中的运行，发展总是运行中的发展。

正因为社会运行与社会发展之间的这种密切联系，它们的基本区别才往往容易被混淆。但联系毕竟不等于相同，二者终究是两种不同的过程。而也只有在确认二者的不同规定的基础上，才能真正正确地认识它们的上述联系。

三

既然社会运行与社会发展是两个既相互区别又相互联系的不同过程，社会历史哲学研究中就必须将二者作为两个相对独立的课题来对待。鉴于过去和目前偏重于社会发展研究的状况，社会运行问题必须特别提出，以引起足够的重视。社会发展的机制和规律要研究，社会运行的机制和规律也要研究；纵向过程要研究，横向过程也要研究。社会运行不仅应是社会学研究的课题，而且应该在更高层次上属于社会历史哲学研究的课题，并且是基本课题之一。

这一课题的意义体现在理论和实践两个方面。从理论上说，社会历史哲学的宗旨是研究社会历史领域中根本性的重大问题，揭示这一领域运动和发展的一般规律。而社会运行正是这样的重大问题。它是人类社会运动的基本形式，只有在揭示社会发展规律的同时揭示社会运行的规律，才能达到对社会领域中一般规律比较全面的认识，从而建立比较完整的社会历史哲学理论体系。就实践而言，只有研究社会运行，把握社会运行的规律，才能指导我们对社会活动进行科学的组织和管理，维持社会实践的正常秩序。同时，也只有保证社会正常运行，才能为社会发展提供必要的条件。在我国现阶段社会主义实践中，要处理好发展、改革、稳定的关系，必须重视社会运行问题的研究。

四

社会历史哲学要研究社会运行问题，但它毕竟又不同于社会学，二者有着学科层次上的差别。那么，在社会历史哲学的层面上，这一研究应该如何展开呢？从原则上说，社会历史哲学不是要对社会运行进行各种琐细的实证研究，也不是运用各种数据进行技术分析，而是要着眼于社会运行方面的根本性的重大问题，运用逻辑的方法从总体上揭示其内在联系，探究蕴藏于社会运行过程中的内在机制和一般规律。当然，这并不是说社会历史哲学的研究不涉及具体材料和量的考察，而是强调运用这些材料和量化手段为上述宗旨服务。也正是在这个意义上，社会历史哲学必须善于吸收社会学等具体科学的成果。

就基本理论而言，社会历史哲学对社会运行问题的研究可以设置诸如社会运行的实质及其科学规定，社会运行的驱动、整合与控制，社会运行的制约因素和条件，社会运行的展开过程，社会运行的类型和评价，社会运行中的主客体关系等一系列具体课题。而在应用研究方面，应注重研究现阶段中国社会运行的特点，研究新旧两种体制下社会运行的不同机制，研究新旧两种运行机制转换过程中出现的各种问题，并探讨相应的对策思路。随着社会实践的不断发展，社会历史哲学也应不断捕捉和提炼新的具体课题，把社会运行方面的研究推向深入。

（原载《党校科研信息》1996 年第 2 期）

中国社会运行机制的转换

(1995 年 7 月)

任何社会的运行过程都是由蕴藏于这一过程当中的内在机制所支配的。这种运行机制的建构是否合理，直接关系到社会运行的实际状态。而社会运行机制的性状又取决于社会结构体系本身的性状，它的存在和变化也要依从于社会结构体系的存在和变化。

在旧体制下，中国社会的运行机制同体制本身一样，存在诸多不利于社会良性运行的缺陷和不足。而随着经济体制改革及其他各方面改革的深入展开，中国社会的运行机制也相应地面临多方位的转换和重塑。这种转换和重塑必将对我国社会运行产生重大影响。

转换一：社会运行的驱动机制

社会运行的实际展开首先有赖于适足的动力驱动。一般说来，社会运行的驱动机制以社会主体的自身需要为基础动因，这一动因通过由一定的利益关系所构成的传导和分配中介进入各个实际领域，形成人们社会活动的直接动机，并通过人们的社会实践活动推动社会运行。这里的关键环节是利益关系这一传导和分配中介，它制约着社会运行动力驱动的方向和力度；而人们的利益关系，正是由一定的社会结构体系所确定的。

考察旧体制下的社会运行驱动机制,首先可以看到经济领域中"一大二公"所造成的平均主义的利益关系。特别是国有资产产权虚置,责任不明,企业吃国家的大锅饭,个人吃企业的大锅饭。这样一种利益关系必然妨害劳动者的生产积极性,使社会经济运行的驱动力大为消减。在政治领域和思想文化领域中,则片面强调矛盾斗争,推行"左"的"斗争哲学",搞"以阶级斗争为纲",试图以此为驱动力,结果使得这些领域中的利益关系发生扭曲,形成一种错误导向,将人们的实践和这些领域的运行推上歧途。

旧体制下社会运行驱动机制的缺陷,必须通过深刻变革旧体制而在新体制下得到克服。在经济领域里,我们将以社会主义市场经济体制取代旧的计划经济体制,要在政资分开、政企分开的前提下,建立科学的国有资产管理和运营体系,并相应建立现代企业制度,以市场机制为基础,将国家、集体、个人三者利益真正合理地结合起来,将个人分配同诚实劳动和合法经营真正挂起钩来,形成一种能够充分调动广大劳动者生产积极性的新的利益关系,为社会经济运行提供充足的驱动力。随着社会主义市场经济体制的建立,政治领域和思想文化领域也将进行相应的改革;从驱动机制的角度来看,主要将通过大力推进社会主义民主,真正贯彻"双百"方针,理顺这些领域的利益关系,将人们在这些领域的活动引导到合理的方向上来,从而推动社会政治领域和思想文化领域的良性运行。

社会运行驱动机制的这种转换,在现阶段已取得很大进展;但由于体制改革是一个渐进过程,这一转换正经历着一些特殊的过渡性困难。一方面,原有的国家全包下来的计划体制已被打破,国有企业已同其他所有制企业一样进入市场,而另一方面国有资产的新的运营体系和现代企业制度还未普遍建立,这意味着国家、集体、个人之间的合理利益关系还没有真正形成;加之市场体系尚未健全,市场机制的不规范作用通过欠合理的利益关系的传导,难免不发生某些扭曲和变形,致使经济驱动出现这样那样的偏差。政治领域和思想文化领域的改革与经济体制改革相比难度更大,虽然阶级斗争已不再是主要的驱动手段,但这些领域的利益关系还有待进一步理顺,驱动方向还需进一步调整;现阶段政治生活和思想文化生活中的某些不正常追求,正是与驱动机制转换的过渡性现状有关。社会运行的驱动机制在现阶段出现的这些问题,是因为改革不彻底、转换不完全而造成的,所以只有通过深化改革、完成转换来解决;若由此而对改革产生疑惧则是不应该的。

转换二:社会运行的整合机制

社会运行的总体过程是由各个具体领域的运行组成的,而在各个领域又是由众多社会成员的社会活动所构成的。要使这些具体的运行和活动得以融为一体,就需要有一种事实上的整合机制。一般地说,社会运行的整合机制是围绕一定的核心宗旨,借助一定的整合手段,将分散的社会活动纳入整体轨道,并使各个具体领域的运行协调一致。社会运行整合的核心宗旨通常是由社会结构体系的基本性质所决定的;而社会运行的整合手段则不仅从属于社会结构体系的性质,而且还会依这一体系的不同实现形式而各有差别。这就与所谓社会体制直接相关了。

我国是一个社会主义国家,社会运行整合的核心宗旨只能是保证社会主义社会的繁荣昌盛,实现工人阶级和广大人民群众的共同利益。这一核心宗旨要在各个领域中具体地体现出来:在经济领域中,它体现为发展社会主义社会的生产力,满足人民群众的物质生活需要;在政治领域中,体现为建设社会主义民主政治,保证广大人民群众当家作主;在思想文化领域中,则体现为建设社会主义精神文明，满足人民群众精神生活需要。这些具体领域的运行，都必须围绕上述核心宗旨进行整合。

但是，进行这种整合所动用的手段又如何呢？在过去的旧体制下，我们在经济领域中采取的主要是高度集中的计划经济手段，国家把生产、流通、分配、消费等环节直接统管起来，对人、财、物实行统一配置；在政治领域中，也存在"权力过分集中"① 的问题，民主政治建设没有得到应有的重视；在思想文化领域里，则出现了各种"左"的、教条化的错误倾向。这样一些整合手段，明显地具有死板、僵硬的缺点，难以真正实现甚至在一些方面背离了我们社会运行整合的核心宗旨。

我国体制改革所要促成的社会运行整合机制的转换，突出表现在整合手段的变化上。按照社会主义市场经济的目标模式，经济领域中的整合手段将由以计划手段为主转换为以市场手段为主，即使市场在国家宏观调控下对资源配置起基础性作用。企业的生产经营均应面向市场，参与市场竞争，借助市场较好地实现满足人民群众物质生活需要这一核心宗旨。在政治领域中，要改革党和国家领导体制，通过真正发扬人民民主的方式集中广大人民群众的意志；在思想文化领域中，则应坚持解放思想、实事求是，将自由讨论和科学引导结合起来，最终达到社会大多数成员对真理的共识。

从现阶段社会运行整合机制转换的状况来看，经济领域中原有的计划整合手段已在很大程度上让位于市场整合手段，市场作为"无形的手"已开始发挥作用；但由于市场机制尚不健全，"无形的手"与国家宏观调控这一"有形的手"之间的配合还不够协调，加上企业改制不到位等原因，使得经济运行在脱出旧有的整合模式后还难以一下子纳入新的整合模式，从而出现了一定程度的混乱。政

---

① 《邓小平文选》第 2 卷，人民出版社 1994 年版，第 327 页。

治领域和思想文化领域中也存在某些类似的问题，随着社会主义民主和自由的新的氛围的日趋形成，如何用好新的整合手段，把广大社会成员的思想和活动集中统一起来，达到一种新的和谐，还需要在实践中探索。

转换三：社会运行的控制机制

为了保证社会运行按照既定的轨道展开而不发生大的偏离，一种社会结构体系还必须具备相应的运行控制机制。控制机制的建构通常以国家政权体系为控制中枢，这一中枢运用各种控制手段和方式，对社会各个领域的运行实行统一控制和驾驭。与此同时，社会对于作为控制中枢的政权体系本身也要实行控制，以保证它按照既定的要求发挥作用。

社会运行控制中枢即国家政权体系的性质当然由社会结构体系的性质所决定。在我国，国家政权体系归属于工人阶级和广大人民群众。但是在传统体制下，国家对社会运行的控制方式却存在较大弊端。经济运行的控制主要依靠政府下达指令的方式来进行，企业只是作为政府机构的行政附属物而存在；政治运行的控制带有明显的人治色彩，忽视法治，权大于法；而思想文化领域中则更多地借助于某种封闭的、行政化的方式。这种控制方式在很大程度上损害了社会运行的内在活力，并且过于机械，"一收即死，一放即乱"。同时还应看到，旧体制下社会对控制中枢即政权体系的控制不力，造成权力脱离社会的潜在可能。

随着我国体制改革的全面进行，社会运行的控制机制也将发生全面转换。社会主义市场经济新体制的建立，要求国家对经济运行的控制由以行政手段为主的直接控制方式改为以经济手段和法律手段为主的宏观调控方式，只在必要时才使用行政手段；企业不再是政府机构的行政附属物,而是成为独立自主的市场主体。在政治领域中,则由人治转为法治,主要依靠法律手段、制度手段调控政治运行。思想文化领域的运行控制也由封闭式转变为开放式,由简单行政化转变为遵循这一领域的内在规律进行科学管理。只有建构这样一种新的控制机制,才能既有效地控制和驾驭社会运行,同时又较好地保持社会运行的生机和活力。此外,社会对作为控制中枢的国家权力体系的控制也将在新体制下通过民主和法制的手段得到加强,使之切实履行自己的职责。

社会运行控制机制转换的这一目标,正在现阶段的改革实践中不断接近。但是要真正完成这个转换,同样需要经过一段艰难的过渡。现在的问题是,新旧两种控制机制之间出现了交错性空位。表现在经济运行方面,旧的政府行政命令的控制方式已不再适宜,而新的宏观调控体系又刚刚在建立中,还难以充分有效地发挥作用。在政治运行中,人治机制已失去往日的效力,而法治机制又难以一下子形成,无法可依和有法不依的现象同时存在;思想文化领域的封闭僵化局面打开之后,如何认识这一领域的科学规律,如何进行科学管理,也不可能马上找到现成答案。这样一来,现阶段各个领域的运行过程出现一定程度的失控,就是不奇怪的了。同时,由于社会对权力中枢体系的控制还受到政治体制改革滞后的局限,在走向市场经济的过程中权钱交易等腐败问题便难免突出出来。对于社会运行控制机制转换中的这些问题,我们应有一个正确的认识,并从转换过程的实际出发思虑适宜的应对之策。

转换四:社会运行的防护机制

虽然社会运行过程可以通过一定的控制机制加以控制,但任何控制方式都不能保证社会运行总是尽如人意,难免会有各种不利因素和消极现象产生，这些因素和现象如果积累到一定程度，就会妨碍社会运行的正常进行。因此，一种社会结构体系还必须建构运行防护机制，通过多层次的防护网络消除或减少那些不利因素和消极现象，防止其对社会运行的威胁。

根据所要针对的社会问题的性质，社会运行防护机制包括社会救助、社会疏导、社会惩治等各种不同的方面。社会救助主要针对失业、疾病、养老以及自然灾害等有关的问题，通常所谓社会保障即属于这一方面；社会疏导是针对社会运行中产生的各种矛盾、冲突以及不满情绪等，社会惩治则是针对已经发生的越轨行为和社会犯罪之类。

在不同的社会结构体系下，社会运行防护机制的建构和运作方式也是各不相同的。我国传统体制下的社会救助（社会保障）有一个显著的特点，即主要通过"企业办社会"的方式将职工的生老病死等问题全包下来；社会疏导方面偏重于单向度的教育和服从，不切实际的空话多、大话多；社会惩治方面则热衷于群众运动的方式，包括"大批判"等特殊手段。而随着旧的社会体制的彻底变革，原有的这些防护机制在总体上也已不再适宜，必须加以改变。

社会主义市场经济新体制要求企业作为真正的经济主体轻装上阵，参与市场竞争。这就必须改变"企业办社会"的现状，在实行"企社分开"的基础上重构新的社会保障（救助）体系，这种新的保障体系要体现个人积累与社会统筹相结合的原则。在社会疏导方面，应强调民主协商和平等对话，改进思想政治工作，并开辟更为广泛的疏导渠道。在社会惩治方面，则注重运用法纪手段，执法必严，违法必究，严肃党纪政纪，把惩治犯罪和制裁越轨行为的机制纳入正途；同时依靠社会力量，加强综合治理。这样一套新的防护机制的建立，必能对我国社会的正常运行起到良好的保证作用。

目前，社会运行防护机制的转换也已渐次展开。"企业办社会"的部分正在改制过程中进行"剥离"，社会保障体系的改革正按照"老人老办法，新人新办法"的思路紧锣密鼓地操持。但是也要看到，这方面的改革同样难以一蹴而就，既有的遗留问题处理起来有相当难度，如果衔接不好或配套不当，就会对社会安定造成很大压力。而在社会疏导方面，面对改革过程中诸多复杂矛盾和种种顾虑、疑问、不满和分歧，新的有效的疏导方式还不能及时到位。社会惩治方面虽已发生重大改变，但法制还不够健全，对各种犯罪行为（包括腐败）的打击还不够有力。正在转换过程中的社会运行防护机制从总体上看显得相对薄弱，这一阶段的社会运行易受到各种消极因素的侵害，对此我们应该保持应有的警觉，并应采取相应的辅助措施，配合转换的顺利完成。

（原载《新视野》1995 年第 4 期）

转型时期社会运行的序间状态及其对策研究

(1995年6月)

一

一定时期社会运行的状态无疑首先取决于这一社会的基本结构体系本身的状况。一种成型的、现实的社会结构体系（不论其价值意义如何）总是通过自己系统内部的各种相关机制规定着系统运行的秩序，使之呈现出某种相应状态——或良性，或恶性，或中性；皆取决于社会结构是否合理，社会各子系统之间是否协调，各方面功能是否耦合。研究社会运行状态，必须与社会结构体系的研究统一起来。

通常对社会运行状态的研究，多是着眼于某种既定的社会结构体系，研究其在相对独立和完整的存在领域，如何有秩序地展开运行。而由于结构发生重大变革因而正处于转型时期的社会体系的运行，则不属于这一类。在这个时期中，原有社会结构体系被打破，而新的社会结构体系尚未建立起来；原有的社会机制难以继续存在，而新的社会机制还有待形成；原有的运行秩序无法维持，而新的运行秩序的产生又需要一个过程。两种结构、机制和秩序此消彼长、交错混合，呈现出所谓"异质性"的特点。这时的社会运行状态不能简单地以"良性"、"恶性"或"中性"的一般标准来评判，而应作为一种特殊状态来研究，我们可以根据其过渡性质将其称为"序间状态"。

社会运行的序间状态作为社会转型时期两种秩序之间的特殊运行状态，具有以下基本特征：（1）复合式。社会运行的展开过程既要受到旧的机制的制约，又要接受新的机制的支配，成为一种在矛盾冲突中曲折穿行，两种方式、两种轨道、两种结果并存的复合过程。（2）非规范化。旧有的规范随着旧结构、旧机制、旧秩序的被打破而弃失，新的规范由于新结构、新机制、新秩序的未形成而尚缺，社会运行的具体展开带有明显的经验色彩，存在各种混乱和偏差。（3）不确定性。新旧两种体系的不断消长，必然造成社会运行过程中不确定因素大量存在，运行方式和状态不断变换，难以把握。（4）弱防护型。由于转型时期新旧结构和机制正处于交替过程中，社会运行中的抗干扰能力较差，防护功能弱化，结果显露出较多薄弱环节。正是由于这几个基本特征，社会运行的序间状态需要加以特别对待，如不注意，极易发生各种社会问题。

社会运行的这种特殊的序间状态根源于社会转型，而中国现阶段正在进行的社会改革，就使中国社会运行处于这样一种序间状态之中。虽然这场改革并不是从根本上改变社会制度的性质，但在社会体制的层面上，它仍具有彻底的革命意义。由原来高度集中的计划经济体制转变为社会主义市场经济新体制，并以此为基础全面变革社会政治体制和其他各方面体制，必将导致社会结构体系的全面转型。在新旧两种体制的转换期间，中国社会的运行便在很大程度上具有了序间状态的各种基本特征，包括上述复合式、非规范化、不确定性、弱防护型等，只是在这里，都具有为两种体制所规定的具体内容罢了。

值得注意的是，中国改革所采用的是逐步推开的"渐进"式战略，这种比较有利于社会转型平稳实现的步骤，同时必然使得两种体制的转换过程延长，而社会运行的序间状态也会相应地持续较长时期。在这种情况下，认识序间状态的特征，并由此出发去研究和把握现阶段的社会运行，就更是极其必要的了。

二

应该说，中国社会的现阶段运行在改革中进入序间状态之后，总体上是相对平稳的。与其他一些国家相比，我们较好地处理了改革、发展、稳定的关系，对于这样大的一场社会变革来说实属不易。但是，我们也必须看到，现阶段社会运行的序间状态也引发了一些令人关注的社会问题，对社会运行的正常进程造成威胁。

第一，社会控制不力，出现了一定程度的失控现象。在经济领域里，主要表现为国家宏观调控不到位，投资过热且结构不合理，消费资金增长过快，市场秩序不顺，物价指数居高不下，通货膨胀现象产生。这些问题已影响到经济的正常运转，连续数年两位数以上的物价上涨幅度也已使相当一部分社会成员无法承受。在政治领域里，则有权威失落和政令不畅等现象。某些全局性决策在局部和部门利益面前遇到障碍，上有政策，下有对策，局部保护主义若明若暗，"中梗阻"难以克服；有令不行，有禁不止，行政规章和法律条文的实际效力大打折扣，弄虚作假、形式主义等问题也已比较突出。

这些问题的出现，当然有着多方面复杂原因，但在直接根源上无疑可以归结于现阶段社会运行在序间状态中的复合式、非规范化等特征，已不再适宜的旧的控制机制和尚未建立健全的新的控制机制都不能在社会运行中很好地发挥作用。单从运行机制的常规层面上看，已无法避免某种失控的发生。

第二，权力机构缺乏系统的约束机制。国家权力机关是实施社会控制的中枢，自身的合理控制也显得不力，权力体系缺少有效的约束和自律，致使公职人员可能出现背离本职要求，利用手中的权力谋取不正当利益甚至腐败等现象的蔓延。与此相关的官僚主义、不负责任、效率低下等弊端也未能有效去除，这方面问题正损害着权力机关的功能，妨碍着国家与社会的关系，会引起公众的不满。

从原因上看，这方面问题在很大程度上归结于社会转型（改革）过程中政治结构变革与经济结构变革发生的过渡性失衡，原有权力体系在社会运行中不能适应市场经济的新的环境和条件。而这也正是序间状态的复合式及弱防护型等特征的体现。

第三，过渡困难，运行中发生错位与搁浅。这方面最突出的是相当多数国有企业所处的困境。在序间状态的复合式运行中，原有的计划经济体制已被部分打破，国有企业不得不与其他所有制企业一同进入市场。但政资不分、政企不分的问题还未真正解决，国有企业产权不明，转制尚未完成，同时社会保障体系不健全，企业办社会的负担沉重，加之债务等历史遗留问题，使其在市场化进程中步履维艰，亏损严重，国有资产流失，企业职工生活困难，人心浮动。国有企业是我国国民经济的主干，这一块出现问题，经济运行无法正常进行。如何帮助国有企业渡过转型时期的难关，从"搁浅"的困境中走出来，在序间状态中保持相对平稳，是迫切需要解决的实践课题。

第四，社会分配不公，投机现象出现。原有体制下平均主义的分配机制必须打破，应在市场经济新体制下适当拉开分配差距，允许一部分地区和一部分人先富起来。但现阶段序间状态的运行中，却出现了各种不合理的差距，引起了人们的一些不满。所谓非规范化和弱防护型等特征，使各种投机行为有机可乘，一些人通过各种不正当手段暴富，包括政治投机和经济投机相结合，搞权钱交易，侵吞公共财富；偷税漏税、坑蒙拐骗，以及其他等等。这些现象严重危害社会运行秩序，公众对此反应强烈。但同时也应看到，旧有的平均主义在许多方面还没有消除，仍在顽固地通过各种新形式表现出来，由此形成平均主义与分配不公问题在序间状态中的奇特的矛盾组合。

第五，道德水准变化，社会精神疲软。社会转型必然涉及原有思想文化体系包括价值观念体系的改变，许多过去曾被奉为神圣的观念失去光环，而序间状态的非规范化和不确定性等特征也必然表现在这一领域。在这种状态中，人们难免会有各种疑虑和困惑，某些不正确的精神倾向随之产生出来，包括所谓精神虚无主义，即鄙夷精神追求，把高尚的精神境界视为虚无，只讲求物质"实惠"；贬斥理性，推崇感性，"跟着感觉走"。与这种状况相对应，一些人的是非观念淡漠，越轨行为增多。在一部分热衷追求物质利益的人们中，出现了所谓"道德冷漠症"与"精神疲软症"。这方面问题的不断产生，应引起重视。

以上各种问题以及其他相关问题，彼此相通、相互影响，构成一个带有共性的问题群。这些问题如不认真对待和解决，便会不断恶化并形成恶性循环，转型时期本来就十分错综复杂的社会矛盾便会由于这些恶性刺激而激化，成为不安定因素，妨碍社会的正常运行。而社会运行一旦不能正常进行，中国渐进式改革的战略构想与社会转型的最终目标也就无法实现。因此，必须在认识序间状态特征的基础上，采取积极有效的对策措施。

三

既然社会转型时期特别是中国改革这种渐进式进程中社会运行的序间状态在所难免，而现阶段存在的上述有关问题主要由序间状态所衍生，那么有一点可以确定：要想在这个特定的历史时期中完全消除此类问题，是不大可能的。但是，有一件事是我们应该做也可以做到的，这便是通过有针对性的适宜措施对序间状态进行干预，将各种消极倾向限制在尽可能小的限度之内。

鉴于社会运行序间状态的复合式、非规范化、不确定性、弱防护型等特征，所应采取的措施必须针对这些特征造成的缺陷和不足，起到某种辅助和弥补作用。（1）应设立序间状态运行的特殊监测系统，尤其是易发问题预警系统，密切注意这种特殊状态下的社会运行进展情况和各个领域的动向，发现问题及时反馈，以便各有关方面采取主动。对于潜在的威胁，则应未雨绸缪，及时防范。（2）针对序间状态运行的特殊情况，应制定某种指导性的临时约法和过渡性政策体系，并根据情况的变化及时调整和修正，以尽可能地克服这一时期的混乱现象，降低转型损耗。当然，序间状态的不确定性拒斥僵硬死板的外部框架，这里的法规政策体系只是在最基本的原则和重要分界上体现其合理性，并且其有效时间区域必须相应缩小。（3）重点问题，重点解决。对于序间状态运行中出现的有重大影响的突出问题，应采取一系列重点措施，包括设立专门机构，组织专门力量，使用专门手段，在一定时期中集中予以处置。这种专门处置系列，可以在严格掌握的前提下超常规运作，并且随着问题的变化而随时变换。

除采取特殊措施之外，对于序间状态复合或运行中的新旧两种机制，必须尽可能地加以利用。旧机制虽然在总体上已不适宜并且已部分改变，但其中某些合理的成分仍可被用以为这一过渡时期服务。正在形成和建立过程中的新机制，则应边建边用，使之尽快发挥效力。对于现阶段中国社会运行中已经由序间状态所引发的各种问题，均应依照这里的对策思路，结合具体实际进行处置。既然问题已明显暴露出来并发展到相当程度，当然用不着再去借助监测和预警系统"发现"问题,但利用这种系统对问题的现状进行准确的评估,并继续监测其进一步发展,仍是十分必要的。应设立以上五个方面的专项数据库,运用科学的调查方法和统计方法,进行系统反馈,在此基础上,有针对性地进行法规政策调整,并启动重点问题专门处置系统。

应该承认,自进入社会转型时期以来,我国已根据改革的进展状况制定了一系列过渡性的法规、条例、办法等等,以及各种政策措施。但是,与现阶段序间状态运行的实际相比,还显得十分不够,当务之急是要针对已经突出的各种问题进行新的调整、补充和完善。在社会运行控制方面,基本政策导向已经明确,但现在所需要的是将有关方针政策通过临时性法规、条例等具体地确定下来,无论在经济领域还是政治领域均是如此。关于作为控制中枢的权力体系病变,也已有反腐倡廉的明确态度,并发布了一些"禁令",但尚需在权力运作方面设立有关防范性的临时章程,作为过渡性辅助措施。对国有企业在现阶段的过渡性搁浅问题,应尽快制定综合性的解决办法,以安定人心,并为企业改制创造条件。对社会分配不公和投机问题,应在颁布有关税收调节、反暴利、反不正当竞争等法规的同时,制定适合现阶段实际的实施细则。至于精神疲软和道德滑坡问题,也不应仅有方针原则,而应制定一系列可操作的规章制度,使这方面问题的解决也做到有章可循。有了适合序间状态特点并直接针对现有问题的法规、条例、规章等,还须借助专门处置系统予以落实。应设立克服运行失控、惩治腐败、解除国有企业困境、反对社会不公和社会投机、防治"精神疲软症"和"道德冷漠症"的专门机构(包括在现有机构基础上改组),并以适当形式加以统一协调。这些机构的职能应在与常规机构的职能保持一致并能促使后者正常发挥作用的基础上相对强化和突出,包括有效干预和临机决断;其组织系统和运作方式均应相对独立和相对集中,以保证效力并超越常规羁绊。当然,以上各方面问题的性质和特点各不相同,专门处置系统的具体运作也应视实际情况而定。但鉴于现阶段这些问题的发展程度,启动专门处置系统无疑已不容迟缓。

根据社会运行序间状态的特征采取积极干预的对策,可使威胁社会运行正常进程的不利因素得到及时抑制。而有关问题的真正有效解决,还有待于体制改革目标的实现和社会转型的完成,那时社会运行将从序间状态中最终摆脱出来,进入新的正常运行的轨道。

(原载《社会科学》〈沪〉1995年第6期)

关注转型时期社会运行的序间状态

（2001 年 12 月）

当我们对现阶段社会运行状况进行考察时，不难看出这个运行过程存在着一些比较特殊的问题。而对于这些问题，不能用常规的眼光去看待，因为它不是在社会运行的常规条件下发生的，而是与一种非常规的条件——转型时期社会运行的序间状态相关联的。对于这种序间状态，我们必须加以特别的关注。

应该指出，当代中国社会发展正处于一个深刻的转型过程中。这个转型可以从不同视角去把握：从经济社会形态的视角看，我们正在进行社会主义社会的模式重构；而从技术社会形态的视角看，我们正在经历从传统社会（农业社会）向现代社会（工业社会）的转变。[1] 虽然在社会转型的具体认识上还存在各种分歧，但从一般意义上说，社会转型必然意味着原有社会类型下的既定秩序被打破，随着向新的社会类型的转变而建立与之相应的新的秩序。而在社会转型正在进行、尚未完成之前，新旧两种社会秩序只能处于交替过

---

[1] 贾高建：《当代中国社会发展中的双重转型》，载《中共中央党校学报》1997 年第 2 期。

渡之中，这时的社会运行便会表现出一种非常规的特殊状态，这种状态可以称为序间状态。正是在这种状态下，一些社会问题往往容易比较突出地表现出来；而且越是深刻的社会转型，其序间状态的特征就越是显著，相关的社会问题也就越是突出。中国现阶段的社会转型，就使社会运行处于这样一种十分显著的序间状态，并已经由此衍生了一些值得关注的问题。

例如，在经济体制改革的过程中，国有经济所遇到的困难一直是人们关注的焦点。不少企业运转不灵，经营不善，活力不足，国有资产不断流失，下岗职工处境艰难。虽然这里有历史的和现实的多种因素的影响，但旧的体制和机制不再有效，新的体制和机制又未真正形成，特别是一些带有根本性质的关系一直没有理顺，一些最重要的环节迟迟未能突破，无疑是最为关键的原因。再如，以"寻租"为主要特征的腐败现象在社会各个领域的蔓延，是当今中国最令人担忧的问题之一；而经济秩序和政治秩序的序间状态，无疑为其提供了特殊的土壤。经济体制改革打破了原有的计划经济体制下的经济秩序，而市场经济体制下的经济秩序还没有完全建立起来；政治体制改革更是处于逐渐展开的过程之中，原有的政治秩序已失去了存在的根基，但新的、适合于市场经济的政治秩序还未能形成。于是，权力在很大程度上失去了制约，与经济利益以及其他利益的不正当结合便以各种可能的形式到处发生。此外还有所谓社会失范问题，社会规范对社会行为的约束失灵，各种不规范的社会行为广泛发生，不正常的成为正常的，正常的反而成为不正常的。诸如此类的问题都与现阶段社会运行的序间状态相关联，而且这个序间状态越长，这些问题就越突出。

现阶段存在的一些突出问题是由社会运行的序间状态所衍生，

而社会运行的这种序间状态又是由社会转型的特殊过程所决定的；在社会转型完成之前，要想从根本上消除此类问题，当然是不大可能的。但是，我们却可以针对序间状态的特点采取积极的对策，将各种相关问题控制在尽可能小的限度之内。一方面，应尽可能地处理好新旧两种秩序之间的衔接问题，减少可能出现的缺口和漏洞。对处于复合式运行中的新旧两种机制，都应尽可能地加以利用：旧机制虽然在总体上已不再适宜，但在未完全变革之前，仍要利用其某些方面为过渡时期服务；而新机制的形成和建立，从一开始就应该尽量注意系统配套的原则，并有必要的预后设计。另一方面，考虑到序间状态的过渡性质，有必要采取一系列特别措施。具体说来，第一，设立序间状态运行的特殊监测系统，尤其是易发问题预警系统，密切注意这种特殊状态下的社会运行进展情况和各个领域的动向，发现问题及时反馈，以使各有关方面采取主动。对于潜在的威胁，则应未雨绸缪，及时防范。第二，针对序间状态运行的特殊情况，制定某种指导性的临时约法和过渡性政策体系，并根据情况的变化及时调整和修正，以尽可能地减少这一时期非确定性的不利影响，降低转型损耗。第三，对于序间状态运行中已经出现的有重大影响的突出问题，设立专门机构，组织专门力量，使用专门手段，在一定时期中集中予以特别处置。这种特别处置方式，可以在严格掌握的前提下超常规运用，并且随着问题的变化而随时变换。通过这样一系列特别措施，尽可能地控制相关问题的发生和蔓延，排除其对社会运行过程的可能威胁。

可以看出，我们在现阶段的实践中已经和正在从以上两个方面做出努力，并取得了一定的效果；但还应该进一步提高认识的自觉程度，加强有关工作，以使相关问题得到更为有效的处置。当然，在社会运行的序间状态下，各种对策的作用终究是有限度的；要从根本上比较彻底地解决问题，还必须大力推进社会发展，促使社会转型的尽快完成，从而使社会运行尽快摆脱序间状态，在新的社会秩序下进入正常的轨道。

（原载《学习时报》2001年12月10日）

社会转型中的失范问题

（2003 年 8 月）

进入新的 21 世纪，当代中国的社会发展正在按照正确的轨道继续向前推进。我们所取得的重大成就为世人所瞩目，但同时也应看到，在现阶段的发展进程中也存在着一些值得关注的社会问题，社会失范问题就是其中之一。对于这一问题，人们已经从不同角度展开探讨，特别是将这一问题放置在社会转型的背景下进行考察。本文也打算就此谈一些看法，以参加这方面的讨论。

一

所谓社会失范，一般的理解是指一定社会中规范的缺失，或者虽有规范但却失去了（或者尚不具备）应有的约束力，从而使得社会成员的行为呈现出这样那样的无序状态。这里的规范既包括法律、纪律等强制性规范，也包括伦理、道德等非强制性规范，通常所谓"硬约束"和"软约束"，便是就这两个方面而言；而社会失范的发生，也往往是从这两个方面同时表现出来。

考察一下社会发展的现实过程，可以说在各个阶段上都会或多或少地、这样那样地有失范现象存在，绝对的秩序、没有任何偏离的约束是不可能的。但在正常情况下，社会失范只是存在于一定的范围和限度之内，不会成为一种普遍现象，以致威胁到社会运行的基本秩序。而当社会发展进入转型时期，情况就不同了，这个时期往往就是失范问题的多发期，它会作为一种普遍现象表现出来，对整个社会的运行造成明显的影响和冲击。之所以会如此，是与社会转型时期的特殊状态相关联的。所谓社会转型必然意味着原有社会类型下的既定秩序被打破，随着向新的社会类型的转变而建立与之相应的新的秩序；而在社会转型正在进行、尚未完成之前，新旧两种社会秩序只能处于交替过渡之中，这时的社会运行就会表现出一种非常规状态，这种状态可以称为序间状态。正是在这种特殊状态下，社会规范不可避免地发生缺失或弱化，而社会失范问题也就会比较突出地表现出来。

从现阶段中国社会发展的实际看，不难确认它正是处于一个深刻的社会转型过程之中。这一转型过程可以从各种不同的角度去考察，而从社会哲学的层次上说，则应该依据历史唯物主义关于社会形态理论研究的新的成果，从社会形态的多维视角去认识，特别是从经济社会形态和技术社会形态这两种基本视角去认识。从经济社会形态的视角看，中国正在进行社会主义社会的模式转换，亦即从苏联模式的社会主义转向有中国特色的社会主义；这是一种在既定的社会形态范围内的社会具体类型转换，亦即具体类型意义上的社会转型。而从技术社会形态的视角看，中国则正在经历从传统社会（农业社会）向现代社会（工业社会）的转变，亦即社会现代化的历史过程；这是一种体现着整个社会形态更替（当然是在技术社会形态意义上）的社会基本类型转换，亦即基本类型意义上的社会转型。这就是说，现阶段中国社会发展中所经历的转型过程，内在地包含着这样两种不同的规定性，因而是一种特殊的双重转型。

必须看到，当代中国社会的这个双重转型，具有全面和深刻的内容。就经济社会形态意义上的社会转型亦即社会主义社会的模式转换而言，我们首先把经济建设确立为一切工作的中心，然后从中国生产力发展的实际出发，在坚持社会主义基本制度的前提下，对作为这一制度的实现形式的具体体制进行彻底的、根本性的改革。我们要彻底革除原有的高度集中的计划经济体制，代之以社会主义市场经济新体制；以此为基础，政治体制和其他方面的社会体制也要进行相应的全面改革。同时，思想文化领域也应进行深刻变革，要建构与新的基础相适应的新的思想道德体系和教育科学文化体系。而就技术社会形态意义上的社会转型亦即社会现代化而言，我们首先要尽快完成生产力层面上的工业化，并尽可能地吸收信息革命的新成果；同时，生产关系的层面上则要求实现市场化，市场化与工业化的统一构成经济现代化的主要内容。与此相应，社会政治关系层面上的民主化和思想文化领域里的科学化分别构成政治现代化和文化现代化的主要内容。将以上各个方面的要求综合起来，可以看出我们所要完成的双重转型是一项十分艰巨的系统工程；而这样一种深刻的社会转型，必然会导致社会运行在一定时期内不可避免地进入序间状态，这也就为各种失范问题的发生提供了特殊的实践背景。

二

毋庸讳言，现阶段实践中的失范问题在各个领域里都有具体表现。在经济领域里，主要是市场秩序存在混乱，一些经营者经营理念扭曲，为牟取暴利不择手段，经济活动中信用缺失，假冒伪劣、坑蒙拐骗等现象屡禁不止；国有资产流失严重，"灰色收入"花样翻新，"庙穷方丈富"现象屡见不鲜，以及乱收费、乱摊派，"经济藩镇"滥筑藩篱等等。在政治领域里，则是某些权力的滥用以及同各种利益的不正当结合，以寻租为主要特征的腐败现象蔓延；买官卖官，虚报浮夸；有法不依，执法不严，有令不行，有禁不止，以及上有政策、下有对策等等。而在思想文化领域里，也有所谓"信仰危机"和"精神疲软"的问题；一些人理想信念动摇，道德观念淡漠，沉湎于低级趣味；各种愚昧和迷信现象以及黄、赌、毒之类的东西也死灰复燃，甚至不容忽视地泛滥流行。同时，教育科学文化等素称圣洁的领域也出现了滥发文凭、舞弊作假、盗版侵权等许多不相称的现象。而稍微考察一下就可以看出，所有这些问题的发生，都具有非常规的特征，的确应从现阶段中国社会双重转型的特殊过程，从这一过程中社会运行的序间状态去分析。

首先，从经济社会形态视角内的社会转型亦即社会主义社会模式转换的进程来看，这一进程自十一届三中全会开始已有20多年。20多年来，我们的经济体制、政治体制以及社会各方面体制的全面改革是在确保经济发展和政治稳定的前提下，采取渐进式战略逐步展开的。渐进式战略有利于稳妥地处理改革、发展和稳定的关系，但同时却又导致转型过程和序间状态的延长。在经济体制改革方面，原有的计划经济体制逐步被打破，而社会主义市场经济新体制又只能逐步建立和完善；这个过程当中难免会出现各种过渡性错位、脱节、缺漏、模糊乃至"真空"状态，使各种投机和不良行为有机可乘。建立社会主义市场经济是一场全新的事业，许多方面只能边干边摸索；特别是国有经济改革至今仍在攻坚，一些根本性的问题还没有真正解决，这就使这一领域成为失范现象的多发地带。在政治体制改革方面，虽然我们也做了许多工作，取得了一些成果，但相比之下还没能完全展开，不少深层次问题还有待于进一步提上日程。特别是原有的与计划经济体制相适应的约束和防护体系已难以成立，而新的与市场经济体制相适应的约束和防护体系还未能真正建立起来，于是政治运行中的某些特殊的失范现象就这样那样地出现了。在思想文化领域里，原有的思想道德体系在许多方面不断受到深刻变革的冲击，而新的思想道德体系又只能在实践的基础上逐步形成和建立，这一过程注定要伴随着各种茫然、困惑和争议，各种思潮的冲突和交锋也往往使人们感到莫衷一是；我们的教育科学文化事业发展很快，但这方面的新的管理体制和运行秩序还在逐步形成的过程中，这一过程中也会发生某些脱节和混乱。还应指出的是，当社会各领域中的序间状态在现实过程中相互联系而形成组合背景时，各种失范现象就不可避免地在相互影响和交织中多倍放大，从而形成比较严重的局面。

其次，从技术社会形态视角的社会转型亦即社会现代化的进程来看，我国这一进程的开端虽然可以追溯到鸦片战争以后的时期，但在过去的年代里一直步履艰难。新中国的成立为社会现代化提供了新的历史条件，但由于认识上的偏差和指导思想上"左"的错误，这方面的步伐仍然不快。首先是工业化进程缓慢，而市场化进程则被人为地打断；经济现代化的这种状况又必然制约了政治现代化和文化现代化的进程。直到十一届三中全会以后，我国的社会现代化进程才进入了一个全面展开的新阶段，工业化加速推进，市场经济真正发展起来，政治现代化和文化现代化的许多任务也开始提上日程。而也正是在这一阶段上，从传统社会向现代社会的转型开始进入典型的序间状态：传统的农业社会的运行秩序被打破，与之相联系的各种规范不再适用；而现代工业社会的运行秩序以及与之相应的新的规范体系要经历一个必需的过程才能建立起来并被人们所接受。在传统的小农经济以及与之相适应的自然经济形式下所形成的各种习惯和做法，不能适应以现代工业为主干的社会化大生产和市场经济条件下的运作要求；而小农经济在政治领域中的派生物如官本位、宗法裙带、人情大于王法等与政治现代化的取向更是难以相容；思想文化领域里的那些愚昧和迷信的东西也必然与文化现代化所倡导的科学精神发生尖锐冲突。所以，现阶段社会各领域中的失范现象，其根源深藏于几千年农业社会的沉积土壤之中，只是在社会转型过程中失去了原有的规范认同和支持，并与社会现代化的新的规范体系的生长形成了明显的碰撞和对抗，从而在新的背景下将这些问题凸显出来。

以上两种视角的转型过程，在现实的社会发展实践中当然是交融在一起的；因此，对于现阶段各种失范现象的分析，都应该将这两种过程的分析结合起来。同时这里还应说明的是，我们主张将各种失范问题置于这个双重转型的过程中加以分析，并不是说只能从这里进行分析；除此之外，当然还可以从其他角度进行研究，对于其中一些特殊问题的研究还可以从全球化时代世界历史的更为宽广的背景着眼。但是当代中国所正在经历的这样一种深刻的双重转型，这个双重转型的这样一种特殊进程，这个特殊进程所形成的这样一种序间状态，应该是现阶段社会失范问题的主要背景，对此必须予以特殊的注意。

三

一些学者在讨论中提出，对于社会失范的价值评价应该讲两个方面，既有消极的方面，也有积极的方面。从历史的角度看，这是有道理的；因为在社会发展的过程中，特别是在社会发生深刻变革的转型时期，失范有时意味着对已经不合时宜的旧的社会秩序的否定和消解，它召唤着为社会发展的新的阶段所要求的新的社会秩序的到来。从这个意义上说，它具有一定的积极作用。但是失范并不必然导向新的社会秩序，许多失范现象不仅是对旧的社会秩序的破坏，而且也是对一切社会秩序的破坏，其消极作用是很大的，搞不好就会使社会运行过程遭到严重损害。从我国现阶段社会失范的情况看,虽然也应该从积极和消极两个方面进行评价,但至少在前面所列举的那些失范现象中,大多是具有严重的危害性的。所以,我们必须在认真研究的基础上,采取适宜的对策,有效地控制和解决这方面的问题。

这里应该承认,现阶段社会失范问题的发生,既然是与社会转型时期的序间状态相关联的,而且这个转型又是一种特殊的双重转型,那么在这个双重转型完成之前,要想从根本上消除此类问题,无疑是难以做到的。但是,这决不意味着只能听之任之,只要对策适当,我们完全能够将各种相关问题控制在尽可能小的限度之内。这就要针对转型时期序间状态的特点去考虑:一方面,应尽可能地处理好新旧两种秩序之间的衔接问题,减少可能出现的缺口和漏洞;旧机制虽然在总体上已不再适宜,但在未完全变革之前,仍要利用其某些方面为过渡时期服务,而正在形成和建立过程中的新机制,则应边建边用,使之尽快发挥效力。另一方面,考虑到序间状态的过渡性质,有必要采取一系列特别措施。具体说来,第一,应设立序间状态下社会运行的特殊监测系统,包括社会失范问题的预警系统,密切注意这种特殊状态下各个领域的动向,发现问题及时反馈,以使各有关方面采取主动。对于潜在的威胁,则应未雨绸缪,及时防范。第二,针对序间状态运行的特殊情况,应注意制定某种指导性的临时约法和过渡性政策体系,并根据情况的变化及时调整和修正,以尽可能地减少这一时期非确定性的不利影响,抑制失范问题的发生。第三,对于已经出现的有重大影响的失范问题,应组织专门力量,使用专门手段,在一定时期内予以特别处置。这种特别处置方式,可以在严格掌握的前提下超常规运用,并且随着问题的变化而随时变换。通过这样一系列特别措施,尽可能地控制失范问题的发生和蔓延,排除其对社会运行过程的可能威胁。

在现阶段的实践中,应该说我们已经和正在从以上两个方面做出努力,并取得了一定的效果。特别是针对已发生的各种失范问题采取了一系列特别处置的措施,例如采用各种手段整顿市场秩序、打击假冒伪劣,组织专门力量打击走私,在惩治腐败方面屡出重拳,整治行业不正之风,开展"三讲"教育,揭批"法轮功",针对专门问题重点宣传引导等等。但从总体上看,要做的事情还很多,我们还应该进一步提高认识的自觉程度,进一步加强有关工作,以使相关问题得到更为有效的处置。当然,在转型时期的序间状态下,各种对策的作用终究是有限度的。要从根本上比较彻底地解决问题,还必须大力推进社会发展,促使当代中国社会发展中的双重转型尽快完成。我们应将促进社会转型的根本上的努力与序间状态下的特殊措施结合起来,为消除现阶段的各种社会失范现象不断创造出新的有利条件,推动这方面问题的较好解决。

(原载《理论前沿》2003年第15期;《领导者》2003年第9期转载)

规则、"潜规则"及"反规则"

(2009年7月)

考察现阶段中国社会发展,可以说我们正处在一个特殊的转型时期。这一时期既是社会各方面不断发生深刻变化和取得显著进步的时期,也是各种社会问题的多发期。对于这些问题,如果不能及时控制和解决,就有可能引发各种畸变,妨碍社会发展的正常进程。而有关规则、"潜规则"及"反规则"的矛盾与冲突,就是如此。

所谓规则,是一个社会体系中正式确立并要求其社会成员共同遵守的制度规定和相关准则,既包括法律、纪律等强制性规则,也包括道德准则等非强制性规则。任何社会的运行和发展,都需要有一定的规则,只有这样才能整合社会内部的各种力量和倾向,协调各方面的利益诉求和冲突,形成一种相对稳定的社会秩序,保证社会运行和发展进程的顺利展开。没有规则,就只能是一团混乱,什么事情也做不成。而从现阶段社会转型的实际看,我们正面对着一种特殊的情况:随着旧体制让位于新体制,旧的社会类型转变为新的社会类型,社会规则体系也正在发生重大改变,原有的社会规则体系正在被新的规则体系所取代。要完成这样一种转变,当然需要一个过程,不可能一步到位;但这个过程又不宜过长,否则就会由于规则缺失而产生无序和混乱。因此,我们应该尽可能地加强这方面的工作，在破除旧的规则体系的同时尽快建立新的规则体系，并在新的实践中不断巩固和完善。

要在社会转型的过程中加强规则体系建设，就不能不涉及现实中的一个突出问题，即所谓"潜规则"的存在及其危害。"潜规则"也是一种规则，但它与正式的规则不同，是一种非正式的、不成文的、潜存于正式规则背后的特殊规则。这种"潜规则"与正式规则的宗旨和目标往往相去甚远，它代表的是一种与社会整体利益相偏离的狭隘利益。而它造成危害的能量却很大，大凡有"潜规则"存在的地方，正式的规则便在很大程度上流于形式，虽然表面上依然存在，甚至还很完备，但实际上很难起到应有的作用；而真正起作用的则是这种看不见、摸不着的"潜规则"。由于现阶段转型过程中许多新的规则刚刚开始建立，尚不够完善和巩固，于是这种"潜规则"就更是在经济、政治、文化等各个领域中相当广泛地流行开来；结果在很多场合，正常的东西变成不正常的，不正常的反而变成正常的，无论什么事情，都要依靠私底下的"交易"，甚至演变为公开的贿赂，明码标价，随行就市，什么都可以买卖。这种情况，严重妨害了社会的正常运行，阻碍社会的发展，侵蚀社会的肌体和精神，影响十分恶劣。

而且不仅如此，与"潜规则"同时并存的，还有一种更值得关注的现象，即所谓"反规则"。"反规则"本身并不是一种规则，而是对规则的反动；它是某些社会成员为了实现自己的特殊目的（特别是某些自私的利益诉求），有意违背和破坏既定规则的行为。如果说"潜规则"还是以一种背后的规则与正式规则相抗衡，那么"反规则"就是公然藐视和摒弃一切规则，表现为一种不顾一切的、赤裸裸的功利行为；为了满足卑劣的私欲，可以不择手段，什么事情都干得出来，哪怕给公众和社会造成重大损害，也毫无顾忌。传统社会中的小农意识本来就有目光短浅、自私狭隘的历史局限，同时还有偏重"熟人社会"、"人情大于王法"的流弊，法制观念淡漠，规则意识不强；如今从传统社会向现代社会转型，这种落后的观念与建立社会主义市场经济、发展社会主义民主政治、建设社会主义法治国家等新的社会要求形成了尖锐的矛盾，其表现形式之一，就是规则与"反规则"的冲突。加之现阶段的社会转型还在过程中，新的规则体系还没能完全建立起来，特别是各领域的监督制约机制还很不健全，这便使一些人便觉得有机可乘，以为"饿死胆小的，撑死胆大的"，只要有利可图，什么都敢干，起码的良知都可以不要，哪还管什么规则。或者认为规则是给普通老百姓制定的，只要自己有权力、有地位、有钞票、有"关系"，就可以搞特殊，可以逍遥于规则之外；于是内外勾结、上下其手、营私舞弊、弄虚作假，无所不用其极，甚至不惜公然践踏法律。种种迹象表明，这种"反规则"现象目前有愈演愈烈之势，如不能采取有效措施，及时加以控制，就有可能造成严重后果，甚至从根本上瓦解我们的社会规则体系。

当然，客观地说，规则、"潜规则"以及"反规则"的矛盾与冲突，在社会发展的各个阶段上都会这样那样地存在；事物总是对立统一的，有规则，就会有"潜规则"、"反规则"。但是，这绝不是听任这些现象肆意泛滥的理由。我们应该也完全能够通过积极的努力，将这方面问题控制在最低的限度。而从现阶段的情况来看，这方面问题已经十分突出地表现出来，不能不引起充分的重视和关注。虽然社会转型时期的特殊实际使我们遇到不少困难，但只要措施到位，应对得当，就一定能够取得应有的成效，使各种"潜规则"、"反规则"肆行的势头得到遏制，从而为新的社会规范体系的建立和社会转型的顺利完成创造良好的环境和条件。

(原载《学习时报》2009年7月13日)

拒斥与冲突：社会现代化进程中的规则建构

(2011年8月)

社会现代化作为传统社会向现代社会转化的历史过程，是一种十分深刻的社会转型。要促使这一转型顺利实现，需要从多方面做出努力；而其中一个基本的要求，便是建构一套与现代社会相适应的新的规则体系，并使之有效地发挥作用。事实表明，这是一项相当艰巨的历史任务，不可避免地会遇到各种矛盾和冲突。而从现阶段的实践来看，这方面问题已经十分突出地表现出来，如不能有效控制和解决，将会对社会现代化的整体进程造成严重妨害。因此，有必要在这里做一些具体研究和探讨。

一

从一般意义上说，所谓社会规则应是指一定社会中形成的、为人们在各种社会活动中所遵从的规矩和准则。"社会规则"与"社会规范"属于近义词，一些社会学家更多地使用后一个概念①，而

---

① 郑杭生：《社会学概论新编》，中国人民大学出版社1987年版，第253页；宋林飞：《现代社会学》，上海人民出版社1987年版，第143页。

也有一些学者主张将这两个概念看作同义语。同时，规则概念还被广泛用来解释制度的内涵，如美国学者道格拉斯·C.诺斯就具体论述了"制度是一个社会的游戏规则"①，并进而区分了"包括政治（及司法）规则、经济规则和合约"的"正规规则"和"内含着习俗、传统和行为准则的非正规制约"②。

无论社会规则表现为怎样的具体样态，它从本质上都是一定社会的现实存在的反映。虽然一定的规则体系中总要这样那样地包含着某种普遍的、能够适用于各个社会阶段的因素和内容，但不同的社会无疑需要建立与自身的特殊实际相适应的不同的规则体系。既然社会现代化意味着从传统社会转向现代社会——从技术社会形态的视角看，也就是从农业社会向工业社会和信息社会转变③，那它就必然会在社会规则体系的建构上产生全新的诉求。如果说以往传统社会的阶段上也有某种规则体系的话，那么其内容所反映的只能是那一阶段上的实际——包括以落后的小农经济为主干的生产力体系，自给自足的自然经济形式，专制的或集权的政体结构，以及渗透着愚昧和迷信的旧的思想文化体系。而走向现代社会，首先便是以社会化大工业取代小农经济，并在这一技术基础之上建立市场经济体制和现代民主政体，以及体现着现代科学精神的新的思想文化体系；这一新的社会实际规定了新的规则体系的建构取向和基本内容。所

---

① ［美］道格拉斯·C.诺斯：《制度、制度变迁与经济绩效》，刘守英译，上海三联书店1994年版，第3页。

② ［美］道格拉斯·C.诺斯：《制度、制度变迁与经济绩效》，刘守英译，上海三联书店1994年版，第8、64页。

③ 关于传统社会和现代社会的内涵，以及社会转型的实质，讨论中存在不同的理解。我不赞同那种仅仅停留在实证的角度进行现象描述，以及有意无意地试图将这些重要概念与历史唯物主义的理论传统隔绝开来的做法；主张借助社会形态理论研究的新的成果，从技术社会形态的视角去把握。

谓现代社会规则体系，应是与这些新的实际相适应，能够保证现代社会的经济、政治、文化等领域正常运转的各类规则的总和，包括所谓"正式规则"和"非正式规则"。而随着现代化的继续推进和信息社会的到来，生产力的发展将进一步达到知识经济阶段，这时社会各个领域都将出现更多新的变化；对于社会规则体系来说，无疑也应做出进一步的调整和改变。

作为社会现代化的一项基本要求，新的规则体系的建构必须与经济、政治、文化等各个领域的变迁同步进行，因为没有这些规则，新的社会结构就无法确立并进入正常运行。所以我们看到，伴随着社会现代化的进程，各种新的法律、法规以及其他形式的强制性规章被成批地制定出来，社会伦理和道德规范也都在纷乱和争辩中发生着深刻的变化。当然，这一制定和形成规则的过程本身是颇为艰难的，要把不断变化着的新的社会关系和活动方式梳理清楚并做出明确规定，需要花费很大的气力。在许多情况下，可以看到由于社会各个领域的现代化进程不一致所造成的不平衡现象：一些方面的规则制定出来了，而另一些方面的规则却还没有形成；已经确立的某项规则需要其他规则与之相配套，而这些配套规则却迟迟不能到位。即使是已经出台的那部分规则，也往往会由于各种各样的缺陷而受到批评和诟病。然而，这方面的问题总是会一步步得到解决的，该出台的最终会出台，该完善的也会逐渐完善；真正的挑战并不在这里，而是在这些新的规则出台之后，即具体实施过程中所遭遇的处境。

呈现在我们面前的是这样一些令人惊异而又随处可见的景象：不少新的规则不论看上去怎样完备，但实际上却并不被真正重视，甚至根本无法引起应有的注意。它们常常受到鄙夷和嘲弄，在许多时候被弃置一旁；或者只是形式主义地加以宣示，实际上根本不会认真实行。各种禁令重重叠叠，实际效力却往往有限，甚至一些基本的规则，包括在法律中已有明确规定的事项，也不得不以行政规章的形式一再重复，然而依旧是起不到多大的作用。生活中一个典型的事例是，虽然城市的路口普遍设置了交通标志，但人们往往熟视无睹，"闯红灯"成为令管理部门十分头疼的顽症。这在某种程度上可以看作是现代社会规则建构过程中尴尬处境的缩影。

现实中还有两种现象十分令人关注。一种是存在于公开的规则背后的私下交易，亦即所谓"潜规则"——自从学者吴思出版了他的《潜规则》一书，这个词便迅速流行开来。这种"潜规则"既不同于正式规则，也不同于道格拉斯·C.诺斯的"非正规制约"，因为它根本就不属于现代社会规则体系，而是作为这一规则体系的异己力量而存在的；它对现代社会规则起着侵蚀和消解的作用，具有十分严重的危害。与"潜规则"相联系的必然是各种腐败行为，以及狭隘利益的不正当交换；如果一个社会中到处都是"潜规则"，那么这个社会就隐藏着极大的风险。还有一种现象也十分突出，这便是与诚信缺失相关联的各种欺诈行为；这类行为也几乎覆盖了社会各个领域，诸如市场交易中的假冒品牌，用劣质原材料和有害添加剂加工制作的问题产品，官员欺上瞒下的虚假政绩，掺入大量水分的统计数据，学校考试中的公开作弊，学术论文和科研成果的抄袭剽窃，其花样繁多和费尽心机，令人瞠目。一个人一生中的种种事项，包括姓名、年龄、籍贯、民族、学历、学位以及工作经历等等，都有可能造假，并且能堂而皇之地进入各类正规的管理档案；近年来揭露的大量案例，充分说明了这方面问题的严重性。

如此种种不正常的现象，使现代社会规则体系的建构陷入困境。更令人担忧的是许多社会成员对此类现象的容忍态度，就连素以理性相标榜的知识界也不例外。似乎为实现某种功利目的而采用某些"灵活"的手段属于"情有可原"，暗地里还会被当作拓展社会资本的特殊能力而受到倾羡；相应地，采取敷衍和暧昧的处理方式，甚至设法为之遮掩、开脱,往往被当作宽厚仁德而得到肯定。这样一种导向无疑与社会现代化的方向背道而驰,然而这些问题究竟是如何发生的呢?

二

如果我们将目光前移,考察一下为社会现代化提供历史前提的传统社会的状况,那么就不难发现,我们今天在现实中所遇到的一切,都可以追溯到这个阶段。传统社会中没有为我们今天所需要的普遍的规则意识,有的只是相反的东西。

当然,从表面上看,传统社会的规则体系还是相当完备的。中国历史上的各个朝代都有自己的法律体系,从战国时期李悝编制的《法经》一直到《大清律例》,大都以刑法为主,诉讼、民事、行政等诸法合体,内容涵盖经济、政治、文化等社会各个领域的活动。而进一步说,这些法律规定又是与伦理规范结合在一起并以后者为依据的,即所谓"礼法结合","德主刑辅,礼刑并用"。汉武帝"罢黜百家,独尊儒术",而儒家思想的一个基本特点,便是立足于伦理本位;它不仅为社会的运行与管理设定了基本框架,而且将其上升到伦理的高度,为人们在各个领域的活动提供了规范和准则,从而使全部社会生活伦理化了。暂且不论对这样一套传统的规则体系应怎样历史地进行评价,这里所要强调指出的是,由于传统社会固有的局限,它的这套规则从一开始便注定不可能有效地得到实施。

众所周知,传统社会的一个典型特征,便是"人治"而不是"法治"。二者的区别不在于有没有法制,而在于法制的地位。人治社会中虽然也有法制,甚至可以是颇为完备的法制,但这种法制是服从于权力体系的,它只是作为统治的工具和手段而存在,统治者的权力可以超越于法制之上。所谓"法自君出",君主既是最高立法者，又是最高审判官，他的地位至高无上，臣民只能服从。君权所依托的是一个从上到下的金字塔式的集权体制，在这种体制下，法制能够实行到什么程度，不能不在很大程度上受到当权者个人因素的影响。而历史事实告诉我们，一旦"权大于法"，"法"必然要大打折扣；至于儒家所推崇的那些伦理规范，更是常常成为漂亮的空话，甚至被当作可以用来掩盖种种劣行的装饰物。吴思在《潜规则》一书中所描述的，正是这种情形；从中可以清楚地看到："支配这个集团行为的东西，经常与他们宣称遵循的那些原则相去甚远"①。不仅如此，传统社会还有另外一个重要特征，即存在一种以血缘关系为纽带的宗法体系。这种宗法体系渗透和融合于社会的政治关系之中，形成了"家国一体"的特殊形态，这就使得冷冰冰的集权体制披上了一件温情脉脉的"亲情"外衣；而与此同时，这种宗法关系也不能不对各种社会规则的实行产生直接影响，使之因"亲疏远近"而发生种种差异或"变通"。由于落后的生产力和交往关系的制约，传统社会中极为重视"熟人社会"，其中血缘关系最为重要，而地缘、学缘、业缘等其他各种"熟人"关系也都不可忽视。这些关系交织在一起，便形成一个个特殊的群体或"圈子"；"圈子"内外，往往实行的是不同的规则，即所谓"人情大于王法"。正如费孝通先生所分析的：中国传统社会是"一个差序格局的社会，是由无数私人关系搭成的网络"②；"在这种社会中，一切普遍的标准并不发生作用"，而道德和法律等"都因之得看所施的对象和'自己'的关系而加以程度上的伸缩"③。

其实，传统社会的技术基础——以小农经济为主干的生产力体系，以及与之相适应的自然经济形式，本来就难以产生严格的规则

---

① 吴思：《潜规则》，云南人民出版社2002年版，第2页。
② 费孝通：《乡土中国》，生活·读书·新知三联书店1985年版，第34页。
③ 费孝通：《乡土中国》，生活·读书·新知三联书店1985年版，第34页。

要求。"日出而作，日入而息"，靠天吃饭，自给自足，形成一种十分松散的生产和生活方式；加之地域辽阔，交往落后，环境闭塞，"山高皇帝远"，社会管理往往鞭长莫及。在这样的技术基础之上，又有那样一套"人治"的体制（这两者本身也是有着内在的逻辑联系的），传统社会的规则体系究竟能够实行到什么程度，也就可想而知了。而更严重的问题是，由此便形成了一种十分消极的历史文化传统：漠视和拒斥规则。人们敬畏权力和权威，看重人情和关系，就是不把规则当回事。这种传统意识，一直流传至今，成为社会现代化进程中最严重的障碍之一。它与建构现代社会规则体系的要求形成尖锐冲突，并以多种形式表现出来；我们在现实中所看到的种种不正常现象，背后无不浸透着这种根深蒂固的传统意识。

指出传统社会的落后意识作为一种习惯力量继续存在并在深层次上阻碍着现代社会规则建构，并不是要把现实的问题简单地推给历史。现实中发生的问题，自然有其现实的根源；而传统意识之所以能够如此广泛地继续发生影响，也正是由于现实环境中存在着适合于它的条件和土壤。的确，社会现代化是一个逐步推进的过程，传统社会向现代社会的转型是在渐进中完成的；所以，现代社会规则体系的建构，并不是在已经形成了的现代社会当中，而是在现代社会生长的过程当中——旧的社会基础还没有完全清除，而新的社会体系还远未成熟和完善，甚至在不少方面还有重大缺失。于是我们看到，工业化和信息化正在大踏步地推进，但传统的小农经济在许多地方仍然顽强地存在；市场化大潮席卷而来，但传统的自然经济模式还没有完全冲破；崭新的城市一座座拔地而起，几乎每天都在改换着自己的面貌，但仍有无数的乡村默默地延续着千百年来辈辈相传的生存方式。这种不平衡状况的存在，便使得现代社会规则体系的建构从根本上受到局限。

而特别需要关注的是，作为政治现代化基本要求的民主和法治建设虽然在经济现代化的促动下不断推进,并取得了不少的成果,但毕竟是步履艰难,障碍重重。"让权力在阳光下运行"——基本的方向已经明确,但具体的制约机制如何形成,仍有许多深层次问题有待于探讨或者提上日程;而这对于现代社会规则体系的建构至关重要,特别是关系到能否使这些规则真正得到实施。如孟德斯鸠所言,"一切有权力的人都容易滥用权力,这是万古不易的一条经验。有权力的人们使用权力一直遇到有界限的地方才休止。"① 失去制约的权力必然导致腐败——政治学上的这条"铁律"一再得到验证,凡是腐败蔓延、"潜规则"盛行的地方,无不是权力制约的薄弱之处。而与此同时,传统社会中以血缘关系和各种"熟人"关系为纽带的"熟人社会"改头换面,以新的形式继续存在;虽然由于生产方式的变化和交往的扩展,社会生活对原有的这些关系的依赖程度在客观意义上已大大不同于以往,但其在各方面的影响依然是不容忽视的事实。这种特殊关系如果与缺少制约的权力结合在一起,就会不可避免地导致种种徇私舞弊的恶劣现象出现。而传统社会中那种漠视和拒斥规则的落后意识,就在这种惬意的环境中理所当然地继续流行,甚至变本加厉地恶性膨胀起来。②

此外还应看到,社会现代化作为一种深刻的社会转型,必然是一个不断破旧立新的过程。其中,首先要做的便是打破原有的社会结构,包括附属于这一结构的社会规则体系,从而为新的社会因素的成长开辟道路。因此,解放思想,大胆尝试,敢于突破,便无可

---

① [法]孟德斯鸠:《论法的精神》上册,张雁深译,张雁深译,商务印书馆1961年版,第154页。
② 一项有关社会失范问题的调查表明,政治领域的失范已成为公众最为关注的问题,其中排在前两位的分别是"权钱交易"和"裙带关系"。参见朱力:《变迁之痛——转型期的社会失范研究》,社会科学文献出版社2006年版,第90—91页。

置疑地成为这一过程中的主流思潮。但是,在打破各种旧的禁锢的同时,也会不知不觉地滋长出一种极端倾向,似乎可以随意超越一切限制,以至于对任何规则都不屑一顾——不论是法律法规还是道德规范,也不论是新的规则还是旧的规则。如果对这种倾向缺乏警惕,不能及时地进行匡正和引导,加上正面的规则教育力度不足,重视不够,便使得本来就十分淡薄的规则意识又增加了几多混乱,现代社会规则的建构愈加艰难。

三

规则意识缺位,违背和破坏规则成为习以为常的事情,这一问题的严重性需要引起足够的警醒。必须清楚地认识到,要想实现社会现代化的既定目标,从传统社会走向现代社会,这样一种状况无论如何是不行的。如果没有一套切实有效的规则体系,社会就不能正常存在和运转,因而也就不可能有什么现代社会。而在现实中,我们已经可以看到这方面问题的危害和后果;它使得正在形成中的市场机制发生扭曲,政治合法性的根基遭到侵蚀,社会公正和正义受到损害,并进而导致社会精神领域的萎靡和危机,严重毒化了社会风气。我们不能不认识到,一个不讲规则的民族,是不可能跻身于现代世界的民族之林的。

由此,现实实践便将一个十分严肃的课题提到了我们面前。社会现代化推进到今天,应是对原有传统中漠视或鄙视规则的落后意识进行清理的时候了。虽然尚未完成的社会变革仍然需要勇于突破旧的束缚和禁锢的果敢精神,而且在某些领域中这种需求还显得极为迫切,但区分新旧两种不同性质的规则体系,并将过时的、不合理的规则体系与规则本身区分开来,进而在此基础上将破除旧的规则与建构新的规则统一起来,既是必要的,也是可能的,而且是必须抓紧进行的。要做到这一点，无疑需要主体的自觉，并且是在全社会的意义上；这种自觉不会想当然地生长出来，而是需要启迪、引导以及必要的灌输，这可以看作是社会现代化进程中所需启蒙的重要组成部分。对于传统意识的批判必须到位，要能触动最本质的东西，将其从社会心理的深层积淀中逐步剥离开来。这是一项耐心细致的工作，必须下大气力才能完成。与之相对应的则是现代规则意识的培育，这不只是制定一些新的法律或其他制度条文那样简单，最主要的是要从主体的意识深处树立起对规则的尊重和敬畏，并由此衍生出践行的意愿和自觉。正面的教育和导向必不可少，并且要大张旗鼓，形成普遍的舆论和声势，对那种不辨是非、暧昧纵容甚至暗自钦羡的猥陋风气来一次彻底的扫除，以迎接社会精神上的新的日出。

当然，意识领域中问题的解决，不能只是着眼于意识本身，而应从根本上改变其存在的土壤。这才是现代社会规则建构得失成败的根本。既然社会现代化的整体进程包含着社会各个结构领域和层次之间，以及各个区域和社会系统之间的不平衡性，那么我们所应做的便是采取实际措施促进现代社会因素的广泛生长，推动已有成果的扩展和传播，使相对滞后的领域和区域加速融入到现代化的进程中来，从而进一步破除传统意识存在的根基。而在这一过程当中，要下决心进行关键环节的攻坚——既然政治现代化的状况对于问题的解决具有特殊重要的意义，那么我们就应审时度势，及时推进社会主义民主政治建设，真正以法治代替人治，从根本上解决权力制约问题，封堵一切可能导致权力滥用的门径和通道。权力制约的具体机制如何建构，在不同的条件下无疑存在不同的可能性；但无论怎样，我们都应对孟德斯鸠的观点给予充分的重视："从事物的性质来说，要防止滥用权力，就必须以权力约束权力。"① 公共权力必须受到约束，必须在法律和制度所规定的范围内行事②，违背规则必须受到追究，"潜规则"必须退出——只有在现实基础的领域里切实解决了这个问题，对规则的尊重和敬畏才有可能，社会的规则意识才会真正形成，所谓现代社会规则体系也才能真正确立。

如何促进作为传统社会基本特征之一的"熟人社会"向现代社会所要求的"公众社会"转变，也是社会现代化和现代社会规则建构过程中必须面对的问题。就其本身而言，社会生活中的各种"熟人"关系并不就是消极因素，现代社会也并不是简单地否定这种关系；这里所要做的是在更高的发展水平上对其重新定位，并使之与更为广泛的社会关系协调起来。市场经济和民主政治的发展，都要求超越"熟人"关系的狭小圈子，转而以一种新的平等的尺度对待人与人之间的关系，从而建立一种普遍意义的"公众社会"。这种"公众社会"的形成，正是现代社会规则体系得以确立并真正有效地得到实施的重要基础。作为一种行为模式的"熟人社会"应该破除，而"熟人"关系作为私人领域继续存在，只是这个私人领域必须与社会的公共领域区分开来，尤其是与公共权力的行使区分开来。

最后还应指出的是，当我们讨论现代社会规则体系的建构及其实际效力问题时，无疑有着一个基本的前提，即这些规则本身应具有合理性。如果这一前提发生问题，所有讨论便失去意义。我们强调规则意识，要求尊重和敬畏规则，绝不是主张盲目的服从，也丝

---

① ［法］孟德斯鸠：《论法的精神》上册，商务印书馆1961年版，第154页。
② 当然，在现代政治哲学看来，法治不仅意味着"形式合法化"，而且还进一步"要求所有的法律符合一定的原则"，亦即所谓"元法律原则"；但无论怎样说，"依法办事"都是一项最基本的要求，所谓法治必须"以形式合法性为前提"。参见哈耶克：《自由秩序原理》，邓正来译，生活·读书·新知三联书店1997年版，第260—261页。

毫不抹煞这一领域的批判意识，即使对于建构中的新的社会规则体系也同样如此。对于规则本身存在的偏差和缺陷，必须予以纠正和克服。社会现代化是一个渐进的过程，现代社会规则体系的建构也需要逐步完成，这中间难免会有种种不到位、不协调以及不完善之处。因此，在破除对于现代社会规则体系的各种抵制和阻力的同时，必须尽力加强这一体系本身的建设，促使其不断成熟和完善。当然，这种完善不能仅仅诉诸某种抽象的理念，而应立足于社会现代化的实际；"不是在每个时代中寻找某种范畴，而是始终站在现实历史的基础上"。[①]"现实历史"的每一个具体阶段都会不可避免地带有某种局限，否则它就不再是"历史"了；但历史的进步和人类社会的不断发展，总会将我们的文明不断提升到新的阶段，从而使人能够以更加无愧于自己本性的方式组织自己的活动和生活。

（原载《哲学研究》2011年第8期［有删节］；全文收入中共中央党校哲学教研部编：《哲学与社会》第5辑，中国社会科学出版社2012年版）

[①] 《马克思恩格斯文集》第1卷，人民出版社2009年版，第544页。

当前社会发展研究的状况和几个应注意的问题

(1996年8月)

一

近年来,社会发展问题日趋成为理论界关注的热点,有关这方面的研究已经被当作一种"显学"。一般地说,社会发展似乎并不是什么新课题,我们过去一直在这样那样地进行着社会发展研究,并力求运用理论研究的成果推动社会发展的实践。然而,从社会发展研究的具体范围来看,近年来的有关研究便显现出与以往研究的某种不同:如果说以往的研究涉及的范围较广,更多地侧重于社会(包括各领域)发展的一般规律和机制,以及一般历史进程和道路等,那么近年来的研究就显得相对集中,主要是侧重于一定阶段上社会发展过程的具体展开,特别是现阶段中国社会发展过程展开中的一系列具体问题,从而带有更直接的应用性和对策性。其中,社会现代化问题占有突出地位,但又并不仅局限于社会现代化问题。

社会发展研究在这样一种具体过程的范围内得到加强并成为热点,当然是与当代中国以及国际社会发展的新背景和新要求相联系的。就国际范围而言，和平与发展是当今世界的主题。西方发达国家在战后几十年间获得了经济发展的重大成就，迎来了新技术革命的浪潮，但与此同时也遇到与经济增长相伴而来的许多环境和社会问题，需要从理论上进行反思；广大发展中国家则面临着寻找适合于自己的发展道路，加快自身发展，缩小与发达国家的差距，尽快实现社会现代化的问题，这更需要从理论上进行探讨。社会主义和资本主义在发展中和平竞争，而苏东剧变使社会主义国家的发展问题尤为严峻。从中国的情况看，我们一方面属于不发达国家，另一方面又较早地进入了社会主义社会；我们的任务是要在社会主义条件下完成社会现代化的历史使命，并最终走出一条有中国特色的社会主义道路。而这一过程的展开就涉及一系列的具体发展问题，需要进行深入细致的研究。过去虽然也有不少这一类的研究，但相对分散且角度不一，现在需要从相对集中的角度使之系统化、专门化，如此才能适合社会发展实践的要求。

  应该承认，我国关于社会发展研究的这一进展，在一定程度上受到了国外有关发展理论研究的促动。第二次世界大战结束之后，发展问题在全球范围内日益凸显，并引起了国际学术界的关注。西方学者从各种学科领域展开了这方面课题的研究，特别是针对发展中国家发展问题的研究，先后形成了各种各样的发展理论，包括发展经济学、发展政治学、发展文化学、发展战略学、发展社会学、发展哲学等分支学科。许多国家及联合国等国际组织都设立了专门的发展研究机构，许多重要的国际会议均以发展为主题。国外有关发展理论研究的不少积极成果对我国社会发展有着重要的借鉴意义，而发展问题研究在国际范围内的广泛展开和不断深化，则直接促动了我国理论界对这方面研究的重视和加强。我国一些学者不失时机地对国外发展研究进行追踪介绍，所起到的积极作用也是应该充分肯定的。

但是，必须指出的是，如果由于上面的原因，便将近年来我国社会发展研究的新进展简单地归结为国外发展理论的传入，或看作是国外发展问题研究在中国的回应，那就失之偏颇和不够客观了。一方面，国外发展理论介绍进来，是被借鉴和运用于中国社会发展的特殊问题的研究，中国需要自己的社会发展理论，这里必须看到理论工作者的努力创造；另一方面，虽然确有一些研究者这样那样地倾向于放弃或"绕开"所谓"传统理论"而皈依某种国外发展理论，试图以此类"新理论"为主要思想依据，但同时还有许多研究者并不是（或主要不是）借助于国外发展理论，而是在本领域以往研究的基础之上，适应我国社会发展实践的新的要求而转入具体过程范围内的发展问题研究的。他们并没有简单地背弃自己的理论传统而另寻依附，而是力求把以往研究的合理精神充分地贯穿到新的研究中去，进而以此为基础进行新的创造；至于以往传统中某些缺陷和不足，也正在新的研究中得到修正和克服。对国外发展理论的好的成果，他们当然是注意借鉴和吸收的，但这种借鉴和吸收是被置于自己研究的根据之上的。所以，考察中国当前社会发展研究的状况，不应只注意那些来自国外的东西，而应对这一类脚踏实地的研究给予同样的关注。

从所涉及的内容来看，我国当前有关社会发展的研究实际上已从整体（社会结构体系）和部分（社会体系中的各个具体领域）两个层面上广泛展开。整体层面上已涉及的问题有社会发展的总体目标、社会发展的总体战略、社会发展的总体评价、社会各领域发展的总体协调、社会发展与人的发展、社会可持续发展、社会现代化、社会转型、社会发展的全球化等；而部分层面上已涉及的问题则更多、更具体，包括经济发展的目标和战略，政治、文化等其他领域发展的目标和战略，经济现代化、政治现代化和文化现代化的具体任务和途径，各个具体领域发展中的突出问题等。两个层面上的研究都紧贴我国社会发展的实践,关注建设有中国特色社会主义、实现社会主义现代化这一主题,特别是有关实现"两个转变",促进经济持续、健康、快速发展和加快建构社会主义市场经济新体制,加强社会主义民主和法制建设,加强社会主义精神文明建设等现实的发展课题更是各领域研究的热点。如果我们真正是着眼于研究的实际内容而不是仅仅局限于"发展"的字样,那么无疑可以有更多的具体研究可以包括进来,尤其是在部分(社会体系中各个具体领域)的层面上。相形之下,整体(社会结构体系)层面上的研究倒显得比较薄弱,或者说还缺乏应有的力度和分量,当然这种状况也正在改变之中。

针对以上这些具体内容,我国哲学社会科学的各有关学科已分别从各自适宜的层面和领域介入了关于社会发展问题的研究。经济学领域关注于经济发展和经济体制改革,一方面根据中国的工业化实际构建中国自己的发展经济学,另一方面则为中国的经济体制从传统的计划经济向社会主义市场经济转变进行不懈的探索;政治学领域关注于政治发展,研究政治体制改革,酝酿构建中国的发展政治学;社会学领域关注于社会生活中诸多方面的发展和变迁,并试图从总体上探讨社会转型和社会现代化问题;伦理学以及文学艺术等各文化学科关注于思想文化发展,致力于研究新的发展进程中的精神文明建设;至于哲学,则突出强调从整体的层面研究社会发展问题,着力研究社会发展中的综合性、整体性问题,以及社会各领域发展的协调统一问题,亦有人提出构建发展哲学的主张。各学科的研究大体上依学科性质而各有侧重,但同时也应看到,当前社会发展研究中确也存在一种"超越"和"独立化"的倾向,即把社会发展(或"发展问题")看作是一种超越各学科界限的(或"跨学科的")独立性的研究课题,认为可以形成一门独立的学科;有人提议应建立专门的"发展学",有人则笼统地将有关研究称为"发展理论",并主张参照国外发展理论规划其内容。

总而言之,这种有关具体过程范围内的社会发展研究在当前呈现出积极推进的趋势,其"热度"也会继续升高。而与此同时,这一研究中存在的一些问题也渐次显露出来。要保证研究的进一步深入和取得更好的效益,有必要对这些问题予以应有的注意,并采取正确的态度。

二

既然社会发展在一般的意义上并不是什么新的课题,而当前所"热"的社会发展研究只是在具体范围或主要着眼点上与以往的研究有所不同,即其主要集中于社会发展的一定阶段的具体过程的展开,而不像以往的社会发展研究那样广泛探讨社会发展的一般规律和一般进程;那么这里立刻便产生了我们应注意的第一个问题:如何认识和对待这种具体过程范围内的社会发展研究与既有的一般进程范围内的社会发展研究——这两种不同范围的社会发展研究之间的关系?

有一种倾向,在谈论社会发展研究时根本不提我们长期以来一直在进行的总体性的或一般进程范围内的社会发展研究,而把社会发展研究独断地等同于当前这种一定阶段上的具体过程范围内的研究,从而割断了二者的历史联系和逻辑联系,似乎所谓"社会发展研究"只是近年来才开辟的全新领域;这种倾向就是不正确的了。

首先必须确认,上述两种范围的研究同属于社会发展研究并各有其价值意义,社会发展研究就其本意而言应该包括二者的统一。因为社会发展本身就是总体进程和阶段性过程、一般进程和具体过程的统一,每一个特殊的发展阶段都是总的发展进程中的一个环节。为了在社会发展中更好地发挥主体的能动作用,我们既需要研究社会发展的总体进程,揭示其一般规律和机制,也需要研究社会发展特定阶段上的具体过程,揭示其特殊的、具体的规律和机制,以及更为直接的问题和对策,二者不可偏废。其次,这两种范围的研究不论从逻辑上说还是从历史上说都是相互联系着的。从逻辑上说,对社会发展的总体性的、一般进程范围内的研究可以为特定发展阶段的具体过程范围内的研究提供宏观的认知框架和一般理论指导,而后者的研究也反过来为前者的研究提供相对具体的成果依据,使之得以深化和拓展,二者相得益彰;而从历史上看,我国当前的具体过程范围内的社会发展研究实际上也正是在对社会发展的总体性研究的既有基础之上开展起来的,这一点在上面已经指出过了,我们不能割断历史,忽视这一客观事实。

这里决不是说在两种范围的社会发展研究中不可以有所偏重,相反,应该肯定在当前深入开展具体过程范围的社会发展——主要是现阶段中国社会发展的具体过程——的研究具有十分迫切的意义,应该大力推动。只是不能绝对化、极端化,由此而否认和排斥其他。

与这一问题相关联的第二个问题,是在当前有关具体过程范围内的社会发展研究中,如何处理所谓"传统理论"与国外发展理论的关系问题。既然我国在这方面的研究一定程度上是受了国外研究的促动,国外有关研究成果被不断地介绍进来并引起了广泛兴趣,这个问题就很自然地摆在面前。

吸收和借鉴国外发展理论的积极成果,使之服务于我国社会发展研究,这无疑是应该肯定和大力倡导的。我们过去这方面做得不够,现在当然应该特别注意,这也是无可非议的。但是,如果由此而走向极端,以为进行这种社会发展研究必须摒弃以往研究的基础,亦即所谓"传统理论",而借助于某种从国外引进的"新理论",以至于完全跟在外国人后面跑,那就是不应该的了。

所谓"传统理论",既包括以往我们投入较多的关于总体的或一般进程范围内的社会发展研究的成果,也包括以往已经这样那样涉及的具体过程范围内的社会发展研究的成果——虽然这方面过去开发不够,但毕竟也有一定基础。就前者来说,其理论指导作用我们已经指出过了,在当前的研究中我们无疑应该重视发挥这种作用;就后者而言,我们更没有理由一笔勾销,推倒重来,或弃置不用,另起炉灶。应该说,我们的理论传统与国外不同,有许多自己的特点,其中不少是优点。从一般过程的范围说,发展概念本来就是马克思主义的基本概念,马克思主义哲学一开始就注重研究社会发展,并强调揭示社会发展的客观规律。特别是历史唯物主义揭示了社会结构体系的内在联系,它所讲的社会发展一开始就是全方位的,是包括经济发展和社会其他领域发展的协调统一在内的社会全面发展;历史唯物主义强调社会发展与人的发展的统一,认为社会发展最终是为了人的发展;如此等等的一系列基本观点并不过时,反而正是当前社会发展研究中所需要重视的。同样,马克思主义的经济学、政治学、社会学、伦理学、文化学等分别探究社会各个具体领域的发展规律,它们在各自领域中的指导作用也不容否认。尤其应该指出的是,"文化大革命"结束后的近20年中,我国广大理论工作者在各自的学科领域进行了大量的开拓性研究,使马克思主义关于社会发展的一般理论从各方面得到了新的发展,这些新的成果我们更应重视。正是在这些一般理论的指导下,我们在具体过程范围内的社会发展研究方面也做了一些探索,特别是我国社会各领域的具体发展问题,可以说一直在研究当中。如今我们要突出和强化这一范围内的研究,应在总结以往这方面成果的基础之上,根据新实践的新要求,继续进行新的创造性的探索。而也只有在这一基础之上,才能正确地谈到吸收和借鉴国外发展理论积极成果的问题。这种吸收和借鉴应当与严肃对待自己的理论传统相统一,而不应与之相对立。

当然，毋庸讳言，我们的传统理论是有这样那样的缺陷和不足，我们过去对社会发展的研究以及我国社会发展的实践都曾发生过重大的失误和偏差，即便是进入新时期后的新的研究，也不能尽如人意。但是，这些毕竟都是非主流的方面，不足以成为对整个传统理论以及既有的研究持否定态度的理由。正确的态度应该是本着继承和发展相统一的原则，在新的探索中推进真理，修正错误，弥补不足。正如我们所看到的那样，许多理论工作者已经在这样做了。

强调在当前社会发展研究中要处理好严肃对待自己的理论传统与吸收借鉴国外研究成果的关系，还在于当前所要研究的具体过程范围内的社会发展，主要正是现阶段中国社会的具体发展问题。只有了解自己的理论传统，才能认识这一发展实践的特点。例如，正像人们所知道的，五六十年代国外发展理论曾把社会发展仅仅等同于经济发展，后来才逐渐认识这样做的片面性，转向"整体发展观"；而中国的情况则不同，社会发展的整体性观念早已为人们所接受，我们过去的错误恰恰是过于强调经济发展之外的其他领域或层次的发展，以至于脱离了经济发展的根基（如不顾经济发展水平低而大搞生产关系和上层建筑领域的"革命"，搞"穷过渡"等）；一直到十一届三中全会以后才把发展的重心转移到经济发展上来。现在我们又进一步强调经济和社会协调发展，而只有深入了解我们过去在理论上和实践中的曲折，才能真正深刻地认识新的实践中的新的问题，才能吃得透、抓得准。

当前社会发展研究中应注意的第三个问题，是这种有关社会发展一定阶段上的具体过程的研究究竟应包括哪些内容，以及各有关学科在这一研究中的分工协作问题。这方面目前也存在不同看法和意见，以及某种程度的混乱。

有一种倾向，似乎把这种社会发展研究仅限于从社会整体或综合性的层面上去进行，而不把社会各领域（包括经济、政治、文化等）的专门研究包括进来，这恐怕是说不通。因为这样一来，在发展研究中应该占有也已经占有重要地位的发展经济学、发展政治学、发展社会学等都将被排除在外，因为它们都是以各自领域的发展为主要对象的。更重要的是，社会结构本来就是整体和部分的统一，社会发展也相应地是整体发展（结构体系的发展）和部分发展（结构体系中各个具体领域的发展）的统一，研究社会发展（而且是一定阶段上的具体过程），无疑应从整体和部分两个层面入手。正如前面已经指出的，我国当前社会发展研究实际上已从这两个层面上广泛展开，而且后者的成果远远多于前者。

还有一种倾向，是主张把这种社会发展研究限定为现代化问题研究。从国外发展理论看，现代化问题的确是个核心问题，而从现阶段中国社会发展的实际来看，我们也的确正面临着如何推进和实现社会各方面的现代化的问题，这个问题的研究无疑应具有突出的地位。但是，我们在现阶段面临的发展问题并不只是一个现代化问题，把现阶段社会发展简单地等同于现代化是不妥当的。而且，即使是国外发展理论，也不是仅仅等同于现代化理论。所以，还是不做这种限定为好。

按照对当前社会发展研究（具体过程范围内的社会发展研究）的内容的这种理解，它显然不能单纯归属于某一个学科的领域，而只能由各有关学科分工协作，共同承担。我们当然不主张死板僵化地对待学科间的划界问题，在这样一个相对集中的研究范围内，学科间的交叉和联通是不可避免的，也是有益的。但是，由于各学科本身的性质不同，相对分工还是必需的，这样有利于发挥优势，扬长避短。一般说来，在社会发展研究的部分（即各具体领域发展）的层面上，经济学、政治学、社会学、伦理学、文化学等具体学科分别具有各自领域的优势；而在社会发展研究的整体的层面上，哲学特别是社会哲学应发挥主要的作用。（传统教科书体系中的历史唯物主义部分，一些内容可以与辩证唯物主义部分融为一体，属于"元哲学"层次；而另一些内容则可以"下沉"，进一步发展为社会哲学，属于元哲学与具体社会科学之间的逻辑层次。）社会哲学的主要任务就是从整体上研究社会领域的重大问题，研究社会发展（包括两种范围的社会发展）是它的题中应有之义。不过这里也应注意，社会学领域近年来也加强了对社会的整体性研究，在社会发展的整体层面上（特别是现代化问题上）表现活跃。但是，社会学作为具体的社会科学，其研究方式和关注点与社会哲学还是有区别的。二者作为关系密切的相邻学科，应该携起手来，共同发挥作用。

至于那种试图将社会发展研究独立化，使之超越各门学科而独自成立的倾向，总地说来是不可行的。因为第一，社会发展研究涉及社会各个领域，谁也不可能一揽子全包下来；第二，离开了各门相关学科的理论根基，社会发展研究岂不成为空中楼阁。在这里，还是应该采取老老实实的科学态度，按照社会发展问题本身的逻辑归属进行社会发展研究，扎扎实实地将其推向前进。

（原载《中国社会发展战略》1996年第3期）

发展问题研究的整体层面

(1996年6月)

发展问题是近年来理论界关注最多的热点之一。人们从各个学科和各种角度对这一问题展开研究,并推出了一批有价值的研究成果,这是应该充分肯定的。但是也有必要指出,这些研究多数属于对社会各个不同领域特别是经济领域发展的分别研究,而对于发展问题的整体性研究——亦即从社会整体的层面上研究发展问题,则显得相对薄弱。正是在这一研究层面上,社会哲学应发挥自己的积极作用。

人类社会是一个由经济、政治、思想文化等各个基本领域所构成的有机体系,是一个完整的存在系统。相应地,人类社会的发展也是一个由经济发展、政治发展、思想文化发展等各个领域的发展所构成的统一的发展过程,是整个社会结构体系的总体发展。毋庸置疑,经济领域在社会体系中的基础地位,决定了经济发展在整个社会发展过程中的根本意义,因而无论是发展理论或者是发展的实践,都应该首先关注经济的发展。但是同时又必须强调,经济领域毕竟只是社会体系中的一个领域,是整体中的一个部分,经济发展既不能代替整个社会发展,也不能脱离社会发展的总体进程。所以发展问题研究决不能仅仅局限于经济发展本身,而应充分重视社会整体层面上的研究，开拓整体性的广泛视野。

需要进一步指出的是，我们所说的社会整体层面上的研究或整体性研究，并非像一些人们所简单地理解的那样，仅是指除了经济发展之外还应进行政治发展、思想文化发展等社会其他领域发展问题的研究。这些领域的发展问题当然应该分别给予足够的注意，并在整个发展问题研究中获得各自应有的地位；但是任何一个领域发展本身的研究都不能取代社会整体发展的研究，即使把社会各个领域的发展研究在分别进行的条件下逐个累积和拼加起来，也仍然不能上升到社会整体的层面，因为整体不等于各个部分之和。不论是经济发展或是社会其他领域的发展，就其本身的分别研究而言都只能属于部分的层面。

那么，所谓社会整体层面上的发展问题研究是指什么呢？一般说来，它主要应包括以下两个内容。

其一，真正把社会作为一个有机体系或作为一个系统来看待，着眼于由社会各个领域的有机统一所形成的系统质，研究这种体系或系统的演变和发展问题。这也就是把社会真正看作一个整体，这个整体不是各个部分的简单相加，而是作为部分的社会各领域通过有机联系而构成的新的、更高层次的统一体。社会作为这样一种整体，或曰作为这样一种系统，有着自身层面上的发展机制和规律，所谓社会整体层面上的发展问题研究，就是要研究和揭示这些机制和规律，并探讨如何利用这些机制和规律解决社会发展实践中各种整体性问题，从而有效地推进社会的整体发展。

这一类研究显然与社会各领域发展的分别研究不同。后者主要揭示各个领域自身的特殊发展机制和规律，而这里所说的整体层面上的机制和规律则是产生于各个领域之间的有机联系，是各个领域的特殊机制和规律按照这些有机联系共同发生作用的结果。就发展实践而言，所谓整体性问题之区别于各个领域的特殊问题，也正在于这些问题涉及的是各领域之间的有机联系,或者贯穿于所有各个领域之中。

其二,社会整体层面上发展问题研究在注重于系统整体的发展的同时,还包括从整体出发对社会各个领域发展的研究。也就是说,这一层面的研究并不简单地摒弃部分,而同样要研究部分,只不过这里是把部分置于整体的有机联系中去研究,就部分与整体的关系去研究部分。这一研究具有双向的性质:一方面,整体制约部分。社会结构体系中的任何一个领域,无论是经济领域或是政治领域、思想文化领域等,都不能离开社会整体而孤立存在,也不能脱离社会发展的总体进程而单独发展;因此,必须研究和揭示社会整体从各个角度对某一具体领域发展的制约,分析这一领域的发展所需要的各种社会条件,探讨促进这一领域发展的各种社会对策。另一方面,部分影响整体。社会结构体系任何一个领域的发展,都会对社会整体的发展发生这样那样的作用和影响,所以应注意研究某一具体领域发展的广泛的社会效应,从社会整体的高度进行综合评价,并尽可能在发挥其积极作用的同时抑制其消极影响,使之更适合社会整体发展的要求。

从整体到部分和从部分到整体这一双向性质的研究无疑蕴含着一个共同的主题,这便是社会整体与部分的协调发展,亦即每一个领域的发展都应与社会系统整体的发展科学地协调起来。当然,协调与非协调是相互依存的、辩证统一的,发展总是要不断打破旧的协调,经由非协调而达到新的阶段的协调;而我们的研究就是要揭示这一辩证过程的内在机制和规律。

社会科学范围的各个学科由于其学科性质的不同,在研究发展问题时各有自己的侧重。经济学侧重于研究经济领域的发展,政治学侧重于研究政治领域的发展,思想文化领域的发展则由有关这一领域的各门具体学科(伦理学、宗教学、文化学等)去研究。那么,上述社会整体层面上的发展问题研究应该由哪个学科来承担呢？从目前情况看，进入这一层面的主要有社会学和社会哲学这两个相关学科。

社会学的情况比较复杂，这主要是由于在它的研究对象问题上存在着长久的争议。按照一种传统的观点，社会学所要研究的"社会"应该是一个狭义的概念，主要指经济、政治、思想文化等基本领域之外的其他社会领域。人们常常将"社会发展"同经济发展、政治发展等并提，即所谓"经济和社会发展"或"经济、政治和社会的发展"，这里所说的"社会"就是这种狭义的社会。传统社会学的研究，在很大程度上的确是围绕这种狭义的社会展开的。而若按照这样一种学科定位，那么社会学是不能进入发展问题研究的社会整体层面的，因为我们所说的社会整体与这种狭义的社会不是一个概念。但是，问题在于，在社会学的研究中产生了一种不同的观点，认为社会学不应局限于研究社会的"剩余领域"，而应研究社会整体。这也就是主张由狭义社会转向广义社会。近年来，这一新的方向上的研究应该说取得了一定的进展，而其中部分内容就可以归入社会整体层面上的发展问题研究。

社会哲学也是一个包含着不同理解的学科概念。按照我的观点，如果把传统哲学体系中的历史唯物主义部分与辩证唯物主义部分真正统一起来并作为一个完整的体系归属于元哲学的层次，那么社会哲学就是在此之下的低一个层次的分支学科，它可以包括传统的历史唯物主义体系中某些较为具体的内容，但在总体上要在比历史唯物主义更为具体的层次上展开。它的研究对象是社会领域，但不是社会中的各个具体领域，而正是作为有机体系或系统的社会整体。这里所讲的社会整体层面上的发展问题，恰恰就是社会哲学所应研究的最基本的课题之一。近年来，一些哲学工作者们已注意着手从社会哲学的学科角度研究这一课题。

既然社会哲学和社会学这两个相关学科都应进行社会整体层面上的发展问题研究，那么这两个学科之间应怎样进行研究分工与合作呢？这也是由它们各自的学科性质所规定了的。社会哲学作为哲学的分支学科，主要是运用逻辑手段研究社会整体发展的有关重大问题，揭示其基本机制和规律，探讨其发展的途径、过程及战略；而社会学作为社会科学的一门具体学科，则应更多地应用经验的、实证的手段对社会整体发展做更为具体、更为详尽的研究，不仅包括机制、规律等等的具体化，而且包括其他各种具体环节和方面。社会哲学和社会学毕竟有着学科层次的差别，它们的研究范围虽然难免会有交叉和重叠，但大体上还是可以区分的。而另一方面，它们毕竟又是直接相邻的两个学科，在社会整体发展问题的研究中无疑应该密切合作；其中社会哲学应从较高的学科层次上对社会学提供理论指导，而社会学则为社会哲学提供了经验的、实证的研究基础。

我们确认社会哲学和社会学应携手承担起社会整体层面上的发展问题研究，并非意味着简单排斥其他学科介入这一层面。应该看到，任何学科的划分都是相对的，特别是现在各种边缘学科、交叉学科层出不穷，其中不少都会从不同的角度以及不同的程度上涉及社会整体的发展问题。但不管怎样，社会哲学和社会学应成为这一层面研究的主体，这应该是无疑的。

对于我们社会哲学工作者来说，必须清楚地认识到自己的职责，从理论与实践的结合上努力推进社会整体层面上的发展问题研究。应尽快改变目前这一层面上相对薄弱的状况，促使发展理论更全面地得到展开，并更好地为指导我们的社会发展实践服务。

（原载《理论前沿》1996 年第 12 期）

社会发展理论和社会发展战略

(1997年6月)

社会发展研究是当代实践突出出来的重大课题,而这一课题可以相对区分为两个基本方面,即社会发展理论和社会发展战略。这两个方面的研究各有侧重但又相互关联,我们应该将其有机地结合起来,在已有成果的基础上共同推向深入。

社会发展理论从本来意义上说主要侧重于研究社会发展的机制和规律,研究社会发展过程内部和外部的各种联系,研究社会发展是怎样和会怎样的问题。我们这里所说的社会发展不是传统社会学意义上的那种社会变迁,而是指包括经济、政治、文化等基本领域在内的整个社会结构体系的发展;相应地,所谓社会发展理论也应在这个意义上去展开。但是这里必须注意两点:(1)由于社会整体的发展内在地包含着经济、政治、文化等各个构成领域的发展,社会发展理论在广义上可以包括对这些领域的发展进行分别研究的理论,如发展经济学、发展政治学等;而对社会哲学而言,则主要是从社会结构体系的整体层面上研究社会发展理论,由此区别于其他专门学科的研究。(2)过去我们对社会发展理论的研究更多地着眼于总的历史进程,而当前社会发展理论研究的着眼点则是社会发展的一定阶段上的具体过程的展开,由此形成自己独特的理论架构。

社会发展理论应该突出自己的时代内容，而现代化问题作为当代社会发展的一个热点问题，无疑应给予充分的关注。但是需要指出的是，现代化问题只是当代社会发展问题之一，而不是问题的全部，因此那种机械地照抄西方的某些"发展理论"而把社会发展理论简单地归结为现代化理论的做法，是不正确的。事实上，即便在西方学者那里，"发展理论"也不等同于现代化理论。研究当代社会发展问题，应该有一种全方位的立体视野。

社会发展战略作为相对区别于社会发展理论的另一个研究方向，主要是侧重于研究社会发展的指导方针和对策，研究如何推动和实现社会发展，研究社会发展应该怎样的问题。这里所说的战略是一个广义的概念，它包括从发展目标的设定到发展道路的选择以及发展过程展开中的一系列问题的处理。社会发展战略要以社会发展理论为依托，要根据理论研究所揭示的机制和规律来制定。人们有时笼统地把战略也纳入理论之中，理论研究中也的确常常涉及战略问题，但严格说来，战略与理论还是有区别的。从实践意义来讲，社会发展理论最终应落脚于社会发展战略，通过社会发展战略而发挥自己的作用。战略是理论转化为实践的中间环节。

正如社会发展理论研究中的情况一样，社会发展战略研究也可以包括社会各个领域的发展战略的研究，如经济发展战略、政治发展战略等，但社会哲学所关注的主要是社会整体层面上的发展战略，即如何将社会经济、政治、文化等各领域的发展协调统一起来，作为一个整体进程向前推进。从目前情况来看，这方面的研究还十分不够，还有待于以相应的理论研究为依托，下气力深入展开。

社会发展理论与社会发展战略作为社会发展研究中相对区别而又相互关联的两个方面，都必须从当代中国社会发展的实践出发并为这一实践服务，这是确定无疑的。我国社会发展现正处于一个非常关键的阶段,社会主义现代化与现代化的社会主义这两个历史命题正在实践中寻求现实的统一,如何科学地认识这一发展实践中的一系列特殊复杂的问题,如何正确地处理这些问题而将我国社会发展顺利推向前进,需要我们从理论和战略的结合上认真加以研究。

(原载《党校报》1997年6月2日)

社会发展的理论与战略

(2010 年 5 月)

社会发展研究是近些年来学术界广为关注的热点之一。从总体上看,这方面研究取得了不少新的进展;但同时也还存在明显的欠缺和不足,一些逻辑关系还有待于进一步理顺。这里主要结合自己的研究,谈一些看法与大家交流。

一、社会发展研究的领域定位和主要方向

1. 关于社会发展研究的领域定位

这里首先涉及"社会"的概念。广义和狭义。

所谓社会发展研究应是着眼于广义社会,研究整个社会结构体系的发展,其中包括社会各个领域的发展。而这种综合性的课题,不仅需要哲学,而且还需要经济学、政治学、社会学、伦理学等各门具体学科共同参与。

那么,哲学与各门具体学科在社会发展研究中应如何合理分工?哲学上的社会发展研究应如何定位?——关于社会发展的整体领域。所谓"整体"的含义;整体领域中社会发展研究的主要关注点。

讨论:"发展理论"研究中的"发展"概念存在逻辑缺陷。

2. 关于社会发展研究的主要方向

整体领域的社会发展研究应包括两个主要方向:社会发展理论和社会发展战略。二者都是以社会发展为对象,但前者着眼于社会发展的机制和规律,以及社会发展过程内部和外部的各种联系,研究社会发展"是怎样"、"会怎样"以及"应该怎样"的问题;而后者则着眼于社会发展的指导方针和对策,研究如何推动和实现社会发展,亦即"做什么"和"怎样做"的问题。

社会发展理论研究和社会发展战略研究之间的关系。社会发展战略需要社会发展理论做指导,而社会发展理论则应落脚于社会发展战略。

二、社会发展理论的逻辑分层与体系建构

1. 关于社会发展理论的逻辑分层

近年来社会发展理论研究的进展状况。现代化问题的凸显与所谓"发展理论"的着眼点。问题的提出:社会发展理论能否等同于现代化理论?

如前所述,哲学上的社会发展理论研究应定位于社会发展的整体领域。而在这个整体领域中,社会发展理论还应进一步区分为三个不同的逻辑层次:(1)哲学历史观层次的社会发展理论研究。主要着眼于社会发展的一般规律和一般历史进程。(2)社会哲学层次的社会发展理论研究。主要着眼于一定阶段上社会发展过程的具体展开。(3)专题(社会现代化)层次的社会发展理论研究。主要着眼于社会发展的一个特定阶段上的特定方面的问题。

三个层次的社会发展理论研究既相互区别,又相互联系,应结

合起来加以推进。而对于社会发展战略的研究来说，第二个层次即社会哲学层次的社会发展理论研究具有特殊重要的意义。

2. 关于社会发展理论的体系建构

三个不同层次的社会发展理论应有各自不同的理论体系。这里侧重讨论第二个层次即社会哲学层次的社会发展理论的体系建构问题。

既然这一层次的社会发展理论主要着眼于一定阶段上社会发展过程的具体展开，那么就应该依据这一定位，对以下相关问题做出研究和探讨：

（1）关于社会发展的阶段和任务；（2）关于社会发展的机制和条件；（3）关于社会发展的方式和途径；（4）关于社会发展与社会转型；（5）关于社会发展与人的发展；（6）关于社会发展的其他问题；（7）关于社会发展的整体评价。

应注意这些问题的领域定位和逻辑层次，以及它们相互之间的逻辑联系。

3. 关于当代中国社会发展的理论研究

属于应用研究，即将社会哲学层次的社会发展理论应用于当代中国社会发展的实际。

在现阶段，中国社会发展正处于一个特殊的双重转型过程之中，这个双重转型应从社会形态的多维视角去认识。一系列问题研究的具体展开。

三、社会发展战略的基本要素与逻辑框架

1. 关于社会发展战略的基本要素

社会发展战略是由多种单项战略按照既有的内在联系所组成的

战略体系。首先从单项战略的设计入手，研究社会发展战略的基本要素。

讨论中涉及的要素：战略目的、战略任务、战略意图、战略方针、战略布局、战略部署、战略措施、战略手段、战略步骤、战略阶段、战略重点、战略对策等等。一些学者引用克劳塞维茨的论述："可以把决定战斗的运用的战略要素适当地区分为以下几类：精神要素、物质要素、数学要素、地理要素和统计要素。"①

从方法论上讲，这里需要注意两个重要之点：第一，战略构成要素的考察可以有不同的角度，但首先应从战略本身的逻辑结构去考察；第二，从战略本身的逻辑结构看，应区分不同的要素层次，不能把不同层次的要素简单地并列在一起。

按照这样的理解，构成一种战略的基本要素综合起来应是战略目标和战略措施这两个大项。所谓战略目标和战略措施的区分亦即哲学上所谓目的和手段的区分；前者是"做什么"的问题，后者是"怎样做"的问题，只有体现了战略目标与战略措施的统一，亦即目的与手段的统一，一种战略设计才能成立。

2. 关于社会发展战略的逻辑框架

如果说社会发展战略的单项设计需要具备战略目标和战略措施等基本要素，那么要建构社会发展战略的统一体系，还必须具备一个符合各项具体战略之间有机联系的逻辑框架。这样才能将各方面的单项战略科学地组合起来，否则就只能是一种杂乱无章的偶然堆积。

为了避免误解，还应进一步明确：这里所说的战略体系及其逻

---

① [德] 克劳塞维茨：《战争论》第 1 卷，中国人民解放军军事科学院译，商务印书馆 1982 年中文版，第 185 页。

辑框架,始终着眼于社会发展的整体领域,是社会发展的宏观战略。至于社会各个具体领域发展的战略如经济发展战略、政治发展战略、文化发展战略等,则不属于社会发展的整体领域,因而不在我们的研究范围之内。同时,在逻辑层次上,它与社会哲学层次上的社会发展理论相对应,着眼于一定阶段上社会发展过程的具体展开。

那么,这样一种定位的宏观战略体系究竟如何建构?

首先,作为一个由多项具体战略所构成的战略体系,它应该有一个总的战略目标。这个战略目标应该成为体系内的各项具体战略所围绕展开的中心。

其次,应从社会整体领域发展的统一进程中各个环节和方面之间的关系着手,对这一领域中各项具体战略之间的有机联系做出分析;由此可以将社会发展宏观战略体系的逻辑框架分为四个梯阶,亦即四级框架:(1)社会发展的横向战略和纵向战略;(2)社会发展的客体战略和主体战略;(3)社会发展的内部战略和外部战略;(4)社会发展的本位战略和环境战略。以上四级框架由核心层逐级向外扩展,相互贯通、相互制约,作为一个有机系统而存在,形成整体领域中社会发展宏观战略的完整体系。

确定了社会发展宏观战略体系的逻辑框架之后,还应进一步探讨其各方面的原则要求,即在解决纳入基本框架的各方面问题时应遵循一些什么样的原则。这一探讨需要借助于社会发展理论研究的成果来展开,同时应注意普遍性和特殊性的关系问题。

3. 关于当代中国社会发展的战略研究

属于应用研究,即将社会发展战略的一般研究应用于当代中国社会发展的实际。

从这一实际出发,确定中国社会发展战略的总体目标,建构中国社会发展战略的逻辑框架。从整体的高度认识和把握科学发展观等重大战略思想。

(本文为中共中央党校讲课提纲,曾多次印发校内相关班次;此处依据中央党校教务部 2010 年 5 月印发稿)

第三篇　社会发展的理论研究

"发展理论"研究中的"发展"概念存在逻辑缺陷

(2001年6月)

一

近年来,"发展理论"研究成为哲学上的一个新的研究热点,人们从各自不同角度对这方面问题进行了探讨,并有不少的著作和论文发表。应该说,这方面热点的形成是与当代中国以及国际社会发展的新的背景和新的要求相联系的,它突出反映了当今时代的主题,是时代精神的一种体现。因此,这方面的研究无论从理论上还是从实践上说都具有十分积极的意义,无疑应该进一步加强。

但是,当我们具体地考察"发展理论"的研究状况的时候,却不能不看到目前所存在的一个明显的不足,即它所围绕展开的基本概念——"发展"概念存在逻辑缺陷。这一缺陷已经在现有的研究中造成了一定的混乱,并在相当程度上妨碍着这方面研究的进一步展开,所以有必要在这里提出讨论。

我们之所以说"发展理论"研究中的"发展"概念存在逻辑缺陷,是因为这一概念并没有明确的本体规定。发展本身只是一个过程概念，而一切发展都必须有特定的事物作为自己的本体，都只能是特定事物的展开过程。而在"发展理论"研究中，发展的本体是什么，谁在发展，什么东西的发展，并不明确。由于不明确，所以引起麻烦。因为这个世界的万事万物无不在发展之中，如恩格斯所说，世界本来就是"过程的集合体"。当然，"发展理论"研究的"发展"主要是人类社会领域的发展，这一点应是清楚的。但是，人类社会领域的发展也同样是一种"过程的集合体"，在这里，发展过程同样可以在不同的层面、不同的具体领域分别展开；这里包括经济领域的发展、政治领域的发展、文化领域的发展，包括作为这些具体领域发展的有机统一的社会整体发展，从广义上说还包括与社会发展相对应的人的发展。那么所谓"发展理论"所研究的"发展"究竟是社会领域中哪一个层面的发展呢？不明确。发展的本体尚不明确，就来讨论发展的具体内容，结果必然出现各种不同的理解，以及某些不必要的分歧。

有一种颇为流行的说法，认为"发展理论"的研究经历了一个从"片面的经济发展观"向"整体发展观"转变的过程。说是人们开始时只是片面地把"发展"理解为经济发展，后来才逐渐认识到除了经济发展之外，还要考虑社会其他方面的发展。这种转变，被认为是对发展概念的理解不断深化的成果。这一说法严格说来主要是以国外发展理论研究的转变过程为背景的，在国内有关"发展"问题的研究中，情况并不完全相同。不过在这里我们姑且忽略这种差异，而就这一说法本身而言，其实也完全可以从反面提出质疑：这种情况的出现，岂不正是由于所谓"发展"的本体从一开始就不明确，从而导致的认识偏差么？假如一开始就明确所谓"发展"的本体是整个社会，那么这个"发展"就必然是整个社会的发展，又何来的"片面的经济发展观"？可见这一情况恰好是由于"发展"

概念的逻辑缺陷而造成认识混乱的现成佐证。而且，即使是现在的"整体发展观"，也仍然在"整体"的范围上存在着不同的理解，由于"发展"本体的不明确而导致的认识混乱仍然存在。

还有一种说法，认为"发展"概念虽然没有明确的本体规定，但实际上有一种"约定俗成"的理解做前提。且不论作为一种理论研究的基本概念，仅靠"约定俗成"是否足够；而就是这种"约定俗成"的理解，恐怕也并不确定。在对"发展"概念的实际运用中，人们往往是从不同的本体着眼的：在一些研究者看来，所谓"发展"的本体应是整个社会，是整个社会的发展；在另一些研究者那里，"发展"则是指经济发展以及相关的社会事业的发展；而当我们谈到发展、改革、稳定的关系时，这里的"发展"又主要是讲经济发展。可见，所谓"约定俗成"说并不足以为凭。

还有的研究者将"发展"概念之前冠以特定的国家名称，如"中国的发展"等，这样似乎便使得"发展"有了某种本体规定。但这样做实际上仍然不能解决问题。"国家"固然属于一种本体规定，但这种规定却过于笼统，因为一个国家的发展既可以是指这一国家的整个社会发展，也可以是指这一国家的经济发展，对"发展"概念的理解上的分歧依然存在，所以问题还是没有解决。

二

客观地说，我国学术界对于"发展"问题的研究，在一定程度上是受了国外有关"发展理论"研究的促动。"二战"之后，发展问题在全球范围内日益凸显，引起了国际学术界的广泛关注。西方学者从不同学科领域展开了这方面课题的研究，特别是针对发展中国家发展问题的研究，先后形成了各种"发展理论"的体系（现代化理论、依附理论、世界体系论、全球发展论等)。改革开放以来，国外"发展理论"研究的成果逐渐被介绍到国内，直接促进了我国理论界对这方面研究的重视和加强。毫无疑问，这方面成果的引进和吸收是具有十分积极的意义的，但我们同时也应看到，国外"发展理论"研究也不可避免地存在着这样那样的缺陷，对此我们应该认真地加以分析和鉴别。而另一方面，我们既有的理论传统中有许多东西是很有优势的，这些优势不应简单弃置，而要善于利用和发挥。这两个方面应该合理地结合起来，而不应搞成"两张皮"。

就这里所说的"发展"概念而言，我认为，鉴于上述的各种情况，为了使"发展理论"的研究更为科学地展开并进一步得到深化，有必要从逻辑上对"发展"概念的本体规定做出明确讨论，以克服这一概念目前所存在的逻辑缺陷，并澄清由此产生的认识混乱。其实，在这方面问题的研究中，已经有一些学者对此采取了严谨的科学态度，明确使用了"社会发展"概念，而不是泛泛地使用"发展"概念；只是这一问题还没能引起足够的重视。而现在应该认真地对待这一问题了。

如何理解"发展"概念的本体规定？我认为，应该明确地将"发展理论"所研究的"发展"的本体确定为"社会"，亦即包括经济、政治、文化等各个具体领域在内的整个社会结构体系，从而把"发展"理解为"社会发展"，把"发展理论"明确为"社会发展理论"。这样做是否合理呢？应该是合理的。正如上面已经指出的，社会领域是一个"过程的集合体"，发展过程是在社会领域的各个层次和各个具体领域广泛展开的。要研究社会领域中的发展问题，就必须全面地考察这些不同层次和具体领域的发展过程，而不应只是片面地考察其中的某些部分。所以，"发展"应该是一个完整的概念，"发展理论"的研究也应该是完整的研究。在这方面，马克思主义哲学的历史唯物主义关于社会结构体系和社会发展的一系列基本观点，对于当代的"发展理论"研究同样具有根本的方法论意义。

但是，如果我们这样来理解"发展"概念的本体规定，便又产生了一个相关的问题：社会发展过程既然包括各个层次和各个具体领域的发展在内，对它的研究也就相应地需要从社会领域的各个层次和具体领域着手，诸如经济发展研究、政治发展研究、文化发展研究等。而这些研究绝不是哲学这一个学科所能够承担的，同时也不应该都由哲学来承担。这里所需要的是哲学与社会科学诸学科包括经济学、政治学、文化学等的共同合作。那么，哲学上的"发展理论"研究，亦即"社会发展理论"研究，究竟应从何种意义上展开自己对社会发展的研究呢？在与社会科学诸学科的分工合作中，如何确定自己所应该承担的任务呢？

我认为，从哲学上说，这里应强调的是从社会的整体层面着眼，研究社会发展的统一过程。这个"整体"是系统意义上的整体，整体不等于部分之和。经济学着重研究经济领域的发展问题，政治学着重研究政治领域中的发展问题，文化学着重研究文化领域中的发展问题，而哲学领域的"社会发展理论"则是侧重于从社会整体的高度，研究这些领域的发展之间的相互联系，研究这些具体领域的发展过程之间的统一，研究由各个具体领域的发展过程的统一所组成的社会整体发展过程的特征。只有这样，才能够把哲学上的"社会发展理论"对社会发展的研究同社会科学诸学科对社会发展的研究合理地区分开来，从而确立自己的理论生长点。而这样一来，实际上就意味着我们对于哲学上的"发展理论"所要研究的"发展"本体的逻辑规定又多了一层限定，即把"社会发展"进一步限定为"社会整体发展"。这一限定不一定见诸概念的文字表述，但在逻辑上必须明确。

总之，如果我们对"发展理论"研究中的"发展"概念做了这样一种明确的本体规定，从而克服了其原有的逻辑缺陷，那就将会对这方面研究的深化起到重要的作用。而对于目前尚存在争议的一些相关问题的讨论，也就有了必要的逻辑前提。

（原载《理论前沿》2001年第11期）

关于社会发展理论研究的定位与分层

(2005年4月)

近些年来，社会发展理论的研究引起了比较广泛的关注，成为哲学界的一个新的热点。这方面的研究吸收和借鉴了国外发展理论的有关成果，主要着眼于一定阶段上社会发展过程的具体展开，特别是关注于社会现代化问题。社会发展理论在这个范围内所取得的新的进展，总体上无疑是应该肯定的。但是同时也必须指出，目前这方面的研究还存在不少问题，其内部和外部的逻辑关系还有待于进一步理顺。所以，这里拟就此谈一些看法参与讨论。

一、关于社会发展理论研究的领域定位

社会发展理论是研究社会发展问题的，但是从广泛的意义上说，社会发展却是一个很大的概念，它包括社会的经济、政治、文化等各个领域的发展。那么，哲学上的社会发展理论研究是否应该将所有这些领域的发展问题都包揽下来，或者说随便哪一个具体的发展问题都可以归属于社会发展理论的研究范围呢？一些研究者似乎持有这样的看法，而我不赞同这种看法。我认为，对于社会结构体系中各个具体领域的发展，包括经济发展、政治发展、文化发展等等，

当然是需要进行研究的，但这却不是哲学上的社会发展理论所应该承担的任务，而是应该由经济学、政治学、文化学等各门具体学科所承担。哲学上的社会发展理论，主要应该从社会的整体领域着眼，研究社会发展的统一过程。严格意义上的社会发展问题，就应该是指社会发展的整体领域的问题，我们应该将广义的社会发展与狭义的社会发展区分开来。如果这一理解成立的话，经济学着重研究经济领域的发展问题，政治学着重研究政治领域中的发展问题，文化学着重研究文化领域中的发展问题，而哲学上的社会发展理论则是侧重于从社会整体的高度，研究这些具体领域的发展过程之间的统一，研究由各个具体领域的发展过程的统一所组成的社会整体发展过程的特征。只有这样，才能够把哲学上的社会发展理论对社会发展的研究同社会科学诸学科对社会发展的研究合理地区分开来，从而确立自己的理论生长点。

这里特别需要指出的是，我们说哲学上的社会发展理论研究应该着眼于社会整体领域，这个"整体"是系统意义上的整体，而不是形而上学的机械拼加。按照系统论的观点，整体不等于部分之和。在社会发展理论的研究中，有的研究者也是力图使自己的研究具有整体的高度，但实际上却仍是将社会的经济、政治、文化等各个领域的发展问题分别研究一通，然后将它们罗列开来，编在一起。似乎这样一来，将社会的各个领域都涉及了，便是具有整体眼光了。其实这正是系统观点所反对的形而上学的机械拼加。应该明确，社会整体是一个专门的领域，这个领域中存在着一系列整体性问题，这些问题不局限于各个领域，但贯穿于各个领域的联系之中。真正的整体性研究是要把社会作为一个有机的系统来对待，是要着眼于各个领域之间的有机联系，研究它们怎样在发展过程中相互影响、相互制约，怎样将这些不同领域的发展有机地联结起来，从而真正有效地构成社会发展的统一进程。当然，整体领域的研究也应包括对部分的研究，只不过这种研究不是脱离社会结构体系的有机联系而孤立地进行，而是将各个不同领域的发展置于社会整体发展的统一进程中，依照它们在社会结构体系中的客观逻辑定位，从整体和部分相互制约的关系中去研究。

顺便指出，一些学者在讨论中常常泛泛地使用"发展"这一概念，我认为这里存在着明显的逻辑缺陷，不利于正确地解决社会发展理论研究的领域定位问题。国外"发展理论"生长过程中出现的一些问题，实际上都是与这个缺陷有关。这个问题需要另做讨论，这里不展开。

二、关于社会发展理论研究的逻辑分层

在将哲学上的社会发展理论研究定位于社会整体领域的前提下，接下来便应对这一领域内的研究进行进一步的分析，这里就涉及到社会发展理论研究的逻辑分层问题。而在这一问题上，也应该澄清一些不正确的认识。

毋庸置疑，近年来社会发展理论在特定范围内所进行的新的研究，有着显著的时代特征，是十分必要的。但需要指出的是，这种特定意义上的社会发展理论，只是整个社会发展理论研究中的一个组成部分，而不是它的全部。讨论中存在着一种倾向，即试图将社会发展理论的这种新的研究推到绝对的地位，并进而做出独断的评价，似乎社会发展理论仅限于此，甚至做出类似"社会发展研究是从法国社会学家 F.佩鲁的《新发展观》开始的"这样一些绝对的论断，这就未免过于偏颇或简单化了。应该确认，社会发展理论的研究绝不是今天才刚刚开始，在人类思想史上曾有过丰富的成果。特别是在历史唯物主义的旗帜下，我们长期以来对社会发展的许多重大问题进行了深入的研究。虽然这些研究与近年来所进行的新的研

究在具体范围上有所不同，但无疑也属于社会发展理论的范畴。此外，即使就近年来社会发展理论的新的研究而言，也绝非像一些人们所认为的那样仅限于社会现代化问题的范围。一些学者超越了这一范围，将社会发展理论研究的切入点确定在一定阶段上社会发展的具体过程，研究这种具体过程是如何展开的。这一研究与现代化研究的区别在于，它不是像后者那样将目光锁定在社会发展的现阶段，而是涵盖社会发展的各个不同的历史阶段；它也不是像后者那样只是研究一定阶段上社会发展的一个方面的问题，而是全方位地研究一定阶段上社会发展的各方面的问题。值得注意的是，现代化问题绝不是像有些学者所认为的那样，可以囊括现阶段社会发展的全部内容；社会发展的整体领域应该从社会形态的多维视角去把握，现阶段的社会发展过程除了现代化方面的问题以外，还有其他方面的重要内容。

如此一来，我们在社会发展的整体领域中至少可以看到这样三种不同种类的研究。这些不同种类的研究虽然存在差别，但从广义上说都是属于社会发展理论的范畴，我们没有理由将它们绝对地对立起来，或者简单地排除在外。那么，这些不同种类的社会发展理论研究之间，又是一种什么关系呢？稍微仔细地考察一下便可以看出，它们实际上是社会发展理论在社会整体领域研究中的三个既相区别又相联系的不同的逻辑层次。其中，我们原有的历史唯物主义方面的研究，应属于社会发展理论研究中抽象程度较高的逻辑层次，它主要是从哲学的高度着眼于社会发展的一般规律和一般历史进程，这是一般历史观层次的社会发展理论研究。而近年来围绕社会现代化问题展开的新的研究，实际上属于社会发展理论研究中抽象程度较低的逻辑层次，或者说是一个较为具体的逻辑层次，因为它只是关于社会发展的一个特定阶段上的特定方面的问题研究，具有某种专题研究的性质。那么，除此之外的另一类研究，亦即同样是在近年来的社会发展理论研究中产生的、从普遍的意义上围绕一定阶段上社会发展的具体过程的展开而进行的研究，正好属于介于上述两个逻辑层次之间的一个特殊层次，它既不像上一个层次即一般历史观层次的研究那样抽象，也不像下一个层次即社会现代化问题研究那样具体；这个层次应该是社会哲学层次的研究，它是当代社会发展理论研究中一个具有特殊重要意义的、不可或缺的重要层次。这样，社会发展理论研究中的这三类不同的研究便按照各自的层次规定形成如下的逻辑梯阶：（1）一般历史观层次的社会发展理论研究；（2）社会哲学层次的社会发展理论研究；（3）专题（社会现代化）层次的社会发展理论研究。这三个逻辑层次的统一，便构成社会发展理论的基本的体系架构。

整体领域中的社会发展理论研究可以区分为三个不同的逻辑层次，这三个层次的研究各有自己的范围和侧重点，但它们并不是相互隔绝、互不相干，而是相互影响、相互贯通的。在整个社会发展理论的研究中，应该将这三个层次的研究有机地结合起来，依照它们的逻辑联系统一加以推进；而不应将它们形而上学地隔绝开来，片面地、孤立地进行研究，更不能陷入到那种"非此即彼"的对立之中去。

（原载《北京社科》2005年第4期）

社会发展理论研究的逻辑分层问题

(2002 年 4 月)

对于近年来社会发展理论研究所取得的新的进展,我们从总体上给予积极的评价,并认为哲学学科在进行这一理论研究时应着眼于社会发展的整体领域,亦即社会结构体系的整体发展。而进一步的考察又使我们面对一个新的问题,即在社会整体领域里,社会发展理论研究也还存在不同的逻辑层次,正确区分和对待这些逻辑层次,对于进一步深化社会发展理论的研究具有重要意义。在这一问题上,也有一些不正确的认识需要澄清。本文拟就此做一些探讨。

一、整体领域里的社会发展理论研究应包括三个逻辑层次

考察一下近年来社会发展理论研究的新的进展,可以看出这方面研究主要侧重于一定阶段上社会发展过程的具体展开,特别是现阶段中国社会发展过程的具体展开;其中,大多数研究又是围绕社会现代化展开的,主要是研究社会现代化进程中的一系列重大问题,这时所谓社会发展研究就成为现代化研究的同义语。应该说,这一新的研究有着自己的特殊范围和视野,是有显著的时代特征和直接

的现实意义的，这一点应该充分肯定。但是，如果由此出发，将这一新的研究推到绝对的地位，并进而做出独断的评价，认为只有这种研究才算是社会发展理论，特别是认为社会发展理论只能是研究现代化问题，或者反过来说只有现代化问题研究才是社会发展理论，甚至做出类似"社会发展研究是从法国社会学家 F.佩鲁的《新发展观》开始的"这样一些绝对的论断，那就失之于偏颇或简单化了。

应该指出，从一般意义上说，社会发展理论的研究并不是今天才刚刚开始，在人类思想史上曾有过丰富的成果。特别是马克思、恩格斯创立了唯物史观，从而使得关于社会发展理论的研究开始具有了真正科学的性质；在历史唯物主义的旗帜下，我们长期以来对社会发展的许多重大问题进行了深入的研究。就我们这里所关注的社会整体领域的情况来看，除了近年来在特定意义上特别是围绕社会现代化问题展开的社会发展研究之外，过去多年来我们在哲学研究中从历史唯物主义的高度对社会历史发展的一般规律和一般进程等等的研究，也无疑属于社会发展理论的范畴；过去是如此，在今天也同样是如此。绝不会因为近年来的社会发展理论研究在更为具体的范围内取得了新的进展，这些以往的研究就失去了自己的价值，甚至改变了自己的性质，可以从社会发展理论中排除出去，或者撇在一旁，被看作不值一提。过去多年来我们一直在关注和研究社会发展问题，历史唯物主义本身就一直被认为是关于社会发展的一般规律的科学，我们不能无视这些长期进行着的工作和所取得的成果，把社会发展研究看作是近年来才有的、并且是刚刚从国外引进的、即便在国外也是"二战"以后才产生的全新的东西，似乎"发展"这个词，也是从 F.佩鲁那里第一次听说。探索和开拓新的研究领域，并不意味着要丢掉和排除已有的领域，吸收和引进新的成果，也并不意味着要抛弃和否定已有的成果。在这里，必须反对"非此即彼"的形而上学思维方式，这种思维方式在中国有着根深蒂固的影响，长期以来危害深重;其基本特征就是在绝对不相容的对立中思维,要么绝对肯定,要么全盘否定,要么接受这个而拒绝那个,要么接受那个而拒绝这个,反正是非此即彼,常常从一个极端走向另一个极端。按照这种思维方式,我们的理论研究很难取得大的进步,而只能把路子越走越窄,并会导致各种偏差。我们所需要的是一种真正符合科学理论发展规律的辩证思维方式,这种思维方式在看到"非此即彼"的同时还看到"亦此亦彼",在看到绝对性的同时还看到相对性;它主张联系地和发展地看问题,把矛盾的不同方面有机地联结和统一起来,在发展的过程中全面地加以把握。对于社会发展理论的研究来说,就是要正确认识理论发展过程本身的内在联系,善于将过去已有的研究和现在的新的研究联结和统一起来,既要肯定近年来社会发展理论研究的新的成果,又要处理好这些成果和原有的历史唯物主义的社会发展理论之间的关系,而不要将它们简单地对立起来。

不仅如此,在谈到已有的研究时,还应注意到历史唯物主义以外的其他各种研究成果。既然对于社会发展的研究在人类思想史的各个阶段上都有很多积极的成果,我们就应该认真地评价和对待这些成果,而不能熟视无睹、漠然处之。当我们在谈论社会发展理论时,应该有一种广阔的胸怀和视野,要兼容并蓄、总揽古今,决不应过于偏狭,把目光禁锢在眼前的某个小圈子里。

此外,即使就近年来的社会发展理论研究而言,也绝非像一些人们所认为的那样仅限于社会现代化问题的范围。一些研究者超越了这一范围,将社会发展理论研究的切入点确定在一定阶段上社会发展的具体过程,研究这种具体过程是如何展开的。这一研究与现代化研究的区别在于,它不是像后者那样将目光锁定在社会发展的现阶段,而是涵盖社会发展的各个不同的历史阶段,因为不论哪一个阶段,都有一个该阶段社会发展的具体过程如何展开的问题;而现代化问题只是属于社会发展的特定阶段上的问题,对不同的社会发展阶段来说只具有特殊性,不具有普遍性。进一步说,这一类研究与现代化研究的区别还在于,它不是像后者那样只是研究一定阶段上社会发展的一个方面的问题,而是要全方位地研究一定阶段上社会发展的各方面的问题。现代化问题绝不是像有些人们所认为的那样,可以包括现阶段社会发展的全部内容,似乎除了现代化问题,这一阶段上的社会发展就再无别的内容。不是的。即使就这一特定阶段而言,社会发展的具体过程也绝不只有一个现代化问题,而是还有其他各方面的内容。当然,这一类研究虽然眼界更为宽阔,但对于社会发展的现阶段以及现阶段上的现代化问题也都要给予特别的关注,然而又绝不局限于此。

如此一来,我们在社会发展理论的整体领域中至少可以看到这样三种不同种类的研究。而这些不同种类的研究虽然存在明显的差别,但从广义上说都是属于社会发展理论的范畴,我们没有理由将它们绝对地对立起来,或者只是将其中的某一类研究看作是社会发展理论研究,而将其他两种研究摒弃于社会发展理论之外。那么,这些不同种类的社会发展理论研究之间,又是一种什么关系呢?稍微仔细地考察一下便可以看出,它们实际上是社会发展理论在社会整体领域研究中的三个既相区别又相联系的不同的逻辑层次。其中,我们原有的历史唯物主义研究,应属于社会发展理论研究中抽象程度较高的逻辑层次,因为它主要是从哲学的高度着眼于社会发展的一般规律和一般历史进程,这是哲学历史观层次的社会发展理论研究。而近年来的社会发展理论研究中围绕社会现代化问题展开的那些研究,实际上属于社会发展理论研究中抽象程度较低的逻辑层次,或者说是一个较为具体的逻辑层次,因为它只是关于社会发展的一个特定阶段上的特定方面的问题研究,具有某种专题研究的性质。那么,除此之外的第三类研究,亦即同样是在近年来的社会发展理论研究中产生的、从普遍的意义上围绕一定阶段上社会发展的具体过程的展开而进行的研究，正好属于介于上述两个逻辑层次之间的一个特殊层次，它既不像上一个层次即哲学历史观层次的研究那样抽象，也不像下一个层次即社会现代化问题研究那样具体；它在抽象程度上低于哲学历史观层次的研究，但又高于社会现代化问题的研究；这个层次不是别的，应该说是从一般哲学历史观派生出来的社会哲学层次的研究。它是当代社会发展理论研究中一个具有特殊重要意义的、不可或缺的重要层次。

如果我们所进行的这一分析能够成立，那么社会发展理论研究中的这三类不同的研究就组成了一个按照各自的逻辑层次依次展开的统一的逻辑体系。第一个层次是哲学历史观层次的社会发展理论研究，第二个层次是社会哲学层次的社会发展理论研究，第三个层次是专题（社会现代化）层次的社会发展理论研究。当然，这三个层次的区分是就社会整体领域的研究而言的，不涉及社会结构中各个构成领域如经济、政治、文化等领域的发展问题研究，后者属于更低的逻辑层次，这些领域的发展问题研究应由经济学、政治学、文化学等各门社会科学分别承担。而在这里，就哲学学科所应承担的社会整体领域的社会发展理论研究来说，其逻辑体系无疑应是包括以上三个逻辑层次在内的完整体系。（表1）

表1 哲学学科中社会发展理论研究的逻辑分层

学科归属	领域区分	逻辑层次
哲学	社会整体领域	哲学历史观层次的社会发展理论研究
		社会哲学层次的社会发展理论研究
		专题（社会现代化）层次的社会发展理论研究（社会哲学方法）

二、三个层次的相互贯通与社会哲学层次的特殊地位

我们将社会整体领域中的社会发展理论研究区分为三个既相联系又相区别的不同的逻辑层次,这三个层次的研究并不是相互隔绝、互不相干,而是相互影响、相互贯通的。首先,第一个层次即哲学历史观层次上的社会发展理论研究,对于其他两个层次的社会发展理论研究来说无疑具有一般方法论的意义。无论是社会哲学层次上的社会发展理论研究,还是专题(社会现代化)层次上的社会发展理论研究,都需要这一层次的方法论指导。特别需要指出的是,我们既有的历史唯物主义理论传统不应丢弃,而应科学地继承和发展。虽然在以往的研究中存在着这样那样的欠缺和不足,也曾出现过一些偏差,但马克思和恩格斯所创立的历史唯物主义的基本原理并不过时,其所揭示的社会历史发展的一般规律仍是我们必须遵循的。并且,在过去的研究中,我们已经在新的实践的基础上就历史唯物主义的基本原理做了许多新的探讨,形成了不少有价值的新的成果,这些新的成果同样具有重要的方法论意义。有一种观点,似乎其他两个层次的社会发展理论研究特别是社会现代化问题研究与历史唯物主义方法无关,而只能借助于国外"发展理论"的方法,这是不正确的、片面的。我们不应该将历史唯物主义的方法论作用与借鉴国外"发展理论"的研究方法对立起来,而应将二者协调和统一起来。其次,第二个层次即社会哲学层次的社会发展理论研究,对于上一个层次即哲学历史观层次的社会发展理论研究来说具有某种基础作用,其成果可以为上一个层次的研究提供相对具体的理论支持,并在经过逻辑提炼后为上一个层次的研究所吸收;而对于下一个层次即专题(社会现代化)层次的社会发展理论研究来说,它又具有一种更为直接的方法论作用,因为它所研究的一定阶段上的社会发

展过程的具体展开，相对于社会现代化这个特定阶段的特定过程而言，又具有一般的性质。最后，第三个层次即专题（社会现代化）层次上的社会发展理论研究，对于以上两个层次即哲学历史观层次和社会哲学层次的社会发展理论研究来说都具有某种基础作用，其成果可以为这两个层次的研究提供专题性质的理论支持，并按照这两个层次的不同的逻辑要求而分别加以提炼和吸收。由此可见，在整个社会发展理论的研究中，应该将这三个层次的研究有机地结合起来，依照它们的逻辑联系统一加以推进，而不应将它们形而上学地隔绝和对立起来，片面地、孤立地进行研究。

但是，同时我们又应看到，这三个层次的社会发展理论研究毕竟是有着不同的逻辑定位，因而在统一推进的过程中，其所承担的任务和具体展开方式也是各不相同的。从应用的角度说，三者的功能和作用自然也存在各种差别。而对于社会发展战略的研究来说，虽然这三个层次的社会发展理论研究都具有各自的指导意义，但其中最为直接、关系最为密切的应是第二个层次，亦即社会哲学层次的社会发展理论研究。因为所谓社会发展战略，一般是指一定阶段上社会发展的具体展开过程的战略问题，而社会哲学层次的社会发展理论研究正是从这个特定范围着眼的，是研究一定阶段上社会发展的具体过程的，所以这一层次的社会发展理论研究，最能为社会发展战略的研究提供适宜的理论支持。至于其他两个层次的研究，哲学历史观层次的社会发展理论研究虽具有一般方法论的意义，但显得过于宽泛；而专题（社会现代化）层次的社会发展理论研究，虽然抓住了当代社会发展进程中的一个重大问题，但又显得过于狭窄。这两个层次的研究成果只能从各自的逻辑层次上对社会发展战略的研究起到某种特定的指导作用。

既然我们对社会发展理论的不同层次的研究及其对社会发展战略研究的不同意义做出了这样的分析，从而确认了社会哲学层次的社会发展理论研究的特殊地位,那么在这里,我们就应对这一层次的社会发展理论研究给予特别的关注。而这种社会哲学层次上的社会发展理论研究应该如何展开呢?从基本思路来说,至少有以下一些问题需要认真研究和解决:

(1) 关于社会发展的阶段与任务。既然这一层次的社会发展理论研究是要研究一定阶段上社会发展的具体过程,那么首先就必须解决社会发展阶段的区分和定位问题,并由此确认特定阶段上的发展任务。然而这里一开始就遇到了理论上的差异:按照历史唯物主义的既有观点,是将人类社会区分为原始社会、奴隶社会、封建社会、资本主义社会、社会主义和共产主义社会等不同形态,亦即社会发展的不同阶段;而西方学者却将社会发展阶段区分为农业社会、工业社会、信息社会等,国外发展理论中所谓现代化研究主要就是研究从农业社会向工业社会的过渡。如何认识和解决这一问题,关系到其他各种问题的认识和解决。

(2) 关于社会发展的机制和条件。一定阶段上社会发展过程的展开,无疑要受到历史唯物主义所揭示的一般规律的制约,但还应对其内在机制做进一步具体的研究。不同的社会类型,不同的社会发展阶段,这些机制的状况也各有不同;而在社会现代化的过程中,以上各方面机制有着特殊的规定和要求,对此必须给予充分的重视。而在机制问题上,要充分重视研究社会发展过程中的各种具体条件;条件不同,机制起作用的结果也会不同。

(3) 关于社会发展的方式与途径。社会发展过程的展开要借助于一定的具体方式,而不同的发展方式又有着各自的应用途径。社会发展理论应针对不同阶段上社会发展的具体情况,对这些方式和途径做出说明。

(4) 关于社会发展与社会转型。社会转型是社会发展中的一种特殊过程,其特征不同于常规发展过程;研究社会发展理论,不仅要研究社会发展的常规过程，而且要对社会转型这种特殊过程做出研究。从当代中国社会发展的实践来看，这方面研究具有重要的现实意义。

（5）关于社会发展中的突出问题。社会发展过程的展开，必然涉及方方面面的关系，会有各种各样的问题突出出来，对于这些问题也应做出认真的研究。例如社会发展中的代价问题、社会冲突问题、国家关系问题、国家与区域的关系问题、全球化问题、生态环境与可持续发展问题等。

（6）关于社会发展与人的发展。社会结构体系作为客体而与作为主体的人相对应；人的发展依赖于社会发展，而社会发展以人的发展为最高目的，社会发展过程中应从各个方面努力为人的发展创造条件。马克思的历史唯物主义高度重视人的发展，而国外发展理论也提出了"以人为中心"的主张；社会哲学层次的社会发展理论研究必须认真研究和解决这方面的问题。

（7）关于社会发展的综合评价。这也是社会发展研究不可或缺的一个重要方面。首先是原则的确定，客体评价与主体评价应相对区分，社会发展应有自己本身的指标体系。进一步说，由于社会发展是一个包括经济、政治、文化等各领域（生产力与生产关系、经济基础与上层建筑等各层次）发展在内的整体发展过程，社会发展评价也必须建立与之相应的综合指标体系；而这方面也还需经过艰苦的努力。

除了这里所列举的这些问题之外，当然还有其他各种问题；但以上问题应该看作社会哲学层次的社会发展理论研究所应该涉及的一些最主要的问题。

（原载《理论前沿》2002年第7期）

关于社会发展的阶段定位问题

(2002 年 11 月)

社会哲学层次上的社会发展研究,主要应着眼于一定阶段上社会发展过程的具体展开。而要进行这一层次的研究,首先要面对的便是一定社会所处的发展阶段的定位问题。只有明确了这个问题,才能由此确认特定阶段上社会发展的特殊任务,并进而展开发展途径和方式等其他一系列问题。在这里,本文便准备就这个阶段定位问题做一探讨。

一、传统理论与当代实践:不同方法的分歧和争议

在人类社会发展的历史长河中,要科学地确定一定社会所处的历史方位,对社会发展的特定阶段做出正确的判断和分析,并不是一件简单的事。这里涉及不同的历史观,涉及对整个社会历史的基本观点和看法,涉及对社会历史发展的总体进程的认识和把握;只有在这样一种整体性认识的框架背景下,才能谈到一定阶段上社会发展的阶段定位问题。众所周知,马克思和恩格斯在创立自己的哲学的过程中,突破了社会历史领域的特殊性给人们造成的认识上的

障碍，最终揭示了"作为支配规律在人类历史上起作用的一般运动规律"①，从而推翻了"以哲学家头脑中臆造的联系来代替应当在事变中去证实的现实的联系"的唯心史观②；这一重大的科学成果使得我们第一次有可能以真正科学的态度对待整个社会历史的总体进程，并为社会发展的阶段定位提供科学的指南和方法。按照历史唯物主义的观点，"物质生产的发展"是"整个社会生活从而整个现实历史的基础"③，"物质生活的生产方式制约着整个社会生活、政治生活和精神生活的过程。"④ 进一步说，生产力与生产关系、经济基础与上层建筑之间的矛盾构成社会基本矛盾，这一基本矛盾的运动推动着整个社会结构体系不断向前发展。在这里，马克思和恩格斯提出了社会形态的概念，认为社会历史发展的基本过程也就是在社会基本矛盾的推动下不断地从低级形态向高级形态演进的过程，这些社会形态区分了社会的基本类型，而在历时态的意义上也就是社会发展的不同阶段。从一般进程说，原始共产主义社会、奴隶社会、封建社会、资本主义社会、社会主义和共产主义社会就是人类社会历史发展的几种主要形态，也就是社会发展的几个基本阶段。所以，依据历史唯物主义的方法，当我们从社会哲学的层次上展开社会发展理论的研究，要对社会发展的阶段定位进行分析时，首先就需要确定作为所要研究的对象的那个社会发展阶段究竟属于哪一种社会形态。

历史唯物主义在揭示社会发展客观规律的基础上提出的社会形态理论，在过去很长时期中曾是我们进行社会发展阶段定位的基本方法，我们就是以此为指导对我们所处的社会发展阶段进行分析，

---

① 《马克思恩格斯选集》第 4 卷，人民出版社 1995 年版，第 247 页。
② 《马克思恩格斯选集》第 4 卷，人民出版社 1995 年版，第 246—247 页。
③ 《马克思恩格斯全集》第 23 卷，人民出版社 1972 年版，第 204 页。
④ 《马克思恩格斯选集》第 2 卷，人民出版社 1995 年版，第 32 页。

并提出这个阶段的发展任务。但是，在近年来社会发展理论的研究中，这一方法似乎遇到了不同的见解和挑战。这主要是因为国外的发展理论在进行社会发展阶段的定位时，所采用的多是另一种不同的方法，即将社会发展进程区分为农业社会、工业社会、信息社会等不同阶段；所谓现代化研究，就主要是研究从农业社会向工业社会的过渡，而有关未来学的研究则是着眼于工业社会如何走向信息社会。其实，较早在国内引起注意并发生争议的，就是信息社会这一概念。还在20世纪80年代初，随着改革开放的实行和国内外思想文化交流的展开，信息社会的概念与新技术革命的影响一道传入国内；J.奈斯比特的《大趋势》和A.托夫勒的《第三次浪潮》一度成为印行量很大的畅销书。如何看待国外学者提出的这些概念——包括信息社会以及工业社会、农业社会等，当时有各种不同的意见。一些人们对这些概念持明确的否定态度，认为这是西方学者用来对抗马克思主义的社会形态理论的手段，它混淆了社会主义与资本主义的原则界限，是我们不能接受的；而另一些人们则认为国外提出的这些概念客观地反映了社会发展的各个阶段的不同特征，是有道理的、可以接受的。后来的实际情况是，信息社会以及工业社会、农业社会等概念作为区分和把握社会发展阶段的一种不同的方法被不少学者所采纳，特别是当社会发展理论成为新的热点之后更是如此。在这个过程中，马克思主义的社会形态理论则遇到了各种质疑，在一些人们看来，这一理论似乎不再适用，它与姓"社"姓"资"的主义之争一样有些过时了，现代化就是一切，资本主义和社会主义日渐"趋同"，最终融合在走向信息社会的过程中。

此外，在近几年的讨论中，又有一个新的概念风靡一时，这就是知识经济。这一概念的提出以及对于这方面问题的关注无疑具有十分积极的意义，但这里同样有一个如何正确地理解和把握这一概念，以及将其运用于社会发展的阶段定位的问题。例如有的学者已经提出，知识经济就是一种社会形态，它是社会发展的一个新的阶段。有关这一类问题的讨论也还正在进行中。

总之，我们在社会发展阶段定位的问题上，遇到了不同方法之间的分歧和争议。虽然科学研究中这种情况的存在有利于在讨论中接近真理，并且它本身就意味着研究的深入，但在广泛讨论的基础上对这些不同的方法做出恰当的评价，并从应有的高度进行新的整合，却是顺理成章的要求。而近年来已有的研究已经为这项工作提供了某种条件，其中有关社会形态多维视角的新的研究成果可以在这方面起到积极的作用。

二、社会形态的多维视角与社会发展阶段的综合分析

还在有关不同方法之间的争论刚刚开始的时候，就有一些学者以冷静和理智的态度提出，要坚持辩证思维，反对以非此即彼的形而上学方式认识问题。一方面，我们不能将马克思主义的社会形态理论僵化地封闭起来，简单地排斥和否定其他新的探讨，包括西方学者提出的不同概念和方法；而另一方面，也不能不加分析地照搬国外的东西，特别是不能简单地以西方学者提出的信息社会等概念否定马克思主义的社会形态理论。应该强调，马克思主义的社会形态理论并不过时，它仍然是我们进行社会阶段区分和定位的科学方法；但这一理论不应停滞不前，而要有新的发展。西方学者将社会发展区分为农业社会、工业社会、信息社会等阶段，其采用的方法和观点固然存在某种非科学的局限和否定马克思主义社会形态理论的对立倾向，但又有其合理之处，我们应该从历史唯物主义的立场出发，批判地吸收和借鉴。而有关社会形态的多维视角的研究，就是本着这样一种态度展开的。

这方面研究首先是从社会形态概念的重新审视开始。马克思和恩格斯提出社会形态这一概念，究竟应该如何理解？考察一下马克思和恩格斯的思想，可以看出他们特别关注与一定的生产力相适应的生产关系的结构，强调从生产关系的性质出发去把握整个社会形态；所以，他们提出了"经济社会形态"（Ökonomische Gesellschaftsformation）这一概念，并与社会形态概念并用。① 在马克思和恩格斯看来，这种经济社会形态的演替并不是以人们的主观意志为转移，而是像自然界中的发展一样由客观规律所决定的，所以马克思明确指出："我的观点是把经济的社会形态的发展理解为一种自然史的过程。"② 正是从这一观点出发，马克思和恩格斯对人类历史上所经历的社会形态做了考察：还在《德意志意识形态》这部著作中，他们就曾初步考察了"部落所有制"、"古代公社所有制和国家所有制"、"封建的或等级的所有制"、"现代私有制"（资本主义私有制）、"无产阶级占有制"（共产主义）等不同的历史发展阶段；在《雇佣劳动与资本》中，马克思又进一步指出："**生产关系总合起来就构成**所谓**社会关系**，构成所谓**社会**，并且是构成一个处于**一定历史发展阶段**上的社会，具有独特特征的社会。**古典古代**社会、**封建**社会和**资产阶级**社会都是这样的生产关系的总和，而其中每一个生产关系的总和同时又标志着人类历史发展中的一个特殊阶段。"③ 随着研究的深入，他们在这方面的认识不断明确；在1859年的《〈政治经济学批判〉序言》中，马克思做了一个简要的概括："大体说来，亚细亚的、古代的、封建的和现代资产阶级的生产方式可以看做是经济

---

① 马克思的"经济社会形态"（Ökonomische Gesellschaftsformation）概念，过去曾被译为"社会经济形态"，长期流行但不正确。人民出版社1995年出版的《马克思恩格斯选集》第2版已做了纠正。
② 《马克思恩格斯选集》第2卷，人民出版社1995年版，第101—102页。
③ 《马克思恩格斯选集》第1卷，人民出版社1995年版，第345页。

的社会形态演进的几个时代。资产阶级的生产关系是社会生产过程的最后一个对抗形式,……人类社会的史前时期就以这种社会形态而告终。"① 那么,代替这种"资产阶级的"亦即资本主义社会形态的,又是什么呢?在马克思和恩格斯看来,不是别的,而正是社会主义和共产主义的新的社会形态,他们所创立的科学社会主义学说,就是要揭示从资本主义社会向社会主义和共产主义社会过渡的必然趋势。

顺便指出,马克思在这里提到的"亚细亚的"生产方式,曾引起了学术界的长期争论。其实,认真研究一下马克思的原著就可以看出,这里所谓"亚细亚的"生产方式明确无误地是指"古代的"生产方式之前的发展阶段或"时代",实际上是对原始社会的生产方式的一种概括。由于当时有关原始社会的材料的限制,马克思还不能清楚地把握这一阶段的特征。后来,1887年,恩格斯在他的《家庭、私有制和国家的起源》一书中,根据摩尔根提供的材料以及其他有关材料,对原始社会的社会形态进行了科学的研究;1888年,他在《共产党宣言》的英文版上特意加了一个注,将这一阶段正式称为"原始共产主义社会"。② 至于这一阶段之后的"古代的"生产方式,则是指奴隶社会的生产方式。

马克思和恩格斯从经济社会形态的意义上对社会形态演替进程所做的这种概括,使我们有可能从纷繁复杂的历史发展中理出一个基本的线索来。虽然这种概括只是具有抽象出来的一般进程的意义,这个一般进程在现实的历史实践中是通过各种各样的特殊进程表现出来的,但我们毕竟可以按照逻辑和历史相统一的原则,辩证地把握一般进程与特殊进程之间的关系,从而为社会发展阶段的区分与

---

① 《马克思恩格斯选集》第2卷,人民出版社1995年版,第33页。
② 《马克思恩格斯选集》第1卷,人民出版社1995年版,第272页。

定位问题提供一种科学的方法。但是,这里有一个问题必须考虑:既然马克思对于社会形态的研究主要是从经济社会形态的意义上展开的,那么除了这种经济社会形态的意义外,对于社会形态的区分和把握还有没有可能从其他意义上进行?换句话说,这种经济社会形态的尺度是否就是唯一的?

有关社会形态问题的讨论正是在这一点上取得突破。一些学者提出,社会形态作为标志着社会基本类型和社会发展的基本阶段的概念,其划分标准不是一维的,而是多维的。马克思所说的经济社会形态主要是从经济关系亦即生产关系的角度去把握的社会形态,而社会形态本身是由多种要素构成的,这些要素都分别体现为社会形态的一个表现方面,因此社会形态可以从不同角度予以把握。由此,讨论中提出了一个新的概念——技术社会形态,这种技术社会形态不同于马克思所说的经济社会形态,它主要是指人类社会历史发展中某一阶段上的生产力发展水平,以及与之相联系的产业结构。提出这一观点的学者认为,对于国外有关信息社会以及农业社会、工业社会等概念,我们完全可以批判地加以改造,排除其非科学的成分,而在技术社会形态的意义上加以吸收。

如何评价这种"多维标准论"以及技术社会形态等新的概念?首先应该肯定,这一新的见解是有着合理的根据的。其实辩证法早已对事物的质的规定性做了深刻的揭示,说明任何事物都有区别于他事物的质的规定,但却不是只有单一的质,而是具有多方面的质。正如恩格斯所指出的,现实存在着的是"具有质并且具有无限多的质的物"。① 人类社会作为一个复杂的结构体系,绝不可能只有某一方面的单一的质的规定,而是像其他一切事物一样具有多方面的、多种多样的质;所以我们在把握社会形态概念、区分社会类型和社

---

① 《马克思恩格斯选集》第 4 卷,人民出版社 1995 年版,第 339 页。

会发展阶段时，就不会只有一种尺度和标准，而是可以有多种不同的尺度和标准。传统的经济社会形态概念只是体现了社会形态的一个方面的质的规定，除此之外，我们完全可以以技术社会形态等新的概念来反映社会形态的其他方面的质的规定。这样，社会形态就不是一种单面的和平面的存在，而是一种全面的和立体的存在。

但是另一方面，讨论中出现的这种"多维标准论"，从一开始就带有一种明显的缺陷，即未能达到整体性的高度。应该看到，人类社会是一个包括经济、政治、文化等基本领域在内的完整的结构体系，所谓社会形态也应该是与之对应的整体概念。而我们不论从哪一个方面区分和把握社会形态，都必须着眼于这个整体，从应有的高度看问题。但是，如果按照上述讨论中提出的意见，只是把社会形态的"多维标准"归结为社会结构体系内部的各个不同层次，如把马克思的经济社会形态概念仅仅理解为生产关系层次的概念，而把技术社会形态概念仅仅理解为生产力层次的概念，那就是不正确的了。因为某个"层次"不能等同于社会形态的整体，社会结构中某一层次的质的规定也不等于就是整个社会形态的质的规定；社会形态具有多方面的质，并不等于是其内部各个不同层次的质，从各个不同方面把握社会形态，也不等于孤立地分析其内部的各个层次。那么正确的做法应是怎样呢？一般说来，所谓从不同方面把握社会形态，应该是以社会结构中的不同层次作为切入点，由此入手考察社会形态的某一方面的整体特征。层次的分析在这里还是需要的，在切入之后首先要做的就是分析作为切入点的这一层次的状况；但问题在于不能仅仅停留在这一步，而应以此为基础进一步考察这一层次的状况对整个社会结构体系的影响，亦即它所造成的社会形态的相应的整体特征。例如，所谓经济社会形态的分析就应该是从经济关系亦即生产关系的层次切入，在考察这一阶段的生产关系的性质的基础上进而考察这种生产关系对整个社会结构体系的影响；而所谓技术社会形态的分析则应该是从生产力层次切入，在考察这一阶段的生产力的状况的基础上进而考察这种生产力对整个社会结构体系的影响。只有这样，才能使社会形态的不同方面的分析达到整体性的高度，从而真正反映它的多方面的质。这种分析，不是简单的层次分析，而是不同视角的分析；所谓"多维标准"只有从"多维视角"的意义上来理解，才是正确的和合理的。

如果我们从这种整体性意义上的多维视角来运用经济社会形态和技术社会形态等概念，那么就完全可以按照各自的不同角度区分出不同的社会类型和社会发展阶段。既然经济社会形态的视角是从生产关系层次切入，考察一定阶段上生产关系的性质及其对整个社会结构体系的影响，那么由此区分出原始共产主义社会、奴隶社会、封建社会、资本主义社会、社会主义和共产主义社会等基本形态，就是合乎逻辑的；这里区分的是社会的"主义"类型或阶段。相应地，既然技术社会形态的视角是从生产力的层次切入，考察一定阶段的生产力状况及其对整个社会结构体系的影响，那么这里区分的就不是社会的"主义"类型或阶段，而是社会的技术类型或阶段；一定阶段的生产力水平构成这一阶段社会发展的技术基础，而这个技术基础对社会结构体系的影响，从直接意义上说就是使社会的经济、政治、文化等各个领域都形成了与之相应的技术特征。由此出发，所区分的基本形态应该包括渔猎社会、农业社会、工业社会、信息社会等，这些概念完全可以纳入技术社会形态的系列，按照这里所明确的社会的技术类型或阶段的相关规定性来解释——这样来解释的概念当然就与原有的其他各种理解有了重大的区别。

这里还涉及知识经济这一概念。从社会形态的多维视角来看，所谓知识经济实际上应该归属于技术社会形态的系列，但它并不构成一种独立的技术社会形态，而只是构成一种特定的技术社会形态亦即信息社会的技术基础。知识经济本身属于生产力的层面，它是生产力发展的一个特定阶段，亦即继工业经济之后的一个新的阶段。在生产力发展的这一阶段上，整个社会结构体系都会形成与之相应的、不同于工业社会的一系列新的技术特征，由此构成信息社会这一特定的技术社会形态。只有按照技术社会形态的相关规定，才能对知识经济概念做出科学的解释和分析。

那么，在社会形态的多维视角之间，例如经济社会形态视角与技术社会形态视角之间，以及它们各自所区分出来的社会类型或发展阶段的不同系列之间，亦即社会的"主义"类型与技术类型之间，又是一种怎样的关系呢？可以说，它们作为社会形态的不同视角，是一种相互联结的互补关系，而不是非此即彼的对立关系；它们各有着自己的适用范围和价值意义，而不能简单地相互取代。只有将这些不同的视角辩证地统一起来，才能达到对社会形态的完整的、全面的把握。

历史唯物主义社会形态理论研究的这一新的成果，为我们在社会发展理论的研究中科学地解决社会发展阶段的定位问题提供了新的支持。我们在对一定的社会发展阶段进行定位分析时，既要从经济社会形态的视角考察这一阶段上社会的"主义"类型，又要从技术社会形态的视角考察这一阶段上社会的技术类型；要将这些不同视角的考察结合起来，从而对社会发展的这一特定阶段有一个全面的认识，为进一步研究这一阶段的发展任务、解决这一阶段发展中的其他各种重大问题提供一个科学的前提。

（原载《新视野》2002年第6期；《理论与现代化》2002年第6期转载）

社会发展过程中的五种主要机制探析

(2001年5月)

社会发展的实现机制是当代社会发展理论研究中的重要课题。如果说社会哲学层次上的社会发展理论研究主要是着眼于一定阶段上的社会发展过程特别是当代社会发展的具体展开，那么这一研究就不能仅仅停留在这种特定发展过程的目标及方式、途径等问题上，而应进一步揭示隐藏在发展过程之中并从根本上制约这个过程展开的客观机制，以求为社会发展的实践提供科学的理论指导。在这方面，应该说历史唯物主义关于社会发展的最一般规律的原理已经为我们提供了必要的研究基础和方法论依据，而我们所需要做的，就是从社会哲学的层次上进一步展开更为具体的探索。

按照这一考虑，从社会发展的实际过程来看，至少有五种主要机制需要我们深入研究，即社会发展的驱动机制、社会发展的整合机制、社会发展的协调机制、社会发展的控制机制、社会发展的防护机制。这五种机制依照特定的逻辑关系相互区别又相互联结，在社会发展进程中起着不可或缺的重要作用。

一、动力提供与传输：关于社会发展的驱动机制

要研究社会发展过程的内在机制，首先应该关注的就是它的驱动机制。社会发展是一个由低级状态向高级状态不断推进的现实过程，这一过程要得以展开，首先必须有必要的动力驱动。关于社会发展的动力问题是一个老问题，在哲学思想史上曾有过各种不同的观点；而马克思主义哲学的唯物史观则推翻了那些企图从外在的超自然力量或神秘的"绝对精神"去寻找这种动力的唯心主义谬说，主张从社会的现实存在出发，从社会结构体系内部的矛盾运动中去揭示社会发展的动力源泉。对此，我们在历史唯物主义研究中已进行过许多的探讨。但在这里，我们并不是要简单地重复唯物史观关于社会发展动力的一般原理，而是要进一步研究社会发展的这种内在动力究竟是怎样具体地发生作用，亦即对社会发展过程进行"驱动"的，这种驱动作用的发生方式又是怎样的，这便是它的"机制"问题。

研究驱动机制问题，首先应该了解构成驱动机制的基本要素和驱动过程的基本环节。这里有三类基本要素：（1）作为动力源的驱动者。社会发展的驱动过程，首先需要有动力源的存在，这种动力源产生动力，承担驱动者的角色。（2）作为驱动对象、接受驱动的受动者。驱动过程不仅要有驱动者，而且还要有驱动的对象，否则驱动作用便失去意义。（3）作为驱动者和受动者之间的中介要素的动力传输体系。在社会发展的驱动过程中，动力源所产生的动力往往要经过各种中间层次进行传输和分配，然后才能这样那样地到达驱动对象即受动者。与这三类基本要素相对应，社会发展的驱动过程主要包括以下四个基本环节：第一，动力产生。动力源开始发生作用，形成驱动过程所需动力。第二，动力传输。通过相应的传输

体系将动力传输给受动者。第三,驱动形成。受动者在所接受的动力推动下,展开自己的发展过程。第四,驱动反馈。驱动结果通过传输体系反馈给动力源,对驱动过程进行调整和矫正。以上三类要素和四个环节是相互联结的,所有这些要素通过各个环节发生作用,也就体现为所谓的驱动机制。

按照对驱动机制的这样一种理解对社会发展过程进行分析,我们发现呈现在我们面前的是一幅相互制约和相互作用的图画。社会结构体系中的经济、政治、文化等各个领域之间相互制约和相互作用,社会结构体系又作为社会客体与作为这一体系的承担者的社会主体相互制约和相互作用,社会发展的驱动机制就是存在于这些相互制约和相互作用之中。这里应特别指出的是以下几点:首先,社会发展的整体驱动过程包含着一系列可以相对独立地加以分析的局部过程,在这些过程中,驱动者、受动者以及动力传输者的角色并非固定不变,而是在社会结构体系的各领域以及社会主体与社会客体之间轮流转换,这就形成一种普遍的互动关系。其次,这些领域以及主体、客体所能起到的驱动作用在整个驱动过程中又不是简单平列,而是存在各种差别;这些差别根源于它们本身所处的客观的逻辑地位。例如,物质生产力在社会结构体系中所具有的根本地位决定了它在驱动过程中的特殊作用。再次,驱动过程中的动力传输环节依照驱动者与受动者之间联系的紧密程度而区分为直接和间接等不同情况,但从总体上看呈现出多层次、发散性的特点。最后,动力源的形成和动力的产生是一个不断延续的动态的过程,它在自身内在的矛盾运动和整体驱动过程中各个局部过程的历时态联结中不断跃迁到新的层次,从而促使社会发展的驱动过程持续不断地进行下去。

在实际的社会发展过程中,驱动机制的状况可以有各种不同。正常的情况是构成驱动机制的各类要素都能比较好地发挥作用,驱动过程能够比较顺利地展开，从而能够为社会发展提供比较充足的动力，有效地推动社会发展；而相反的情况则是有关要素的作用不能到位，驱动过程展开受阻，这时的社会发展就会显得动力不足，发展进程迟缓，直至疲软低迷、徘徊不前。影响驱动机制及其作用的不同状况的，通常有两方面的原因：一方面是构成驱动机制的各类要素包括驱动者、受动者以及动力传输者等本身的性质和特点；这些要素本身的性质和特点直接决定了它们能够怎样发生作用以及能否承担起应有的职责。例如，作为动力源的驱动者能否产生出应有的动力，作为驱动对象的受动者是否具备应有的反应能力和接受能力，而作为中间环节的传输者又有无缺陷和障碍存在，如此等等。由于在社会发展过程中存在的是社会结构各领域之间和社会主客体之间的相互作用亦即普遍的互动关系，驱动者、受动者以及动力传输者的角色不是确定不变而是不断转换，所以对这些要素本身状况的考察也必须依据各个局部的驱动过程和整个社会发展的整体驱动过程的统一，从普遍的意义上进行。另一方面，驱动机制的状况不仅取决于各类要素本身的状况，而且取决于这些要素之间的关系状况，或者确切地说是它们在逻辑上被确定为这些要素之前的结构关系的状况；因而还必须从这种关系入手进行考察。社会结构体系中的各个领域和各个层次是依照客观的逻辑定位相互联结、相互制约的，它们之间相互适合的状况，从系统整体上规定着它们进入驱动过程之后的作用发挥状况。虽然适合与不适合总是在发展过程中不断转化，从而具有相对的意义，但所谓适合有各种不同的情况，不适合也有各种不同的情况，这些不同总是要这样那样地影响到系统的结构方式，并最终影响到驱动机制的形成。在社会主体与社会客体之间的关系中，也存在着同样的问题，也需要对其适合与不适合的状况做出具体分析。

二、多种趋向和力量：关于社会发展的整合机制

由于驱动机制的作用，社会发展便得以"动"起来，并向前推进。但是在社会发展过程中，往往会存在多种不同的发展趋向，存在多种不同力量的组合，也就是存在着众多的"力的四边形"（恩格斯）。因此，要使社会发展过程得以顺利展开，还必须将这些不同的趋向和力量联结和统一起来，使之形成一种积极的合力，朝着一个共同的方向去推动社会发展；而这就需要有一种整合机制来起作用。

社会整合一直是社会学研究中的一个重要问题，从孔德和斯宾塞就开始涉及，T.帕森斯曾将其纳入社会体系的"AGIL"范式[①]之中。而我们在这里主要是从社会发展的角度，探讨这一发展进程中的整合机制问题。应该说，要形成这种社会发展进程中的整合机制，必须具备整合目标和整合手段两部分要素：（1）整合目标。要进行整合，首先必须解决整合到什么地方去的问题；也就是说，在社会发展过程中必须形成一种能够为各方面力量所接受的、能够将各种发展趋向融会于其中的共同的发展目标，以此为旗帜进行整合，将各种趋向和力量汇集起来，统一起来，联合起来。这种整合目标通常是以某种核心宗旨和共同纲领的形式体现出来，这些宗旨和纲领无疑会以各种意识形态为依托，但又必须超越特定意识形态的狭窄范围，寻求不同理念、信仰、学说等等之间的共同点或联结点。（2）整合手段。有了整合目标，还需要借助于各种适宜的手段来实现和确保所要求的整合，而这些手段在不同的历史条件下各有不同。例

---

① 即 Adaptation（适应性功能）、Goal-Attainment（目的实现性功能）、Integration（整合性功能）、Latency（模式维持性功能）。

如，在经济领域里，自然经济、市场经济、计划经济等不同的经济形式都包含着各自不同的整合手段：自然经济条件下是自给自足，市场经济条件下是市场竞争，而计划经济条件下则是计划指令。在政治领域里，最基本的整合手段有专制的手段、集权的手段和民主的手段。而在思想文化领域里，也同样可以有思想专制、文化专制和"百家争鸣、百花齐放"等不同的整合手段。这些不同的整合手段，需要从不同的历史条件出发进行评价。

有了必需的整合要素，就要进行整合运作，从而展开为一种整合过程。社会发展的整合过程主要有以下环节：第一，整合目标的形成与确认。整合过程应是以整合目标的逐步形成为前提的，而既定的整合目标在整合过程中仍有一个公布和传播的过程，社会各方面的力量经过相互交流、沟通、争议、碰撞，最终达到某种共识，赞同和接受既定的整合目标。第二，对各种社会活动的统一规范。这种规范当然是借助于经济的、政治的和文化的等各类整合手段进行的，将各种社会活动纳入到统一的规则和方式中去，抑制或排除各种偏离和否定的趋向，从而把各方面的力量凝聚和集中起来。第三，形成预期的发展合力，实现整合目标。第四，整合结果的反馈，并对整合过程进行进一步的调整和修正。总之，社会发展的各类整合要素依照这些环节展开运作，就形成一定的整合机制。

在社会发展的实践中，整合具有十分重要的意义，没有整合，统一的发展过程就不能够形成。而社会发展能否进行整合以及整合的效果如何，直接取决于这一社会所具有的整合机制的状况。其中，首先就要看是否形成了适宜的整合目标，以及这一目标是否已为社会各方面所了解和接受。一般说来，整合目标的确立应具备以下几个要求：其一，它应该符合社会发展的客观规律和必然趋势。在人类社会的发展中，虽然由于人们的自觉活动而使历史进程带有明显的主体性的特点，但"它丝毫不能改变这样一个事实：历史进程是受内在的一般规律支配的"①。从根本上说，社会发展的客观规律和必然趋势是不可背离的，人们的活动最终都是受这种客观规律和必然趋势所支配的；所以一个社会所确立的整合目标要想真正站住脚跟并最终得到实现，就必须以此为客观依据。其二，它应该符合社会大多数成员的根本利益。社会发展毕竟是要靠主体即人的活动来实现的，而"人们为之奋斗的一切，都同他们的利益有关"②。人们在社会发展过程中的各种矛盾和冲突，最终也都是围绕利益问题展开的。因此，要使整合目标得到各方面力量的承认和接受，这个目标就必须能够体现和代表他们的根本利益，使他们得以在这一目标下求同存异，携手合作。符合社会大多数成员的根本利益和符合社会发展的客观规律，这两个要求在根本上是一致的，因为依照社会发展的客观规律推进社会发展，总是有利于社会大多数成员的根本利益的实现。当然，在存在着利益根本对立的社会集团的情况下，某些群体会站在社会发展的反面，而社会发展的整合目标对于这些群体的利益来说必然会带有否定的性质。但即使在这时，社会所确定的整合目标也应尽可能地将大多数社会成员的利益联结起来。其三，社会发展的整合目标还应符合一定社会发展阶段上的具体历史条件。一定的社会发展任务总是要在某种具体的历史条件下逐步展开的，而这些具体历史条件相对于社会发展的必然性来说无疑具有偶然性的属性。整合目标的确定必须充分考虑到这些具体历史条件的特殊影响，以最能为大家所接受的适宜形式提出来。

社会发展的整合程度不仅取决于整合目标的适宜与否，而且也取决于是否具备了有效的整合手段，以及这些手段的应用是否到位。无论在经济领域、政治领域还是思想文化领域，都有各种不同的整

---

① 《马克思恩格斯选集》第4卷，人民出版社1995年版，第247页。
② 《马克思恩格斯全集》第1卷，人民出版社1995年版，第187页。

合手段可供选择；在这里应特别注意两点：第一，应根据社会发展所处的不同阶段和各方面的具体历史条件，采用真正与之相适应的、切实可行的整合手段。不同的手段在不同的历史条件下，其作用可能大相径庭，所以必须从实际出发。第二，每一种整合手段都有自己的特殊的规则，在确定要采用某种手段之后，必须按照其本身的要求去建造和应用。如经济领域中的市场机制、政治领域中的民主机制等，都有一套这样的规则，如不按照这些规则去做，它们的作用就不能有效地发挥出来，最终影响社会发展的整合结果。

此外还应该指出的是，社会发展中的整合不等于简单划一，不是将一切不同和差异统统消灭，形成一潭死水。那样必然造成死板僵化，对社会发展十分不利。真正有效的整合应是在充分调动各方面积极性的基础上，通过不同主张和倾向的相互碰撞而形成的有机的统一，是包含着差异的统一，从而也才能是真正充满生机和活力的统一。在这方面，冲突理论学派的社会学家L.科塞等人关于社会冲突"产生了活力，并且释放出具有创造性的能量"[1] 的观点，是有其合理意义的。

三、多个领域与整体过程：关于社会发展的协调机制

在对社会发展进行整合的基础上，还有一个重要问题必须解决，这就是社会各领域发展的协调问题。人类社会是由经济、政治、文化等各个基本领域构成的完整的结构体系，相应地，社会发展过程也便是由经济发展、政治发展、文化发展等各个领域的发展所组成的综合过程。而这些不同领域的发展过程，如何才能真正合理地组

---

[1] ［美］L.科塞等：《社会学导论》，杨心恒等译，南开大学出版社1990年版，第610页。

合起来，形成一个有机统一的整体发展过程呢？这就需要一种协调机制来起作用。

要形成社会发展的协调机制，需要有以下基本要素：（1）协调主导。在社会各领域的发展协调中，一定的领域对其他领域的发展提出协调要求，促使其他领域的发展与之相协调，这一领域便是作为协调主导起作用。（2）协调对象，亦即在社会各领域的发展协调中，进入协调范围的对象领域。（3）在协调主导和协调对象之间，往往还需要有协调中介。一个领域的发展对其他领域发展的协调要求，通过另一些作为中介环节的领域间接地反映出来。以上各类基本要素按照各自的规定发生联系，便形成社会发展的协调过程，这种协调过程一般包括以下基本环节：第一，协调要求的产生。在社会各领域的发展过程中，作为协调主导的领域在展开自身发展过程的同时，也必然会对相关的对象领域提出协调发展的要求，以确保自身发展的顺利展开。第二，协调活动的实施。主导领域的协调要求作为一种客观必然性通过各种方式表现出来（包括形成相关的压力和后果），对对象领域的发展产生影响和干预。除了直接影响之外，主导领域的协调要求还通过中介领域传播和扩展开去，对其他有关的对象领域的发展发生间接影响。第三，形成协调效果。各领域的发展按照合理的关系展开，形成协调发展的统一进程。第四，协调反馈。协调效果反馈到主导领域，主导领域在发展过程中针对新的情况进行新的协调，形成不断协调的动态过程。总起来说，社会发展的各类协调要素通过这些环节进行协调活动，便形成为社会发展的协调机制。

按照协调机制的构成方式进一步考察社会各领域发展之间的关系，可以发现这种协调机制具体地表现为以社会各领域之间的客观的逻辑联系为基础的相对确定的结构模式。按照历史唯物主义的观点，"物质生活的生产方式制约着整个社会生活、政治生活和精神生活的过程"①；具体地说，生产力决定生产关系，生产关系一定要适合生产力；经济基础决定上层建筑，上层建筑一定要适合经济基础。虽然生产关系对生产力、上层建筑对经济基础也会发生反作用，但这种反作用最终要从属于后者的决定作用。这样一种逻辑联系告诉我们，在社会各领域发展的协调过程中，生产力相对于生产关系、经济基础相对于上层建筑，无疑具有协调主导的地位，而后者则是作为协调对象存在。这就是说，只能要求生产关系的发展与生产力的发展相协调，上层建筑的发展与经济基础的发展相协调，而不能反过来要求生产力的发展与生产关系的发展相协调，经济基础的发展与上层建筑的发展相协调。这一关系是由它们各自的逻辑地位所规定的，是不能随意颠倒的。在社会发展的整体过程中，社会各个领域的发展过程之间就是依照这样一种既定的逻辑联系相互协调，形成一种有机的统一。

社会发展的协调机制作为一种客观机制，总是要这样那样地发挥自己的作用的；但是在不同的条件下，这一机制发挥作用的情况也是各不相同的。而一定阶段上的社会发展能否协调展开，直接取决于这一社会内部的协调机制是否健全，以及能否有效地发生作用。影响协调机制的作用状况的，主要是构成这一机制的各类要素本身的具体状况：作为协调主导的社会领域在这一发展阶段上的具体状况，其对相关对象领域的协调要求以何种方式表现出来亦即表现的强度如何；作为协调对象的社会领域在这一发展阶段上的具体状况，其自身的结构特点和稳固程度如何，自我调整和修复能力如何，对协调对象的协调要求所具有的反应能力如何；最后，作为协调中介的社会领域的具体状况又是如何，对协调主导所提出的协调要求是否具有足够的传播和扩展能力，为这种传播和扩展所需要的途径和

---

① 《马克思恩格斯选集》第 2 卷，人民出版社 1995 年版，第 32 页。

渠道是否通畅；如此等等。而正是由于以上这些具体方面的不同，社会发展的协调机制的作用情况以及社会各领域发展的协调状况也就显现出各种差别来。

在这里，有必要特别注意主体因素在这一机制的运作中的特殊影响，因为社会各领域的发展都是要由社会主体的实践来实现的，而在实际过程中，社会发展协调机制的作用除了通过普遍的利益关系在社会成员的社会生活和实践活动中自发地实现出来之外，往往还需要社会主体的自觉认识和自觉活动而自觉地实现出来。这时，就要看这一社会中的主体特别是占据领导地位的主体是否真正了解社会各领域发展的协调要求，并具有承担起应有职责的自觉意识。这个问题一般说来似乎并无异议，但在具体实践过程中，往往会有各种复杂的情况；在一般性的要求和原则之下，往往掩盖着对更为具体的东西的忽视和认识差距，而不同的社会主体在现实的利益关系中的不同地位，使得某些领域或某些方面的发展要求自觉或不自觉地遭到拒斥。并且，即使在社会主体已经具有比较明确的认识和比较自觉的职责意识的前提下，这里仍有一个十分重要的问题，即主体方面能否遵循发展协调的科学方法。这就是说，当社会主体研究和解决社会各领域的协调发展问题时，必须注意从这些领域之间联系的客观逻辑出发，依据这种客观逻辑进行决策、实施行动。在这个问题上，必须坚持防止和反对偏离客观依据而这样那样地单纯从主观意志和愿望（尽管有时是十分良好的愿望）出发的错误倾向，因为这样做必然会由于违背客观规律而对真正的协调发展造成损害。虽然社会历史规律本身包含着绝对性和相对性这双重特性的统一，从而为特殊条件下的多样性选择留下了余地；但是从根本上说，各个领域的逻辑定位终究是不能背离的，否则就会造成严重失误和偏差。

四、既定要求和设计轨道：关于社会发展的控制机制

从逻辑上讲，由驱动机制所推动的社会发展过程在经过整合机制的整合和协调机制的协调之后，便进入了一种相对合理的发展轨道。但是，在具体的发展实践中，由于内部和外部的各种具体的历史因素的影响，社会发展的具体进程中总是会这样那样地存在着各种可能导致偏离设计轨道的倾向和可能性。于是，这里还需要一种重要机制来发挥作用，这便是社会发展的控制机制。这一机制的任务就是要按照既定的要求控制社会发展过程，使之得以按照设计的轨道展开，而不至于发生偏离。

从人类社会产生以来，人们一直在这样那样地寻求对自己社会的控制。而自 1901 年美国社会学家 E.罗斯的《社会控制》一书发表之后，对于社会控制问题的研究更是日益为人们所关注。但社会学家们所关注的主要是通过社会控制来"维持社会秩序"[①]，而我们在这里则是要从社会发展的角度，探讨这一发展进程中的控制机制问题。一般说来，这种社会发展的控制机制所需要的基本要素应包括：（1）控制中枢。要对社会发展进行控制，必须有一个专门的机构来承担这一职责，这便是控制中枢。而自从人类进入文明社会以来，这一控制中枢就是国家政权体系。（2）控制手段。控制中枢要对社会发展进程进行控制，必须借助于一定的手段；这些手段依照不同发展阶段上的具体情况各有不同，但一般包括法律、纪律和行政命令等强制性手段，以及思想道德、舆论宣传和政策导向等非强制性手段。通常所谓"硬约束"和"软约束"，正是与这两种手段相对应。（3）控制对象。一般说来，整个社会结构体系的发展都属于控

---

① ［美］E.罗斯：《社会控制》，秦志勇、毛永政译，华夏出版社 1989 年版，第 302 页。

制对象；但在不同的场合，进入控制范围的对象领域也往往有所不同。以上各类要素在社会发展的实践中按照各自的规定发生作用，便形成社会发展的控制过程，这一过程的主要环节包括：第一，控制决策。控制中枢根据社会发展的各方面要求，确定控制的目标和任务，提出控制方案。第二，控制实施。控制中枢借助于各种强制性手段和非强制性手段作用于控制对象，将控制方案付诸实施。第三，控制形成。控制对象被纳入既定的发展轨道，社会发展过程正常展开。第四，控制反馈。对社会发展进程实施控制的结果反馈到控制主体，以此为依据对控制方案和控制行为进行修正和调整。所谓社会发展的控制机制，就在这一控制过程中体现出来。

考察这种控制机制运作的状况，同样要从构成这一机制的各类要素和控制过程的各个环节入手。这里需要特别注意的首先是控制中枢本身是否到位，它是否能够做出正确的控制决策并将其付诸实施。这里需要研究的不仅是社会发展的总体目标和基本道路，以及社会各领域发展的协调统一，而且包括社会发展的阶段划分、步骤设计、速度把握以及区分轻重缓急、孰先孰后等。控制决策和方案的形成一定要遵循社会发展的客观规律，充分考虑所在发展阶段的各方面具体条件，使之具有切实的可行性。前面所考察的驱动机制、整合机制、协调机制所起作用的结果，应该在这里得到充分的体现，并使之进一步具体化。其次，控制手段的选择和运用也十分重要，手段不到位，再好的控制方案也不可能真正实现。不论是强制性手段或非强制性手段，都必须从本阶段的实际出发，采用切实有效并能够为社会广泛接受的具体形式，同时在强度和力度上恰当地加以把握。不论怎样，"硬约束"一定要硬，令行禁止，决不含糊；而"软约束"则必须能够深入人心，真正入脑入耳。从实际过程来看，要达到这一要求很不容易。特别是当社会发展进入社会转型过程，从一种社会结构体系向另一种社会结构体系转换，这时社会发展的控制手段也会相应地处于一种新旧更替的过渡过程中,旧的手段不再适宜,而新的手段则还未能到位。在这种情况下,对社会发展过程的控制就不能仅仅局限于常规手段,而应根据转型过程的实际采用各种必要的、过渡性的特别手段,以确保社会发展在转型时期不至于失控,或者发生重大偏差。

在研究社会发展的控制机制时,还有一个问题必须解决,这就是控制中枢本身的控制问题。社会发展的控制中枢集中着庞大的社会权力,它本应代表社会恰当地运用这些权力以履行自己的职责。但是,由于既定的利益格局和控制中枢本身所不得不处于其中的现实利益关系的影响,权力的天平存在这样那样的发生倾斜的可能性;同时,任何决策过程——即使是在完全排除了利益关系影响的假设下——本身也内在地包含着发生偏差的可能性。因此,社会在建立控制中枢并将社会权力交付与这个中枢时,还必须对其有所控制。这样,我们便回到了社会对国家的监督制约这样一个老问题上去了,而我们知道,在迄今为止的发展阶段中,政治民主的生长水平始终是衡量这一问题的解决程度的标志。而从社会发展的控制机制来说,这一问题的解决程度无疑是从根本上制约着这一机制完善的程度。

五、可能的偏离和问题:关于社会发展的防护机制

社会借助于控制机制的作用而将自己的发展过程纳入到既定的轨道,以保证这一过程的正常展开。但是,这种控制终究又是有限度的,即便是在控制机制较为完善的情况下,也只能是对发展过程的总体的或基本方面的控制,而不可能达到绝对的、完全的境地。更何况在实际过程中这方面机制的完善程度大不相同,所以就难免会有各种难以控制的偏离和相关问题发生。这时,我们就会发现还

必须有另一种相关的机制发挥作用，这就是社会发展的防护机制。社会发展的防护机制就是要针对社会发展中超出社会控制的范围而出现的偏离以及由此发生的各种问题，采取必要的手段进行处理和消解，阻止这些问题的蔓延和扩大，尽可能地降低和减少其对社会发展进程的消极作用和危害。

一般说来，社会发展的这种防护机制应包括以下基本要素：（1）防护网络。社会从上到下建立相应的防护体系，这个体系应以网络形式覆盖整个社会领域，作为防护机制的主体。（2）防护手段。防护网络要想起到防护作用，就必须具备一定的手段，这些手段应能够有效解决社会发展中发生的各种问题。（3）防护对象。就客体来说是社会发展中所要对付的、已发生的各种问题，从主体来说则是这些问题所涉及的部分社会成员。这些基本要素依照各自的规定发生作用，便形成社会发展的防护过程，这个过程一般包括以下环节：第一，问题确认与防护决策。一旦社会发展进程中发生偏离正常轨道的有关问题，社会所设立的防护网络应该迅速做出反应，对所发生的问题进行确认，并做出相应的对策。第二，防护实施。防护网络开始启动，运用相关手段作用于防护对象，对所发生的问题进行处置。第三，防护形成。所发生的问题得到解决，社会发展得以正常进行。第四，防护反馈。对问题处理的结果反馈到防护网络，对防护决策进行调整和修正。社会防护的基本要素依照以上各个环节发生作用，便形成社会发展的防护机制。

如果我们对社会发展的防护机制进行一些具体的分析，就可以看出它实际上包含几个专门的体系，即社会保障体系、社会疏导体系、社会惩治体系。这些不同的体系是要针对所发生问题的不同性质，运用不同的手段进行处置。社会保障体系是针对社会发展过程中所发生的特殊困难及其所造成的各种弱势群体，进行社会救助和支援，如采用社会福利、社会救济、社会补贴、社会保险等手段解决贫困、失业、病残、老弱以及意外灾害等方面的问题；社会疏导体系是针对社会发展进程中积聚起来的各种矛盾和冲突，针对卷入这些矛盾和冲突的各类社会成员，运用宣传教育、协商对话、调解规劝、思想政治工作等手段，进行必要的沟通和引导，以求化解矛盾、缓和冲突；社会惩治体系则是针对社会发展过程中发生的各种危害行为和破坏活动，采用法律、纪律等手段进行打击和惩处，并尽可能地弥补损失、消除恶劣后果。这几种不同的防护体系虽然各有自己的不同结构和功能，有着各自不同的应用范围，但同时又是相互联结、协调配套的；在实际过程中，往往需要三者并用，三管齐下，才能真正有效地解决问题。

从某种意义上说，社会发展的防护机制是社会发展的最后一道保险杠，它要将控制机制的作用未能奏效、超越控制而发生的问题兜起来加以解决，将已经出现的偏离重新扳回去。这方面机制是否健全以及能否有效地发生作用，最终关系到社会发展的正常过程会不会遭到破坏。而在现实实践中，这方面机制的状况也是很不相同的。影响这一机制的原因当然也是要从各方面去分析，其中首先需要注意的就是各种防护网络是否建立。社会保障体系、社会疏导体系、社会惩治体系，都需要有国家政权体系中的相关部门和相应的社会组织体系共同参与组成，其组合形式可以有多种，但无论哪一种形式都不应出现明显的不管地带和死角。其次，要看各类防护手段的运用是否到位。问题发生后，必须要有应对手段，而且应该是针对不同性质的问题采用不同的手段，该救援的救援，该疏导的疏导，该惩治的惩治。进行社会救济和支援需要提供比较充分的物质资料，并合理地分配使用；进行社会疏导需要耐心细致的工作，要善于从实际出发恰当地运用各种疏导方式；进行社会惩治则要求严格依照法律和纪律办事，违法必究、执法必严，该打击的决不手软。在这里，我们也会遇到前面已经遇到过的问题，即在社会发展进入转型时期之后，由于既定的社会结构体系发生向新的结构体系的全面转换，社会发展的防护机制在常规方面也不可避免地处于过渡状态之中，包括各类防护网络和防护手段。这时，就必须建构适合于转型时期需要的特殊的防护体系，并采用与之相应的特殊的防护手段。其具体构成如何，就只能从特定发展阶段上社会转型的特殊实际出发去确定了，而最终的原则就是确保社会发展过程不被所发生的各类问题所破坏。

（原载《中共中央党校学报》2001 年第 3 期；收入《中共中央党校哲学学科年鉴（2001）》，中共中央党校出版社 2003 年版）

关于社会发展的具体方式问题

(2003 年 7 月)

一定阶段上的社会发展过程的展开,总是要采取各种具体方式。不论实现这种发展的主体是否明确地意识到这一点,不论这些发展方式的形成是经过了人们的自觉选择还是借助于他们的直接经验,都不会妨碍其客观存在以及我们对这些方式的认识。在社会发展的实践中,不同的发展方式具有不同的功能和作用,分别适用于不同的条件。对于这一问题的讨论,目前还有待深入;本文主要是从社会哲学的层次,着眼于一定阶段上社会发展过程展开中的不同环节和方面,做一些探讨和提炼。

一、发展因素的酝酿形成:内生与外引

发展总是要有新东西的产生。所谓社会发展,就是意味着原有的旧的社会结构体系中逐渐积聚起各种新的因素和成分,促使整个社会结构体系不断发生改变,最终上升到一个新的境界和阶段。但是,这种新的发展,包括新的因素和成分的积聚和整个社会结构体系的改变,具体是怎样发生的呢?研究一下现实的社会发展过程,可以看到这样两种不同的情况。一种情况是,社会发展的新的因素

和成分主要由一定社会的内部逐渐酝酿和生长出来，这些要素和成分不断生长壮大，最终改变了整个社会结构体系的面貌。这是一个社会自身内部的新陈代谢过程，我们可以称之为内生式发展。但是，还有另外的一种情况，这就是新的发展因素和成分的产生主要不是靠一个社会自身内部的酝酿，而是从这个社会的外部，亦即从其他别的社会中引入的。这些"舶来品"在一个社会内部逐步站住脚跟，并在新的土壤上获得生长，最终引起了整个社会结构体系的改变。这样一种情况，我们可以称为外引式发展。

当然，以上两种发展方式的区分只是相对的。在实际过程中，"内生"和"外引"往往并不是截然分开，而是交错并存的；一个社会的发展可能既有内生的因素，又有外引的因素，内外结合，相互影响，相互交融，最后形成一种合力，促成了社会的发展。特别是在现代社会的发展中，由于世界各个国家、各个地区和各个民族之间的交往日益广泛，完全与世隔绝、封闭起来进行发展，几乎是不可能的。但是，各个国家、各个地区和各个民族的情况毕竟有所不同，这两方面因素的结合也存在各种差异。这样，我们就可以根据一个社会的发展过程的主要特征，将这两种方式相对区别开来。

根据辩证法的观点，事物发展的根本动因是在事物的内部，内因是根据，外因是条件，外因借助于内因而起作用。我们区分内生式发展与外引式发展这两种发展方式，与辩证法的这一观点是否矛盾？这里主要涉及对所谓"外引式"的理解。我们说外引式发展主要是从一个社会的外部引入新的发展因素和成分，由此推动了这一社会的发展；但是这里有两点需要注意：第一，这种外引必须有一定的内在要求为前提。也就是说，一个社会的结构体系已经不再具有客观的必然性，也不再适合社会主体的需要；社会内部的各种矛盾已经这样那样地显露出来，要求探索新的发展。而外部引入的新的发展因素和成分正好适应了这种发展要求，从而才有可能为这一社会所接受。第二，外部引入的这种新的发展因素和成分，决不能处于机械的、生硬的对立状态，不能取代一个社会自身的发展，而是要融入这一社会的发展过程，在这一社会的土壤上扎下根来，转化为这一社会的一部分，这样才可能获得生长，并促使整个社会发展过程的实现。这也就是通常所谓消化、吸收和本土化的过程，其实质是一种内化过程。所以，外引式发展与辩证法的内因论并不矛盾，无论引入的是什么因素，它都要借助于内在的根据而起作用。

在大多数场合，社会发展的具体方式都可以归结为内生式发展。这种方式的优点是自然便利，土生土长，循序渐进，水到渠成。由于是从社会自身内部生长出新的发展因素和成分，这些新的因素和成分的根基比较牢固，生命力比较强，如果条件便利，社会发展过程的展开就会呈现出不可阻挡之势。但是，这种方式也有其不利的一面，这主要是由于新的发展因素和成分在一个社会自身内部的酝酿需要一个较长时期，如果旧的结构比较牢固，新的因素的生长还容易受到抑制和压迫，结果便造成社会发展缓慢。比较一下历史上中国和欧洲各国社会发展的具体过程，就可以看到这种内生式发展的不同表现。在欧洲的中世纪时期，由于封建社会的结构体系采用了庄园领主制的具体形式，使得最初的一批工商业城市在各个封建领地之间的空隙中生长起来，从而为新的生产力的产生创造了条件。而且不仅是生产力，与之相适应的新的经济关系和政治关系也逐步形成和扩展。当王权不能容忍诸侯割据而寻求统一秩序时，新生的城市为其提供了有力的支持，并从与王权的联盟中获得了更为有利的发展条件；一直到新的社会因素生长到足够强大的程度，整个社会结构体系的变革就发生了，欧洲社会由此发展到资本主义的新的阶段。这一过程，可以看作是内生式发展的比较成功的案例。而对于中国同一阶段上的社会发展来说，事情就有很大的不同了。由于中国的封建社会采用的是中央集权的郡县制，其特点是自上而下的大一统，可以说是一种超稳定的结构模式。在这种条件下，新的生产力和新的社会关系的生长就非常困难，加之中央政府一直采取"重农抑商"的基本政策，最终导致中国社会的长期停滞，发展十分缓慢。这可以说是内生式发展的一个不利方面的案例，而且这种内生式发展还具有十分典型的特征，基本上是在完全封闭的状态下存在。

与内生式发展不同，外引式发展只是在特殊条件下才会形成的一种发展方式。通常是由于内生式发展迟滞或受到阻碍，致使一个社会处于明显的落后状态；要改变这种状态，不能不借助于外部的力量，亦即从外部引入新的发展因素和成分，使之充当"酵母"，促进和加快自己社会的发展。特别是当这个社会受到来自外部的和内部的重大压力、形势紧迫之时，外引式发展就更容易成为必要的选择。这种发展方式的优点是能够吸收和借鉴其他社会的文明成果和好的经验，使自己社会的发展得到新的生机和活力，并迅速打开发展的通道；较之关起门来苦苦探索，在旧的、往往是十分顽固的结构体系内部孤立地寻求突破，无疑更为有效，也更为便捷。但是这种方式也有其弱点的一面，主要是外引的东西往往会遇到本土习惯势力的排斥和抵抗，而外来成分本身也有一个能否适应新的土壤，能否真正融入这个社会，从而顺利地得到生长的问题。当然，只要运用得当，措施得力，这些问题还是能够控制和解决的。

在历史上，19世纪下半叶日本的明治维新及其以后的发展可以说是外引式发展的成功实例。在明治维新之前，日本处于德川幕府统治的时代，落后的封建制度阻碍着社会的进一步发展。与当时中国的情况一样，日本也遭遇到了西方列强的侵略和压迫，内外矛盾激化，社会危机日趋严重。在这样的背景下，以天皇睦仁为首的明治政府在改革派武士的支持下推行了一场从上到下的变革运动，即明治维新。值得注意的是，这场变革不是简单地闭门造车，而是以比较全面地引进西方国家的文明成果为特征。日本革新阶层能够比较清醒地认识自己所处的地位，正视本国同欧美各国的差距；他们派出使团对欧美主要国家进行了专门的考察，认真研究它们的发展经验。特别值得一提的是，他们不仅看到了西方的船坚炮利，而且研究了西方国家的经济、政治制度，认识到"我东洋诸国现行之政治风俗，不足以使我国尽善尽美。而欧美各国之政治制度、风俗、教育、营生、宗产，尽皆超绝东洋。因此，移开明之风于我国，将使我国国民迅速进步至同等化域"[①]。依照这一认识，明治政府在"富国强兵"、"殖产兴业"、"文明开化"的口号下实行了一系列重大措施，破除封建的结构体系，借鉴西方的经验建立新的经济、政治制度，大力促进工商业的发展，使日本较快地完成了资本主义近代化的历史过程，成为当时亚洲迅速崛起的新兴国家。

与日本的明治维新相比较，当时中国的洋务运动则是另一种情况。二者之间确有可比之处：都是以当时西方列强的侵略和压迫为背景，都是以富国强兵为目的，而且两者都是发生在同一个时期。这里还应特别指出一点，即两者都是要从西方引进先进的发展成果，都与外引式发展相关联。但是，这两个运动的结果却是那样的不同，前者取得了重大的成功，推动日本社会发展到一个新的阶段，而后者却未能使中国摆脱沦为半殖民地、半封建社会的命运，最终不得不宣告失败。究其原因，还是在于这两个运动本身存在着重大的差别。中国的洋务运动与日本的明治维新相比有着明显的局限，它主要是在"中学为体、西学为用"的原则指导下，企图通过引进西方的坚船利炮和先进技艺来求得"自强"，而对封建的制度体系和文化体系继续奉若神明，不得触及。如此一来，引进的近代工业成分所

---

① 参见《世界历史》编辑部：《明治维新的再探讨》，中国社会科学出版社 1981 年版，第 8 页。

遇到的是依然根深蒂固的封建结构体系，新的发展因素在这样一种土壤上很难扎下根来，更不要说发展壮大；最后难免扭曲变形，甚至窒息。这种做法，其实并不能列为真正意义上的外引式发展，充其量只是局部发展的外引式，而从整个社会发展的方式来看，仍属于内生式发展的序列，或者说是以内生式发展为主要方式。

在考察外引式发展的时候，还应注意到一种特殊的情况，即并不是一个社会主动地寻求外引，而是由外部强加于彼。这种情况，在历史上主要是发生在征服和殖民的过程中。其结果，或者是外来的社会因素和成分在强制手段之下逐渐被这一社会所接受，最终改变了这一社会，或者是强制推行一个时期之后仍然难以站住脚，最终被重新排除和废止。这两种结果在历史上都可以见到。无论哪一种结果，我们都可以将这种方式归结为被动外引式，并将其与前述的主动外引式相对区别开来，作为外引式发展的一种特殊形式。

二、发展步骤的梯次推进：渐进与激进

一定阶段上社会发展方式的区别，除了表现在新的发展因素和成分酝酿形成的环节上，还表现在发展步骤的区分和梯次推进的环节上。当一个社会进入一定的发展阶段，面临这一阶段的新的发展任务时，它会采取哪些步骤，以怎样的速度推进这一任务？这在历史实践中有着各种不同的情况。而正是依据这方面的不同情况，我们又可以相对区分出两种比较典型的发展方式，即所谓渐进式发展和激进式发展。

就一般特征而言，渐进式发展通常表现为将一定阶段上的社会发展任务安排在一个比较长的时期里分期分批地逐步展开，发展步骤的区分比较细致和具体，梯次推进的速度也比较缓慢。这种发展方式比较常见，可以说在多数场合下，社会发展过程的展开自觉或

不自觉地都是采用这种方式。这种方式的优点是将比较复杂的问题一层层剥离开来，由浅入深，由近至远，由简到繁，由易到难，使社会各方面比较容易接受和形成共识，从而获得比较广泛的社会支持，减少发展过程中的摩擦和冲突，降低发展成本。通过这种循序渐进的努力，最后水到渠成，使社会发展的任务得以完成。但这种方式也有不利的一面，这就是发展的过程被拉开，社会结构体系的许多方面较长时期地处于过渡状态，易于衍生一些特殊的社会问题，对发展进程产生危害。

与渐进式发展不同，激进式发展通常表现为发展步骤较少，推进速度较快，力求将一定阶段上的社会发展任务安排在较短的时期内集中加以完成。这种方式主要是出现在一些特殊场合，例如社会发生急剧变革的阶段上。这时，社会面临的发展任务主要是进行制度体系的变革，在发展比较成熟、各方面条件比较具备的情况下，采用这种激进式发展的方式可以一鼓作气，乘势而上，比较迅速地解决问题，使社会发展尽快跃迁到新的发展层面。在历史上，那些直接推动了一种社会形态向另一种社会形态的转变的疾风暴雨式的社会革命大体上都可以归属于这种激进式发展的方式。值得注意的是，不仅是社会革命，那些虽然不会导致社会形态发生质变但却关系到社会形态的部分变革或者整个社会形态模式转换的社会改革，也有可能采取这种激进的方式，大刀阔斧地向前推进。当然，不论是社会革命还是社会改革，也都可以采取渐进式发展的方式，在比较平和的氛围中逐步推进，最终实现社会的深刻变革；那种以为但凡是深刻变革都必然采用激进方式的观点是不正确的。但是，激进式发展的确是社会革命以及社会改革的一种常用方式，这也是历史的事实。采取这种激进式发展的方式，虽然有前述的优点，但也有其不利的一面，主要是往往会引起比较激烈的社会冲突乃至对抗，社会震荡较大，付出的成本也相对较高。

这里需要说明的是,我们区分渐进式和激进式这两种不同的发展方式,与事物发展过程中的量变和质变这两个不同阶段并不是简单的对等关系。事物的发展一般都要经过一个或长或短的量变过程,总是从与事物的质的规定性直接相关的量的变化开始,在量的变化积累到一定程度,亦即达到规定着事物原有的质的数量界限、达到一定的度的关节点的时候,便会导致整个事物的质变,亦即一种质向另一种质的转化。的确,量变的过程通常表现为相对平稳的、渐进的状态,而质变过程则表现为不同形式的突变和飞跃,亦即辩证法所说的"渐进过程的中断"。① 但是这种"渐进过程"与我们在这里所讲的"渐进方式"并不是一种含义。就社会发展的方式而言,不论是渐进式还是激进式,都要经过量变和质变这两个阶段,并不是说渐进式发展只有量变没有质变,激进式发展则只有质变没有量变。这两种发展方式的区别,只是在于如何处理包括量变和质变两个阶段在内的整个发展过程:是把发展的任务展开在一个较长的时期中,分解为较多的步骤,以比较从容的节奏逐步展开;还是把发展的任务和盘托出,将整个过程压缩在一个较短的时期内,以较少的步骤和较快的节奏集中展开。而渐进式发展不论怎样从容,最终都要经历量变到质变的转化,都要有一个在量变积累的基础上实现飞跃和突变的过程;激进式发展不论怎样集中展开,也都要从量变开始,有一个量的积累过程,只不过这个过程的推进比前一种方式相对较快罢了。

关于社会发展的这两种不同方式,学者们在讨论中曾从不同角度加以涉及。美国学者贝迪阿·纳思·瓦尔马在探讨现代化进程的有关问题时,就曾区分过两种不同的现代化模式,即所谓"渐进模式"和"革命模式";但他对这两种模式却做了一种特定的解释:

---

① 《列宁选集》第 2 卷,人民出版社 1995 年版,第 57 页。

他认为，这两种模式各有其意识形态的渊源，渐进模式源于《新约》，而革命模式源于《共产党宣言》。前者是指随着市场经济的不断发展，逐渐创造和积累条件，最终实现经济和社会的现代化；而后者则是指在经济发展不够充分的情况下，借助于革命的手段夺取政权，然后按照社会主义的原则改造社会，"依照一套详尽的规划来建设工业化和城市化。"① 这样一种理解虽然不尽科学，但他所分析的这两种模式，大体上可以归属于渐进式和激进式这两种发展方式。国内已有学者对瓦尔马的观点加以改造，不是从意识形态的角度，而是从经济现代化的途径和方式的角度谈论这两种模式。② 此外还应该指出的是，在国内学术界的讨论中，对于渐进式和激进式这两种发展方式的讨论更多地是着眼于社会改革，是当作社会改革的两种方式或两种道路来看待的。③ 许多学者倾向于将中国改革的道路归入渐进式改革一类，而将苏联、东欧的改革道路归入激进式改革一类，并对这两种不同的改革道路进行了比较研究。这些研究无疑是有积极意义的，但我们不妨将眼光放宽广一些，不仅仅是从社会改革的角度，而且应该是从整个社会发展的角度研究这两种方式；不仅是从现代化进程的角度，而且是从社会发展的更为普遍的角度看待这两种方式。虽然渐进式发展和激进式发展这两种发展方式在社会发展的各个不同阶段和各个不同领域中具有这样那样的不同表现，但从总体上看，其基本特征应该是一致的。

在有关渐进式发展和激进式发展这两种不同发展方式的讨论中，还可以看到一种情况，那就是将这两种方式与战略问题联结起来，

---

① [美] 贝迪阿·纳思·瓦尔马：《现代化问题探索》，周忠德等译，知识出版社 1995 年版，第 18—20 页。
② 丁文锋：《经济现代化模式研究》，经济科学出版社 2000 年版，第 48—49 页。
③ 参见吴敬琏等：《渐进与激进——中国改革道路的选择》，经济科学出版社 1996 年版。

或者直接将其归入社会发展战略的范畴。的确,这两种方式在应用过程中完全可以也应该从战略的角度来加以思考,以便更有效、更合理地控制和引导社会发展的具体进程。而且不仅是这两种方式,其他各种方式都有这个问题;从更广泛的意义上讲,理论和战略本来就是相通的,理论研究的成果应该应用于战略研究。但是,理论毕竟又不同于战略,我们只有首先对社会发展方式做出客观的理论分析,然后才能以此为指导,考虑相应的战略问题。

三、发展过程的逻辑链条:常规与跨越

有关社会发展方式的另一个问题,是常规式发展和跨越式发展。社会发展有着自己的内在逻辑,这种内在逻辑制约着一定阶段上社会发展过程的展开;而所谓常规式发展就是依照一定阶段上社会发展的内在逻辑所规定的常规过程按部就班地循序展开,一步一个脚印地向前推进。在一般情况下,社会发展过程的展开大多采用这种方式。但是,我们也应看到,一些场合下还存在着另一种不同的情况,这就是在社会发展过程中这样那样地超越和跳过某些中间环节,从较低的层次直接跳跃到较高的层次。这便是所谓跨越式发展。

常规式发展易于理解,而对于跨越式发展究竟如何看待?讨论中存在着不同的见解。首先需要明确的是,我们这里所说的跨越式发展是以社会发展的一定阶段为前提的,这种范围的跨越相对区别于那种在一般历史进程的范围内对于社会发展的某个基本阶段的跨越。后者作为哲学历史观所关注的重大课题,已经进行过很多的讨论,我在1994年出版的《当代社会形态问题导论》一书中,曾以较大篇幅探讨这一问题,对社会形态演进中的跨越现象的产生及其与一般进程的关系做了分析,包括对其实质的分析,并进而具体地考

察了这种跨越的三种基本类型：征服承继式跨越、移民输入式跨越和整体协同式跨越。① 研究表明，社会发展进程中对于一定的基本阶段的跨越是客观存在的，但这种客观存在又是有一定的特殊条件的限制的。那么，我们在这里所要讨论的更为具体的范围内的跨越，亦即社会发展的一定阶段上对于这一阶段本身的某些发展环节的跨越，又是怎样的呢？可以确定，这种跨越同样是客观存在着的，但也同样是有特殊条件限制着的。

与社会发展中对于一定的基本阶段的跨越一样，这种一定阶段本身范围内的跨越也都必须具备以下几个条件：（1）社会发展进程处于开放状态，世界范围内的交往和联系现实存在，世界不同地区、不同民族和不同国家的社会发展进程之间有着相互影响和相互作用。一定阶段上社会发展中的跨越只能发生在这种相互影响和相互作用的联系之中，而不可能发生在相互隔绝和孤立的状态之下；不论哪个地区、国家或民族，离开了与其他地区、民族和国家之间的联系和交流，关起门来搞封闭式发展，都无法使自己发生跨越。（2）社会发展进程存在着不平衡性，世界不同地区、不同民族和不同国家的社会发展水平有的相对较高，有的相对较低，有着不同程度的历史差距。一定阶段上社会发展中的跨越总是以这种不平衡性为条件，而不可能发生在发展水平相同、步调一致、齐头并进的关系当中。（3）跨越总是发生在相对落后的地区、民族和国家，具体表现为这些地区、民族和国家在原有的相对落后的基础上通过跨越某些中间环节而获得较快的发展，赶上或接近先进的地区、民族和国家。而那些原本处于领先地位的地区、民族和国家，在处于这种地位的时候是不能发生跨越的。

---

① 贾高建：《当代社会形态问题导论》，中共中央党校出版社1994年版，第180—203页。

那么，为什么以上几个因素会成为跨越发生的必备条件？这是与跨越的实质相关联的。所谓跨越，其实就是一种发展成果的转移过程，或者说是一种学习和借鉴的过程。具体说来，就是先进地区、民族和国家的社会发展成果通过这样那样的途径向相对落后的地区、民族和国家的转移，或者说是相对落后的地区、民族和国家这样那样地学习和借鉴先进地区、民族和国家的社会发展成果，把别人已经取得的成果作为自己发展的基础，借助于这些成果跳过发展进程的某些具体环节，直接达到一种较高的水平。这种跨越，从辩证法的观点看，既是跨越，又不是跨越。就某一个特定范围的社会发展来说，的确是跨越了一个或几个发展环节；但对于更大范围内的社会发展来说，这些环节却都是存在的，只不过在不同范围之间做了横向扩展而已。所以，这种跨越实际上具有相对的意义，虽然就一定范围而言，它又有其绝对的一面。

既然所谓跨越式发展的实质只不过是社会发展成果的一种特殊的转移过程，那么这种方式便与前面所讨论的外引式发展有着一定的联系；因为所谓外引式发展，也就是从一个社会的外部引入新的发展因素和成分，由此推动了这一社会的发展。但是这里存在两点不同：第一，从一个社会外部引入的新的发展因素和成分，不一定都能导致这一社会的跨越式发展；只有当这一社会是处于相对落后的地位，其从外部所引入的新的因素和成分属于社会发展的先进成果，并且较之这一社会现有的发展水平高出一定的程度时，才有可能导致发展中的跨越。这里所需要的是高水平的发展成果的转移，而且两者水平之间的差距，便是跨越得以发生的可能性空间。当然这个差距也并非越大越好，这里同样有一个接受和消化能力的问题，它构成对发展成果的转移和跨越式发展的客观限制；但适当的或者说较为明显的差距终究是必需的。第二，外引式发展的着眼点是发展动因的形成，而跨越式发展则着眼于发展过程的逻辑联系；前者是要说明发展的新的因素和成分是怎样形成和生长起来的，而后者则是要说明发展过程是以怎样的逻辑链条具体展开的。这是两种不同的角度，各有其特殊的意义，所以应该相对区分开来。

跨越式发展作为社会发展的一种特殊方式，以其显著的优点得到了广泛的关注。如能合理地加以运用，无疑可以大大加快社会发展的步伐，降低发展的成本，提高发展的效益。对于相对落后的国家、地区和民族来说，这种方式正好适合于加速发展、赶超先进国家、地区和民族发展水平的需要。历史上不乏这种由于吸收和借鉴外部的先进成果而缩短自己发展进程的先例，远的不说，战后日本以及亚洲其他一些国家和地区的快速发展，就在很大程度上与这种特殊的发展方式相关联。尤其是日本，它的"拿来主义"在战后得到了进一步彻底的发挥，成为这个时期世界上引进技术最多而且收效最好的国家，从而在经济和技术发展的具体环节上实现了不同程度的跨越，创造了"日本的奇迹"。美国学者 M.列维在谈到现代化进程中的"后来者"所具有的优势时，也曾指出：由于"对于后来者来说不可避免地存在借鉴的可能性"，"后来者能够跳越过内源发展者必经的现代化过程的一些早期阶段。后来者处于能够利用最新发明的地位"。① 从很大程度上说，正因为存在跨越式发展这样一种社会发展的特殊方式，相对落后的地区、民族和国家才有了赶上和超过先进地区、民族和国家的可能性。

但是另一方面，我们也应看到，这种跨越式发展也会给社会带来一些特殊的问题，如果处理不好，就有可能导致不利后果。从历

---

① ［美］M.列维：《现代化的后来者》，见谢立中、孙立平主编：《二十世纪西方现代化理论文选》，上海三联书店2002年版，第814—815页。

时态的角度看，这里有一个如何在借助外部成果实现跨越式发展的同时，防止由于自身基础的薄弱而产生的发展进程的实际上的断裂和脱节问题，这种断裂和脱节很容易隐藏在奏凯前进的热闹和繁荣的表象下面，一旦暴露出来，便会造成挫折。而从共时态的角度看，则有一个社会各个领域、各个方面在跨越式发展中的协调和平衡问题。这个问题在社会发展进程中普遍存在，而在跨越式发展的过程中尤为突出。如果只是社会的某个领域、某个方面的发展发生跨越，而其他领域和方面的发展相对滞后，那就会出现明显的不协调、不平衡，并由此引发出许多的矛盾、冲突和抵触；而且各种落后的东西还必然要这样那样地对跨越所取得的进步成果进行侵蚀，使之发生扭曲，或者与之形成某种不伦不类的、怪异的结合物。例如，经济领域发生跨越式发展，而政治领域的发展如果不能及时跟上，就会遇到这种困扰。在许多发展中国家的发展实践中，都可以看到这类情形。所以，对于这种跨越式发展中的明显的失衡问题，必须引起充分的重视，并采取积极措施努力加以解决。

在现实的历史实践中，社会发展的具体方式是丰富多样的。除了以上讨论的几种典型方式外，还有其他各种不同的方式，并且同一种方式在不同的历史条件下也会有各种不同的表现形式。特别还有必要指出的是，在有关现代社会发展的讨论中，还涉及所谓"原发式"和"后发式"的问题，即把原先实现现代化的国家所形成的发展模式和相对落后国家的现代化模式区分开来，认为二者之间存在明显差异。但是在我看来，这种"原发式"与"后发式"的区分，与其说是属于社会发展方式问题，倒不如说属于另一个相关问题——社会发展的道路问题。所谓社会发展道路，就是特定的地区、民族和国家在自己的社会发展实践中，应用相关的社会发展方式展开发展过程所形成的特殊轨迹。一个社会所应用的发展方式不同，其所形成的发展道路也就相应地不同。而在现实实践中，社会发展道路的形成并不只是上述各种发展方式或者其他别的发展方式中的某一种方式的应用结果，而是多种发展方式综合应用的结果。而所谓"原发式"现代化和"后发式"现代化作为现代社会发展的两种不同的道路，恰好就是这方面的一个例证，这一问题当另做探讨。

（原载《中共中央党校学报》2003年第4期，发表时标题改为"社会发展的具体方式问题探析"）

社会发展与人的发展：社会哲学层次的问题研究

（2004 年 1 月）

在讨论社会发展进程中的突出问题时，有一个问题十分重大，需要特别提出来加以研究，这便是社会发展与人的发展的关系问题。对于这个问题，人们已从不同的角度做过探讨；而在这里，我们主要是从社会哲学的层次，着眼于社会发展与人的发展的关系在社会发展的一定阶段上的具体展开。

一、目的与手段：社会发展进程中的主体与客体

当我们把社会与人作为一对相互对应的范畴提出的时候，其基本规定主要应从社会主客体的关系去把握。这里所说的社会，是指人赖以生存其中的一定的社会结构体系，包括经济、政治、文化等基本结构领域；而这里所说的人，则是指生存于一定的社会结构体系中的现实的人。这个意义上的社会与人的关系，也就是社会客体与社会主体的关系；社会结构体系作为社会客体，而现实的人则作为社会主体，相互联结而存在。与此相应，当我们把社会发展与人的发展作为两个相互关联的命题提出来的时候，也是从社会主客体的关系出发的：社会发展是指社会客体即社会结构体系方面的发展，

而人的发展则是指社会主体方面的发展。讨论中曾出现过某些不正确的理解，例如将社会与人这对范畴从集体与个人、群体与个体的关系去理解，所以也就将社会发展与人的发展的关系理解为社会群体的发展与个体发展的关系；这就将两种不同性质的关系混淆起来，而下面所要进行的探讨也就无法进行了。

从社会主客体的关系来看，社会发展与人的发展这两个命题各有自己的特定内容，这也是需要进一步明确的。所谓社会发展是指作为社会客体的社会结构体系的不断生长和进步，由低级向高级的不断演进；而所谓人的发展，则应是指作为社会主体的现实的人的生活状态的不断改善和综合素质的不断提高。在有关的讨论中，人们在谈到人的发展的时候往往将人的能力的发展突出出来加以强调，这自然是有一定道理的，因为能力是综合素质中的重要方面。但是，如果要将人的发展简单地归结为能力的发展，那就是不正确的了。在人的综合素质中，除了能力之外，还应包括思想道德水平、知识水平等等；而除了人自身的综合素质之外，人的现实的生活状态也应是考察人的发展状况的不可或缺的基本方面，这方面问题的实质就是人的不断生长着的各方面需求的满足和实现程度。只有将这几个方面的内容统一起来，才能比较全面地把握人的发展的基本要求。

正如社会客体与社会主体本来就是相互联结着的一样，社会发展和人的发展作为两个方面的发展过程也是处于相互作用、相互制约的关系之中。一方面，社会客体规定着社会主体，社会发展的状况制约着人的发展的状况。作为社会主体的人总是生存于一定的社会结构体系之中的，离开社会的孤立的和抽象的人是没有的。马克思在批判费尔巴哈时特别强调：费尔巴哈所分析的"抽象的个人"，实际上"是属于一定的社会形式的"；人的本质"在其现实性上"，

"是一切社会关系的总和"。① 所以,要实现人的发展,必须推动社会的发展;无论是人的生活状态的改善,还是人的综合素质的提高,都要依赖于社会结构体系的生长和进步,只有社会发展了,才能为人的发展提供客观的前提和基础。离开社会发展而侈谈人的发展是没有意义的。但是另一方面,社会主体又反过来规定着社会客体,人的发展的状况也会反过来制约社会发展的状况。人是社会结构体系的主体承担者,作为社会客体的社会结构体系是在人的实践活动中形成的;人们建立了自己的社会,同时还可以借助于自己的实践活动能动地改造社会。所以,作为社会主体的人的状况如何,直接影响到他们所建构的社会结构体系的状况;而只有提高人的发展水平,才能不断推动社会发展。在这个意义上,人的发展又是社会发展的主体条件。社会发展到何种水平,就必须要求人的发展也达到相当的水平,否则新的社会结构体系就会由于缺少新的主体承担者而不能立足,社会发展中的新的进步也就无法实现。

如果说确认社会发展与人的发展处于相互制约的关系是一种事实判断,那么从价值判断的角度来看,二者之间的关系就具有了一种目的和手段的意义。对于这一点,必须特别加以强调。从根本上说,作为社会主体的人的发展是目的,而作为社会客体的社会结构体系的发展则是手段。普列汉诺夫曾说过:"人们创造他们的历史,完全不是为了沿着一个预先绘好的路线进行,也不是因为他们必须服从某种抽象的(拉布里奥拉称之为形而上学的)进化律。人们这样做是努力满足他们的需要。"② 人们致力于发展生产力、变革社会关系、推动社会结构体系的发展和进步,最终还是为了人自身的生活状态的改善和综合素质的提高,亦即为了人自身的发展。由于人

---

① 《马克思恩格斯选集》第 1 卷,人民出版社 1995 年版,第 56 页。
② 《普列汉诺夫哲学著作选集》第 2 卷,生活·读书·新知三联书店 1959 年版,第 267 页。

的发展要受社会发展的制约,没有社会的发展就不能实现人自身的发展,所以人们才去努力推动社会发展,并以此作为实现人自身发展的手段。离开了人的发展这一最终目的,社会发展就没有任何意义。当然,在具体的实践过程中,目的和手段是可以辩证地转化的:虽然社会发展最终是为了人的发展,但是社会发展又是需要人来推动的,而要推动社会发展,又要求人们不断发展自身,以便为社会发展创造出适宜的主体条件。这时,社会发展又成为目的,而人的发展则成为手段。当然,目的和手段的这种转化终究只具有相对的意义,在辩证地认识这种转化的同时,决不能因此而模糊了根本意义上的目的与手段的定位。

应该指出,强调人的发展的目的意义,是马克思主义哲学的一个基本观点,对此马克思和恩格斯曾做过充分的论述,并将这一观点贯穿于他们的整个思想体系。有一种不正确的理解,似乎马克思主义哲学"见物不见人",缺少对人的关怀。如果说在过去的一个时期中,我们对马克思主义哲学的研究曾出现过一定的偏差,对人的发展方面的研究重视不够,这的确是事实;但这并不等于马克思主义哲学本身就是如此。从马克思主义哲学的创始人那里,我们可以清楚地看到,他们从一开始就是把"人类解放"作为自己的根本关注点的。起初,他们还是按照人本主义的方法去研究人的问题,将现实社会中的种种尖锐矛盾归结为人的本质的异化,并寄希望于人的本质的复归。之后,随着研究的深入,马克思和恩格斯最终清算了"德国哲学"从"抽象的人"出发的错误方法,确立了自己的从"现实的人"出发的历史唯物主义方法。他们指出:"这种考察方法不是没有前提的。……它的前提是人,但不是处在某种虚幻的离群索居和固定不变状态中的人,而是处在现实的、可以通过经验观察到的、在一定条件下进行的发展过程中的人。"① 由此出发去看人的发展和解放问题,他们认为,"只有在现实的世界中并用现实的手段才能实现真正的解放;……'解放'是一种历史活动,不是思想活动"。② 正是对人以及人的发展和解放的这种现实的理解,促使马克思和恩格斯以科学的态度去研究人所处于其中的现实的关系,研究社会结构体系的现实存在和发展,并进而对当时所处的资本主义社会进行了深刻的批判,最终揭示了社会主义取代资本主义的必然性。而当他们这样做时,他们从来没有离开过对人的发展和解放的关怀,而是将这种关怀建立在科学的基础上。对于资本主义之后的未来社会,马克思和恩格斯做了这样一个明确的论断:"代替那存在着阶级和阶级对立的资产阶级旧社会的,将是这样一个联合体,在那里,每个人的自由发展是一切人的自由发展的条件。"③ 这一论断,应该看作是马克思主义哲学这方面观点的集中体现。

马克思主义哲学关于人的发展的目的意义的基本观点,对于我们从社会哲学的层次研究一定阶段上的社会发展与人的发展的关系,提供了根本的方法论的指导。而与此同时,我们在这方面问题的研究中还应该注意到战后国外发展理论所形成的一个核心成果,即所谓"以人为中心的发展观"。这一成果被人们给予了极高的评价,被认为是继所谓"整体发展观"之后所达到的一个新的认识高度;一些论者还据此描绘出了国外发展理论生长的基本轨迹:片面的经济增长观——社会整体发展观——以人为中心的发展观。对此,我们应该从两个方面去认识:一方面,"以人为中心的发展观"强调了发展的核心问题不在物而在人,发展的最终目的就是使人本身获得全面发展,这一基本观点无疑是应该肯定的,与我们上面关于目的和

---

① 《马克思恩格斯选集》第1卷,人民出版社1995年版,第73页。
② 《马克思恩格斯选集》第1卷,人民出版社1995年版,第74页。
③ 《马克思恩格斯选集》第1卷,人民出版社1995年版,第294页。

手段的认识是一致的。但是另一方面，对于这种发展观的形成过程及其历史意义的评价，则应采取批判的态度，而不应简单地加以抬高。因为这一发展观的形成虽然体现了一种认识上的进步，但同时也反映了国外发展理论由于自身根本方法的局限而造成的认识上的曲折；特别是不应武断地将这种发展观说成是从未有过的全新的成果，忽视或否认马克思主义哲学在这一问题上的基本观点和已有探索。当然，这种发展观从现代社会发展的层面上涉及发展进程中的一些具体问题，这一层面的合理成果也是我们所应借鉴和汲取的。

二、可能和限制：一定阶段上两种发展的具体规定

社会与人作为社会客体和社会主体，其在各自的发展中形成的相互制约的关系，以及在价值论上的目的和手段的关系，无疑具有普遍的意义，贯穿于社会历史的各个阶段。而这里需要进一步明确，在社会发展的一定阶段上，社会发展和人的发展的这种关系是如何表现出来的？应怎样认识这个一定阶段上两种发展的具体规定？

从社会哲学的角度来看，所谓社会发展的一定阶段，只不过是整个社会历史发展过程中的一部分；在这个阶段上，社会发展能够达到什么程度，能够完成怎样的发展任务，都不是随意的，而是有着客观前提的，即应从为客观规律所决定的必然性去认识；而这个客观前提又是历史地表现出来的，即表现为社会历史过程中各阶段的相互区分和相互联结，每一个阶段的社会发展只能在上一个阶段的发展成果的基础上展开自己的发展过程，而这一阶段的成果又为下一个阶段的发展提供基础。从一定阶段上社会发展进程的这种客观性和历史性来看待这一阶段上的人的发展进程，后者也同样具有相应的客观性和历史性。既然人的发展与社会发展相互制约，而人

的发展归根到底要以社会发展为基础,那么在社会发展的一定阶段上,人的发展能够达到什么程度,以及如何展开,也同样不是随意的,而是由这一阶段社会发展的客观的、历史的实际所规定的。人的发展是目的,社会发展是手段,但手段发展到什么程度,从客观上制约着目的的实现程度。所以,在这里,我们必须反对那种从某种被看作是绝对的、永恒不变的教义出发抽象地谈论人的发展的做法,而应从一定阶段上社会发展的客观的、历史的实际出发,对这一阶段的人的发展做出具体分析。

所谓进行具体分析,就是要确认人的发展在社会发展的一定阶段上所具有的现实可能性,以及这种可能性所必然会遇到的历史限制。也就是说,要认识怎样的发展是可能的,而怎样的发展是不可能的。一方面,要看到在社会发展的任何一个阶段上,都是会为人的发展提供一定的条件的,无论是人的各方面需要的满足和生存状态的改善,还是包括思想道德水平、知识水平以及能力水平在内的综合素质的提高,都会获得一定的现实可能性。尽管不同阶段上的社会发展状况是各不相同的,有时还会遇到曲折、徘徊甚至暂时的倒退,但是社会总是要向前发展的,而人的发展也总是有可能相应地向前推进的。至于一定阶段上的人的发展的可能性究竟会是怎样,这要根据其所在阶段的社会发展的具体状况来判断;社会在这一阶段上发展到什么程度,人的发展的可能性空间就相应地扩展到什么范围。但是另一方面,又要看到无论在什么样的社会发展阶段上,人的发展的可能性又都是有限制的,因为社会发展在这一阶段上只能完成一定的历史任务,而不能完成所有的历史任务;它只能为人的发展提供一定的条件,而不能提供一切条件。所以,人只能在这一阶段的社会发展所提供的可能性范围内寻求自身的发展,而不能超越这个范围;无论是人的需要的满足和生活状态的改善,还是人的各方面素质的提高,都受到这一范围的限制。企图摆脱这种限制而将以后阶段上才有可能做到的事情勉强搬到现阶段来做，在人的发展方面提出超现实的、理想化的要求——不论这种要求是在经济生活和政治生活的世俗领域，还是在道德教化和自我实现的崇高领域，都是不可能实现的。

在社会发展的一定阶段上，人的发展相应地具有一定的现实可能性，而这种可能性又是有限制的；那么在这种有限制的可能性的范围内，人的发展又会怎样得到实现呢？在这里，我们同样会看到必然性和偶然性的统一，以及主体的能动的选择作用。人的发展的有限制的可能性又有着各种不同的实现方式，并且可以在不同程度上得到实现；它可以较好地实现出来，也可以这样那样地受到抑制或者发生偏离。这固然要受制于这一阶段各种偶然因素的影响，但人作为主体的能动选择无疑至关重要。正像主体选择可以在一定阶段上的社会发展过程中发挥重要作用一样，这种作用也会在主体自身即人的发展过程中突出地表现出来。社会主体对于这一问题的自觉程度如何，对于这一阶段上的人的发展的现实可能性的认识如何，对于这一阶段的社会发展为人的发展所提供的各种条件开发和利用的如何，以及在实践中所做的实际努力如何，都会关系到这一阶段人的发展的具体状况，关系到既有的可能性的实现结果。在这里，常常可以看到的种种不足和缺憾，并不是都能简单地归因于社会发展的客观条件的限制，而是在很大程度上涉及一个主体责任问题。

虽然社会发展与人的发展的关系在各个历史阶段的具体展开不存在一成不变的死板模式，但马克思关于人类社会发展的三大形态的理论，毕竟从最一般的意义上指出了社会发展和人的发展相统一的基本进程，这有助于我们认识和把握社会发展的几个基本阶段上人的发展的现实可能性。按照马克思在《经济学手稿：1857—1858》和《资本论》等著作中的论述，"最初的社会形态"是以"人的依赖关系"为特征。① 从社会客体方面的发展来看,这是一个包括从原始社会到资本主义以前各社会阶段的漫长时期,"劳动生产力处于低级发展阶段"②,整个社会结构体系还处于早期生长状态。而从社会主体方面即人的发展来看,这一时期存在着各种各样的群体纽带,而个人就依赖于或依附于这些特殊的群体,以这些群体的分子或成员的身份(规定性)存在和发展,而不是作为具有独立的社会地位的个人进行活动。如马克思所指出的:"虽然个人之间的关系表现为较明显的人的关系,但他们只是作为具有某种[社会]规定性的个人而相互交往,如封建主和臣仆、地主和农奴等等,或作为种姓成员等等,或属于某个等级等等。"③ 并且,这些关系都包括"个人之间的统治和服从关系","不管这种统治和服从的性质是家长制的、古代的或封建的"。④ 因此,这一时期的人发展具有明显的非独立性;虽然曾有过"原始的丰富"⑤,但发展的余地非常有限。接下来,人类社会的"第二大形态"是"以**物的**依赖性为基础的人的独立性"。⑥ 这时社会客体方面的发展已进入资本主义社会阶段,出现了大工业生产和作为普遍的经济形式的商品经济,以及资本主义的整套社会结构体系。用马克思的话说是形成了"普遍的社会物质变换、全面的关系"。在这个基础上,社会主体方面即人的发展也相应地取得了重大进展:"独立性"产生了。"人的依赖纽带、血统差别、教养差别等等事实上都被打破了,被粉碎了","各个人**看起来**

---

① 《马克思恩格斯全集》第46卷上册,人民出版社1979年版,第104页。
② 《马克思恩格斯全集》第23卷,人民出版社1972年版,第96页。
③ 《马克思恩格斯全集》第8卷,人民出版社1979年版,第110页。
④ 《马克思恩格斯文集》第46卷上册,人民出版社1979年版,第105页。
⑤ 《马克思恩格斯文集》第46卷上册,人民出版社1979年版,第109页。
⑥ 《马克思恩格斯全集》第46卷上册,人民出版社1979年版,第104页。

似乎独立地……自由地互相接触并在这种自由中互相交换。"① 但是，这种独立性又是有前提的，即是"以**物的依赖性**为基础的"；这就是说，这一阶段的人的独立性还不是真正的独立，而是"人的社会关系转化为物的社会关系"②；人在形式上成为自由人，但实际上却受到物的关系的统治，对人的依赖转化为对物的依赖，"在前一场合表现为人的限制即个人受他人限制的那种规定性，在后一场合则在发达的形态上表现为物的限制即个人受不以他为转移并独立存在的关系的限制。"③ 在这种情况下，人的发展的结果呈现出一种十分矛盾的状态：一方面，在总体上形成了"多方面的需要以及全面的能力体系"④；而另一方面，则是个体发展的片面化和畸形化，以及"个人同自己和同别人的普遍异化"⑤。人的发展在第二大社会形态中所遇到的这种矛盾，只有在"第三个阶段"亦即第三大社会形态中才能得到解决，马克思将这一阶段的特征归结为"建立在个人全面发展和他们共同的社会生产能力成为他们的社会财富这一基础上的自由个性"。⑥ 从社会客体方面的发展来说，这一阶段已到达马克思主义创始人所揭示的未来的社会主义和共产主义社会，这时社会生产力高度发展，公有制代替了私有制，"在共同占有和共同控制生产资料的基础上联合起来的个人所进行的自由交换"代替了资本主义商品经济条件下的"私人交换"。⑦ 这也就是马克思所说的"自由

---

① 《马克思恩格斯文集》第 46 卷上册，人民出版社 1979 年版，第 110 页。
② 《马克思恩格斯文集》第 46 卷上册，人民出版社 1979 年版，第 103 页。
③ 《马克思恩格斯文集》第 46 卷上册，人民出版社 1979 年版，第 110 页。
④ 《马克思恩格斯文集》第 46 卷上册，人民出版社 1979 年版，第 104 页。
⑤ 《马克思恩格斯文集》第 46 卷上册，人民出版社 1979 年版，第 109 页。
⑥ 《马克思恩格斯全集》第 46 卷上册，人民出版社 1979 年版，第 104 页。
⑦ 《马克思恩格斯文集》第 46 卷上册，人民出版社 1979 年版，第 105 页。

人联合体"①,"它是各个人的这样一种联合(自然是以当时发达的生产力为前提的),这种联合把个人的自由发展和运动的条件置于他们的控制之下。"② 只有在这种联合体中,社会主体方面即人的发展才能达到一种全新的水平:人不仅摆脱了"人的依赖关系",而且摆脱了"物的依赖性","他们的共同的社会生产能力成为他们的社会财富","个人全面发展"得到实现。也只有在这时,才有可能进入真正的自由王国,最终实现"自由个性"。

无疑地,从现实实践看,人类社会的历史发展呈现出了丰富的多样性,比任何既有的理论分析都要复杂的多。尤其是当代资本主义的新的变化和社会主义在经济落后国家的率先建立,更是提出了许多马克思当年不可能预料的新的问题。这就要求我们从社会发展的各个具体阶段的具体实际出发,具体地认识和把握社会发展与人的发展的关系,在前人所做的探索的基础上,将这方面的研究进一步推向前进。

(原载《新视野》2004年第1期,发表时标题改为"社会发展与人的发展:社会哲学层次的若干思考")

---

① 《马克思恩格斯选集》第2卷,人民出版社1995年版,第141页。
② 《马克思恩格斯选集》第1卷,人民出版社1995年版,第121页。

社会发展中的人文关怀与科学精神

(2005年1月)

在有关发展观问题的讨论中,"以人为本"的原则引起了广泛的关注。论者们见仁见智,从各个不同的角度提出了自己的见解和看法。而这里我所要强调的是,所谓"以人为本"体现了一种根本性的人文关怀,突出这种人文关怀在当代中国社会的发展中无疑具有特殊重要的意义;但是与此同时,我们又决不能忽视和贬低科学精神,离开了科学精神,人文关怀终将是一种华丽的空谈。在当代中国社会发展的实践中,我们必须像马克思主义的创始人当年所做的那样,把人文关怀和科学精神统一起来,将人文关怀建立在科学精神的基础上。

一

我们说"以人为本"的原则体现的是一种根本性的人文关怀,是因为这一原则确认了人在社会发展中的根本地位,将人的发展确定为社会发展的最高价值目标。对此,我们应从马克思主义的基本立场出发,正确认识和理解。

在马克思主义哲学看来,人所生活于其中的社会结构体系与生活于社会结构体系之中的人这二者之间的关系,是一种主客体关系,前者是社会客体,后者是社会主体。从根本上说,社会主体即人的发展是目的,而社会客体即社会结构体系的发展是手段,手段服从目的,社会发展最终要为人的发展服务。当然,在社会发展的具体过程中,目的和手段是可以转化的,因为作为客体的社会结构体系的发展要靠主体即人的活动来推动,这时人的发展又成为社会发展的条件,对社会发展来说具有手段意义。但归根到底,社会发展是为了人的,人是目的,这一点不能含糊。在社会发展的实践中,我们所做的一切都应该最终落脚于人的发展,包括人的生存状态的改善和各方面需要的实现。

必须看到,我们所讲的社会主义,与这种人文精神是一致的。有一种观点,似乎马克思和恩格斯在早期是关注人的,而后期却致力于揭示社会发展的客观规律,研究科学社会主义,因而出现了思想上的某种"断裂"。其实,持这种观点的人们并没有真正理解马克思和恩格斯思想发展的内在逻辑。马克思和恩格斯自始至终都没有离开人的发展这一根本的关注点,他们创立科学社会主义学说,最终还是为了实现人的解放,是为人的发展创造社会条件。还在《德意志意识形态》等著作中,马克思和恩格斯就系统地阐明了他们的这一立场;而在《共产党宣言》中,他们更是明确指出:"代替那存在着阶级和阶级对立的资产阶级旧社会的,将是这样一个联合体,在那里,每个人的自由发展是一切人的自由发展的条件。"① 《资本论》是马克思一生中花费精力最大的著作,被恩格斯称为"工人阶级的圣经";而正是在这部鸿篇巨著中,马克思继续阐发了关于"自由人联合体"的思想,并且进一步论述了人类由"必然王国"向

---

① 《马克思恩格斯选集》第1卷,人民出版社1995年版,第294页。

"自由王国"的过渡。① 如果我们研读一下《资本论》的最初草稿亦即《经济学手稿：1857—1858》，就会更有助于我们对问题的理解；在这份手稿中，马克思提出了著名的"三大社会形态"理论，而"自由个性"被看作是社会发展的第三个阶段上的最主要的特征。② 马克思和恩格斯的著作中处处体现着对人的发展的深切关怀，只有深刻理解这一根本性的人文关怀，才能真正理解马克思和恩格斯的科学社会主义。

应该看到，在过去的一个时期中，对这一问题的认识是不够的，我们社会发展中的许多偏差，都与此有关。现在进一步明确了这方面的认识，从马克思主义的立场出发提出"以人为本"的原则，并将这一原则作为科学发展观的核心内容来看待，这就使得我们的社会发展能够朝着正确的目标向前推进，使中国特色社会主义事业真正充满生机和活力。中国现阶段需要突出"以人为本"，这一原则的特殊重要意义将在当代中国社会发展的实践中不断显现出来。

二

我们充分肯定"以人为本"的原则对于当代中国社会发展的重要意义，但是另一方面，又必须进一步指出，突出"以人为本"，重视人文关怀，决不是只要从人到人地进行空泛的议论就够了，而是要探索实现人的发展的现实道路，解决人的发展的现实问题。而这里就必须要有科学精神。

马克思主义哲学认为，人是现实的人，而不是抽象的人，人的存在和发展是受到它所生活于其中的现实的社会结构体系的制约的。

---

① 马克思：《资本论》第3卷，人民出版社1975年版，第926、927页。
② 《马克思恩格斯全集》第46卷上册，人民出版社1979年版，第104页。

要解决人的发展问题，必须推动人所在的社会结构体系的发展，而要推动社会结构体系的发展，就必须按照它所固有的客观规律办事，决不能任意而为。这就是社会发展中的科学精神。当年马克思和恩格斯就是为了探索人的发展和解放的现实道路，才下气力深入研究和揭示社会发展的客观规律；他们所创立的科学社会主义学说之所以成为"科学"，就是要求从社会发展的客观规律出发去搞社会主义，而不是仅仅从某种道义原则或者良好的愿望出发。马克思和恩格斯在人的问题上的突出贡献，就是将人文关怀建立在科学精神的基础上，从而超越了那种旧的人本主义的历史局限。人本主义者固然也是要强调对人的关怀，但正如马克思和恩格斯在评价费尔巴哈时所指出的，他"从来没有看到现实存在着的、活动的人，而是停留于抽象的'人'"①；"就形式讲，他是实在论的，他把人作为出发点；但是，关于这个人生活的世界却根本没有讲到，因而这个人始终是在宗教哲学中出现的那种抽象的人。……虽然他同其他的人来往，但是任何一个其他的人也和他本人一样是抽象的。"② 马克思和恩格斯早期也曾受到以费尔巴哈为代表的人本主义的影响，但后来他们创立了唯物史观，强调要"从现实的前提出发"，把人看作是"处在现实的、可以通过经验观察到的、在一定条件下进行的发展过程中的人"③，并由此揭示了社会发展的客观规律，以及由这些规律所决定的必然趋势，为探索人的发展的现实道路提供了科学依据。

既然马克思主义主张将人文关怀建立在科学精神的基础之上，那么我们今天讲"以人为本"，就是要坚持马克思主义的这种科学精神，着眼于人的现实存在，遵循社会历史领域的客观规律，探索和解决现阶段各种现实的社会问题，通过推进整个社会结构体系的发

---

① 《马克思恩格斯选集》第 1 卷，人民出版社 1995 年版，第 18 页。
② 《马克思恩格斯选集》第 4 卷，人民出版社 1995 年版，第 236 页。
③ 《马克思恩格斯选集》第 1 卷，人民出版社 1995 年版，第 73 页。

展和进步来促进人自身的发展,而不能只是停留在一些空泛的愿望和主张上。众所周知,现阶段的中国社会发展正面临着许多十分艰巨的历史任务,如何进一步深化经济、政治、文化等各个领域的改革,实现整个社会全面、协调和可持续的发展,还需要我们下大气力进行研究。只有借助于马克思主义的科学精神,切实解决现阶段社会发展的各方面问题,才能将"以人为本"的原则落到实处,使这种根本性的人文关怀真正体现出来。否则,再漂亮的主张、再良好的愿望,都只能是一纸空文。

在目前的讨论中,应注意防止两种倾向:一种是怀疑和反对"以人为本"的原则,否定或贬低人的发展对社会发展的目的意义,将科学社会主义与根本性的人文关怀对立起来;另一种则是离开社会发展的现实进程而抽象地谈论人的发展,将社会发展中的人文关怀与科学精神割裂开来,厚此薄彼,甚至重新退回到旧的人本主义的水平上去。这两种倾向都是不正确的。我们所应该坚持的是社会发展中的人文关怀和科学精神的统一,并在当代中国社会发展的实践中现实地实现这种统一。

(原载《学习时报》2005年1月10日)

社会发展与人权问题

(2004年2月)

在探讨一定阶段上的社会发展与人的发展的关系时,有一个相关问题应该涉及,这就是广为关注的人权问题。所谓人权,就其一般含义而言,就是人作为人所应该享有的权利。人权问题与人的发展问题有着密切联系,尤其是在现代社会发展的阶段上,要保证人的发展得到实现,就必须正确认识和解决人权问题。

众所周知,人权观念最先是由近代西方资产阶级思想家所提出来的,其理论依据主要是自然权利论或天赋权利论。按照这种理论,自然权利是自然和人的本性赋予人类的,是人生来就有的。荷兰思想家格劳秀斯创立了近代自然法理论和社会契约论,并由此论证了人的自然权利的神圣性;以后斯宾诺莎、霍布斯、洛克、卢梭、狄德罗等人从各自的角度进一步阐发了这一人权理论。1776年的美国《独立宣言》被马克思称为人类"第一篇人权宣言"[①],它综合了这一时期的思想成果,对天赋人权的主张做了集中的表达:"我们认为这些真理是不言而喻的:人人生而平等,他们都从他们的'造物主'那边被赋予了某些不可转让的权利,其中包括生命权、自由权和追

[①] 《马克思恩格斯全集》第21卷,人民出版社2003年版,第24页。

求幸福的权利。……"随后,1789年的法国《人权和公民权宣言》成为人权思想史上的又一个经典文献,它宣告:"组成国民议会的法国人民的代表们,认为不知人权、忽视人权或蔑视人权是公众不幸的政府腐败的唯一原因,所以决定把自然的、不可剥夺的和神圣的人权阐明于庄严的宣言之中……"它进而指出,"在权利方面,人们生来是而且始终是自由平等的","任何政治结合的目的都在于保存人的自然的和不可动摇的权利。这些权利就是自由、财产、安全和反抗压迫"。近代资产阶级的这种人权观念和主张,在历史上曾具有重要的革命意义,它对于推翻当时的封建专制和神学统治,建立资本主义的制度体系,实现人的政治解放,都曾起过十分积极的作用。但是,这种人权观又是有着重大的历史局限的,马克思和恩格斯曾对它的局限性进行过深刻的批判,并进而提出了马克思主义的科学的人权观。

按照马克思主义的观点,人权观念的产生无疑是一个重大的进步,但将人权看作是"天赋权利"或"自然权利"却是错误的。正像人的发展受到社会发展的制约一样,人权问题也应从现实的社会条件及其历史发展去说明。马克思曾引用黑格尔的话指出:"'人权'不是天生就有的,而是历史地产生的"①。恩格斯则在《反杜林论》里对此做过详细的论证,他指出,近代的人权观念只是伴随着资本主义经济关系产生和发展的过程才逐步形成的。资本主义经济关系"要求自由和平等权利",而"社会的经济进步一旦把摆脱封建桎梏和通过消除封建不平等来确立权利平等的要求提上日程,这种要求就必定迅速地扩大其范围。……由于人们不再生活在像罗马帝国那样的世界帝国中,而是生活在那些相互平等地交往并且处在差不多相同的资产阶级发展阶段的独立国家所组成的体系中,所以

---

① 《马克思恩格斯全集》第2卷,人民出版社1957年版,第146页。

这种要求就很自然地获得了普遍的、超出个别国家范围的性质,而自由和平等也很自然地被宣布为**人权**"①。在资本主义之前的社会发展阶段,人的权利方面的发展还处在较低的水平上,各种阶级特权和等级特权以公开的、为社会所正式确认的形式普遍存在,各个阶级、等级之间的不平等和对立成为人们习以为常的事情,这时根本不可能有基于一切人的平等的人权,也不会有这种观念产生。如恩格斯所指出的:"在希腊人和罗马人那里,人们的不平等的作用比任何平等要大得多。如果认为希腊人和野蛮人、自由民和奴隶、公民和被保护民、罗马的公民和罗马的臣民(该词是在广义上使用的),都可以要求平等的政治地位,那么这在古代人看来必定是发了疯。"② 当然,我们尽可以用人权观念去评价这些阶段的发展,指出这些阶段的局限,但这并不等于可以超历史地为这些阶段的人们提出人权要求。

人权不仅是历史地产生的,而且其具体内容也应做历史的分析。它作为人所应该享有的权利,所谓"应该"是怎样的,哪些权利属于"应该",在不同的社会发展阶段上应有不同的标准,这个标准是由一定阶段上社会发展的具体条件客观地、历史地决定的。所以,人权不是抽象的,而是具体的;不能简单地将资本主义社会产生的人权观念当作是普遍的、绝对的教义。资产阶级对人权所做的具体规定,都是以资本主义社会的现实存在为依据的,它无非是"以人权的形式承认和批准现代资产阶级社会"③;"被宣布为最主要的人权之一的是资产阶级的所有权"④。由于资本主义私有制和阶级对立的存在,资本主义社会难以在实际上实现真正的平等,而是不同程

---

① 《马克思恩格斯选集》第 3 卷,人民出版社 1995 年版,第 447 页。
② 《马克思恩格斯选集》第 3 卷,人民出版社 1995 年版,第 445 页。
③ 《马克思恩格斯全集》第 2 卷,人民出版社 1957 年版,第 156 页。
④ 《马克思恩格斯选集》第 3 卷,人民出版社 1995 年版,第 356 页。

度地以形式上的平等掩盖了事实上的不平等。也正是在这个意义上,马克思尖锐地指出,"人权本身就是特权,而私有制就是垄断。"① 在马克思和恩格斯看来,人权只有在未来的社会主义和共产主义社会中才能真正广泛地得到实现,因为社会主义和共产主义社会最终要消灭私有制,消灭阶级对立,从而为人权的进一步实现创造出必要的社会条件。

当然,在这里,又要注意不能把社会主义社会的人权与资本主义社会的人权绝对地对立起来,把它们看作是非此即彼、互不相容的东西。资本主义的人权一方面不可避免地具有这一阶段的历史局限,但是另一方面又包含着属于人类文明成果的积极内容,决不能只看到它的阶级性而采取简单否定的态度。社会主义社会应该在充分吸收和借鉴资本主义社会在人权方面的已有成果的基础上,将人权的发展推进到新的水平;一切离开这一基础而侈谈"更高的人权"的做法,都是错误的和荒谬的。特别是对于在经济落后的基础上建立起来的社会主义社会来说,人权发展的起点本来就同整个社会发展的起点一样相对较低,所以对资本主义社会的人权发展成果进行吸收和借鉴的必要性就更为迫切。

既然人权的具体内容要受到社会发展的一定阶段的具体条件的制约,那么随着一定阶段上社会发展进程的展开,人权的具体内容也应随之进行相应的调整和改变。从实际进程看,无论资本主义社会还是社会主义社会,其有关人权的具体认识和规定都在不断地发生新的变化。而"二战"以后发展起来的国际人权体系,则是人权在国际范围内得到广泛发展的重要体现;本着《世界人权宣言》和《联合国人权公约》等国际人权文件的精神,世界各国之间在人权问题上的共识日益增多,国际合作不断加强。当然,

---

① 《马克思恩格斯全集》第3卷,人民出版社1960年版,第229页。

分歧和争议仍然存在，特别是处于不同发展阶段和不同社会形态的国家之间，在人权问题上的观点往往有很大的不同；强权政治和霸权主义践踏国际人权准则的事情也时有发生。但是应该相信，随着建立国际政治经济新秩序的努力不断加强，随着各个国家的社会发展水平不断提高和整个人类社会的不断进步，人权问题必将在世界范围内得到更好的解决，并最终为现代社会中的人的发展提供更为有力的权利保障。

（原载《学习时报》2004年2月23日）

社会发展的成本、效益与代价问题

(2004年4月)

一

成本和效益原本是生产经营领域的基本概念。从一般意义上说,成本是生产经营过程中所投入的人力物力的总和,而效益则是生产经营所取得的最终成果。任何生产经营活动都需要付出一定的成本,以取得相应的效益;成本的大小和效益的好坏,以及成本和效益之间的关系,是生产经营状况的重要体现。而在这里,当我们研究一定阶段上的社会发展过程时,同样会遇到一个成本和效益的关系问题。首先,社会发展是需要付出成本的,没有成本的发展是不可能的。而社会发展的成本应包括社会发展过程中的全部投入,如自然资源的消耗、社会财富的花费、社会成员的劳动和努力等,同时也包括社会发展过程中遭遇的各种破坏、损害乃至牺牲,因而应该是一个广义的概念。其他如经济学上的机会成本概念,也应该应用于社会发展的成本分析,社会发展成本中应该包括机会成本。其次,社会发展是要讲效益的,而社会发展的效益也就是社会在发展中所取得的各种进步，亦即社会文明成果。社会在付出各种发展成本之后，应该取得相应的发展效益，没有效益，实际上也就没有发展。与生产经营领域的情形一样，社会发展的成本与效益也应该保持一种相对合理的关系，要尽可能地将发展成本控制在合理的限度内，力求以较低的成本获取较高的发展效益。如果发展成本过大，而发展的效益不高，那么这一发展过程就是不正常的；而若在付出很大成本之后并没有取得预期的成果，相反却造成发展的倒退，那就更是令人遗憾和可悲的了。

谈到社会发展的成本和效益，便涉及近年来引起不少关注的有关发展代价问题的讨论。围绕这一问题，学者们发表了不同的看法。不少学者主张将社会发展的代价与成本作为相通的概念来把握，认为"在最基本的意义上，社会发展的代价也就是社会发展所消耗的成本"。① 但也有的学者主张把代价与成本相对区别开来，认为"成本与代价尽管在内容上有其相近的一面，但终归分属不同的理论层次：成本是经济学意义上的概念，而代价则是价值哲学意义上的概念……成本的消耗本身不能算作代价，而成本怎样消耗即消耗的合理与否属于代价问题"。持这种观点的学者指出，"成本作为一个经济学概念，主要是合算不合算问题，而代价作为一个价值论概念，则主要是讲合理不合理问题，二者有联系，但不能混同。假如把任何成本都算作代价的话，那么，所有的发展都要付出代价了。因而，也就谈不上发展要不要付出代价了。"② 还有的学者则更进一步，强调代价根本不同于成本，它是"人类在价值追求的过程中，基于自身社会选择基础上而产生的与人的价值取向相悖的消极结果"，包括

---

① 阎增武：《社会发展的尺度与代价》，载《南京社会科学》1999 年第 2 期。
② 丰子毅：《关于社会发展的代价问题》，载《哲学研究》1995 年第 7 期。

"人们在面临的众多价值目标中,由于选择了优先发展的主导性价值目标,从而导致其他对人或社会仍有益的价值目标被抑制、损害甚至被牺牲";"人们所追求的价值目标在发展过程中基于其内在矛盾性和客观制约性、复杂性所产生的对人的消极的副作用";"由人的错误、失误所造成的悖离自身价值取向的消极后果"等。①

对于这些争论意见,我认为还是第一种观点比较可取,即应该将社会发展的代价与社会发展的成本作为两个相通的概念来理解。而后两种观点对于社会发展代价的解释未免过于偏狭,充其量可以看作是一种特殊的狭义的理解。但需要说明的是,这里所说的社会发展的成本,也不应该是狭义的,而应该如上所述是一个广义的概念,这个广义的成本概念本身已经包括了讨论中所提出的各方面因素:既包括从价值论上看属于"合理"的成本,也包括那些被认为"不合理"的成本,同时也包括"与人的价值取向相悖的消极结果"等等。那么,这样一来,是否会导致将不同的因素混同起来,妨碍我们对问题的深入研究呢?否。因为这正是我们接下来所要做的事情,即从不同的角度对这种广义成本做出具体的分析,从而达到对社会发展代价的进一步的认识。

二

从社会发展成本的结构体系来看,应区分各种不同的要素形态。(1)客体性质的成本和主体性质的成本。社会客体是指包括经济、政治、文化等基本领域在内的社会结构体系,凡是在社会发展进程中所涉及的这些方面的投入或损耗,例如各种自然资源的开掘和耗

---

① 李钢、高静文:《试论代价及其本质》,载《哲学研究》1996年第3期。

费、各类生产资料、生活资料以及社会活动资料的使用和消耗、各种社会关系体系以及社会秩序的破坏和重建、文化传统的侵蚀和文化成果的流失等等，都属于所谓客体性质的成本；而与社会客体相对应的是作为社会主体的人，凡是在社会发展中涉及这方面的投入和损耗，例如人的体力和智力的投入、人的肉体和精神上的损害（包括伤亡）、人的各方面利益的损失、人的发展所遇到的阻滞和障碍等等，都属于主体性质的成本。（2）有形的成本和无形的成本。在社会发展的成本中，有些是看得见、摸得着，是有形的，如人力物力的投入、自然资源的消耗等等；但也有一些是看不见、摸不着，是无形的，如对人的精神和心灵的压抑和损伤、对整个社会风气所产生的不良影响等等。（3）绝对的成本和相对的成本。绝对的成本是指社会发展过程中直接投入和消耗掉的成本，而相对的成本则是指人们在做出一种社会发展的抉择的同时所丢失或错过的另外的机会和可能，亦即与经济学上的机会成本相对应的社会成本。除了以上这几种区分，还可以有其他别的角度的分析。而对社会发展成本的结构体系做出这样一些分析，有助于针对各类不同的成本要素的具体性质和特点进行专门的研究，并进而从整体上比较全面地把握社会发展成本的基本状况；据此，可以对社会发展中所付出的各种代价做出相应的比较全面和客观的评价。

  从社会发展成本的形成方式来看，也可以区分各种不同的情况：（1）主动付出的成本和被动付出的成本。人们为了推动社会发展，根据对社会发展进程的认识做出决策，有计划地投入一定的人力和物力，进行经济、政治、文化等各种社会活动，这样形成的成本属于主动付出的成本。机会成本的形成有其特殊性，但从人们主动决策的意义上说，它也应属于主动付出的成本一类。而与此同时，还有一些成本则是不顾人们的主观意愿而不得不发生的，如发展进程中产生的某些消极后果，各种破坏和损害，以及不得不做出的牺牲等等，这一类成本属于被动付出的成本。（2）先期发生的成本和后期发生的成本。有一些成本是在社会发展过程中，需要先行付出，然后才能收到效益，如各种资源和人力、物力的投入，包括某些在当时就已发生的损害和牺牲等等。但也有些成本则是事后才会显现出来，如某些决策和活动的消极后果，有时会相隔很长一个时期之后才能逐渐显露出来，在当时并不一定都能意识得到。恩格斯的那段著名的论述所说的其实正是这种情况："……我们不要过分陶醉于我们人类对自然界的胜利。对于每一次这样的胜利，自然界都对我们进行报复。每一次胜利，起初确实取得了我们预期的结果，但是往后和再往后却发生完全不同的、出乎预料的影响，常常把最初的结果又消除了。"① 因此，所谓社会发展的成本，无疑应该把先期发生的成本和后期发生的成本都包括进来。（3）直接发生的成本和间接发生的成本。为完成社会发展的某一具体任务，有一些成本是直接投入到相应的具体过程中去的；但也有一些成本虽然与这一具体任务没有直接联系，但却是为了保证这一任务的完成创造外围条件，或者是为其预做准备的。社会发展领域的这种直接成本和间接成本的区分，与生产经营领域的区分有相似之处。而以上这些以不同的方式形成的社会发展成本，包括主动付出的成本和被动付出的成本、先期发生的成本和后期发生的成本、直接发生的成本和间接发生的成本等，都是我们在研究社会发展的代价问题时所应该考虑到的。

在以上各种分析的基础上，我们再来考察社会发展成本的价值意义。从这一角度来说，最主要的便是区分两种不同性质的成本：合理的成本和不合理的成本。所谓合理的成本，是指为社会发展的

---

① 《马克思恩格斯选集》第 4 卷，人民出版社 1995 年版，第 385 页。

客观规律所决定的、必要的和不得不付的各种成本；其中既包括各种资源和人力物力的投入，也包括某些不可避免的损害和消极后果。而所谓不合理的成本，则是这一范围以外的其他并非必要的投入和并非不可避免的损害。这种不合理成本的产生，主要是由于主体方面的失误所造成的；而在某些具体场合，还包括具体主体由于价值取向的偏狭而有意识地做出的对整体价值的否定性选择，亦即法律上所说的故意行为。这种故意行为不能简单地等同于失误，失误并非出于故意，而是由于认识上的偏差、不负责任的态度、决策机制的缺陷等方面的原因造成的。社会发展的合理成本与不合理成本的区分，无疑应该涵盖上面分析过的各种形态的成本，以及以各种不同方式形成的成本；而不论是合理成本还是不合理成本，都应该属于社会发展代价的范畴，虽然这两种代价的意义很不相同。

要正确认识和区分社会发展代价体系中的合理成本和不合理成本，关键在于科学地认识社会发展的客观规律与人的活动的关系，并由此把握辩证决定论与主体选择论的统一。社会领域与自然领域一样，都存在着不以人的意志为转移的客观规律，这些客观规律决定了社会发展的必然趋势。但是历史毕竟是人写的，社会发展的必然趋势只能借助于主体的活动才能实现；在客观规律起决定作用的前提下，人作为主体有着充分的选择空间。由于主体方面的情况不同，他们在各种场合下所做出的具体选择不同，社会发展过程的具体展开情况也就相应地不同。而只有自觉认识和把握社会发展的客观规律，并努力使自己的选择符合客观规律的要求，才能使社会发展过程得以顺利展开，否则便会遭遇这样那样的曲折。所以，人们必须对自己在社会发展过程中的具体选择负责，不能简单地将社会发展过程中出现的问题统统归结于客观规律或必然性。而在社会发展的成本问题上，正是存在这样一个主体责任问题，主体有责任将社会发展的成本控制在为客观规律所决定的合理的范围内,而防止由于主体的错误选择所造成的不合理的成本。当然,完全做到这一点是不可能的,正像人们对客观规律的认识不可能达到终点一样。但是我们应该尽可能地这样去做,而且经过努力,也无疑可以不断接近理想的目标。

(原载《理论前沿》2004 年第 7 期;《天津日报》2004 年 5 月 10 日转载)

公平与效率问题上的三个误区

(2008年4月)

近年来,公平与效率问题引起了人们的广泛关注,有关这方面的讨论不断深入。但是,仔细考察一下就可以发现,在这个问题上存在着一些认识误区,如果不加注意,就会引起混乱。而从目前讨论中的情况来看,不少争议都与此相关。所以,有必要在这里做一些研究和探讨。

误区一:把公平和效率的基本规定绝对化、简单化

要想对公平与效率的关系问题做出分析,首先必须从这两个概念的基本规定入手,弄清楚究竟什么是公平和效率。而正是在这个基本规定的理解上,存在着绝对化、简单化的倾向,并由此导致了对二者关系的认识上的偏差。

公平这一概念主要用于社会关系、社会政策、社会活动等方面的评价,其基本含义应是公道、平衡。但究竟怎样才算是公平,涉及一个评价尺度问题,由于不同的主体有着不同的利益关系和价值取向,所以在公平问题上的诉求和主张也就往往不同,甚至相互冲突。因此,在公平问题上还应有一个客观的尺度,这便是看一种公

平诉求是否符合社会发展的客观规律,以及由这一规律所决定的历史必然性。这里还是要讲生产力标准,是否适合生产力的发展要求,应该是评价公平问题的最为根本的客观尺度。当然,生产力标准只能是一种历史的、相对的尺度,它对公平的评价要随着历史进程而不断发生变化。这样,公平的评价尺度是客观的、历史的,所谓公平也就相应地具有客观性和历史性,而不会有一成不变的、绝对的公平。而从讨论中的情况看,人们往往容易从某种特定的观念出发,将公平等同于某种特定的关系和做法,甚至简单地理解为平均分配、利益均沾,这种倾向无疑是不正确的。

效率这一概念从广义上讲应是指经济活动以及其他各种社会活动中投入和产出的比率;而在有关公平和效率问题的讨论中,所谓效率主要是着眼于经济领域,是从经济发展亦即生产力发展的角度来理解的。但这里应注意两个问题:一是要把局部的效率与整体的效率统一起来,不仅要讲局部的效率,而且要讲整体的效率;以损害整体效率、影响生产力整体发展为代价而取得的局部效率,不是真正的效率。二是要把短期效率与长期效率统一起来,不仅要讲短期的效率,而且要讲长期的效率;以损害长期效率、妨碍生产力长远发展为代价而取得的短期效率,也不是真正的效率。而在有关的讨论中,一些论者只是笼统地谈论效益问题,对各种局部的或短期的效率也往往不加区分地一概加以肯定,这种倾向也同样是不正确的。

误区二:将公平和效率的关系形而上学地对立起来

从上面对公平和效率这两个概念所做的分析出发来做进一步的考察,就不难看出这二者之间其实并不是一种非此即彼、互不相容的对立关系,而是内在地联系着的,在根本上是一致的。一方面,既然公平是客观的和历史的公平,这种公平只能随着生产力的发展而不断地得到实现,那么它便不可能脱离或排斥效率,而是以效率为基础和前提的。没有效率,就没有公平;当然这里的效率是指局部效率与整体效率的统一,以及短期效率与长期效率的统一。另一方面,既然我们所讲的效率是局部效率与整体效率的统一,以及短期效率与长期效率的统一,那么它也不可能脱离或排斥公平,而是以公平为条件和保证。当然这里的公平是指客观的、历史的公平,这种公平解决得越好,生产关系以及整个社会关系体系就越是合理,从而也就越是有利于经济活动中的效率的提高,有利于生产力的发展。反之,经济活动中的效率就难以提高,生产力发展就不能不受影响。从这个意义上也可以说,没有公平,就没有效率。

  认识了公平与效率的关系在根本上的一致性,我们就应将它们有机地统一起来加以把握,而不能将二者割裂开来,甚至对立起来。但在目前的讨论中,正是存在着这种不正确的倾向。当然,问题的根源主要还是出在对这两个概念的基本规定的理解上,对这些规定的理解不正确,就不可能正确认识二者之间的关系。此外,讨论中还提出了一种相关的意见,即主张将市场和政府的职能区分开来,市场管效率,政府管公平。这种主张同样也是不正确的,其错误的实质也正是割裂了公平与效率的有机联系,将二者形而上学地对立起来。应该看到,市场机制之所以能够促进效率,正是因为它体现了一种基本的公平。当然市场机制也有它的局限,所以才需要政府宏观调控。而政府所要解决的问题并不仅仅是一个公平问题,而且也包括效率问题;因为市场失灵所造成的不公平,最终会影响到生产力的发展和效率的提高,政府通过宏观调控消除这种不公平,正是为更好地提高效率提供保障。因此,市场和政府的职能不能片面地分割开来。

误区三：在探寻现阶段分配不公的原因时找错了地方

在现阶段，公平与效率问题为什么会引起这么多的讨论和关注？仔细考察一下就可以看出，这主要是因为分配不公的问题在社会发展的现实过程中比较明显地凸现出来。改革开放近 30 年来，我国的经济社会发展取得了举世瞩目的成就，但同时也出现了一些新的问题，其中就包括收入差距不断拉大，财富在一些人手中快速积聚起来，而许多弱势群体处境艰难。对于这一问题，我们当然应给予充分的重视；但从讨论中的情况看，一些论者在探寻产生问题的原因时，却找错了地方。

在这些论者看来，现阶段之所以会出现分配不公、收入差距过大的问题，是由于我们在改革中重效率、不重公平。这个看法是不能成立的。改革开放以来，我们的生产力之所以能够得到发展，效率之所以能够得到提高，不是因为别的，而恰恰是因为我们比较好地解决了公平问题。过去我们实行计划经济体制，运转不灵，很大程度上就是因为分配上的平均主义，搞"大锅饭"、"铁饭碗"，干多干少一个样，干与不干一个样。以客观的、历史的尺度来看，这就是一种不公平，它妨碍了生产力的发展和效率的提高。通过改革，我们打破了这种旧体制，代之以社会主义市场经济新体制，确立了按劳分配为主体，多种分配方式并存的分配制度，有效地调动了各方面的积极性，促进了各种生产要素的合理配置，最终提高了效率，发展了生产力。以客观的、历史的尺度来看，这就是一种公平，一种客观的、历史的公平，一种与效率相一致、相统一的公平。从这个意义上说，我们的改革就是通过对公平问题的解决，才最终达到对效率问题的解决。

那么，现阶段的分配不公问题究竟是什么原因造成的？它与改革有无关系？当然有关系，不过不是因为改革只重效率、不重公平，而是因为在解决公平问题的过程中，在力图通过体制改革克服旧体制下的不公平并建立一种新的比较公平的经济关系的过程中，还没有能够形成一种有效的机制，以防止和控制另一个方向的偏差，即分配差距过大的倾向；特别是防止那些通过不合法、不正当的手段牟取暴利的行为。这里既涉及宏观调控体系的进一步健全，也涉及市场体系的进一步完善和市场秩序的进一步规范；既涉及经济体制改革的进一步深化，也涉及政治体制改革以及其他各方面改革的进一步推进。而特别需要指出的是，这些问题的发生，在妨害了公平的同时，也不可避免地妨害了效率；从整个社会生产力发展的长远角度看，分配差距过大和分配上的平均主义一样都是不利的和有害的。至于那种利用不合法、不正当的手段牟取暴利的行为，更是以危害社会整体的利益为前提的，它是社会肌体上的毒瘤，必须坚决清除。因此，解决这种分配不公的问题，不仅不会影响效率，而且只会促进发展、提高效率。应当看到，进一步实现公平和进一步提高效率，绝不是什么"鱼和熊掌不可兼得"，而是根本一致的；只要我们摈弃那种"非此即彼"的形而上学思维方式，真正把握公平与效率之间的有机联系，就一定能够切实解决好这方面存在的问题，将我们的改革和发展进一步推向前进。

（原载《学习时报》2008 年 4 月 21 日）

关于社会发展评价及其指标体系的几个问题

(1996年5月)

研究社会发展,一个重要环节便是借助于某种社会指标体系对社会发展的实际进程进行科学评价,在肯定其进步的同时确认其差距和不足,从而为进一步采取适宜对策提供根据。但是,究竟应该怎样进行这种社会发展评价,以及相应的社会指标体系如何建立,这在目前尚存在种种分歧和争议。为了推进这方面的探讨,我认为有必要提出以下几个重要问题,并就此谈一些初步的看法。

一、社会发展与人的发展:评价视角应相对区分

在有关社会发展评价以及相应的社会指标体系的讨论中,许多论者都强调了一个基本的理论前提,即社会发展最终是为了满足人的需要,实现人的发展。这一观点就其本身而言当然是正确的,它不仅是马克思主义的基本观点,并且如讨论中所指出的,也已在当今世界范围内得到了广泛赞同。但是,有的论者进而由此引出结论,认为社会发展评价也就是要对人的发展状况进行评价,并应从人的发展的各个方面着眼建立相应的指标体系,包括物质生活、社会生

活、文化（精神）生活或"个性发展"等等；这一见解恐怕就是值得探讨的了。

按照历史唯物主义的观点，社会发展与人的发展是历史过程中相互联系又相对区分的两个基本方面。所谓社会是指人所赖于生存其中的社会结构体系，它包括经济、政治、文化等基本领域，而所谓人则是指存在和活动于社会结构体系中的现实的人。社会与人的关系构成一种历史主客体的关系：人是能够能动地认识和改造社会的主体，而社会结构体系则作为客体规定和制约着人的活动；二者相互依存、相互作用，在联系中共同发展。作为客体的社会的发展当然是通过人的活动来实现的，而作为主体的人的发展又要以社会的发展为条件，在这个意义上讲，社会（客体）与人（主体）这两个方面的发展是统一的；但是同时又必须看到，正如客体和主体本身是两个各自有其特殊规定性的不同范畴一样，社会发展和人的发展终究是历史进程的两个不同的方面，它们各有其不同的内容和特征，并有其各自的特殊规律，我们决不应简单地将它们混为一谈。

至于社会发展最终是为了人的发展，其实质是一个价值问题，它也正是由人与社会的主客体关系所产生出来的。正因为人是主体，而社会结构体系是客体，所以社会对人来说便具有价值意义，作为主体的人要通过社会结构体系的发展来实现自身发展这一目的。这也就是马克思所说的，价值"实际上是表示物为人而存在"[①]。但是这里需要明确的是，社会与人以及社会发展与人的发展之间的这种价值关系，并不能抹除这两个方面的相对独立的存在，相反，却恰恰是以它们的相对独立和区分为前提的。因此，我们没有理由根据二者之间的价值关系就把它们看作是"一回事"。

---

① 《马克思恩格斯全集》第 26 卷第三册，人民出版社 1974 年版，第 326 页。

弄清了社会发展与人的发展之间的真实关系，我们不难确认，在进行社会发展评价时不能简单地归结于对人的发展状况的评价，这两个方面的评价视角应相对区分开来。既然社会发展有着自己本身的内容和特征，那么社会发展评价就必须着眼于这些内容和特征，考察和说明作为客体的社会结构体系怎样由低级向高级发展，其发展的过程和状况如何。相应地，为社会发展评价所需要的社会指标体系也必须根据社会发展本身的这些内容和特征来建立，以具体地表明社会结构体系各个方面的变化。至于与社会发展相联系的人的发展，则应着眼于人的发展本身的有关内容和特征去评价，并建立反映这些内容和特征的指标体系。当然，社会发展与人的发展这两方面的评价视角及两种指标体系并不是互不相关，而是相互照应的，社会发展评价及其指标体系应该与人的发展评价及其指标体系协调对应，但它们毕竟是两个视角、两种体系，不能将它们混同起来，或者相互取代。

不过还需要指出的是，在某些实际场合，人们所说的社会发展并不是严格地与人的发展相对应的，相反还这样那样地包括了人的发展，这可以看作对社会发展的广义理解。这时，对社会发展的评价当然也应在广义上进行，即包括对人的发展方面的评价。但即便是在这种情况下，对作为客体的社会结构体系的发展的评价和对作为主体的人的发展的评价仍应作为两个相互联系但又相对区分的部分共同存在，它们只是统一包含在广义的社会发展评价范围内，而并不意味着二者的混同和相互取代。这一点应该分辨清楚。

二、社会发展的整体过程：评价体系应系统展开

与人的发展相对应的社会发展是指作为客体的社会结构体系的

发展，社会发展评价及其指标体系应该表明这种社会结构体系发展本身的内容和特征。而既然社会结构体系是一个包括经济、政治、文化等各个基本领域的有机整体，它的发展也必然是包括经济发展、政治发展、文化发展等各个领域的发展在内的整体过程；我们要进行社会发展评价并建立相应的社会指标体系，就必须依照这一整体过程全方位地系统展开。并且这里还应进一步认识到，马克思和恩格斯所创立的历史唯物主义已科学地揭示了社会各个领域的内在联系，他们把经济领域区分为生产力和生产关系两个基本层面，并把生产关系的总和看作经济基础，而竖立在这一基础之上的是政治的和思想的上层建筑；整个社会结构体系的发展就是由生产力与生产关系、经济基础与上层建筑的矛盾所推动的。所以我们在对社会发展的整体过程进行系统评价的时候，无疑应对这些内在联系给予充分的重视。

这一系统要求，就其一般观念而言似乎并不复杂，然而要真正加以实现却不十分容易。在战后一个时期内，国际上普遍存在一种片面关注经济发展乃至于把经济发展等同于社会发展的倾向，直到单纯追求经济增长带来了许多社会矛盾和问题，才促使人们逐渐认识到这种片面倾向的错误，从而开始形成新的综合发展观，并试图建立相应的综合性社会指标体系对社会发展进行评价。我国的情况也有类似之处，但客观地说，我们过去曾一度极其重视经济领域之外的其他领域的发展，在"文化大革命"时期甚至出现了以政治排斥经济的现象，只是我们的这种"重视"违背了社会发展的客观规律，造成了破坏性后果，同时我们的社会发展评价长期停留在随意性很大的直观经验的水平上，迟迟没能形成规范性的社会指标体系。

进入社会主义建设新时期之后拨乱反正，百废俱兴，我们对社会发展评价及其指标体系的研究也开始向前迈进。十多年来，理论工作者与实际工作者共同携手，推出了一批积极的研究成果，一些有代表性的综合发展指标体系也先后产生并投入应用。但是，在充分肯定这些成果的积极意义的同时，我们也应清醒地看到现存的问题和差距。除了前述以对人的发展的评价代替对社会发展的评价这一偏差之外，在已经涉及对社会发展本身的评价中也存在明显的缺陷，主要是对社会各领域的发展的反映很不平衡，系统性仍很不够。对于经济领域，通常所谓经济发展主要是指生产力层面上的发展，这方面的指标很多，而有关生产关系或经济关系发展的指标很少；对于政治领域，除了立法工作和社会治安等方面的某些情况外，现有指标体系中仍存在大量空白；对于文化领域，教科文卫等方面的发展已引起了人们的广泛关注，但思想道德等方面的发展还未能纳入社会指标体系。特别值得指出的是，人们常常提到的"经济社会发展"，实际上仅仅把"社会"理解为某些"社会事业"（如社会保障等），这样就只能局限于狭小的范围，对社会各个领域各自发展的比较完整的反映和评价尚且未能做到，要进一步反映和评价各领域发展的内在联系就更是谈不上了。

有关社会发展评价及其指标体系在系统性上的这种缺陷和差距，必须尽快加以克服和消除。在社会的全面协调发展日益成为一个突出课题的今天，我们必须进一步提高对社会发展的整体过程的认识，真正建立能够全方位地反映这一整体过程的内容和特点的系统的评价体系，以适应理论和实践两方面的需要。在这样做时应该特别注意两点：其一是必须突破某些传统观念和习惯方式，从实际需要出发上新提法、新条目；其二是正确对待国外有关社会发展评价及其指标体系的具体成果，既要便利于交流比较，又不能因此而一味模仿和盲从。另外还须指出，社会结构体系整体发展中的某些内容，如经济关系、政治关系等的发展演变，运用统计手段进行量化分析确有一定的难度，但只要我们找准要点，方法得当，还是能够做到的。这里的关键还是要提高认识，转变观念。

三、社会发展的速度与效益：评价尺度应合理运用

所谓社会发展，总是从原有的较低的水平向新的较高的水平迈进，由原有的较落后的状态进入到新的较进步的状态。我们在进行社会发展评价时，首先当然是要借助一定的社会指标体系对某一阶段上社会发展的结果进行综合考察，以确定其已达到何种程度和水平。但是社会发展评价并不仅仅局限于这种静态意义上的结果评价，而且还要在此基础上，进而对社会发展的过程进行动态评价，即考察社会结构体系怎样由原有的水平和状态发展到现有的水平和状态。在这个更进一步的评价中，必然涉及社会发展的速度和效益这两种尺度。

保持一定的速度对于社会发展来说无疑是十分必要的，没有速度就没有发展，速度慢标志着社会发展进程蹉跎艰难，速度快则一般意味着在较少的时间内获得较多的发展成果。成果速度快慢应从社会发展的实际出发，应讲究适宜，脱离实际的高速度与低速度一样都会对发展过程造成损害。所以，在进行社会发展评价时，我们必须合理运用速度尺度，要考察一种社会结构体系以什么样的速度展开其发展过程，是较快或是较慢，适宜或是不适宜。应该说，这方面我们是比较注意的，现有社会指标体系中已有不少速度指标，诸如国民生产总值（GNP）增长率、各产业增加值增长率、居民生活费收入增长率等。现在的问题是对于社会发展速度的考察不应仅局限于经济（生产力）发展的层面，而应在经济（包括生产关系）、

政治、文化等各个层面上全面展开，并尽可能地设立量化指标。这个问题是与前述评价体系系统化问题直接相关的。

社会发展评价要重视速度尺度，但决不能仅重视速度尺度，与此同时还必须合理运用效益尺度。社会发展效益也同样是一个涉及经济、政治、文化等各个领域的综合性范畴，它包括经济（生产力）发展的效益，但并不归结为这一层面的效益。经济（生产力）发展的效益是按照投入—产出关系来计算的，社会其他领域或层面的发展效益也可以采用类似的方法来测量；我们应考察整个社会发展的成本和代价，社会发展应力求以较少的成本获取较多的成果，在各个领域均是如此；这种综合意义上的社会发展效益应同一定的发展速度统一起来，我们所追求的速度必须是有效益的速度，没有效益的速度不是真正的速度。在经济（生产力）发展的层面上，这个认识已日益为人们所接受，有关这一层面发展的评价也已开始运用效益尺度，社会指标体系中纳入了有关经济效益指数、资本系数、劳动生产率等效益指标。但如何将效益尺度运用于社会其他领域和层面，仍是一个有待探讨的问题，这一问题应与有关速度尺度的运用问题统一起来去解决。

从某种意义上说，社会发展进程中的速度和效益的关系问题与数量和质量的关系问题、眼前发展和长远发展的关系问题等都是相互贯通的，我们在合理运用速度和效益这两种尺度时，还应结合这些相关尺度去考虑。社会发展中既要注意数量，又要保证质量，我们对于社会发展的评价就应把数量尺度和质量尺度统一起来。社会发展中既要实现眼前发展，又要维护长远发展，我们对于社会发展的评价就应把短期尺度和长期尺度统一起来。现在已成为讨论热点的可持续发展问题，主要是着眼于社会发展中生态环境的合理开发与保护，反对只顾一时的发展需要不惜破坏长远发展的根基，甚至

"自毁家园",而实际上,社会结构体系中经济、政治、文化等各个领域的发展,本身都有一个可持续发展的问题,都要反对"短期行为",都要考虑长远。总之,我们只有把这些方面的尺度都综合起来加以把握,才能对社会发展做出比较科学的评价。

(原载《改革与战略》1996年第3期)

关于社会发展的整体评价问题

(2004年1月)

研究一定阶段上的社会发展,不可避免地要涉及社会发展的评价问题。在一般的意义上,社会发展评价当然可以从社会的各个构成领域着眼分别进行;但就社会哲学层次的社会发展理论研究来说,其所关注的应是从社会整体领域着眼对社会发展的统一过程的评价,亦即社会发展的整体评价。本文便就这一问题做一些探讨。

一、所谓整体评价的基本要求。主体评价与客体评价的相对区分

社会哲学层次的社会发展理论研究提出社会发展的整体评价问题,是由它的总的研究定位所规定的。社会是一个由经济、政治、文化等基本领域所构成的完整的结构体系,而社会哲学层次的社会发展理论的研究定位是社会的整体领域,是一定阶段上社会整体发展的统一过程。因此,要对社会发展进行评价,也必须从这一定位出发进行社会整体发展的整体评价。这样一种整体评价对于社会发展研究来说是十分重要的,如果只有各个具体领域发展的局部评价,没有整体领域发展的整体评价,我们对一定阶段上社会发展状况的

了解和把握就会遇到很大的局限。所以，我们必须给予其充分的重视。

那么，这种社会发展的整体评价应该如何进行，都有些怎样的要求呢？从目前讨论中的情况来看，这方面的认识还有待推进。在此有必要特别指出以下几点：

第一，要进行社会发展的整体评价，首先必须全面了解社会的经济、政治、文化等各个领域发展的状况，而不只是部分领域发展的部分状况。虽然社会发展的整体状况并不就是这些领域发展状况的简单相加，但这些领域的发展毕竟是社会整体发展的统一过程的组成部分，只有在全面了解各领域发展状况的基础上，才能对社会发展的整体状况做出进一步深入的研究。如果对各个领域的发展状况的了解不够全面，其中某些领域的发展状况自觉或不自觉地被排除在视野之外，由此出发去进行整体概括和评价，就一定会出现偏差和错误。这样一种全面性要求，从一般道理上说似乎并不难接受，但在实际操作中，情况却并非那样简单，往往存在各种不全面的现象。究其原因，除了各种社会历史局限之外，能否正确认识社会结构体系的整体构成是一个关键问题，而不同的理论背景又制约着对这一问题的回答。在国外的"发展理论"研究中，之所以长期存在着片面关注经济增长乃至于将经济发展等同于社会发展的倾向，在经历了一番曲折后才逐渐认识到发展应是社会各方面的综合发展这样一个浅显的道理，很大程度上也是与其理论传统在认识社会整体结构方面的缺陷有关的。此外，那种将社会发展仅仅等同于某些社会事业发展的狭义理解，长期以来也自觉不自觉地妨碍着我们对社会整体结构以及整体发展的真正全面的把握。虽然这一狭义的理解有其特定的用途，但我们所要考察的社会发展绝不仅限于这个范围。我们常常使用"经济和社会发展"这一提法，这一提法有着将经济发展从社会发展中突出出来的优点，但同时也存在着削弱对社会发展的整体把握的局限，容易导致将社会政治、文化等其他领域的发展看作是附属于经济领域发展的其他某些零散因素的可多可少的补充性汇集。这个问题，应该引起注意。

第二，在全面了解社会各领域发展状况的基础上，还必须依据这些领域之间的有机联系，进一步形成对社会发展的整体状况的认识。按照系统论的观点，整体不等于部分之和，而是大于部分之和。社会发展的整体状况并非社会的经济、政治、文化等各领域发展状况的机械相加，而是它们的有机统一。要把握这种有机统一，关键是认识社会各领域之间的有机联系；而历史唯物主义关于生产力与生产关系、经济基础与上层建筑之间矛盾运动的原理，揭示了这些领域之间有机联系的基本规律，正是按照这个规律，我们可以从各领域发展的不同状况中，找出贯穿于其中的统一性来，从而将它们有机地结合起来，作为一个系统整体来把握。这样，我们就可以对一定阶段上社会发展的状况做出各种整体性的概括和评价，包括社会发展的整体进程进行到何种程度，社会发展的整体水平有了何种提高，社会结构体系的整体性质和特征发生了何种变化，以及社会发展的整体状况是否正常等等。应该看到，正是在这个整体性的层次上，我们往往做得不够到位，即使有一些综合和概括，也是比较粗略的，还缺乏比较深入具体的研究。这种情况的存在，很大程度上是与对社会整体领域的特殊规定缺乏认识相关联的，社会发展的整体状况，往往还是被当作是各领域发展状况的机械相加。这种简单化倾向是必须认真加以克服的。

第三，社会发展的整体评价还有更进一步的要求，这就是从造成既定发展状况的原因入手进行深层评价。一定阶段上的社会发展出现这样或那样的整体状况，是有着内部的和外部的、直接的和间接的等多方面的原因的，只有对这些原因做出分析，才能进一步认识和把握社会发展的现有状况。我们应从社会哲学的层次对一定阶段上社会发展的驱动机制、整合机制、协调机制、控制机制、防护机制等各方面机制做出研究，而社会发展整体状况的深层评价必须以这些机制为主要依据。要考察为社会发展过程所必需的这些机制是否完备，机制的建构是否合理，运作是否正常，功能是否到位。社会整体发展的良好态势，有赖于这些机制的有效作用，而社会发展的整体状况不佳，往往是由于这些机制出现了问题。所以，在进行社会发展的整体评价时，有必要将社会发展的各方面机制的建构和运作情况与社会发展过程所呈现出来的整体状况联系起来，有针对性地做出分析。当然，对社会发展的各方面机制的考察，应该充分考虑到这一阶段上的各种具体条件，不能脱离这些条件抽象地看问题。此外，对社会发展机制的分析还可以与社会发展的方式和道路的分析，以及作为社会发展的特殊过程的社会转型时期的特点分析（如果所要评价的社会发展过程正好属于这类过程的话）等结合起来，力求使社会发展整体评价的根据更加充分。

明确了社会发展整体评价的基本要求之后，还有一个问题有必要提出来加以研究，这便是主体评价和客体评价的关系问题。在有关的讨论中，许多学者都强调了一个基本的观点，即社会发展最终是为了满足人的需要，实现人的发展。这一观点就其本身而言当然是正确的，它不仅是马克思主义的基本观点，并且在国内外的讨论中得到了广泛的赞同。但是，有的学者进而由此引出结论，认为社会发展评价也就是要对人的发展状况进行评价，主张从人的发展的各个方面入手，建立以人为核心的评价体系。对于这个问题，就需要做具体分析了。

应该说，社会发展的整体评价最终要以人的发展为最高尺度，这是没有问题的。一个社会的发展不论怎样展开，如果不能适合人的发展的要求，就不能说是成功的。从这个意义上说，强调社会发展的评价体系应该以人为核心，是有一定道理的。但是，这里的问题在于，决不能因此就取消对社会发展本身的评价，将社会发展评价与人的发展评价直接等同起来。应该指出，当我们把社会与人作为一对相互对应的范畴提出的时候，其基本规定主要应从社会主客体的关系去把握。所谓社会是指人赖以生存于其中的一定的社会结构体系，而所谓人则是指生存于一定的社会结构体系中的现实的人；前者作为社会客体，后者作为社会主体，相互联结而存在。与此相应，当我们把社会发展与人的发展作为两个相互关联的命题提出来的时候，也是从社会主客体的关系出发的：社会发展是指社会客体即社会结构体系方面的发展，而人的发展则是指社会主体方面的发展。这两个方面的发展过程当然是相互联系、相互制约的，但它们毕竟是两个不同的方面，有着各自不同的规定和内容，决不应简单地混为一谈。我们说社会发展最终是为了人的发展，这是说明两个方面的发展过程之间的价值关系，这种价值关系并不会消除这两个不同方面的发展过程的相对区分，相反却是以这一区分为前提的；我们没有理由根据二者之间的价值关系，就把它们看作是一回事。如果这一理解能够成立的话，那么我们在进行社会发展的整体评价时，就必须将主体评价即对人的发展方面的评价与客体评价即对社会结构体系的发展方面的评价相对区分开来：既然所谓社会发展是指作为社会客体的社会结构体系的不断生长和进步、由低级向高级的不断演进，那么社会发展的整体评价就应该着眼于这方面内容本身的展开情况。至于对人的发展的评价，则是另一个问题；既然人的发展是指作为社会主体的现实的人的现实生活状态的不断改善和综合素质的不断提高，那么人的发展的评价就应该从这个角度进行。而这样一来，是否就割裂了社会发展与人的发展这两方面发展的关系呢？否。当我们进行社会发展方面的整体评价时，无疑应该充分考虑到人的发展这一最终目的，考虑到社会结构体系的发展状况对人的发展的价值意义。这也就是说，要将社会发展评价与人的发展评价这两个方面的评价按照它们的价值关系紧密联系起来，并将社会发展评价从属于人的发展评价。但是，这并不意味着就是将社会发展状况的评价直接等同于人的发展状况的评价，这里所说的是两种评价之间的联系，而联系并不就是相互取代。这个问题上的混淆，应该加以澄清。

二、整体评价的不同方式。相关指标体系的建构问题

不论从何种层次进行社会发展评价，都必须借助于一定的评价手段，采取一定的评价方式；社会发展的整体评价当然也不例外。一般说来，社会发展评价可以采用两种不同的方式：一种是定性研究的方式，其主要手段是概念、判断、推理等逻辑手段；另一种则是定量研究的方式，其主要手段是可以用数量来计算的指标体系。这两种方式不是相互排斥的，而是相互联结的，在实际操作中可以也应该综合起来加以运用。随着研究的深入，人们愈来愈意识到，为了使社会发展评价更为科学和更加符合实际，仅仅用一般的逻辑手段对社会发展的整体状况进行定性描述和分析是不够的，还必须借助于相关的数量指标体系进行专门的定量研究，并以此作为推动定性研究进一步深入的基础；因此，建构科学的社会指标体系，在社会发展评价中充分发挥定量研究的作用，越来越受到广泛的重视。而当我们从社会哲学的层次讨论社会发展的整体评价问题时，也必须对相关的指标体系的建构和运用予以充分的关注。虽然这方面的许多工作需要从具体科学的层次去进行，但至少我们应该从原则上做出必要的探讨。

按照一般的规则，一种社会指标体系的建立总是以一定的社会理论做指导的，并且要经过从抽象的理论思维到具体的数量指标转

化的过程；例如要找出最能体现这一社会理论的基本精神的基本概念，然后对这些概念提出操作性定义，继而确定不同的社会指标，并根据其不同取值形成相应的变量。而在这里，既然我们是从社会发展的整体评价的角度考虑相关的指标体系问题，那么就应该依据我们从社会哲学的层次对一定阶段上的社会发展所做的一系列理论研究，着眼于社会整体领域的逻辑定位和社会整体发展的统一过程，提炼出最能反映这一过程的进展状况的社会指标。而上面所讨论的有关社会发展整体评价的几个基本要求，包括全面了解社会各个领域的发展状况、依据各个领域之间的有机联系形成对社会整体状况的认识、从造成既定状况的原因入手进行深层评价等，都应该通过相应的数量指标体现出来；反过来说，有关社会发展整体评价的这些基本要求应成为相关指标设计的直接依据，我们所提出的社会指标必须与这些要求相一致。首先，要全面了解社会各个领域的发展状况，就必须设计各相关领域的社会指标，至少经济、政治、文化等基本领域的指标是必不可少和缺一不可的；并且，在设计这些领域的社会指标时，必须着眼于其中最具重要意义、最能体现其发展状况的因素和方面，而不是那些无关紧要、可有可无的因素和方面。如果重要因素和方面的指标出现这样那样的缺失，我们对这一领域的发展状况的了解就是不真实的、不全面的。其次，要依据各领域之间的有机联系认识社会发展的整体状况，就不能仅仅有反映经济、政治、文化等领域各自状况的社会指标，还必须有反映体现着社会各领域有机统一的社会整体状况的社会指标；这一类指标当然不是各领域指标的简单相加，而必须根据社会各领域之间的有机联系专门设计。最后，要进一步从造成既定状况的原因入手进行深层评价，也应该有能够反映这种因果关系的社会指标；这类指标的提出应该以社会发展机制等方面的情况做依据。总之，社会发展的整体评价对社会指标体系的建构有其特殊的要求，并不是一般的社会指标都可以适用的。

在相关社会指标体系的建构中,同样会遇到主体评价和客体评价的关系问题。既然社会发展与人的发展是两个相对区别的不同方面,而我们应该将这两方面发展的评价相对区分开来,那么在建构相应的社会指标体系时,也必须从两个不同方面分别进行。社会发展评价的指标体系应反映作为社会客体的社会结构体系的生长和进步的情况,而人的发展评价的指标体系则应反映作为社会主体的人的生存状态的改善和各方面素质提高的情况。这两个指标体系之间当然也是相互联系的,其中社会发展的指标体系应该从属于人的发展的指标体系,但这决不是要将这两个指标体系混同起来,直接以人的发展指标取代社会发展自身的指标。两种指标体系的相对区分,是由主体评价与客体评价这两方面评价的区分所决定的。

社会发展的整体评价需要借助于相关的指标体系,而从现有的进展看,有关社会指标的研究主要是作为社会学和统计学的分支领域发展起来的,这方面的理论研究和应用研究都已积累了不少的成果。20 世纪 60 年代到 70 年代,在世界范围内曾出现了一个被称为"社会指标运动"的研究高潮,这一高潮首先在美国及其他一些西方国家兴起,随后迅速扩展到世界众多的国家。这一时期,不仅出版了大量的研究著作,而且各个国家纷纷着手实际建立自己的社会指标体系;同时,包括联合国在内的许多世界性的或区域性的国际组织也积极参与了社会指标方面的研究。遗憾的是,这一时期的中国正处于政治运动的漩涡,虽然我们在社会统计工作方面也取得了一些进展,但真正意义上的社会指标研究直到 80 年代初才开始起步。1983 年,由国家统计局社会司制定出了我国第一套《社会统计指标体系》(草案),经过一些年的应用实践,又于 1989 年进行了调整和修订。我国政府有关部门和有关科研机构携手进行了关于社会指标的各种学术研讨和交流活动,取得了一批有价值的成果。中国社会科学院"社会发展与社会指标"课题组将社会指标的实际应用作为研究重点,连续多年运用相关指标对世界一百多个国家的社会发展水平进行比较评价,同时还对国内各个省、自治区、直辖市以及部分中等城市的社会发展水平进行排序评价,产生了广泛的影响。此外,还有必要提到的是,各种专题性的社会指标研究在国内外也取得了长足的进展,例如关于社会现代化的指标体系、中国小康社会的指标体系等。社会指标方面的所有这些研究成果,对于我们开展社会发展的整体评价,无疑都不同程度地提供了积极的支持。

但是,同时也应看到,我们对社会指标的现有研究还存在着各种欠缺和不足;特别是对于社会发展的整体评价来说,还有不少问题需要进一步探讨和解决。首先,在全面反映社会经济、政治、文化等领域发展状况方面,现有的社会指标还不够充分,结构也很不平衡。对于经济领域,通常所谓经济发展主要是指生产力方面的发展,这方面的指标较多;而有关生产关系亦即经济关系方面的发展变化,相应的指标就很少。对于政治领域,除了立法工作和社会治安等方面的某些情况外,现有指标体系中仍存在大量空白。对于文化领域,教科文卫等方面的发展已引起了人们的广泛关注,但思想道德建设等方面的情况基本上还未被纳入社会指标体系。值得注意的是,那种将社会发展仅仅理解为某些社会事业的发展的狭窄观念,仍在相当程度上束缚着人们的头脑。其次,在反映社会各领域的有机联系和整体状况以及追根寻源的深层评价方面,更是难以见到适宜的社会指标。虽然已有学者注意到这方面的问题,例如通过各类社会指标的比较分析来进行"经济社会发展的协调度"的评价,并试图测定这种"协调度"的高低,[1] 但总地看来,这一类社会指标

---

[1] 参见朱庆芳、吴寒光:《社会指标体系》,中国社会科学出版社2001年版,第142、145页。

的研究还未能很好展开。最后，还应指出，那种混淆主体评价与客体评价、将社会发展评价直接等同于人的发展评价并试图以后者取代前者的不正确倾向，在很大范围内存在，这直接造成社会指标体系中的结构错位和逻辑不对应。

要解决社会指标研究中存在的这些问题，需要从各方面着手加以努力，特别是应该注意以下几点：第一，进一步加强社会发展理论研究与社会指标研究之间的相互沟通和联系，将社会发展理论研究的成果——特别是社会哲学层次关于一定阶段上社会发展的具体过程的研究成果——及时运用到社会指标的研究中来，依据社会发展的整体评价的基本要求，进一步调整和充实各项相关指标，建构适宜的社会指标体系。这就要求我们勇于突破某些已有的传统观念和习惯方式，根据新的需要做出新的探索。第二，努力解决好有关指标设计的具体技术问题。要全面反映社会的经济、政治、文化等各个领域的发展状况，并且还要反映各领域之间的有机联系和整体状况，反映社会发展进程中的因果关系和内在逻辑，就需要将一些较为抽象和复杂的社会因素转变为相应的数量指标，这在技术上的确是有一定难度的。但是这个困难不是不可以克服，这就要求我们进行深入细致的考察和分析，针对不同情况，分别运用类别尺度、等级尺度、等距尺度、等比尺度等各种技术手段恰当地加以处理。讨论中提出的这样一种观点应该得到肯定："在社会指标研究中，不存在能否用数量表现的问题，只存在怎样用数量表现的问题。"① 第三，要正确对待与国外有关社会发展指标体系研究的关系。从总体上看，我们在社会指标的研究中还是比较注意吸收和借鉴国外有关研究成果，注意使我们的研究便于与国外的研究相互沟通和交流，

---

① 郑杭生、李强、李路路：《社会指标理论研究》，中国人民大学出版社1989年版，第28页。

使我们的指标体系便于与国外的指标体系相互比较和对接。这方面的努力无疑是必要的，但同时也应注意防止一味模仿和盲从。应该看到，国外的一些社会指标体系也都存在各种缺点和局限，不一定适合于我们的需要，至少在社会发展的整体评价上是如此。我们应该从自己的实际出发，发扬创新精神，建立具有自己特色同时又具有与国外进行交流和对话功能的科学的社会指标体系，使之在社会发展评价特别是社会发展的整体评价中真正有效地发挥作用。

（原载《天津社会科学》2004年第1期）

社会转型问题研究：一种立体的逻辑框架

（2007年1月）

在近年来的讨论中，社会转型问题引起了广泛的注意。而从社会发展理论研究的角度看，这一问题也确实应该给予重视。但是，究竟怎样看待社会转型，讨论中还存在各种不同的意见和分歧。本文便打算就此谈一些自己的认识，以参加这方面的讨论。

一

从一般意义上说，所谓社会转型应是指社会类型的转换，即社会从一种类型转向另一种类型。对于这个最一般的规定，讨论中的意见尚比较一致。但是，对于社会转型的具体内容应该如何理解，社会转型所涉及的不同的社会类型应该如何把握，学者们的看法就不尽相同了。一些学者从广泛的意义上理解社会转型，如从计划经济体制向市场经济体制的转型、从匮乏性社会向发展型社会的转型、从封闭性社会向开放性社会的转型等；而比较有代表性的观点是把社会转型理解为从传统社会向现代社会的转型。但是，究竟什么是传统社会，什么是现代社会，又存在不同看法。例如，有的认为传统社会主要是指以体现农业文明的自然经济为基础的社会发展阶段，而现代社会则是指以体现工业文明的市场经济为基础的社会发展阶段;[①] 有的则认为传统社会和现代社会的分类方法具有广泛的包容性,应该从社会的基础产业、社会劳动方式、社会分工和社会分化程度、社会主要组织形式和社会关系、社会活动的主要场所、社会开放程度、社会管理的权威基础和主要方式等各个方面来区别。[②] 还有的学者强调社会转型是社会结构的转换,即从"传统社会结构"向"现代社会结构"的转换,认为这种"结构性转型"不是指社会形态的转变,而是指在社会形态层次之下的"社会生活具体结构形式和发展形式"的转变。[③]

讨论中提出的这些不同意见,对于促进我们对于社会转型问题的认识,都是有一定的积极意义的。但是,我认为,要把这方面的研究进一步引向深入,还有待于从社会哲学的层次上进行必要的逻辑梳理和整合。而在这个层次上,有关社会形态理论研究的新的成果正好可以为我们提供适宜的方法论手段。从这一新的成果看来,社会转型并不是与社会形态无关,相反却是以社会形态为基础的。当然,这里所说的社会形态是发展了的新的范畴体系,仅仅拘泥于社会形态的原有范畴是不能够适合新的需要的。

所谓社会形态,从最一般的意义上讲,本来就应是指社会的基本类型,这些不同的社会类型按照历时态的关系展开来,便构成社会发展的不同阶段。当初马克思提出社会形态概念,主要是强调从社会的经济关系(生产关系)的性质入手,联系这种经济关系所赖以存在的生产力根据,以及以这种经济关系为基础的政治的和思想

[①] 陈晏清:《当代中国社会转型论》,山西教育出版社1998年版,第23—24页。

[②] 刘祖云:《从传统到现代——当代中国社会转型研究》,湖北人民出版社2000年版,第42—43页。

[③] 陆学艺、景天魁:《转型中的中国社会》,黑龙江人民出版社1994年版,第21—23页。

的上层建筑来区分和把握不同的社会形态。这样来把握的社会形态，又被称为经济社会形态（Ökonomische Gesellschaftsformation）。正是按照这种理解，我们可以把人类社会区分为原始共产主义社会、奴隶社会、封建社会、资本主义社会、社会主义和共产主义社会等基本形态。而在近些年来的研究中，人们已经越来越认识到，区分社会形态的标准和尺度不是一维的，而是多维的。"经济社会形态"是我们区分和把握社会形态的基本视角，但并不是唯一的视角；社会发展的基本类型还可以从多种不同的视角进行区分和把握，而"技术社会形态"便是其中之一。所谓技术社会形态，就是从生产力的层次入手，考察一定社会中生产力的发展状况及其对社会各个领域的技术方面的影响，由此把握这一社会的技术特征。从这一视角着眼，我们也可以将人类社会区分为一系列基本形态，包括渔猎社会、农业社会、工业社会、信息社会等。技术社会形态概念的提出吸取了西方学者有关成果的合理成分，并在历史唯物主义的基础上对其加以批判改造，从而进一步拓展和推进了马克思主义的社会形态理论。它与我们原有的经济社会形态概念一起形成了对社会形态进行区分和把握的两个不同视角：如果说前者揭示的是社会的"主义"类型，那么后者所揭示的就是社会的"技术"类型。两者有着不同的着眼点，各有自己的意义和功能；它们不是对立的，而是兼容和互补的。把二者结合起来，可以使我们从不同侧面更加全面、完整地认识和把握社会形态。

此外，这里还有必要指出社会形态理论研究的另一方面的进展，即关于社会形态结构模式问题的研究。过去，我们曾对社会形态的结构模式机械地加以理解，将一种社会形态的某种特定的具体模式混同于这一社会形态的本质规定，将其看作是绝对的、确定不变的东西，不懂得社会形态结构模式的逻辑区分及其多种可能性。例如，在对社会主义社会形态和资本主义社会形态的认识上，这种倾向就曾长期存在。而随着实践的发展和研究的深入，人们越来越清楚地认识到，应该将社会形态的本质规定与它的具体结构模式相对区分开来；一种社会形态并不只是有一种结构模式，而是可以有多种结构模式，它完全可以根据具体条件的不同而采取不同的具体模式，并且不同的结构模式之间是可以相互转换的。不论社会主义社会形态还是资本主义社会形态都是如此，资本主义以前的各个社会形态也都是如此。这方面问题的认识进展，集中体现在关于制度和体制的科学区分及其辩证关系的把握上，正确理解这对范畴，成了正确理解当代中国改革的关键。①

社会形态理论研究的新的成果是如此，那么，将这些新的成果应用于社会转型问题研究，我们可以得出怎样的认识呢？这里至少应该指出以下几点：

第一，既然社会转型从一般意义上说是指社会类型转换，而社会形态不是别的，就是社会的基本类型，那么所谓社会转型所要研究的实际上正是社会形态所发生的各种变化，而不是与社会形态无关的别的什么变化。应该从社会形态的变化来理解社会转型的实质，那种试图将社会转型与社会形态完全分离或隔绝开来加以研究的做法，是不正确的。

第二，既然社会形态的区分和把握具有多维视角，包括经济社会形态和技术社会形态等，那么对于各种不同意义的社会转型就可以按照社会形态本身的不同视角去考察，从而纳入一种立体的逻辑框架；而不是只限于社会形态的某一种特定视角，而将其他方面的问题排除在社会形态范畴之外。其中，既然经济社会形态和技术社会形态作为两个不同视角各有自己的着眼点，那么我们就应该将分

---

① 贾高建：《论制度与体制的科学区分及其辩证关系》，载《求是内部文稿》1999年第10期。

属于这两个不同视角的社会转型科学地区别开来,在不同的规定性上去把握;同时,既然经济社会形态和技术社会形态作为社会形态的两个不同视角并不是对立的,而是兼容和互补的,那么我们就有可能将社会转型研究中的某些不同角度的认识成果科学地统一和整合起来,从而摒弃各种孤立和分割的倾向。

第三,既然社会形态与它的具体结构模式应该相对区别开来,一种社会形态可以具有多种不同的结构模式,那么在考察社会转型时也必须相应地区别两种不同的情况:一种情况是整个社会形态的根本性质的变化,即由一种社会形态转向另一种社会形态,这是一种十分深刻的社会转型,即社会基本类型的转变;另一种情况则是社会形态的性质不发生根本改变,而只是它的具体结构模式发生改变,这也是一种社会转型,但并不属于社会基本类型转变,而应属于社会具体类型转变。社会转型的这两种情况当然是相互关联的,但其逻辑层次是不一样的,其中社会具体类型的转变从属于社会基本类型的转变,正如社会形态的结构模式从属于社会形态的根本规定一样。

如果这几点认识可以成立,那么反观近年来有关社会转型研究的具体内容,完全可以纳入这一认识框架加以整合。其中,所谓从传统社会向现代社会的转变,主要应从技术社会形态的视角加以分析,它应是社会形态本身的一种深刻变化,而不只是在社会形态层次之下的"社会生活具体结构形式和发展形式"的转变。

二

认真地说,所谓传统社会与现代社会并不是一种严谨的科学概念,而只是在一定的历时态意义上的代称或指谓,其具体内涵难免会具有某种不确定性。而从近年来讨论中的情况来看,虽然学者们对这两个概念做了各种不同的解释,但大体上还是可以归入技术社会形态视角内的农业社会和工业社会两种社会形态。当然,由于现阶段从世界范围看社会发展的前锋已开始向信息社会过渡,"第三次浪潮"的冲击已经来临,所以人们在讨论现代社会问题时也往往将目光伸延到信息社会的阶段;但至少是在经典意义上,现代社会主要是指工业社会。这里需要指出的是,对于农业社会、工业社会、信息社会等不同的技术社会形态的具体内涵,不应理解得过于狭窄。按照社会形态多维视角中的技术社会形态视角的逻辑定位,这些技术社会形态的基本规定不仅要从社会的技术基础亦即生产力的发展水平去把握,而且要着眼于社会各个领域在这一技术基础上所形成的技术特征。因此,农业社会、工业社会以及信息社会等概念具有广泛的包容性。

具体说来,作为一种技术社会形态的农业社会,其基本规定当然首先体现为传统的手工农业亦即小农经济在社会的生产力体系中占据主要地位;这样一种生产力体系,便构成农业社会的技术基础。而在这样一种技术基础之上,社会的各个领域都会形成与之相应的技术特征:在经济关系的领域里,与这种落后的技术基础相适应的只能是自给自足的自然经济形式,这种自然经济形式作为社会经济关系的技术形式而存在,这一阶段上社会经济关系的全部内容主要就是借助于这种技术形式表现出来。在政治关系的领域里,与小农经济和自然经济相适应的只能是专制的或集权的政体形式,这种政体形式作为社会政治关系的技术形式而存在,它往往还同时具有浓厚的宗法色彩。而在思想文化领域里,则是普遍存在的愚昧和迷信,科学尚未发展起来,各种形式的神秘主义发生着深远的影响。所有这些技术特征都是与农业社会的技术基础相联系的,只要这种技术基础还存在,这些技术特征也必然会这样那样地存在。

工业社会是继农业社会之后生长起来的处于更高发展阶段的技术社会形态，其基本规定在各方面都不同于农业社会。首先是社会的技术基础具有质的不同：工业社会的技术基础是社会化的现代大工业生产在生产力体系中占据主要地位；现代工业技术被运用来改造农业，社会分工充分发展。在这样一种技术基础之上，社会的各个领域也都形成了与之相应的技术特征：在经济关系领域里，市场经济成为最为适宜的经济形式，交换关系成为普遍关系。在政治关系领域里，其主要的技术形式是各种各样的民主政体，因为只有这种政体形式才能较好地与现代工业以及市场经济的要求相适合。而在思想文化领域里，我们看到的是科学的发展和理性的觉醒，与之相伴随的是科学精神和人文精神的生长以及在各个方面的广泛渗透。所有这些技术特征的存在，都是与工业社会的技术基础相联系的；一个社会只要是在技术社会形态的意义上处于工业社会的发展阶段，一般都会具备这些共同的技术特征。

关于信息社会，我们同样也应从技术社会形态的基本规定去分析，但是在这样做时，暂时会遇到一定的困难，因为信息社会作为一种新的技术社会形态尚在形成过程中，其特征还没有完全显露和确定下来。但至少我们已经可以看到一些新的发展趋势：首先，作为社会的技术基础的生产力水平将在这一阶段上又有一个质的提高，以信息产业为代表的高新技术产业将在生产力体系中占据主要地位，并推动整个产业结构的信息化改造。这也就是人们所说的知识经济阶段。而在知识经济的技术基础之上，社会各个领域的技术特征也必然要发生相应的变化：在经济关系领域里，网络经济将有可能成为普遍的经济形式。A.托夫勒曾预言，随着信息时代的到来，生产者和消费者将趋向于合而为一，而"在产销结合再度开始兴起的时候，市场化行将告终"。① 在政治关系领域里，国家管理方式和社会参与方式也将借助于信息化的技术手段而发生改变；按照J.奈斯比特的看法，一种"共同参与民主制"将取代"代议民主制"。② 在思想文化领域里，科学将继续获得高度发展，而科学精神和人文精神将会在新的水平上实现自己的新的结合。

除了以上这些主要方面之外，农业社会、工业社会、信息社会等技术社会形态的技术特征还可以从其他一些方面去把握，但上面所指出的乃是依托于社会形态基本结构的一些最基本的特征，这些特征是考察这些技术社会形态时所必须了解的。当然，对这些特征本身的分析还可以进一步展开，有关讨论中的一些更为具体的分析实际上可以分别归入这些基本特征的范围之内。然而无论如何，如果我们对农业社会、工业社会、信息社会等社会类型从技术社会形态的视角做了这样一种整体的把握，并以此去理解所谓传统社会和现代社会的基本区分，即将传统社会理解为技术社会形态意义上的农业社会，而将现代社会理解为技术社会形态意义上的工业社会和信息社会，那么所谓从传统社会向现代社会的转型，也就是从农业社会向工业社会继而向信息社会的转型。这种转型属于社会形态体系中技术社会形态系列的变化，而且属于社会形态的基本性质的改变（当然是在技术社会形态的意义上），即从一种性质的技术社会形态转变为另一种性质的技术社会形态。按照我们对于社会转型的逻辑层次的分析，这一转型属于社会基本类型的转换，具有十分深刻的性质。

---

① [美] A.托夫勒：《第三次浪潮》，朱志焱译，生活·读书·新知三联书店1984年版，第380页。

② [美] J.奈斯比特：《大趋势——改变我们生活的十个新方向》，梅艳译，中国社会科学出版社1984年版，第161页。

三

在讨论传统社会向现代社会的转型时，还有必要谈到一个直接相关的问题，这就是社会现代化问题。从已有的讨论看，有不少学者是将这两个问题统一起来的，即认为社会现代化也就是从传统社会向现代社会的转型；但也有一些学者没有这样做。其实无论从哪一方面说，这两个问题都应该是统一的，而不应该是分离的。特别是不能把社会现代化理解得过于偏狭，仅仅从经济发展和某些社会事业的发展去把握；社会现代化应该从社会的整体意义上去理解，从整个社会类型变化及社会转型的意义上去理解，其基本定位不是别的，正是从传统社会转向现代社会。而这里所要强调指出的是，既然我们主张运用社会形态理论研究的新的成果，从技术社会形态的视角对所谓传统社会和现代社会以及传统社会向现代社会的转型做出说明，那么这一方法同样适用于社会现代化问题。既然我们将传统社会看作是技术社会形态意义上的农业社会，将现代社会看作是技术社会形态意义上的工业社会以及信息社会，那么社会现代化也就是从农业社会向工业社会以及信息社会的转化。当然，从经典意义上说，社会现代化首先是指社会从农业社会转向工业社会；但是随着信息革命的到来，社会现代化的含义也在不断伸延。讨论中有的学者明确提出了"两次现代化"的观点，即主张将农业时代向工业时代、农业经济向工业经济、农业社会向工业社会、农业文明向工业文明的转化看作"第一次现代化"，亦即"经典现代化"；而将从工业时代向知识时代、工业经济向知识经济、工业社会向知识社会、工业文明向知识文明的转化看作是"第二次现代化"，亦即

"新现代化"。① 虽然这一观点对现代化的理解还有待于进一步整合并提升到社会整体的高度，但把现代化具体划分为这样两个阶段，在基本方法上是可行的。从技术社会形态的视角看，我们可以将第一次现代化定位在农业社会向工业社会的转化，而将第二次现代化定位在从工业社会向信息社会的转化。

一旦我们从技术社会形态的视角明确了社会现代化的基本规定，那么其基本要求就十分清楚地摆在我们面前了。就第一次现代化即经典意义上的现代化而言，其定位既然是从农业社会向工业社会转化，那么它首先要求作为社会的技术基础的生产力体系由传统的农业经济向现代工业经济转化，亦即工业化；与此同时，它还包括社会各个领域的技术特征的相应改变：在经济关系的领域里，由自然经济形式向市场经济形式转化，亦即市场化；市场化与工业化的统一构成所谓经济现代化的主要内容。在政治关系领域里，现代民主政体取代专制的或集权的政体形式，亦即民主化；在思想文化领域里，则是以现代科学和科学精神扫除各种愚昧和迷信，亦即科学化；民主化和科学化便构成所谓政治现代化和文化现代化的主要内容。只有把所有这些方面的内容有机地统一起来，才能比较全面地把握第一次现代化的基本要求。而第二次现代化的基本要求也同样是依次展开：首先是作为社会的技术基础的生产力体系从工业经济进一步向知识经济转化，亦即信息化；其次则是社会各个领域的技术特征的相应转化。当然，关于第二次现代化的具体内容和要求，还有待于在新的实践中进一步探索。

最后应该指出的是，从传统社会向现代社会的转型亦即社会现代化问题虽然在社会转型研究中具有重要地位，但它并不等于就是

---

① 参见何传启：《第二次现代化：人类文明进程的启示》，高等教育出版社1999年版，第139、257页。

社会转型问题的全部内容。第一，从上面我们所确立的认识框架来看，除了从技术社会形态的视角研究社会的"技术"类型的转变之外，至少还应从经济社会形态的视角研究各种"主义"类型的转变，包括从一种"主义"到另一种"主义"的转变，以及一种主义本身的不同结构模式之间的转变。仅仅研究前一种视角的问题，忽视或否认后一种视角的问题，是不全面、不客观的。第二，即使在技术社会形态的视角内，社会现代化亦即传统社会向现代社会的转型也只是社会转型在特定阶段上的特殊体现，并不能涵盖所有各种技术社会形态之间的相互转换。所以，这方面问题的研究只能看作是社会转型问题中的一个专题研究。而关于社会转型的其他方面及其他相关专题的研究，还有待于在现有成果的基础上继续下气力展开。

（原载《新视野》2007年第1期；收入中共中央党校哲学教研部编：《哲学与社会》第3辑，中国时代经济出版社2010年版；中国科学院中国现代化研究中心编：《中国社会现代化的新选择》，科学出版社2010年版）

技术社会形态与社会现代化问题

(1996年5月)

社会现代化问题是现阶段广为关注的热点之一,对这一问题的研究已从各个方面展开并取得了有益的进展。而当我们从社会哲学的层次上对这一问题进行审视,并试图对已有的成果进行整合和概括时,历史唯物主义研究中一个正在生长着的新范畴为我们提供了必不可少的逻辑手段,这便是关于技术社会形态的范畴。

一、所谓经济社会形态与技术社会形态

历史唯物主义的社会形态范畴,就其本身的最一般涵义而言,应是表示社会的一定发展阶段或类型,亦即处于一定发展阶段或一定类型的社会。科学地区分和把握社会形态,对于研究和揭示社会发展的客观规律,无疑具有十分重要的意义。

按照教科书中的传统观点,对于社会形态应从"建立在一定的生产力根据之上的经济基础和上层建筑的统一"去认识。所谓经济基础是一定的社会经济关系亦即生产关系的总和,区分和把握社会形态的性质,首先应从经济基础亦即经济关系、生产关系的性质入手,同时相应地考察它所赖以存在的生产力根据,以及与它相适合

的上层建筑的性质。对社会形态的这种认识是在阐发马克思主义经典作家的有关思想的基础上形成的。正是从这一认识出发，我们可以将人类社会区分为原始共产主义社会、奴隶社会、封建社会、资本主义社会、社会主义和共产主义社会等一系列基本形态，这些形态展开为社会发展的一系列基本阶段。

  关于社会形态的上述传统观点无疑具有其科学的依据和合理性质，这一点当然应该确认。但是，正如一切真理都是处于发展过程中一样，历史唯物主义的社会形态理论也必须不断向前发展。在近些年来的研究和讨论中，一些新成果的取得使我们有可能将对社会形态的认识向前推进一步，其中便包括将社会形态区分为经济社会形态和技术社会形态等不同的系列，并正确看待和处理它们之间的关系。

  唯物辩证法告诉我们，事物的质是多方面的而不是单方面的，事物的区分可以从它的不同的质出发。对于社会形态亦即社会发展阶段和类型来说也同样是如此，其质的规定性完全可以从不同的角度和方面去把握，由此它的区分标准也并不是一维的，而是多维的。上述传统观点主要是从经济关系（生产关系）的性质入手去把握社会形态，那么这样所认识的社会形态便是所谓经济社会形态，它是社会形态的一种规定、一种视角。正如一些学者在讨论中所指出的，马克思当年提出社会形态范畴，本来就明确地使用了"经济社会形态"（Ökonomische Gesellschaftsformation），在译成中文时被表述为"社会经济形态"，这个"社会经济形态"在传统的教科书里广泛使用，也一直是作为"社会形态"的同义词。现在是恢复马克思原有的"经济社会形态"这一范畴的时候了。这里所要进一步指出的是，对于社会形态除了从"经济社会形态"的视角，亦即从经济关系（生产关系）的性质入手进行区分和把握外，还可以从其他视角和侧面去区分和把握，去揭示它的不同方面的质。其中便包括从生产力的发展入手进行考察，由此形成的对社会形态的认识便是所谓技术社会形态，它是社会形态的另一种规定、另一种视角。从这一视角出发，我们也可以把人类社会区分为一系列具体形态（这些形态当然不同于经济社会形态系列），通常所谓渔猎社会、农业社会、工业社会以及"信息社会"等概念，由此便可以从技术社会形态的意义上去理解。

在谈到技术社会形态这一新的范畴时，有一点必须说明，即所谓"从生产力的发展入手进行考察"，绝不是说仅仅考察生产力本身，而是以生产力的发展状况为基点，由此出发考察整个社会体系，揭示不同的生产力状况给社会的经济、政治、文化等各个领域所造成的技术方面的影响，亦即社会的技术特征。讨论过程中有的学者提出的将技术社会形态仅仅局限于生产力发展的观点，是不科学的。

当然，我们也必须看到，西方一些学者在使用工业社会、信息社会等概念时，片面强调社会的技术特征而抹杀社会经济关系以及整个社会体系的不同性质，从而超越了技术社会形态视角的合理界限，并企图以此反对马克思主义哲学的经济社会形态理论，这是我们所不能接受的。但是，我们也不能走向另一个极端，因此而否定从技术社会形态的视角对社会的技术特征的把握，或随意缩减它的正当范围。

要解决好这一问题，就必须正确处理技术社会形态和经济社会形态的关系。这两个范畴是分别从两个不同的角度和方面去揭示社会形态的质，它们各有自己的内容和意义，是互补关系，而不能相互替代，或以其中一个否定另一个。当然，事物的质有主次之分，经济社会形态所揭示的是社会形态的最主要的质，它在社会形态范畴体系中应居于主要地位；但技术社会形态等其他视角也绝不是可有可无，在把握经济社会形态视角的同时正确把握技术社会形态等不同的视角，可以使我们对社会形态的认识更加全面和完整。所以，我们应该把技术社会形态范畴与经济社会形态范畴辩证地统一起来，科学地加以把握和运用。

二、"现代社会"概念应属于技术社会形态系列

我们从技术社会形态的视角可以将社会区分为渔猎社会、农业社会、工业社会、信息社会等具体形态，其每一种形态都有自己特有的、由生产力发展的不同状况所规定的技术特征，而现代化问题研究中的现代社会以及与之相对应的传统社会的概念，实际上也正是应从技术社会形态的视角去把握，它与上述具体形态的区分在内容上是一致的。

"现代社会"以及"传统社会"并不是一种十分严谨的科学概念，而只是在一定的历时态意义上的代称或指谓。虽然人们可以做出各种不同的理解，但在有关现代化问题的研究和讨论中，它们毕竟具有相对确定的规定性；所谓现代社会一般是指工业社会，而与之对应的传统社会一般是指前工业社会，主要是农业社会。由于现阶段从世界范围看工业社会发展的前锋已开始向信息社会过渡，"第三次浪潮"的冲击已经来临，所以人们在讨论"现代社会"时往往会涉及新的信息社会的一些因素，但从总体上看，仍主要是指工业社会。既然"现代社会"以及"传统社会"概念大致等同于工业社会以及农业社会概念，便可以由此纳入技术社会形态的序列。而对于现代社会以及传统社会的基本特征，也就应该相应地从技术社会形态的视角、从这一视角的合理范围内去认识、归纳和甄别。既然技术社会形态首先是从社会生产力发展的状况入手进行考察，那么现代社会亦即工业社会的特征便首先体现为现代工业在社会生产力体系中占据主要地位，这不仅是指以工业为主体的产业结构，而且是说工业对其他产业起着主导性的作用。而在传统社会亦即农业社

会里，则是农业（其典型形态为手工农业）占据了生产力体系的主要地位。生产力发展的这种不同状况奠定了现代社会区别于传统社会的不同的技术基础，进而决定了它们的整个社会体系的不同的技术特征。按照技术社会形态范畴的科学规定，现代社会（工业社会）区别于传统社会（农业社会）的基本特征不仅体现在生产力方面，而且还应包括社会体系的这些技术特征在内。在经济关系的层面上，现代社会（工业社会）须采取与现代工业相适合的经济运行形式，这种形式实践证明应是市场经济形式，在这里，市场经济只是作为经济关系的技术形式存在的。而在传统社会（农业社会）中，经济关系的技术形式主要是自给自足的自然经济形式。在政治关系的层面上，现代社会（工业社会）也须采取与现代工业以及市场经济相适合的政治运行形式，这种形式通常便是民主政体的形式，民主政体在这里也只是作为政治关系的技术形式而存在。而在传统社会（农业社会），政治关系的技术形式则主要是专制的或集权的政体形式。在思想文化领域里，现代社会（工业社会）的技术特征突出体现为现代科学的充分发展，以及科学精神在各个方面的广泛渗透。而在传统社会（农业社会）中，思想文化领域更多地具有愚昧和神秘的色彩，宗教神学往往发生着深远的影响。

现代社会（工业社会）区别于传统社会（农业社会）的特征当然还表现在社会的其他具体方面，如城乡结构、生活方式等，但以上所述乃是依托于社会基本结构框架的一些最基本的特征。这些基本特征本身当然也还可以从相关内容方面进一步展开，现阶段对讨论中的一些更为微观的描述完全可以分别归入这些基本特征和范围之内。

从技术社会形态的视角认识所谓现代社会以及与之相对应的传统社会，与从经济社会形态的视角考察社会形态并不矛盾。从经济社会形态的视角看，与所谓现代社会相对应的有两种社会形态：资本主义社会和社会主义社会。这两种社会形态的区分首先是从经济关系（生产关系）的性质入手，进而着眼于整个社会体系的性质：以资本主义私有制为基础的生产关系与以社会主义公有制为基础的生产关系，资产阶级的国家与无产阶级的国家，资产阶级的意识形态与无产阶级的意识形态，如此等等。就生产力根据而言，资本主义社会只能以现代工业的发展为基础，而社会主义社会则应以吸取资本主义社会生产力发展的成果为前提。资本主义社会和社会主义社会这两种经济社会形态都可以具有现代社会（工业社会）的特征，我们从技术社会形态的视角揭示这些特征并不会否认和抹煞它们的经济社会形态意义上的差异，特别值得注意的是，我们把市场经济和民主政体分别作为经济关系和政治关系的技术形式归入现代社会的技术特征序列，并不妨碍我们对于这些技术形式所包含的（或所归附的）实质内容的区分。市场经济作为一种经济形式既可以为资本主义经济关系所用，也可以为社会主义经济关系所用，这一点在经过激烈争辩之后终于为人们所确认；而民主虽然首先应从国体的意义上区分其阶级性质（谁的民主），但无论资本主义民主还是社会主义民主，都可以在政体的意义上加以概括。技术社会形态只是从技术特征的意义上考察市场经济和民主政体，而经济社会形态则关注于市场经济和民主政体所包含（或归附）的实质内容，两种社会形态视角的侧重点是不同的，同时又如我们已经指出的——是互补的。

不过这里也应看到，在有关现代社会的讨论中存在着一种这样那样超出技术社会形态视角的合理范围，试图把本属于经济社会形态范畴内的某些内容纳入现代社会概念的不正确倾向，对此，我们必须加以克服和防止。技术社会形态与经济社会形态两种视角不能互相混淆，更不能相互否定，这是认识和把握"现代社会"以及其他相应概念时所需特别注意的。

三、从技术社会形态的演变看社会现代化问题

人类社会的发展是一个从低级形态向高级形态不断演进的历史过程，这一过程从经济社会形态的视角看是原始共产主义社会—奴隶社会—封建社会—资本主义社会—社会主义和共产主义社会，而从技术社会形态视角看则是渔猎社会—农业社会—工业社会—信息社会等。既然所谓现代社会和传统社会大体是指工业社会和农业社会，那么所谓社会现代化实际上也就是技术社会形态从农业社会向工业社会的演变，亦即所谓从传统社会向现代社会的演变。

从技术社会形态的视角明确了现代社会（工业社会）以及传统社会（农业社会）的基本特征，我们就可以科学地把握社会现代化的基本内容。社会现代化当然首先意味着经济现代化，而经济现代化又首先意味着生产力发展的现代化，具体说来便是以农业为主体向以工业为主体转化，亦即工业化。工业化是社会现代化的首要内容，这与技术社会形态首先着眼于生产力发展状况是一致的。但是，社会现代化绝不仅限于生产力发展的工业化，而且还包括与工业化相适应的整个社会体系的现代化。就经济领域而言，现代化包括经济关系的技术形式向工业化所要求的市场经济形式的转化，亦即市场化，工业化与市场化的统一构成经济现代化的两个不可或缺的基本方面。与经济现代化相对应的是政治现代化和文化现代化，政治现代化的最主要内容便是现代民主政体的建立，亦即民主化；而文化现代化的主要内容则是以现代科学和科学精神扫除各种愚昧和迷信，亦即科学化。当然，除了这些最基本的方面之外，社会现代化还可以包括其他一些相关的内容，如社会生活的城市化、世俗化等，这与"现代社会"概念的外延是一致的。

社会现代化是技术社会形态意义上的全方位演变过程，这一过

程的各个方面——经济现代化（工业化、市场化）、政治现代化（民主化）、文化现代化（科学化）等是相互联系、相互制约着的。其中，工业化无疑是经济现代化以及整个社会现代化的根本环节，是全部过程赖以展开的根本动因。工业化过程的展开必然要求市场化过程与之相伴随，它以自身的客观逻辑促使市场化过程的展开；而反过来，市场化过程的进展状况，又作为直接的必要条件制约着工业化的过程。以工业化和市场化的统一为内容的经济现代化呼唤着政治现代化和文化现代化——民主化和科学化，并为二者提供了技术基础和条件：工业化和市场化的进程大大扩展了社会交往和社会参与，而"交换价值的交换是一切平等和自由的生产的、现实的基础"①，这一切使现代民主政体的建立成为可能；而现代科学一开始就是伴随着工业化和市场化的进程产生和发展起来的。但是反过来，民主化和科学化又制约着工业化和市场化的进程，政治现代化和文化现代化是经济现代化的重要保障。塞缪尔·P.亨廷顿在他的名著《变动社会的政治秩序》中曾详细地分析了政治现代化的滞后对经济现代化以及整个社会现代化的不利后果；而离开了文化现代化特别是现代科学的发展，经济现代化更是无法设想。最后，政治现代化和文化现代化、民主化和科学化之间也是相互制约的，必须把它们协调起来，才能共同推进。

社会现代化作为传统社会（农业社会）向现代社会（工业社会）演变的历史过程，从技术社会形态的视角看当然具有普遍性、共同性的一面；但是技术社会形态的这一演变过程又总是同经济社会形态的演变过程联结在一起的，而资本主义条件下的社会现代化与社会主义条件下的社会现代化，无疑又具有各自不同的特殊性。从历史上看，西方国家是在资本主义条件下完成社会现代

---

① 《马克思恩格斯全集》第30卷，人民出版社1995年版，第199页。

化的，而我国的社会现代化则进展迟缓，直至建立社会主义的经济社会形态，这一过程都未能完全展开。如今，我们必须在社会主义条件下继续完成社会现代化的历史任务，这就需要我们按照社会主义社会的本质要求，将发展生产力作为根本任务，大力推进工业化，同时开拓社会主义公有制基础上实现市场化的新路子，建立社会主义市场经济新体制。与经济现代化的过程相适应，我们还须努力推进社会主义条件下的民主化和科学化，建立社会主义新型民主政体和以马克思主义为指导的真正科学的思想文化体系，实现政治现代化和文化现代化。在社会主义条件下全面实现社会现代化，是一个崭新的现实课题，其中许多具体问题的解决，还需要我们在实践中探索。

最后，还应特别指出的是，依照上述理解去看待我们今天正在进行的体制改革，那么可以发现它实际具有双重的意义：一方面，从经济社会形态的意义上说，它是社会主义制度的自我完善和模式转换；而另一方面，从技术社会形态的意义上说，它同时又是社会现代化过程的组成部分，是其基本内容的实际展开。体制改革集中体现了社会主义现代化与现代化的社会主义这两个历史命题的内在统一。

（原载《江淮论坛》1996 年第 3 期）

社会转型与社会冲突

——现阶段社会发展中的相关问题研究

（2005 年 7 月）

在现阶段中国社会发展的进程中，社会冲突问题越来越引起人们的关注。从一般意义上说，社会冲突作为社会领域里的现实矛盾的体现，在各个发展阶段上都是普遍存在着的；而由于现阶段的中国社会发展正处于一个十分深刻的转型时期，这一阶段的社会冲突也就具有了不同于一般阶段的特殊表现。只有将这些社会冲突置于社会发展的大背景下，从社会转型的具体实际出发去加以研究，才能达到对问题的正确认识和解决。

一、社会转型的基本规定与中国现阶段的特殊实践

关于社会转型的基本规定，学界已经有过较多的讨论。但讨论中见仁见智，看法不尽一致。而在我看来，在社会转型问题上，历史唯物主义的社会形态理论研究中的一些新的成果，特别是有关社会形态的多维视角研究和多种模式研究的新的成果，具有直接的方法论意义。对此我曾在一些文章中做过具体探讨，这里不再赘述，而只是强调指出几个主要之点。

第一，从一般意义上说，所谓社会转型是指社会类型的转换，而所谓社会形态不是别的，也就是社会的基本类型；所以，社会转型所涉及的实际上正是社会形态所发生的各种变化，而不是与社会形态无关的别的什么变化。第二，社会形态的区分和把握不是只有一个视角，而是具有多维视角；由此，对于各种不同意义的社会转型，就可以按照社会形态本身的不同视角去考察，从而纳入一种立体的逻辑框架。其中，经济社会形态和技术社会形态作为两个不同视角，各有自己的着眼点，因此我们就应该将分属于这两个不同视角的社会转型科学地区别开来，在不同的规定性上去把握。当然，经济社会形态和技术社会形态作为社会形态的两个不同视角并不是对立的，而是兼容和互补的，这样我们就有可能将社会转型研究中的某些不同角度的认识成果科学地统一和整合起来，从而摒弃各种孤立和分割的倾向。第三，应该将社会形态的一般构成与它的具体结构模式相对区别开来，一种社会形态并不是只有一种结构模式，而是可以具有多种不同的结构模式；因此，在考察社会转型时也必须相应区别两种不同的情况：一种情况是整个社会形态的根本性质的变化，这是社会基本类型的转变；另一种情况则是社会形态的性质不发生根本改变，而只是它的具体结构模式发生改变，这是社会具体类型的转变。社会转型的这两种情况当然是相互关联的，但其逻辑层次是不一样的。

将以上这些观点运用于现阶段中国社会发展的实际，那么可以看到，我们现在正在经历着多方面的社会转型过程；而其中最主要的，正是经济社会形态和技术社会形态这两个不同视角内的双重转型。

一方面，从经济社会形态的视角看，中国正在经历社会主义社会的模式转换，即从原有的苏联模式的社会主义转换为有中国特色的社会主义。我们过去所建构的是一种不切合我国实际的社会主义模式，包括高度集中的计划经济体制以及与之相应的政治和文化体制；这种模式很大程度上借鉴于苏联，它虽然在历史上曾起过一定的积极作用，但在以后的实践中日益显露出严重的弊端。中共十一届三中全会以后，中国展开了被称为"第二次革命"的全面的体制改革；这场改革的任务是要从根本上改变旧的计划经济体制，而代之以新的社会主义市场经济体制；并进而在此基础上完成政治体制和思想文化体制等方面的相应变革。这场改革是极其深刻的，但它不是对社会主义的否定，而是对社会主义的重构，是社会主义社会建构模式的转换。这种模式转换虽然不涉及社会形态本身的改变，亦即不改变社会的基本类型，但它却涉及社会形态内部的社会具体类型的改变，它意味着社会主义社会形态将由一种具体类型转变为另一种具体类型，在这个意义上，它属于社会转型的范畴。

另一方面，从技术社会形态的视角看，中国社会则正在经历另一种意义的社会转型，这就是由农业社会向工业社会并进而向信息社会的转型。通常所谓从"传统社会"向"现代社会"的转型，亦即社会现代化，主要就是指这一过程。当然，经典意义上的现代化是从农业社会走向工业社会，但如今工业社会又开始向信息社会过渡，所以学者们提出了"两次现代化"的观点：第一次现代化是从农业社会走向工业社会，第二次现代化是从工业社会进一步走向信息社会。从总体上看，中国社会所面临的任务首先仍是继续完成由农业社会向工业社会转型，但同时也现实地面临着抓住机遇、大力吸收信息革命成果的问题。所谓传统社会（农业社会）向现代社会（工业社会、信息社会）的转型亦即社会现代化的过程应从社会各个领域的技术特征的相应变化去把握；而经济现代化、政治现代化、文化现代化便构成社会现代化的基本框架，反映了从传统社会（农业社会）向现代社会（工业社会、信息社会)转型的主要内容。从性质看,这一转型是两种技术社会形态之间的转化,在这个意义上,它属于社会基本类型的转变,是一种十分深刻的社会转型。

以上两个不同视角内的社会转型——经济社会形态视角内的社会主义模式转换,以及技术社会形态视角内的社会现代化,既相互区别又相互联结,同时并存于当代中国社会发展的实践。从现阶段的情况来看,这两种转型都取得了长足的进展,但也都还存在着明显的差距。就前一种转型而言,经过十一届三中全会以来20多年的努力,建设中国特色社会主义的新的道路已经被开辟出来,一种新的社会主义结构模式正在形成;但是,目前仍有一些难题尚未解决,经济体制改革还在攻坚,政治体制改革的深层次问题还有待提上日程。而就后一种转型而言,近20多年以来的这个时期,是我国社会现代化取得成就最大、进展最快的一个时期;据中国现代化战略研究课题组和中国科学院中国现代化研究中心在《中国现代化报告》中所做的评估,到20世纪末的2000年,中国的第一次现代化实现程度已经从1950年的26%上升到76%,进入"工业化中期社会";第二次现代化的许多因素也继续增加,相关指数达到了31点。[①] 虽然这一报告所采用的指标存在着某种局限,但也毕竟从一定的角度反映了中国社会现代化的成果。但是同时又应看到,我们的现代化任务还远没有完成,并且经济现代化、政治现代化、文化现代化的进程还很不平衡。而从整体上看,以上两种转型都已进入到关键时期,而现阶段的社会冲突问题,就是在这种条件下突出地表现出来。

---

① 中国现代化战略研究课题组、中国科学院中国现代化研究中心:《中国现代化报告》(2003),北京大学出版社2003年版,第58—69页。

二、转型过程中的社会冲突：不同情况的具体考察

关于社会冲突的概念，冲突理论学派的主要代表之一 L.科塞曾下过一个定义："社会冲突是社会群体之间由于利益或价值的对立而发生的对抗。"① 他的这一定义大体上是可取的，但似乎还应做出进一步的说明或限定：第一，所谓"利益或价值的对立"不应理解得过于绝对，而应该区分不同的范围和程度；有时不一定是对立，而只是某种差异。第二，相应地，所谓"对抗"也有不同的范围和程度，其表现方式也是多种多样；特别应注意不能简单地将社会冲突与暴力方式联系起来。L.科塞自己也已指出：虽然"社会冲突经常是激烈的"，"但诉诸暴力的冲突却很少见"，"许多特殊利益集团通过运用经济和政治权力使彼此处于缓和的对立之中"。②

从中国现阶段的实际来看，社会冲突在各个领域里普遍存在，其表现方式也是多种多样。而当我们侧重从社会发展的角度，考察社会转型与社会冲突的关系时，可以看到在我们正在经历的特殊的双重转型过程中，相应产生的社会冲突有两种不同的情况。

一种情况是，由于社会转型必然要涉及既有的利益格局的改变，因而会在不同程度上引起与这种既有的利益格局有密切关系的社会群体的抵触和反对，进而形成这些社会群体与支持和肯定社会转型的基本方向的那些群体之间的矛盾和冲突。

如前所述，当代中国社会发展正在经历的是一种十分深刻的双重转型。在经济社会形态的视角内，我们要实现社会主义模式转换，

---

① ［美］L.科塞等：《社会学导论》，杨心恒等译，南开大学出版社1990年版，第589页。

② ［美］L.科塞等：《社会学导论》，杨心恒等译，南开大学出版社1990年版，第589页。

即从原有的苏联模式的社会主义转换为中国特色的社会主义；然而经济社会形态方面原有的那种以高度集中的计划经济体制和与之相应的政治、文化体制为特征的旧模式，已经造成了一种盘根错节的利益格局，要彻底打破很不容易。例如，对某些在新的市场经济体制中处于相对不利地位的群体来说，对平均主义、大锅饭的留恋和依赖往往会造成一种极不平衡的心态和显著的心理落差，很容易演化出否定性的行为特征。在技术社会形态视角内，社会现代化所要求的经济现代化、政治现代化和文化现代化等，更是要从社会的技术基础入手改变那种在中国存在了几千年的传统的生产和活动方式，以及与之相应的传统的社会关系和思想观念，这就在更深的层次上造成原有社会利益格局的不断分化，特别是使某些在传统结构中处于优势的利益群体逐渐失去原有的地位，由此引起顽强的抵制和反对就无足为怪。以色列学者 S.Z.艾森斯塔德对这方面问题曾做过专门研究，他在《现代化：抗拒与变迁》一书中，从经济、政治、文化等各个方面详细考察了现代化所引起的社会解体的过程，分析了这一过程中必然会产生的种种利益矛盾以及由此引发的社会冲突，并深入探讨了对于现代化的各种不同的抗拒取向。他指出，"现代化需要社会所有主要领域产生持续变迁这一事实，意味着它必然因接踵而至的社会问题、各种群体间的分裂和冲突，以及抗拒、抵制变迁的运动，而包含诸种解体和脱节的过程。"① 虽然现代化过程的具体展开在不同的历史条件下会有各种不同的情况，但艾森斯塔德所做的许多分析无疑具有一定的普遍性。

当然，出现这一类社会冲突，也可能会有其他方面的原因，例如观念的滞后与认识的差距。传统的观念禁锢着人们的头脑，使人

---

① ［以色列］S.Z.艾森斯塔德：《现代化：抗拒与变迁》，张旅平译，中国人民大学出版社 1988 年版，第 23 页。

们对社会转型不理解、不接受;同时新的发展的必然性和合理性的显现也还需要一个过程,人们一时还难以认识。但从深层次看,更主要的还是一个利益矛盾问题。这也就是马克思所说的,"不是人们的意识决定人们的存在,相反,是人们的社会存在决定人们的意识。"[①] 而人们的社会存在,直接表现为他们在一定的社会结构体系中所处的现实地位,这个现实地位则规定了人们所能获得的现实利益。

如果说这种由于利益格局的改变而产生的社会冲突在社会转型的过程中具有某种必然性,那么还有另外一种并非具有这种必然性的非正常的情况就是特别需要注意的了。这便是由于社会转型的过程中出现了某种偏差和脱节而造成的不合理的利益分化和倾斜,由此导致的社会矛盾和冲突。

应该看到,社会转型作为不同社会类型之间的转换,无疑需要一个逐步展开的过程;对于我们要实现的特殊的双重转型来说,就更是如此。而在这个逐步展开的过程中,旧的社会结构体系和社会秩序不断被打破,新的社会结构体系和社会秩序又难以一下子建构起来,这时的社会运行就会进入到一种特殊的"序间状态";在这种状态中,很容易发生各种社会问题,并造成社会失范。假若对这一过程控制不力,或是战略上出现偏差和失误,一些问题就会更为突出地表现出来。前面已经指出,在现阶段的实践中,我们的双重转型虽然取得了长足的进展,但也都还存在着明显的差距。由于我们的经济体制改革还在攻坚过程中,取代旧的计划经济体制的新的市场经济体制目前还只是有了一个初步的框架,无论是市场主体的塑造和市场体系的培育,还是社会保障

---

① 《马克思恩格斯选集》第 2 卷,人民出版社 1995 年版,第 32 页。

体系和宏观调控体系的建构,都还很不到位,运作上也还很不规范;特别是由于我们的政治体制改革尚未充分展开,对公共权力的监督和制约机制还未能有效地建立起来,这就使得权力和利益的不正当结合成为一种相当普遍的现象,本来就不够健全的市场机制进一步发生扭曲。从社会现代化的角度说,由于各个领域的现代化进展很不平衡,政治现代化和文化现代化落后于经济现代化的进程,这便造成某些明显的脱节;特别是传统的农业社会的狭隘意识与缺少制约的权力运作方式相结合,衍生出各式各样的畸变现象,致使腐败蔓延,诚信危机,社会失范问题严重。现阶段双重转型过程中存在的所有这些问题,都对转化中的社会利益格局产生了不利影响,使之发生不应有的倾斜和偏离;目前为人们广泛关注的分配不公、差距过大,国有资产流失,一些强势集团享有各样特权,而许多弱势群体处境艰难等现象,就属于这种情况;而这种情况不能不引起十分尖锐的矛盾和冲突。

　　社会冲突的以上两种不同的情况,在现阶段社会转型的过程中所起的作用也是各不相同的。前一类冲突是由于正在发生的社会转型触动了原有的既定利益格局而引起的,其实质是对转型进程本身的抵触和拒斥,因而主要是在消极的意义上起作用。这类冲突会对社会转型形成直接的阻碍,影响转型进程的正常展开。如果处理不好,使矛盾激化,更是会造成社会转型的破坏、停滞甚至倒退。而后一类冲突就不一样了,它是由于社会转型过程中出现了偏差和脱节而引起的,其实质是对这种偏差和脱节的反对和抗议,因而应该是在积极的意义上起作用。这类冲突会促使我们尽可能地纠正和消除所发生的偏差和脱节,以保证社会转型的正常进行。当然,即使是这类有着积极意义的社会冲突,如若失去控制,任意地扩展开来,也会对社会转型造成危害。

三、冲突的应对和处理：区别原则和针对性要求

面对社会转型过程中发生的各种社会冲突，我们当然不能消极旁观，听之任之，而应采取有效措施，积极应对和处理。但究竟如何处理呢？有一种常见的观念，似乎只要把事情"捂住"，表面上抹平，求得一时平安，就算是处理好了。其实这样做是远远不够的。我们所需要的并不仅仅是这种浅层次的处理，而是要在认真研究的基础上，力求从更深层次上解决问题。

首先，既然转型过程中的社会冲突如上所述存在着两种不同的情况，而这两种不同的社会冲突在社会转型中具有各自不同的意义和作用，那么我们在应对和处理这些社会冲突时，就必须将它们明确地区别开来，以不同的态度加以对待。这应该是一条根本性的原则。对于那种实质上是抵触和拒斥社会转型因而主要具有消极作用的社会冲突，必须旗帜鲜明地加以反对，并努力将其克服和化解；而对于那种实质上是针对转型中的偏差和脱节因而具有积极作用的社会冲突，则应采取肯定的态度，并正确地加以引导，使它的积极作用有效地发挥出来，促进社会转型过程中相关问题的解决。决不能不问是非，对所有的社会冲突笼统地加以否定，或者无原则地加以调和。

其次，进一步说，要真正处理好转型过程中这两种不同的社会冲突，还应该从这些冲突产生的现实根源入手，做出深入的研究和分析，然后有针对性地采取对策。

既然我们知道社会转型会触动既定的利益格局，从而引发相应的社会冲突，那就应该具体地研究社会转型所涉及的各个方面和环节，弄清楚究竟是哪些既得利益受到触动，以及在何种程度上受到

触动。关于这个问题，笔者曾从中国改革的实际出发，将改革中所涉及的利益冲突区分为四种基本类型，即紧密型冲突、松散型冲突、过渡型冲突和相对型冲突，认为这四种冲突的严重程度和演化趋势各不相同，因而必须采取不同的对策。[①] 从总体上看，这一分析同样适合于社会转型这一更为宏观的角度。例如，所谓紧密型冲突是基于与旧的社会结构体系的比较紧密的利益联系而产生的社会冲突，由于涉及较多的和较为紧要的利益，往往导致对转型的较大抵触，容易发生比较激烈的对抗。这是各类冲突中最为棘手的一类，在处理时必须格外慎重，在社会转型进入相关阶段之时就应有比较充分的准备。首先当然要尽力做好疏导工作，使相关利益群体认清社会转型的客观必然性，主动顺应历史潮流。但同时还应有硬的一手，借助一定的强制手段（包括经济的、行政的和法律的手段）冲破特殊利益群体的阻挠，确保社会转型的基本进程不被打断和破坏。至于所谓松散型冲突，则是基于与旧的社会结构体系的相对松散的利益联系而发生的社会冲突；这类冲突虽然只是涉及相对次要的、较少的既得利益，不像紧密型冲突那样激烈和严重，但却更具有广泛性，往往分散存在于多数社会成员当中，且有多种复杂的具体表现；如果处理不好，也会对社会转型特别是转型过程中的某些具体实践，产生不同程度的阻碍作用。解决这种利益冲突的基本对策，应主要依靠社会疏导，要特别强调耐心细致，着眼于一个个具体问题，具体对待和解决。这里的关键是要争取具体问题上相对多数：虽然这类冲突从总体上说这样那样地涉及多数社会成员，但在某个具体问题上，却往往存在不同的情况；应尽量争取在这一问题上获得多数

[①] 贾高建：《社会改革中利益冲突的四种类型》，载《理论与现代化》1995年第7期，第23—26页。

人的支持，集中力量做少数人的工作，这样将问题分解处理，可以有效地减少阻力。当然，对于那些比较迫切，而疏导工作一时难以奏效的问题，也应采取果断措施，不能久议不决。

在研究社会转型过程中由于利益格局的改变而产生的这种社会冲突的应对措施时，还应注意到一个相关的问题，这便是社会转型过程的推进方式问题。虽然社会转型必然会导致相应的矛盾和冲突，但若在实际进程中能够选择适当的推进方式，则有可能将这些矛盾和冲突抑制在最低的限度，并使之逐步得到化解；而若采取的方式不适宜，就容易导致矛盾激化、冲突升级，造成本来可以避免而未能避免的后果。从我国现阶段的双重转型来看，由于我们所采取的是渐进式战略，所以总体上还是比较平稳的；但在某些具体环节上，由于掌控不当而出现的问题，还是这样那样地存在着的。例如在国有企业改革过程中，如何解决好下岗职工的实际困难，就是一个需要充分关注的问题。在原有的计划经济体制下，国有企业实际上是行政纽带上的附属物；而随着计划经济体制向市场经济体制的转轨，就需要对国有经济进行结构性调整，国有企业本身则要进行改制，以使之转化为真正的市场主体。这样，许多职工下岗就不可避免。但是，我们决不能简单地将下岗职工向外一推了之，而要充分考虑到他们的承受能力，并采取适当的过渡措施，帮助这些职工渡过难关，使他们不至于成为改革的"牺牲品"。而一些地方正是由于这方面工作没有做好，推进方式过于简单，结果导致了一些本来可以避免的社会冲突，这方面的教训应该吸取。

至于社会转型中的另一类社会冲突，即由于转型过程中的偏差和脱节引起的社会冲突，也必须进行具体的分析，以采取有针对性的适宜措施。值得注意的是，对于这类冲突，主要不是就冲突本身下功夫，不是要花费大量精力去调和矛盾，更不是要采用强制手段简单地压制这些冲突,而是要将这些社会冲突所产生的社会压力转化为一种动力,推动对社会转型的已有实践的反思,弄清楚在转型过程中究竟是什么样的偏差和脱节引起了这些冲突,然后针对这些偏差和脱节采取相应措施,力求消除冲突产生的根源。在我国现阶段的双重转型过程中,由于国有经济改革迟迟没有攻克国有资产管理这一难关,其他一系列相关改革也无法到位,所以难以真正走出困境,国有资产流失严重,各种矛盾突出。为此,我们必须紧紧抓住问题的症结,下气力推进国有资产管理体制的改革,真正实现政企分开、政府公共管理职能和国有资产出资人职能分开①,将国有企业的行政纽带真正转变为经济纽带,使之真正适合市场经济的需要。而随着经济体制改革的不断深化,政治体制改革的一些深层次问题也必须逐步提上日程,特别是权力监督和制约机制的问题必须认真研究和解决了。这里便涉及改革战略的调整问题。当然,在经济体制改革未能取得根本性的突破,特别是国有经济改革的难关还未能突破的时候,政治体制改革的贸然推进容易导致严重后果;苏联的垮台就与此有关。所以,政治体制改革必须找到支点,这个支点的形成有赖于国有经济改革方面的难点的突破。但现在的问题是,国有经济改革之所以很难突破,很大程度上又是来自政治体制方面的制约,而且经济体制改革中的其他许多问题,例如市场机制扭曲的问题,也都与政治体制改革不到位有关,特别是与权力监督和制约机制上存在的缺陷有关。所以,比较可行的办法只能是选择适当的时期,寻求整体解决。从社会现代化的角度看,现在社会失范问题积聚到这样一个程度,也必须通过协调推进各个领域的现代化来解

---

① 《中共中央关于完善社会主义市场经济体制若干问题的决定》,人民出版社2003年版,第15页。

决，特别是政治现代化、文化现代化必须跟上，切实消除已有的脱节和失衡。应该指出，在社会转型的序间状态中，有些问题要得到彻底解决是有难度的，但将其控制在较低的限度内，则是可以做到的。而对于那些已经发生的问题，就不能仅仅依赖常规的手段，而应采取特别处置措施，尽可能地消除其所造成的消极后果，减少由此引起的社会冲突。

我们主张借助于社会冲突的压力促进社会转型过程中相关问题的解决，并不意味着这一类冲突就可以不加限制，越多越好。如前所述，即使是这一类具有积极意义的社会冲突，如果不加引导，听任其盲目扩展，也会产生负面影响，甚至会动摇对整个社会转型的信心。所以，面对这类冲突，我们也应注意做好相关工作，特别是加强宣传和引导，使广大社会成员正确认识转型过程中各种社会问题产生的根源，以积极的态度探索如何克服存在的偏差；同时，要注意将冲突控制在适度的范围内，防止发生过激行为和采取非理性的方式，以免导致事与愿违的被动局面。

最后，还有一个相关问题需要引起注意，这便是有关社会冲突的制度安排问题。具体说来，就是要建构一种合理的对话机制，为不同意见的表达开辟正常的社会渠道，使各种社会冲突尽可能地纳入秩序范围，避免矛盾激化，发生对抗和混乱。同时，这样一种制度安排还可以使社会矛盾和冲突在酝酿生成阶段便得到反映，促使社会及时予以关注，而不至于长期积累和压抑，造成比较严重的后果。应该看到，无论是那种由于社会转型触动了既定的利益格局从而抵触和拒斥转型的社会冲突，还是那种由于社会转型过程中出现了偏差和脱节而引起的社会冲突，都需要这样一种制度安排，它为这些冲突的控制和处理提供了一种有效的方式和途径。从一定意义上说，这种制度安排也就是社会运行和发展中的"减压阀"，一个健全的社会应该有这种"减压阀"。当然，在社会转型时期，社会秩序处于变动之中，要形成这种制度安排是有一定难度的；但这并不妨碍我们针对这一时期社会冲突的具体状况，从实际出发做出某种过渡性安排，从而尽可能地为各种社会冲突的解决创造有利条件。

（原载《中共中央党校学报》2005 年第 4 期）

社会改革中利益冲突的四种类型

(1995年7月)

人们所在的社会结构体系规定着人们的利益关系，在一定的社会结构体系下，总会形成一定的利益格局。而社会改革在对既定的社会结构体系进行调整和变革的同时，必然要触动既有的利益格局，从而造成一定的利益冲突。中国现阶段正在进行的改革是要从根本上改变作为社会结构体系具体实现形式的社会体制，从而具有更为深刻的性质，其所引起的利益冲突更是不容忽视。正确认识这类冲突，找寻解决冲突的合理对策，对于改革的顺利进行具有十分重要的意义。

当然，社会改革中的利益冲突可以从不同的角度去考察，而就冲突本身的特点及根据而言，我们可以将其区分为紧密型冲突、松散型冲突、过渡型冲突和相对型冲突等四种基本类型。这里我们主要就这些类型做一些分析和探讨。

一、紧密型冲突

社会改革会在何种程度上引起利益冲突，直接取决于人们的既得利益在何种程度上与将被革除或改变的旧体制相联系。由于人们在现实社会结构体系中的经济、政治地位存在各种差异,他们从旧体制中所获得既得利益的多少也各不相同。也就是说,他们同旧体制的利益联系存在程度和范围的差别。而改革旧的社会体制,对不同社会地位的人们的既得利益的冲击,也就会出现相应不同的情况。

一般说来,某种社会体制之下总会有一部分社会成员享有较多的特殊利益,从而与这种体制有比较紧密的利益联系。一旦既有体制发生变革,特别是被从根本上加以破除并代之以完全不同的新体制,这部分社会成员的较多的或在他们自己看来较为紧要的既得利益便会受到冲击,甚至完全丧失。虽然社会改革——即使是从根本上变革旧体制——终究不同于彻底推翻旧制度(即社会结构体系本身)的社会革命,一般不会导致根本利益的冲突,但这种较为紧要的既得利益的冲突仍具有很重的分量。由于这种冲突是基于与原有体制的较为紧密的利益联系,据此可以称之为紧密型冲突。

社会改革中利益冲突的这种类型在现阶段改革实践中不难看到。例如,改革那种以平均主义"大锅饭"、"铁饭碗"、"铁交椅"等为特征的旧体制,无疑符合大多数社会成员的利益;但也要看到,一些已习惯于和依赖于从旧体制下的"大锅饭"中捞取便宜和好处的成员不愿或无力离开这种旧体制,改革将使他们处于十分不利的地位。对这些成员而言,便会受到较大的利益冲击。再如,随着政府职能转换和机构改革,一些部门和机构将被撤销和归并,人员需要精简和分流。对其中某些成员来说,这也涉及紧要的利益。随着政治体制改革的深化,必然要强化对各级权力体系的制约,对于某些追求特殊权力的成员来说,无疑也会触到痛处。如此种种的利益冲突,都可以归属于紧密型一类。

由于紧密型冲突涉及较多的和较为紧要的利益,它往往导致对改革的较大抵触。其发展趋势有两种可能:一是最终接受改革,放弃旧体制下的既得利益，在新体制中寻找新的地位和出路；二是向不好的方向发展，冲突激化，乃至发生对抗。针对这两种可能，改革中应采取相应的对策。

从总体上说，这类冲突是改革中最为棘手的一类，在处理时必须格外慎重，有关的改革项目出台时就应有比较充分的准备。具体对策应从三个方面考虑：第一，预置必要的防范措施，防止发生各种坏的情况。第二，做好疏导工作。既要进行切实有效的思想工作，通过学习交流和讨论对话解决认识问题，端正对待改革的态度；又要开辟各种实际渠道，帮助涉及这类利益冲突的社会成员解决实际问题。通过疏导，尽可能地促使冲突向好的方向发展。第三，采取相应的强制手段。改革必须抓住时机，不能因遇到抵触便拖延不前；在进行疏导的同时，还必须借助强制手段（包括经济的、行政的和法律的手段）坚决有力地将改革推向前进。对那些企图阻挠和抗拒改革的行为，应予以严肃的惩戒和制裁，以保证改革目标的按期实现。

二、松散型冲突

如果说，与旧的社会体制存在紧密利益联系的只是少数社会成员的话，那么，对多数社会成员来说，则这样那样地存在着各种松散的利益联系。旧体制由于本身固有的弊端而在总体上不符合多数社会成员的利益要求，这一点确定无疑（否则就没有必要进行改革了）；但就某些具体环节而言，它毕竟也有肯定的一面，并且总会这样那样地使各个阶层、各类群体的人们享有各种具体的既得利益。改革旧的社会体制，无疑会给多数人带来新的、更多的利益；但作为交换的代价，他们都必须或多或少地放弃在旧体制下的那些既得利益。这样，在多数社会成员那里，改革也会这样那样地造成某些具体的利益冲突。由于这类冲突是基于与旧体制的较为松散的利益联系，故可以相应地称之为松散型冲突。

这种松散型冲突在我国现阶段改革实践中十分广泛地存在。打破旧的计划经济体制而代之以社会主义市场经济新体制，会大大促进社会经济的发展和人民生活水平的提高；同时也为劳动者充分发挥自己的才智提供了更多的机会。但另一方面却使人们失去了往日的稳定感和安全感，而不得不面对更多的风险和竞争的压力。市场丰富了人们的生活，但又使人们不得不忍受价格的波动和假冒伪劣等种种欺诈行为。社会保障体系的利益联系，或者说相对次要的、较少的既得利益。但是，这种冲突同样会导致人们对改革的种种疑虑和消极态度；特别是它涉及面广，分散存在于多数社会成员当中，且有多种复杂的具体表现。如果处理不好，也会对改革特别是改革的某些具体实践，产生不同程度的阻碍作用。

解决这种利益冲突的基本对策，应注意以下几个基本方面：第一，主要依靠社会疏导。只要疏导工作做好了，这种冲突所产生的消极作用是可以克服的。但是，这里要特别强调耐心细致，不论是思想工作，还是采取实际措施，都应着眼于一个个具体问题，具体对待和解决。第二，少量的强制手段仍是需要的。对于那些争执较大，疏导工作一时难以奏效的问题，应及时通过强制的方式去解决，不能久议不决。第三，应注意争取具体问题上相对多数。虽然这类冲突从总体上说这样那样地涉及多数社会成员，但在某个具体问题上，却往往存在不同的情况。改革中应尽量争取在这一问题上获得多数人的支持，集中力量做少数人的工作。这样将问题分解处理，可以有效地减少阻力。

二、过渡型冲突

社会改革可以有各种不同的战略,中国体制改革采取的是渐进式战略。这种战略可以使改革的进程比较平稳,但同时也使改革的进程拉长。而在新旧两种体制转换的过渡时期,由于各方面改革措施难以同时到位,亦此亦彼的现象普遍存在,难免会发生一定程度的混乱和不良效应,对某些社会成员的利益造成损害。这也是一种利益冲突。由于其归结于渐进或改革的过渡时期的特殊状况,因而可以称之为过渡型冲突。

在我国现阶段的改革实践中,这种过渡型冲突的最明显的例子,莫过于国有企业所遇到的困境。随着旧的计划经济体制向市场经济新体制的过渡,国有企业已不能再指靠政府的大包大揽而不得不同其他所有制性质的企业一起走上市场,参与市场竞争。但是,由于国有资产的管理运营体系和企业制度的改革还需要有一个过程,国有企业还难以真正摆脱原有的行政纽带;社会保障体系的改革也只能逐步进行,"企社分开"难以一下子实现;加上历史遗留的债务问题,以及内部管理、技术结构等问题,使国有企业难以适应市场的要求,亏损严重,运转不灵。而这种过渡时期的特殊困难,直接影响到了国有企业职工的切身利益。另一个突出表现是,在经济体制改革深入进行的同时,政治体制及其他方面的改革尚未充分展开,在一定程度上造成社会结构体系的过渡性失衡。这种过渡性失衡必然衍生出某些畸变现象,现阶段腐败蔓延和社会道德滑坡等问题均与此相关。而这些问题的发生,也都与广大社会成员的实际利益相违背、相冲突。

既然社会改革中的过渡型利益冲突是由改革的过渡状态所引起,那么随着改革的过渡时期结束和两种体制转换的完成,这种冲突亦将获得最终的解决。而在改革过超中,这种冲突却会有多种演变的可能。如果处理得当,一般可以将其控制在缓和状态;但在某些情况下,不排除冲突激化的可能。对此不可掉以轻心。

对待这种类型的利益冲突,应采取以下对策:第一,合理把握改革进程,通盘考虑,精心设计,在可能的前提下,尽量加快改革的步伐,注意综合配套措施及时跟上,力求把这种过渡型冲突压减到最小限度。第二,对于确实难以避免的冲突,应采取有针对性的过渡措施。既然过渡型冲突是特殊时期的特殊问题,就必须予以特殊处理和解决。在改革正常进行的同时,应针对问题的具体情况,制定有关临时政策和暂行规定,并借助于某种超越常规的专门处置系统切实予以落实。通过这些过渡措施,将这类冲突控制在警戒线以下。第三,社会疏导工作在这里也必不可少。主要应将这类冲突的过渡性质向人们讲清楚,使大家对改革的前景和渐进过程中的困难有一个正确的认识,并积极帮助涉及这类过渡型利益冲突的社会成员克服过渡时期的困难。

四、相对型冲突

除以上几种利益冲突外,社会改革还会引发另一种特别的冲突。部分社会成员的自身利益并没有直接受到影响,甚至有时还增加了;但同另一部分社会成员的利益相比,后者增加的程度或多或少地超过了前者。这意味着社会成员之间的相对利益关系发生了变化,打破了原有的利益平衡。对于受益较少的那些社会成员来说,这也是一种利益冲突,只是并非绝对利益的冲突,而是相对利益的冲突,可以称这种冲突为相对型冲突。

相对型利益冲突有两种不同的情况:一种是通过改革对原有的不合理的相对利益关系进行调整,使之趋于合理,由此产生的冲突属于正常范围；另一种则是改革过程中两种体制新旧交替的特殊状态，导致相对利益关系发生某种非预期的变化，并具有不合理的倾向，由此产生的利益冲突则属于非正常的范围。

相对型冲突的这两种情况，均存在于现阶段我国改革实践中。从第一种情况看，改革就是要打破平均主义的分配关系，鼓励一部分地区、一部分人通过正当途径先富起来，允许地区之间、行业之间、个人与个人之间适当拉开分配差距。从政策上说，要特别注意纠正"脑体倒挂"等不合理的现象。而这一改革方向，势必与原有的相对利益格局发生冲突。至于第二种情况，主要表现为一部分成员不是通过积极劳动和合法经营致富，而是借改革之机通过各种不正当的途径暴富，以及某些特殊行业收入过高，某些分配差距过大等现象，这也形成一种相对型利益冲突。

虽然相对型冲突并不直接涉及绝对利益，但它的发展趋势却令人关注。这种冲突会引起各种不满情绪，如不断累积起来，便会影响社会安定，妨碍改革的正常进行。为防止问题的扩展，同样必须对这类冲突采取适宜的对策。

针对相对型冲突的两种不同情况，对策措施也应不同。对第一种情况，即正常范围的冲突，一方面，要加强宣传教育，引导广大社会成员认识原有的相对利益关系存在的不合理之处，以及对这种利益关系进行合理调整的必要，从而接受和支持这种调整；另一方面，则应考虑到对这种调整的实际接受能力，注意循序渐进，逐步加大调整力度，分期达到调整的目标。对于第二种情况，即非正常范围内发生的冲突，也应从两个方面入手进行工作：一方面，要对各种通过不正当途径牟取暴利的行为进行打击，采取得力措施堵塞漏洞，防止投机；对于确实存在的某些分配差距过大的现象，要利用税收等手段加以调节，并及时注意这方面的苗头，采取适宜措施加以控制。另一方面，也要做好宣传教育工作，引导社会成员认识改革过程的复杂性,以及在改革过程中产生此类不正常现象的特殊原因,从而采取积极的态度正确对待和解决这类问题,不要因此而影响对改革的信心和支持。

(原载《理论与现代化》1995 年第 7 期)

第四篇　社会发展的战略思考

社会发展战略的宏观视野

(1998 年 5 月)

社会发展战略是社会发展研究的重要方面,它与社会发展理论相对应,并应成为理论研究的落脚点。研究社会发展战略可以从不同层次入手,而宏观层次的研究具有首要的意义,必须予以充分的重视。本文拟从这一层次出发做一些探讨。

一、理论与战略:宏观层次的研究定位

作为近年来突显出来的热点课题,社会发展研究几乎同时从理论和战略两个基本方面展开,并且在研究过程中往往将这两个方面混合在一起,笼统地加以谈论。这样做是有客观原因的,因为社会发展理论和社会发展战略本来就是有着十分紧密的联系。但是同时必须看到,这两者本身终究是有不同的规定性的,它们各有自己的侧重点,不能简单地等同起来。为了将社会发展研究进一步推向深入,有必要将它们相对区分开。

从严格意义上说,社会发展理论主要侧重于研究社会发展的机制和规律,研究社会发展过程内部和外部的各种联系,研究社会发展是怎样和会怎样的问题;而社会发展战略则主要侧重于研究社会

发展的指导方针和对策，研究如何推动和实现社会发展，亦即如何做、怎样做的问题。战略（Strategy）原本是军事用语，意即"战争的方略"，体现对战争全局的筹划和指导；在以后的演变中，这一概念逐渐被引入社会实践的各个领域。当然，在具体使用过程中，对这一概念的理解有宽窄的不同，而我们这里所说"社会发展战略"，是从广义上使用这一概念，它包括从发展目标的设定到发展过程展开中的一系列问题的处理。社会发展战略要以社会发展理论为依据，要根据理论研究所揭示的机制和规律来制定；而社会发展理论最终应落脚于社会发展战略，通过社会发展战略而发挥自己的作用。在这里，战略是理论转化为实践的中间环节。

不论社会发展理论还是社会发展战略，都是围绕社会发展这一课题展开的。而社会发展本身是一个综合性的课题，因为这里所说的社会不是传统社会学中那种狭义的社会，而是包括经济、政治、文化等领域的完整的结构体系；相应地，所谓社会发展也是一个包括经济发展、政治发展、文化发展等各领域发展在内的综合发展过程。这样，研究社会发展无疑可以从不同层次和角度入手，包括对社会各领域发展的分别研究。社会发展理论是如此，社会发展战略也同样如此。而我们在这里所关注的是从宏观层次研究社会发展战略问题，这一层次的视野主要是着眼于社会结构体系的整体层面以及这一整体发展的统一进程，研究这种统一进程的战略问题。这一层次的战略也就是社会整体发展的宏观战略，它不同于着眼于社会某一领域发展的经济发展战略、政治发展战略、文化发展战略等等。社会发展战略的宏观层次或社会发展的宏观战略与社会发展理论的整体层面或社会发展的整体理论相对应，并以后者为自己的直接依托。

有必要进一步说明的是，社会发展课题还可以有不同的历史跨度，我们过去的社会历史理论在社会发展的总的历史进程的研究上做了许多工作。而当前社会发展研究的切入点则是社会发展一定阶段上的具体过程的展开，这首先就要求在理论上针对这种具体过程做深入研究，形成不同于一般社会历史理论的独特的理论架构；与此同时，所谓社会发展战略的研究也正是在这种具体过程的意义上展开，前述所谓宏观层次的发展战略或社会发展的宏观战略也正是关于这种具体过程的宏观战略。

既然当前社会发展研究所突出的是社会发展一定阶段上的具体过程问题，那么它无疑应紧贴当代社会发展的现实实践，回答现阶段社会发展的现实问题；尤其是社会发展战略的研究更应如此。其中，现代化问题作为当代社会发展的一个重大现实问题，理所当然要予以充分的关注。但是同时又应看到，现代化问题只是当代社会发展的重大问题之一，而不是问题的全部（尽管现代化问题涉及社会各个领域）；因此不应把当前的社会发展研究简单地归结为现代化研究。就社会发展宏观战略的视野而言，它应该包括现代化战略，但又不限于现代化战略；它应该是一种全方位的立体视野。

二、逻辑与体系：宏观战略的基本框架

社会发展的宏观战略作为对社会发展一定阶段上具体过程展开的总体筹划和设计，无疑要涉及这一过程的各个环节和方方面面，它的体系也就必然包含多种复杂的内容。但这些内容并不是杂乱地随意堆积，而是有着自己的内在逻辑和基本线索。正是按照这种内在逻辑，我们可以大体上将宏观战略的框架结构分为四个梯阶，亦即四级框架。

第一级框架：宏观战略中的横向战略和纵向战略

既然社会发展战略的宏观视野主要着眼于社会整体层面上发展的统一进程，那么这里首先遇到的问题便是这个统一进程何以能够

真正形成，亦即使包括经济发展、政治发展、文化发展等在内的综合发展过程真正成为一种协调有序的统一进程。须知社会结构体系中的各个领域之间存在着客观的、确定的内在联系，它们的发展过程依照其固有的客观机制而相互制约。这就要求我们在制定宏观战略时必须遵从这些联系机制而处理好这些领域之间的关系，使它们各自的发展根据客观机制的要求正确展开，并合理地衔接和组合起来。如果把这方面的关系看作是社会整体发展中的横向关系，那么有关这方面的战略便可以相应地称为横向战略。其次，社会整体发展作为一个统一过程展开来，在历时态意义上总要表现为一个由既有状态向未来目标不断演变和推进的过程；而正是这个过程本身，体现着一种纵向关系，即社会整体发展的既有状态与未来状态、低级状态与高级状态之间的关系。这种纵向关系涉及一系列重要问题，如发展目标、发展步骤、发展速度、发展效益、发展的可持续性等。我们在研究社会发展宏观战略时，应该在处理前述横向关系问题的基础上，进而科学地处理这种纵向关系问题，有关这方面的战略也就可以相应地称为纵向战略。社会结构体系整体发展的横向战略和纵向战略在制定和实施过程中是相互交织和联结的，二者密切配合、共同运作，便构成社会发展宏观战略的第一级框架。

第二级框架：宏观战略中的客体战略和主体战略

第一级框架中的横向战略和纵向战略，是围绕社会结构体系本身发展中的关系展开的；而若我们进一步考察一下，就会看到这个社会结构体系是以现实地活动着的活生生的人为承担者的，社会与人在这里形成一种客体与主体的关系。一方面，主体、人"实际上是属于一定的社会形式的"①，社会规定着人，人的本质

---

① 《马克思恩格斯选集》第 1 卷，人民出版社 1995 年版，第 60 页。

"是一切社会关系的总和"①;而另一方面,社会(整个结构体系)又是主体活动的产物,人们在实践中构建和改变着自己的社会形式。这样一种相互作用的主客体关系,直接制约着社会发展的进程,因而是宏观战略研究所必须关注的。即要求我们不仅要从客体方面去研究,而且要从主体方面去研究;既要研究主体发展对社会发展的目的意义,又要研究如何借助和利用既有的主体条件以及不断培育和创造新的主体条件去推进社会发展。如果我们把第一级框架中的横向战略和纵向战略都归结为客观战略中的客体战略,那么这里对主体方面的研究便可以相应地称为宏观战略中的主体战略。客体战略和主体战略相互照应、相互配合,便构成社会发展宏观战略的第二级框架。

第三级框架:宏观战略中的内部战略和外部战略

第一、二级框架中的横向战略和纵向战略、客体战略和主体战略主要是着眼于国内社会,而在现代每一个国家的社会发展都归属于世界的、国际的人类社会发展总进程,国内社会与国际社会处于复杂的联系之中。马克思曾深刻地论述过近代以后历史向"世界历史"的转变②,而今天一个真正的全球化时代已经到来。在这样一种背景下,研究社会发展的宏观战略就不能把目光局限于国内社会,而且还应关注国内社会与国际社会之间的联系,研究如何充分利用国际联系的积极有利的一面促进本国社会发展,同时避免和克服某些可能的不利影响。这方面的战略可以称为宏观战略中的外部战略,而前述各方面战略则都可以归属于宏观战略中的内部战略;内部战略和外部战略的联结和统一,便构成社会发展宏观战略的第三级框架。

---

① 《马克思恩格斯选集》第 1 卷,人民出版社 1995 年版,第 60 页。
② 《马克思恩格斯选集》第 1 卷,人民出版社 1995 年版,第 89 页。

第四级框架：宏观战略中的本位战略和环境战略

第一、二、三级框架中的横向战略与纵向战略、客体战略与主体战略、内部战略与外部战略等，说到底都是在人类社会的基本范畴内讨论问题。而人类社会作为现实物质世界的一部分，是与自然界相互联系而存在的。社会本来就源于自然界，其产生之后的存在和发展同样依赖于自然界，自然界在这里是作为社会的外部环境而起作用的，自然环境的状况如何，不仅关系到社会发展的前提，而且关系到人类生存的根本条件。因此在研究社会发展的宏观战略时，必须把环境问题摆在不可或缺的重要地位；特别是在全球环境污染和生态平衡的破坏已十分严重的情况下，更应如此。这方面的战略研究必须把怎样合理利用自然环境促进社会发展和怎样在社会发展中有效地保护环境这两个问题统一起来。如果我们把前述的一、二、三级框架中的各方面战略都看作是社会发展的本位战略，那么这里有关自然环境的战略研究就可以相应地称为宏观战略中的环境战略；环境战略作为不可缺少的重要方面与本位战略相互结合，便构成社会发展宏观战略的第四级框架。

以上我们按照社会发展宏观战略自身的内在逻辑简略地分析了它所应具有的框架结构，先是横向战略与纵向战略相对应；然后横向战略与纵向战略归属于客体战略而与主体战略相对应；继而客体战略和主体战略又归属于内部战略而与外部战略相对应；最后内部战略和外部战略又都归属于本位战略而与环境战略相对应。如此一环套一环地逐层展开，由核心层逐级向外围扩展，最终形成四级框架的逻辑结构。这四级框架之间相互贯通、相互制约，作为一个有机的系统而存在；正是由于这一框架系统的支撑，社会发展的宏观战略才得以形成自己的完整体系。

三、一般与特殊：宏观战略的原则要求

研究社会发展的宏观战略，不仅要认识其体系构成的基本框架，而且还应在此基础上进一步探讨其各方面的原则要求，即在解决纳入基本框架的各方面问题时应遵循哪些重要原则。当然，现实实践是生动多样的，战略的制定和应用也决不应拘泥于一成不变的死板教条；但特殊中总会隐含一般，无论情况怎样变化，一些基本的原则都应具有确定的指导意义。

从宏观战略的第一级框架看，首先横向战略的制定需要有社会结构体系的内在联系机制为依据，而马克思主义哲学已对这一机制做了揭示，指出"物质生活的生产方式制约着整个社会生活、政治生活和精神生活的过程"①，并进而说明了生产力与生产关系、经济基础与上层建筑之间的决定作用和反作用。这样，我们在横向战略方面的原则要求便应是以生产力的发展为根本，依次展开经济、政治、文化等各个领域的相应发展，力求使每一个领域和层次的发展都依照上述原理所说明的逻辑定位相互协调。当然，对这一原则要求的理解不能过于机械，因为所谓决定作用和反作用本来包含着绝对性和相对性这双重特性的统一，从而为各种特殊条件下的多样性选择留下了余地。但是，从根本上说，上述原理所说明的逻辑定位终究是不能随意背离的，必须自觉地予以尊重。其次，在纵向战略方面，必须承认社会发展过程从实质上说是一种客观过程，它是按照辩证法所揭示的客观逻辑渐次展开的。因此，这里的原则要求就是尊重这种客观过程的客观逻辑，并注意从各方面具体条件出发。发展目标的确定应以过程本身所蕴藏的必然性为导引，并充分考虑

---

① 《马克思恩格斯选集》第2卷，人民出版社1995年版，第32页。

到一定阶段上的现实可能性；发展步骤的设计应按照过程本身渐次展开的逻辑要求，体现阶段性和连续性的统一；发展速度的把握应遵循适度原则，既要快，又要稳；要强化效益观念，尽量降低发展的成本和代价；要重视社会发展的可持续性，把短期发展与长期发展统一起来。

在宏观战略的第二级框架中，关键是要制定出与客体战略相对应的主体战略，并使之与客体战略相配套。这方面的原则要求，可以从目的和手段两个意义上去把握：就主体或人的目的意义而言，主体战略应以主体自身多层次、多方面的需要为依据，不断通过社会发展满足这些需要，并不断通过新的需要的产生为社会发展提供新的动力。就主体或人的手段意义而言，主体战略应以主体的社会地位和综合素质为依据，针对不同的主体采取不同的方针，通过合理调配和组织有效发挥各类主体在社会发展中的积极作用，抑制和减少其消极作用，并妥善处理各类主体之间的矛盾与冲突。同时应努力提高主体素质，推动主体地位向积极方向转化，不断为社会发展培育和创造新的主体条件。

从宏观战略的第二级框架过渡到第三级框架，主要是将已有框架中的内容作为内部战略和外部战略相对应。因此这里的重点是制定适当的外部战略。依据社会发展的国际联系，这方面战略的原则要求无疑应是对外开放的积极方针。要在经济、政治、文化等各个领域开展多种形式的对外交流和合作，同时注意采取措施维护本国利益在开放过程中不被损害。对于后发展国家来说，应特别强调借助对外开放吸收和借鉴世界文明成果，缩短自身发展的过程，力争实现某种程度的"跳跃"或"跨越"。要在对外开放中强调高层次、高起点，敢于突破。当然，这样做时又必须从本国实际出发，考虑到自己的接受和消化能力，同时要把吸收借鉴和自己的加工创造结合起来。

最后，我们在宏观战略的第四级框架中确定了环境战略的重要地位，并要求它与包括前述各方面战略在内的本位战略相结合。在合理利用自然环境促进社会发展方面，环境战略的原则要求应是依据本国所处的自然环境的静态和动态的分析，因地制宜，发挥优势，挖掘潜力，为社会发展提供适宜的条件支持。在这方面要特别注意优势和劣势的相互转化。在社会发展中有效地保护环境方面，环境战略的原则要求是依据自然系统的内在联系，努力维持生态平衡，同时按照防治结合、以防为主的方针解决环境污染问题。由于环境保护是一个跨国界的全球性问题，因而必须加强这方面的国际合作，共同拯救"人类家园"。

社会发展的宏观战略是一个有机联系的统一体系。它的各级框架之间是相互贯通、相互制约的；相应地，它的各方面的原则要求之间也是相互联结、相互规定，研究任何一个方面的战略问题，都不应孤立地进行，而应同时考虑到其他各方面的战略问题。要勾画一幅完整的宏观战略图景，必须从整体的高度综合研究各级框架中各方面问题，以得出协调统一的结论。这可以看作是社会发展宏观战略的整体性要求。

（原载《社会发展战略》1998年第2期）

社会发展战略的基本要素与体系框架

(2004年3月)

首先应该明确，我们所要研究的社会发展战略是着眼于社会发展的整体领域，是关于一定阶段上社会整体发展的统一过程如何展开的宏观战略。要研究这样一种特殊意义的社会发展战略，就必须对它的基本要素和体系框架做出探讨，否则就会由于缺少必要的逻辑手段而使得随后的研究无法有序展开。而所谓基本要素和体系框架，是两个相对区别的问题：前者体现在单项战略的设计中，是每一个单项战略的结构要素；而后者则体现在许多具体的单项战略有机地组合起来的战略体系中，是这个体系的结构框架。在这里，我们所要研究的社会发展战略当然不只是某一种具体的单项战略，而是由多种单项战略按照既有的内在联系所组成的战略体系。因此，就需要把这两个层次的研究相对区分开来，首先从单项战略的设计入手，研究社会发展战略的基本要素，然后再从多种战略的有机组合着眼，研究社会发展战略的体系框架。

从目前讨论中的情况看，这两个层次的研究都还有待于深入展开；甚至对于这两个层次的区分也还认识不够，还需要进一步加以明确。

一、单项战略设计：社会发展战略的基本要素

在一般战略学的意义上说，要进行一项战略设计，必须使之具备相应的基本要素，否则就不能成其为一项战略。社会发展战略的单项设计当然也不例外，它应该服从战略学的一般规则。然而构成一项战略的基本要素究竟是什么，目前的讨论中还存在着各种不同的意见。不少论者都引证了克劳塞维茨，这位19世纪德国著名的军事理论家曾认为"可以把决定战斗的运用的战略要素适当地区分为以下几类：精神要素、物质要素、数学要素、地理要素和统计要素"[1]。这虽然是讲军事战略，但可以看出其思考问题的着眼点，即究竟有哪些东西是在制定和实施战略的过程中所应该考虑到的，或者说是具有战略价值和战略意义的。有的论者就是循着这一思路提出了自己的观点，认为战略应包括实体要素、关系要素、活动要素和观念要素等各类要素[2]；还有的论者注重于研究战略主体、战略对象、战略环境等等，也属于这一类。而另有一些论者对要素问题的看法则与此不同，他们认为战略的基本要素应包括战略目的和任务、战略方针、战略手段[3]；或者更为具体地区分为战略目标、战略方针、战略布局、战略部署、战略措施等。[4] 这种区分方法在考察问题的角度上显然有别于前者，它是着眼于战略设计本身的逻辑结构。讨论中持类似观点的论者较多，

---

[1] ［德］克劳塞维茨：《战争论》第1卷，中国人民解放军军事科学院译，商务印书馆1982年版，第185页。
[2] 姚俭建、杨志明：《当代发展战略的理论与实践》，上海三联书店1997年版，第29页。
[3] 王文荣：《战略学》，国防大学出版社1999年版，第38页。
[4] 李锡炎：《现代战略学》，四川人民出版社2000年版，第4—9页。

所提及的这一类要素还有战略指导思想、战略意图、战略步骤、战略阶段、战略重点、战略对策等等。

我认为，这里有两个重要之点需要澄清。第一，战略构成要素的考察是可以有不同的角度的，而这些不同的角度是有着不同的意义的，这要看研究问题的具体目的是什么。而从一般意义上说，一项战略的构成要素还是应该从战略本身的逻辑结构去考察，弄清楚要设计一项具体战略，在逻辑上有哪些成分或方面是不可缺少的。所以，以上两种不同的角度中，后一种角度比较可取。第二，从战略本身的逻辑结构看，应该区分不同的要素层次，不能把不同层次的要素简单地并列在一起。这样才能科学地把握各个要素之间的有机联系，有利于战略设计中各方面问题的正确解决。而在目前的讨论中，这种要素层次的混淆是有一定的普遍性的，应该进一步加以梳理。

按照这样的理解，我认为构成一种战略的基本要素在第一个层次上应是战略目标和战略措施这两个大项。所谓战略目标和战略措施的区分也就是哲学上所谓目的和手段的区分，战略目标是指此项战略最终要达到什么目的，而战略措施则是指所确定的战略目标究竟用什么手段来实现。一种战略设计首先必须确定战略目标，没有战略目标，也就是没有目的，整个战略设计就无从谈起。而有了战略目标，还必须有战略措施，没有战略措施，就是没有达到目的的手段，战略目标也就无法实现，而只能是一句空话。一个是"做什么"的问题，一个是"怎么做"的问题，只有体现了战略目标与战略措施的统一，亦即目的与手段的统一，一种战略设计才能成立。英国战略学家利德尔·哈特曾指出，"战略能否获得成功，主要取决于对'目的'和'手段'（工具）能否做精确的计算，能否把他们正确地结合起来加以使用。"① 他的这一观点无疑是正确的。

战略目标和战略措施在目的和手段的意义上作为战略设计的两个最基本的要素，具有广泛的包容性，讨论中所提到的其他一些战略要素，有些可以看作是这两个要素的不同表述，有些则可以归入这两个大项之中，成为战略设计的更低层次的要素。例如，所谓战略任务就可以看作是战略目标的另一种表述，它们实际上是一回事，都是表明这一战略最终要"做什么"。而所谓战略对策，也就是战略措施，这两者是一回事，都是表明这一战略究竟要"怎样做"。至于所谓战略方针，则有所不同，它是根据既定的战略目标，对所应采取的战略措施提出总体要求，对进一步制定各方面的具体措施起着总体上的指导作用；从逻辑层次上看，它本身就是战略措施的集中体现，因而应该归属于战略措施这一基本要素的范围，作为战略措施范围之内的下一个层次的要素而存在。同样归属于战略措施范围之内的还有战略步骤、战略阶段、战略布局、战略重点等要素，它们分别表明这一战略应该如何分步骤、分阶段地展开，以及如何协调各方面，解决轻重缓急等问题；这本身都具有战略措施的性质，是战略的具体展开方式。此外还应指出，讨论中所提出的另一些所谓的"要素"，既不属于战略目标的范围，也不属于战略措施的范围，它们实际上是属于战略制定和实施过程的不同环节。例如，所谓战略指导思想，是制定一种战略的总的考虑，它先于战略而存在，而并不属于战略本身的要素。所谓战略意图也是如此，它是制定一种战略的基本思路，应该贯穿和体现在战略设计之中。而所谓战略部署，则是战略确定之后的一个环节，它是要将已经制定出来的战略对有关的承担者进行安排部署，以便付诸实施。这些环节当然都

---

① ［英］利德尔·哈特：《战略论》，中国人民解放军军事科学院译，战士出版社1981年版，第450页。

很重要，但它们毕竟属于另一个不同的问题，即战略制定和实施的过程问题，而不属于我们这里所讨论的战略构成要素问题，因而不应该将它们混淆起来。

如果说一般战略设计的基本要素可以这样分层次加以概括，那么对于社会发展战略的设计来说，其基本要素同样也应该依照这一思路来认识。如前所述，社会发展战略从总体上说是一个由多种不同的单项战略所组成的战略体系，而关于基本要素问题的讨论主要是从这一体系中的各种单项战略着眼。那么，就这些单项战略的设计来看，首先所需要的就是提出明确的目标要求，确定在社会发展过程中实施这项战略究竟是要"做什么"，要完成怎样的任务，最终要达到怎样的目的。由于社会发展战略体系中的各项具体战略的逻辑定位和着眼点各有不同，其具体目标设计也会各有侧重，但不论怎样，每一项社会发展战略都应该有自己的特定的战略目标。当然，这里有一个社会发展的总体目标与各项战略的具体目标之间的关系问题，所有各项具体战略的具体目标无疑都应服从于社会发展的总体目标（这一点在下面分析社会发展战略的体系框架时再来讨论），但社会发展的总体目标毕竟不能代替各项战略的具体目标。其次，每一项社会发展战略的设计，还要围绕已经确定的战略目标提出相应的战略措施；其中既包括具有总的指导意义的战略方针，也包括体现着这一战略方针的各方面具体措施，如战略步骤的设计、战略阶段的划分、战略布局的安排、战略重点的确定等。这些战略措施作为实现战略目标的手段，表明社会发展的这项战略具体如何展开，在社会发展过程中实施这项战略究竟要"怎样做"。社会发展战略的基本要素与一般战略设计的基本要素在逻辑上应该是一致的，只是其各项要素的具体内容有自己的特殊性，主要涉及社会发展的整体领域中各方面关系的处理和重大问题的解决。

至于说有关战略要素的讨论中所涉及的另一种意义上的要素，

如战略主体、战略对象、战略环境等，或者实体要素、关系要素、活动要素和观念要素等，在社会发展战略的研究中也同样可以遇到。所谓社会发展的整体领域中各方面关系的处理，实际上也就是这样一些要素之间关系的处理。但是我们已经指出，这些要素确切地说应该是战略设计中所要处理的各种因素，而并不属于战略设计本身的结构要素。所以，在社会发展战略的研究中，也同样应该注意将这两类不同性质的要素区分开来，而不能将它们混为一谈。

二、战略体系建构：社会发展战略的逻辑框架

如果说社会发展战略的单项设计需要具备战略目标和战略措施等基本要素，那么要建构社会发展战略的统一体系，还必须具备一个符合各项具体战略之间有机联系的逻辑框架。有了这样一个逻辑框架，就可以将各方面的单项战略科学地组合起来，否则就只能是一种杂乱无章的偶然堆积。而在目前的讨论中，这一问题还没有能够引起足够的重视，这方面的局限不仅在理论上，而且在实践中也造成了不利的影响。

为了避免误解，这里还需进一步明确，我们确认社会发展战略是一个由多项具体战略所构成的战略体系，并主张研究这一体系的逻辑框架，始终是着眼于社会发展的整体领域，是就社会发展的宏观战略本身而言的。一种习惯认识是，一谈到社会发展战略的体系构成，就以为是包括经济、政治、文化等各个领域发展的战略在内，似乎社会发展战略体系的研究也就是要研究这些具体领域的战略问题。我们曾在多种场合竭力说明社会整体领域的特殊定位，指出这一领域并不等于经济、政治、文化等各个具体领域的机械相加，而是一个专门的领域；在这里，还需要进一步指出，撇开经济、政治、文化等具体领域的发展问题不谈，社会整体领域的发展本身就已经

涉及方方面面的问题；这些问题都是整体领域本身的问题，必须从这一领域着眼加以解决。而我们所说的社会发展战略体系中的各项具体战略，就是针对着社会整体领域本身的这些问题的，所以它们在逻辑上都属于社会发展的整体领域的宏观战略。我们所说的社会发展战略的统一体系，也就是由这样一些具体战略组合而成的，而我们所要研究的逻辑框架，也就是这样一个战略体系的逻辑框架。这里仍不涉及经济发展战略、政治发展战略、文化发展战略等社会各个具体领域发展的战略，这些战略不属于社会发展的整体领域，所以不在我们的研究范围之内。

那么，这样一种社会整体领域发展的宏观战略体系，究竟是怎样构成的呢？它的逻辑框架又是怎样的呢？

首先，作为一个由多项具体战略所构成的战略体系，它应该有一个总的战略目标。这个战略目标应该成为体系内的各项具体战略所围绕展开的中心，应是这些具体战略的总的前提，是将它们整合起来从而使体系成为体系的统一纽带。正像社会发展的每一个单项战略的设计都必须要有一个战略目标一样，社会发展战略的体系也要有自己的战略目标，只不过与之相对应的并不直接就是像在单项战略设计中的那样一些具体措施，而是各方面的具体战略。当然，这些各方面的具体战略对于战略体系的总体目标来说同样具有手段的意义，体系的目标要靠这些具体战略的实施来实现；但它们毕竟不同于单项战略内部的各种具体措施，而是一项项完整的、本身就包含着目标和手段等基本要素在内的单项战略的结合，战略体系的结构与单项战略的结构不是同一个层次的问题。进一步说，社会发展的宏观战略体系所确立的总的战略目标，应该是一定阶段上的社会发展所要达到的总体目标，即在这一特定阶段上，社会发展从总体上看究竟要"做什么"。而包含在社会发展的宏观战略体系之内的各项具体战略，都是在这一总体目标的前提下，分别确定社会发展的各个方面的具体目标,并采取相应措施完成这些具体目标;各项具体战略的实施,都指向社会发展的总体目标,推动总体目标的最终实现。

其次,在明确了宏观战略体系的总体目标的前提下,我们便可以进而从社会整体领域发展的统一进程中各个环节和方面之间的关系着手,对这一领域中各项具体战略之间的有机联系做出分析,由此认识社会发展战略的逻辑框架。一般说来,可以将社会发展的宏观战略体系的框架结构分为四个梯阶,亦即四级框架。

第一级框架:宏观战略中的横向战略和纵向战略。既然社会发展战略的宏观层次主要着眼于社会结构体系整体发展的统一进程,那么这里首先遇到的问题便是这个统一进程何以能够真正形成,亦即如何使包括经济发展、政治发展、文化发展等个领域发展在内的综合发展过程真正成为一种协调有序的统一进程。社会结构体系中的各个领域之间本来就是存在着客观的和确定的内在联系的,它们的发展过程也本来就是依照其固有的客观机制而相互制约的;因此,这就要求我们在制定宏观战略时,必须遵从这些联系而处理好这些领域之间的关系,使它们各自的发展根据客观机制的要求正确展开,并合理地协调和组合起来。这里便涉及一系列问题的解决,包括发展重点和突破口的选择,各方面发展的配套与衔接,平衡与不平衡的控制和调节等。如果把这方面的关系看作是社会整体发展中的横向关系,那么有关这方面的战略便可以相应地称为横向战略。另一方面,社会整体发展作为一个统一过程展开来,在历时态的意义上总要表现为一个由既有状态向未来目标不断演变和推进的过程,亦即"由低级上升到高级的不断过程"①。而正是这个过程本身,体现着一种纵向关系,即社会整体发展的既有状态与未来状态、低级状

---

① 《马克思恩格斯选集》第 4 卷,人民出版社 1995 年版,第 217 页。

态与高级状态之间的关系；这种纵向关系同样涉及一系列重要问题，如发展方式和道路的选择、发展步骤的设计、发展速度的把握，以及发展效益、发展的可持续性问题等。因此，我们在研究社会发展的宏观战略时，就应该在处理前述横向关系问题的基础上，进而科学地处理这种纵向关系问题；而有关这方面的战略也就可以相应地称为纵向战略。社会结构体系整体发展的横向战略和纵向战略，在制定和实施过程中是相互交织和联结的，因为社会发展中的横向关系和纵向关系本身就是不可分离的。横向关系要在纵向进程中表现出来，而纵向关系则要在横向关系的基础上具体展开。相应地，社会发展的横向战略也要以纵向战略为归宿，而纵向战略则要以横向战略为依托，这两个方面的战略密切配合、共同运作，便构成社会发展宏观战略的第一级框架。

第二级框架：宏观战略中的客体战略和主体战略。第一级框架中的横向战略和纵向战略，是围绕社会结构体系本身发展中的关系展开的，它们原属于社会结构体系的本来范围。而我们知道这个社会结构体系是以现实地活动着的活生生的人为承担者的，社会与人在这里形成一种客体与主体的关系。一方面，主体、人"实际上是属于一定的社会形式的"，人的本质在其现实性上"是一切社会关系的总和"[①]；而另一方面，社会（整个结构体系）又是主体活动的产物，人们在实践中建构和改变着自己的社会形式。这样一种相互作用的主客体关系，直接制约着社会发展的进程，因而是宏观战略研究所必须关注的。对作为客体的社会结构体系的发展而言，来自主体方面的影响和制约首先体现在发展目标的规定上，作为主体的人对于社会结构体系而言无疑具有根本目的的意义，社会发展目标的研究最终应以这一根本目的为准绳；而另一方面，主体或人对于社

---

① 《马克思恩格斯选集》第 1 卷，人民出版社 1995 年版，第 60 页。

会发展又同时具有手段的意义，它作为社会发展进程中的主体条件而出现。这就是说，当我们研究社会发展的宏观战略时，不仅要从客体方面去研究，而且要从主体方面去研究；既要研究主体发展对社会发展的目的意义，又要研究如何借助和利用既有的主体条件以及不断培育和创造新的主体条件去推进社会发展。如果我们把第一级框架中的横向战略和纵向战略都归结为客观战略中的客体战略，那么这里对主体方面的研究便可以相应地称为宏观战略中的主体战略。客体战略和主体战略以社会发展过程中的主客体关系为根据，它们之间同样需要相互照应、相互配合。客体战略是所谓社会发展战略研究的主题，但客体战略的研究决不能脱离主体战略的研究；在实践过程中，客体战略必须要与主体战略相协调。这两方面战略的统一，便构成社会发展宏观战略的第二级框架。

第三级框架：宏观战略中的内部战略和外部战略。第一、二级框架中的横向战略和纵向战略、客体战略和主体战略，都主要是着眼于国内社会。社会发展在现代无疑仍主要是以一个个相互独立的主权国家为单位而实际展开的，各个国家都按照自己所选定的目标、道路和方式推动本国的社会发展。但是同时又应该看到，每一个国家的社会发展又都归属于世界的、国际的人类社会发展总进程，国内社会与国际社会处于复杂的联系之中。在今天，随着生产和技术的进步、国际间交往和联系的继续拓展，一个真正的全球化时代已经到来。在这样一种背景下，研究社会发展的宏观战略就不能把目光局限于国内社会，而且还应放眼世界，关注国内社会与国际社会之间的联系，研究这种联系对社会发展的作用和影响。从积极的意义上说，当今广泛的国际联系为国家内部的社会发展提供了种种有利的条件和机遇。它有助于国家之间相互交流、相互合作，并在和平竞争中相互促进。但是，这种国际联系中也存在种种消极的因素，如不合理的国际经济政治秩序、霸权主义和强权政治等。因此，社会发展战略在国际方面所必须解决的问题,就是在全球化进程中如何充分利用国际联系的积极有利的一面促进本国社会发展,同时避免和克服某些可能的不利影响。这方面的战略,可以称为宏观战略中的外部战略,而前述各方面战略则都可以归属于宏观战略中的内部战略。社会发展的内部战略和外部战略之间的相互制约和联系主要在于:内部战略必须有外部战略相配合,并且从一开始就应以外部战略为条件;而外部战略最终应从属于内部战略,为内部战略提供服务。内部战略和外部战略的联结和统一,便构成社会发展宏观战略的第三级框架。

第四级框架:宏观战略中的本位战略和环境战略。第一、二、三级框架中的横向战略与纵向战略、客体战略与主体战略、内部战略与外部战略等,说到底都是在人类社会的基本范畴内讨论问题。而人类社会作为现实物质世界的一部分,是与自然界相互联系而存在的。自然界在这里是作为社会的外部环境而起作用的,自然环境的状况如何,不仅关系到社会发展的前提,而且关系到人类生存的根本条件。因此,我们在研究社会发展的宏观战略时,必须把环境问题摆在不可或缺的重要地位;特别是在全球环境污染和生态平衡的破坏已十分严重的情况下,更应如此。在社会发展与自然环境的关系上,主要存在两方面的问题:一方面是如何合理地开发和利用既有的自然环境,使之适合于社会发展的要求,从而有效地促进社会发展;另一方面则是如何在社会发展的过程中有效地保护自然环境,防止环境的污染和破坏。这两方面的问题在社会发展的实践中往往会发生矛盾,如果处理不好,就会造成十分不利的后果。所以,这就需要我们从战略上加以研究,力求将这两方面的问题统一起来,科学地予以解决。而这样一来,如果我们把前述的一、二、三级框架中的各方面战略都看作是社会发展的本位战略,那么这里有关自然环境的战略研究就可以相应地称为宏观战略中的环境战略。环境战略作为不可缺少的重要方面与本位战略相互结合,前者围绕后者展开,而后者必须以前者为必要条件,二者的有机统一便构成社会发展宏观战略的第四级框架。

以上各方面内容,便是社会发展的宏观战略体系按照自身的内在逻辑所应具有的基本框架结构。先是横向战略与纵向战略相对应,构成第一级框架;然后横向战略与纵向战略归属于客体战略而与主体战略相对应,构成第二级框架;继而客体战略和主体战略又归属于内部战略而与外部战略相对应,构成第三级框架;最后内部战略和外部战略又都归属于本位战略而与环境战略相对应,构成第四级框架。如此一环套一环地逐层展开,由基核层逐级向外围扩展,最终形成四级框架的逻辑结构。这四级框架之间相互贯通、相互制约,作为一个有机的系统而存在;正是由于这一框架系统的支撑,社会发展的宏观战略才得以形成自己的完整体系(图1)。必须指出,这个框架结构在任何一级上出现缺损或脱节,都会影响到整个宏观战略体系的完整性,并这样那样地对其他方面的内容造成妨害;所以,必须从系统整体的高度真正科学地加以对待和把握。

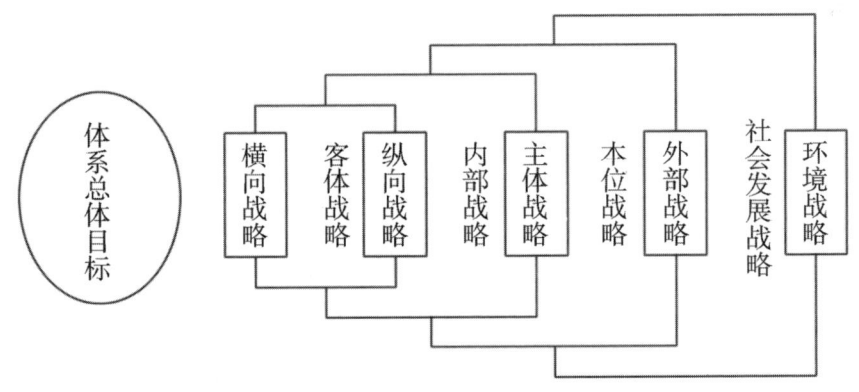

图1 社会发展战略的体系框架

认识了建构社会发展宏观战略的战略体系所应该把握的逻辑框架,便为我们研究和解决社会发展的整体领域中的各方面战略问题提供了必要的方法论手段。当然，仅仅有这样一种方法论手段还是不够的，在具体地设计和制定社会发展的各方面战略时，还必须认识和遵循与之相应的各种具体的方法论原则。无疑地，社会发展的现实实践是生动多样的，在不同的发展阶段上，相对于不同的社会体系，特别是对于进行战略决策的不同主体来说，社会发展战略的制定和应用也应该是不同的，而不能强求一致，或拘泥于一成不变的死板教条。但是另一方面，任何事物的特殊性中总会隐含着普遍性或一般性，无论一定阶段上社会发展的具体情况怎样变化，社会发展战略的制定还是有一些基本的原则要求的，这些原则要求应该说具有普遍意义，因而是必须遵循的。关于这些原则要求的研究，便有待于依据社会发展战略的体系框架，从它的各个梯阶上逐次展开。

（原载《中共中央党校学报》2004 年第 2 期）

社会发展战略：科学还是艺术？

(2006年9月)

在社会发展战略的研究中，我们突出强调了这样一个方法论原则，即从马克思主义哲学的基本立场出发，坚持决定论和选择论的辩证统一。按照马克思主义哲学的观点，社会领域与自然领域一样，存在着不依人的意志为转移的客观规律，这种客观规律决定着社会发展的必然趋势，使社会发展成为一种客观的历史进程。因此，我们在研究和制定社会发展战略时，必须自觉遵循社会发展的客观规律，将自己的战略设计建立在客观根据之上。而另一方面，社会领域又是以人为主体的，社会发展要通过社会主体的实践来实现，主体选择具有重要作用。因此，社会发展战略的制定又要充分重视主体的这种选择作用，力求使这种作用更好地发挥出来。当然，主体选择说到底是要以客观规律的决定作用为前提的，这里最根本的还是客观性原则。

我们在社会发展战略的研究中提出这样一种方法论要求，实际上也就是承认和肯定社会发展战略的科学性质。而这就涉及战略学研究中的一个争议问题，即战略究竟是科学还是艺术。有一些学者是持不同观点的，如利德尔·哈特就在他的《战略论》一书中写道：

"战略是一种分配和运用军事工具以来达到政治目的的艺术。"① 法国战略学家 A.薄富尔也认为,"战略是一个古已有之的艺术,但直到最近为止,它还只是一种神秘的艺术。"② 在近年来的讨论中,国内也有学者提出和阐述了这类观点。

我认为,指出战略具有一种特殊的艺术特征,这无疑是正确的;但由此便否认战略所应具有的科学性质,那就失之偏颇了。实际上,战略首先应该具有科学性质,否则就不能成立。因为所谓战略就是要借助于各种战略措施的运用而达到一定的战略目标,而一种战略能否成功,首先取决于它是否符合客观规律,即它是否"正确",这就要对它进行真理性评价,而这也就确定了它所应具有的科学性质。倘若有人试图摆脱战略的这种科学性要求而去任意地进行所谓的"艺术创造",那就必败无疑,这种"战略"也就毫无价值。那么,应该怎样理解战略的艺术特征呢?这里的关键是要区别两种不同的艺术概念。一种是作为社会意识的一种特殊形式的艺术,即包括文学、绘画、雕塑、音乐、舞蹈等等在内的丰富多样的艺术,它是人类认识活动中不同于科学的一种特殊形式,即审美性认识,而不是真理性认识。它的实质是审美,而不是知识,尽管它不能离开知识。我们说战略是一种艺术,并不是从这个意义上说的,即并不是强调它的审美价值,尽管一种高超的战略谋划确实也具有独特的审美价值。所谓战略的艺术特征应该从艺术概念的另一种含义去理解,即作为一种应用技能的艺术,与通常所说的技艺、工艺、技术等等属于同一个序列的概念。这种艺术一般是与科学联系在一起的,它是

---

① [英] 利德尔·哈特:《战略论》,中国人民解放军军事科学院译,战士出版社 1981 年版,第 448 页。
② [法] A.薄富尔:《战略绪论》,纽先钟译,内蒙古文化出版社 1997 年版,第 150 页。

对于科学知识的实际应用，或者说由科学知识转化而来，其实质是通过将科学知识正确而恰当地运用于实践，以尽可能完善和有利的方式达到实践的目的。战略就是这样一种艺术，它就是要借助于对所在领域的客观规律的科学认识和把握，充分发挥主体的能动作用，从全局的高度推动实践进程的合理展开。因此，我们应该将战略的科学性质和艺术特征统一起来加以把握，而不应将二者割裂开来。对于我们这里所研究的社会发展战略来说，首先要重视其科学性质，即要自觉遵循社会发展的客观规律；在此前提下，又要充分认识其艺术特征，发挥主体选择的能动作用，将对社会发展规律的科学认识正确而恰当地运用于社会发展的实践，采取得力措施促使社会发展目标的实现。

毛泽东在谈到中国革命战争的战略问题时曾说过，"军事家活动的舞台建筑在客观物质条件的上面，然而军事家凭借着这个舞台，却可以导演出许多有声有色威武雄壮的活剧来。"[①] 战争的战略指导是要讲求科学性的，这种科学性要求军事家必须尊重战争本身的客观规律，从战争的"客观物质条件"和其他各方面的实际条件出发去指导战争，而不能主观主义地瞎指挥。但在这个前提下，军事家又面对着主体选择的多种可能性，它必须将有关战争规律的科学认识运用于战争实践，为战争的展开选择一种尽可能有利的方式；而这里就显示出军事家进行战略指导的艺术水平。众所周知，毛泽东本人便为我们提供了这方面的典范。战争中的战略指导是如此，社会发展进程中的战略指导也同样是如此。我们必须遵循社会发展的客观规律，从一定阶段上社会发展的客观实际出发去制定社会发展战略；但在这样做时，又要求我们能动地进行主体选择，为社会发

[①] 《毛泽东选集》第 1 卷，人民出版社 1991 年版，第 182 页。

展过程的具体展开提供尽可能有利的战略指导。在这里，同样也能够导演出许多有声有色威武雄壮的活剧来，这就要看我们战略指导的艺术水平如何了。

（原载《学习时报》2006 年 9 月 25 日）

关于社会全面协调发展的几个方法论问题

(2008 年 9 月)

实现社会全面协调发展,是科学发展观的基本要求,也是当代中国社会发展实践的客观要求。而这里所要指出的是,对这一要求不能简单、机械地去理解,而应以马克思主义哲学的科学方法论为指导,深入研究和把握。从目前讨论及实践中的情况看,特别应注意以下几个相关问题。

一、明确社会全面协调发展的研究定位

社会全面协调发展究竟涉及哪些方面,是什么范围的全面和协调,讨论中存在不同的看法。实际上,这个问题涉及社会基本结构体系和社会发展中的各种关系,可以从狭义和广义等不同意义来理解。而从社会哲学的视角来看,这里应明确以下几点:

第一,从一般规定上说,人所存在于其中的社会是一个包括经济、政治、文化等基本领域在内的完整的结构体系。如果将狭义的社会也当作一个特殊的领域列入其中,那便是一个"四位一体"的结构体系。所谓社会全面协调发展,就是要使经济、政治、文化以及社会(狭义)等各个领域的发展全面展开,并且在发展中相互协

调。这也就是人们通常所说的，要将经济建设、政治建设、文化建设、社会建设等方面结合起来，协调统一，共同推进。

第二，进一步说，对于社会结构体系还可以做更为具体的分析。马克思主义哲学的历史唯物主义对社会的经济领域做了进一步的考察，在这一领域中区分了生产力和生产关系这两个结构层次；继而又依据经济、政治、文化等基本领域之间的内在联系，区分了经济基础和上层建筑这两个结构层次，其中经济基础是生产关系的总和，而上层建筑又包括政治上层建筑和思想上层建筑这两个不同方面。这样便揭示出生产力—生产关系（经济基础）—上层建筑这样一个结构框架，它是社会结构分析的进一步具体化。而所谓社会全面协调发展，就要处理好生产力与生产关系、经济基础与上层建筑等结构层次之间的关系，促使它们的发展全面展开，并使之相互协调。

第三，如果说上述社会结构体系分析是着眼于社会的基本领域和基本层次，那么从空间结构着眼，还应注意社会的城乡关系和区域关系。如果说前一种分析是横向分析，后一种分析便是纵向分析，二者相互交叉。城市和乡村是社会结构体系中存在的两个相对独立而又密切联系的有机组成部分，社会的基本领域和基本层次便以相应的差异性、特殊性以及不平衡性贯穿于这两个组成部分之中。同样，一个社会总是区分为不同的区域，这些区域也是既相对独立又密切联系，它们之间也存在着种种差异和不平衡性，这些特征也会在社会的各个基本领域和基本层次上体现出来。所以，社会全面协调发展应该包括城乡关系、区域关系的处理，要统筹城乡发展、区域发展，使之全面协调展开。

从更广泛的意义上说，社会全面协调发展还可以包括其他一些方面的内容，如社会发展与人的发展相协调、社会发展与对外关系相协调、社会发展与环境保护相协调等；但这些方面的问题已超出了社会结构体系本身的范围,需要从各自的角度进行专门研究。就基本定位而言,所谓社会全面协调发展还是应着眼于社会结构体系本身来把握。中共十七大报告在阐述这一基本要求时明确指出,"要按照中国特色社会主义事业总体布局,全面推进经济建设、政治建设、文化建设、社会建设,促进现代化建设各个环节、各个方面相协调,促进生产关系与生产力、上层建筑与经济基础相协调。"[①] 这里所强调的,也正是这个意义上的社会全面协调发展。

二、遵循社会全面协调发展的内在逻辑

要实现社会全面协调发展,首先当然是要讲全面,即兼顾各个领域、各个层次以及各个部分的发展;而不能只关注某些领域、层次和部分,忽视其他领域、层次和部分,以至于顾此失彼、片面发展。那么,是否将社会各个领域、各个层次以及各个部分的发展都顾及到了,都给予了适当的关注,就算是达到要求了呢?回答仍然是否定的。对于这一基本要求,还必须进一步认识和把握,而不能停留在这样一种简单的理解上。

应该看到,我们所说的社会结构体系并不是一个机械地拼凑和堆积起来的集合体,而是一个有机的整体。其中,社会的各个领域、各个层次以及各个部分并不是互不相干、各自孤立地存在着,而是有机地联系着的。它们的发展也不是各自孤立地展开的,而是在社会整体的有机联系中展开的。因此,要实现社会全面协调发展,就不仅要对各个领域、各个层次以及各个部分的发展都给予关注和重视,而且还要认识和把握它们之间的有机联系,使之有机地协调和

---

① 《中国共产党第十七次全国代表大会文件汇编》,人民出版社 2007 年版,第 15 页。

统一起来。从系统观点来看，这也就是社会发展的整体性要求。所谓整体不等于部分之和，而是大于部分之和，就是强调系统内部的有机联系，而不是机械拼加。社会发展是社会结构体系整体发展的统一进程，必须从系统观点所指出的整体高度来把握。

而进一步说，社会整体的有机联系不是随意的和不可捉摸的，而是有着自己的客观规律和机制，这种客观规律和机制就表现为一种不以人的意志为转移的内在逻辑。社会结构体系中的各个领域、层次和部分，便是按照这样一种内在逻辑相互联结、相互制约，它们的发展同样是按照这一内在逻辑展开的。因此，要实现社会全面协调发展，就要进一步认识和把握社会结构体系有机联系的内在逻辑，按照这一逻辑去协调社会各个领域、各个层次以及各个部分的发展。也只有这样，才算是真正把握了社会整体的有机联系。

众所周知，马克思主义哲学的最重要成果，便是对社会历史领域的客观规律做了科学的探究。在历史唯物主义看来，"政治、法、哲学、宗教、文学、艺术等等的发展是以经济发展为基础的。但是，它们又都互相作用并对经济基础发生作用……这是在**归根到底**总是得到实现的经济必然性的基础上的相互作用。"① 而从根本上说，"物质生活的生产方式制约着整个社会生活、政治生活和精神生活的过程。"② 由这一立场出发，历史唯物主义进而揭示了生产力与生产关系、经济基础与上层建筑这两对基本矛盾的运动规律，从而为认识和把握社会结构体系有机联系的内在逻辑提供了科学方法。社会的各个领域、各个层次在发展过程中当然是相互作用、相互制约的，但从根本上说，生产力决定生产关系，生产关系一定要适合生产力；

---

① 《马克思恩格斯选集》第4卷，人民出版社1995年版，第732页。
② 《马克思恩格斯选集》第2卷，人民出版社1995年版，第32页。

经济基础决定上层建筑，上层建筑一定要适合经济基础。因此，在推动社会全面协调发展的过程中，一定要注意遵循这一逻辑，以生产力为根据去协调生产关系，以经济基础为根据去协调上层建筑，而不是相反，同时也不能将它们简单地平列起来。应该注意的是，中共十七大报告在阐述全面协调发展的基本要求时，采用了"促进生产关系与生产力、上层建筑与经济基础相协调"的提法，这也正是以社会基本矛盾运动的内在逻辑为依据的。

社会各个领域、各个层次之间的协调要遵循这样一种内在逻辑，而社会各个部分之间包括城乡之间、区域之间的发展协调也同样要遵循它们之间有机联系的内在逻辑。城市与乡村的二元结构在农业社会中形成和演变，在向工业社会转型的社会现代化进程中进入城市化的轨道；而无论是城乡关系本身还是城市化进程，都应该像把握整个社会结构体系那样从整体的高度来把握，而不能只是着眼于经济发展、人口结构等具体方面。同样，对于区域关系和区域发展的把握，也必须有这样的整体高度。一个社会的区域结构，是由各种客观条件所决定的；各个不同的区域有着各自不同的定位和功能，只有将这些不同的定位和功能合理地联结和组合起来，才能有效地促进社会整体的发展。

从现阶段的实践来看，当代中国社会发展正处于一个特殊的历史时期。经过30年来的艰苦努力和不懈探索，中国特色社会主义事业在各个方面都取得了重大的成就，社会现代化进程得以全面迅速展开。但同时也应看到，我们面前的问题和挑战还有很多，社会发展的任务仍十分艰巨。我们要在总体达到小康的基础上，继续完成全面建设小康社会的历史任务，最终实现社会主义现代化的既定目标。而在这样一个涉及方方面面的新的发展进程中，我们所应该强调的，便是要依照社会整体的有机联系，遵循这一联系的内在逻辑，将社会各个领域、各个层次以及各个部分的发展真正科学地协调和统一起来。在这里，一定要防止和反对各种离开社会整体的有机联系及其内在逻辑去谈论全面协调发展的不正确倾向，克服这个问题上的主观随意性。

例如，在经济领域里，我们要进一步发展生产力，把继续完成工业化和积极推进信息化结合起来，以工业化促进信息化，以信息化带动工业化，走出一条中国特色的新型工业化道路；而这就要求我们继续深化经济体制改革，进一步健全和完善社会主义市场经济体制，使生产关系与生产力的发展相协调。如中共十七大报告所指出的，目前我国的社会主义市场经济体制只是"初步建立"，"影响发展的体制机制障碍依然存在，改革攻坚面临深层次矛盾和问题"。① 不尽快解决这些问题，破除这种"体制机制障碍"，生产关系与生产力的协调就不能实现，生产力的发展就会受到阻碍。在政治领域里，我们要大力推进政治体制改革，发展社会主义民主政治，使上层建筑与经济基础相协调；而这方面的任务目前仍十分艰巨，一些深层次问题还有待提上日程。需要特别强调的是，政治体制改革究竟应该怎样搞，必须以经济基础的客观要求为根据，与经济体制改革的目标模式相衔接，而不能离开这一根据主观随意地去认识。在思想文化领域里，也同样存在这一问题，我们的思想文化建设也必须从经济基础的客观要求出发，而不能离开这一根据；要立足于社会主义市场经济的具体实际，建立与之相协调的思想道德体系和文化体系。那种认为道德规范不可能从市场经济内部产生，而只能从市场经济外部"灌输"进来，并以此来约束和"匡正"市场经济的观点，是不正确的，也是行不通的。至于文化体制改革，更是要与经济体制改革相配套、相衔接，而不能与之脱节。这方面我们已

---

① 《中国共产党第十七次全国代表大会文件汇编》，人民出版社2007年版，第13页。

经取得了许多进展，但不协调的问题仍比较突出，还必须下大气力加以解决。在社会其他领域、层次和部分，我们要做的事还很多：要健全社会保障体制，促进各项社会事业的发展；要在继续加快城市建设的同时，积极开展社会主义新农村建设；在继续支持东部地区率先发展的同时，深入推进西部大开发，全面振兴东北地区等老工业基地，大力促进中部地区崛起。所有这些方面的认识和实践，都必须充分尊重和遵循社会结构体系的内在逻辑，尽可能减少偏差和失误。

与此相关，还有一个问题需要指出，这便是我们长期以来所坚持的"一个中心"即以经济建设为中心与社会全面协调发展的关系。在有关的讨论中，一些论者对此提出质疑，认为这二者之间存在矛盾，既然要全面协调发展，就不宜再提"一个中心"。这种观点是错误的，其错误之处也正是在于不懂得社会整体的有机联系及其内在逻辑，而把全面协调发展做了简单化的理解。如前所述，社会全面协调发展绝不是不加区别地将各个领域、各个层次以及各个部分的发展简单地平列起来，而是要以社会整体有机联系的内在逻辑为依据。强调以经济建设为中心，是完全符合这一内在逻辑的，因为它所强调的是生产力的发展，而生产力在整个社会结构体系中具有最为根本的地位，在社会基本矛盾运动中起着最终决定作用。所以，生产关系以及社会其他层次的发展最终都必须以生产力的发展为根据，而不能离开这一根据。所谓全面协调发展，只能是按照这一逻辑，使社会各个层次与生产力相协调，而不是相反。离开了这一逻辑，就无法进行协调，也不可能有真正的全面协调发展。因此，坚持以经济建设为中心与社会全面协调发展的要求并不矛盾，而是根本一致的。

三、把握社会全面协调发展的"调节域"

我们强调社会全面协调发展,并且要求依照社会各个领域、各个层次以及各个部分之间有机联系的内在逻辑来实现这种全面协调发展。但是,在实践过程中,能否使社会各个领域、各个层次以及各个部分之间始终保持一种全面协调的状态,完全合拍、步调一致地"齐步走"呢?这个问题涉及事情的另一方面,需要从方法论上做出进一步的探讨。

应该说,保持这样一种整齐划一的全面协调状态,只能是一种理想状态,在现实中却很难做到。因为社会全面协调发展中各种问题的解决总是会受到这样那样的具体条件的制约,往往需要区分出重点和非重点,以及孰先孰后、孰急孰缓,然后按照不同情况加以对待;而不可能一步到位,一揽子全部解决。因此,在这里,应该允许主体有一个选择的空间,在协调社会各个领域、各个层次以及各个部分的发展过程时,具体方式上可以有一些区别和差异。当然,这些区别和差异不是无限的,而必须控制在一定的程度和范围之内。正是这个一定程度和范围,可以称作社会全面协调发展中的"调节域"。

仔细考察一下便可以看出,这种体现着一定的区别和差异的调节域的存在,是有其客观根据的,这个客观根据仍然在于社会结构体系本身的内在逻辑。从社会基本矛盾运动的规律来看,不论是生产力对生产关系、经济基础对上层建筑的决定作用,还是生产关系对生产力、上层建筑对经济基础的反作用,都是绝对性和相对性的辩证统一。生产力对生产关系、经济基础对上层建筑的决定作用,要求后者的发展服从于前者的发展,并最终与前者的发展相适合,这是绝对的、不可违逆的;但这种决定作用的实现又可以有一个

"或快或慢"、"或迟或早"的弹性期限,这又是相对的、可以伸缩的。上层建筑对经济基础、生产关系对生产力的反作用,必然会使后者的发展受到一定程度的影响,这是绝对的、不容置疑的;但这种反作用毕竟有着自己的限度,这又是相对的、不能夸大的。在社会各个领域、各个层次以及各个部分之间的有机联系中,这种辩证性质是普遍存在的。而正是由于社会结构体系有机联系的内在逻辑本身具有这样一种辩证性质,才使得社会全面协调发展中的调节域成为可能。

当然,社会结构体系的内在逻辑在运行中所体现的绝对性和相对性两个方面,是相互依存、相互联结的,其中绝对性是相对性的前提,相对性最终从属于绝对性。相应地,社会全面协调发展中的调节域,最终从属于协调统一的总的前提,它的存在以不背离这一总的前提为原则,并将这一原则具体化为它的客观界限。对社会各个领域、各个层次以及各个部分的发展过程的调节,只能在这个界限内进行,超出这一界限,就是不能容许也根本行不通的了。所以,在确认调节域存在的客观根据时,必须同时明确它的客观界限。

社会全面协调发展的进程中存在这样一种调节域,这便使得人们有可能在具体的发展实践中灵活地处理各种复杂的矛盾,通过积极调节而更为有效地促进社会各个领域的发展,并最终更好地实现社会全面协调发展。如果说调节域中各种区别和差异的出现可以看作是某种暂时的、过渡性的、有限度的非协调,那么这种非协调在积极调节的意义上恰是为最终实现总体发展的协调所需要的,是一种有效途径和手段。在这里,协调与非协调相互联结、辩证统一,协调中包含着非协调,非协调可以转化为最终的协调。

回顾当代中国社会发展的实践,应该说我们曾比较充分地发挥了这个调节域的作用。在改革开放初期,我们面临着多种复杂的矛盾:由于过去错误地坚持"以阶级斗争为纲",忽视发展生产力,使得国民经济长期处于落后和困难的状态,人民生活水平无法得到提高;所以这时迫切需要将工作重点转移到经济建设上来,尽快把生产力的发展搞上去。但是与此同时,过去借鉴苏联模式建构起来的那套高度集中的计划经济体制,脱离了中国的具体实际,不能适合生产力的要求,必须彻底改革;而这又必然要涉及与之相应的政治体制以及文化体制等,需要整个上层建筑的相应变革。可以说,所有这些任务要在同一时期内一下子全部展开、同时完成,几乎是不可能的;加之在经过了接连不断的政治运动、特别是"文化大革命"那样的动荡之后,人心思安,改革必须以不影响社会稳定为前提。针对这样一种特殊实际,我们首先果断地实现了工作重点的转移,明确地把经济建设作为中心,"横下心来","扭着不放"[1];然后围绕这一中心,采用"渐进式"战略推进社会改革。邓小平从一开始就讲得很明确,"改革是全面的改革,包括经济体制改革、政治体制改革和相应的其他各个领域的改革";但这场全面改革却是"从经济方面开始的"[2]。经济体制改革成为全面改革的切入点以及相应时期内的重点,而政治体制改革、文化体制改革等则是随着经济体制改革的不断深化而逐步提上日程。并且就经济体制改革本身而言,也同样不是一下子铺开,而是先从农村入手,以农村改革为重点,走新的"农村包围城市"的道路;即使在以城市改革为重点的全面经济体制改革展开后,仍又经历了一系列中间环节,才最终确立了社会主义市场经济体制的目标模式。30年来的实践证明,这种渐进式战略的应用是比较成功的;我们在保持了社会相对稳定的条件下,取得了改革和发展的一系列重大成果。而这一战略的应用,正是以社会全面协调发展的调节域为依托的。

---

[1] 《邓小平文选》第2卷,人民出版社1994年版,第248页。
[2] 《邓小平文选》第3卷,人民出版社1993年版,第237页。

合理利用社会全面协调发展中的调节域,有利于将社会发展中的复杂问题加以化解,有重点、有步骤地加以解决。但在这样做时必须注意,所谓重点与非重点以及孰先孰后、孰急孰缓等区分决不能使社会各个领域、各个层次和各个部分的发展之间拉开过大的距离以至发生脱节,那样就会超出调节域的客观界限。同时还应看到,在这个调节过程中,社会不同领域、不同层次以及不同部分的发展之间难免会出现一定限度内的、暂时的非协调现象;这种调节域内的非协调虽然是为最终更好地实现协调发展所必需,但它毕竟会使社会结构体系的功能耦合发生一定程度的偏离,而这种偏离又往往会衍生出这样或那样的社会问题。因此,在利用这个调节域的时候,必须有针对性地采取措施,对可能发生的问题预做防范,尽可能地克服和消除各种不利影响,确保对社会发展的积极调节顺利完成和社会全面协调发展的最终实现。

(原载《中共中央党校学报》2008年第5期,收入中共中央党校哲学教研部编:《哲学与社会》第1辑,中国时代经济出版社2009年版)

实现社会全面协调发展的几个对策要求

(1996年6月)

从总体上看,人类社会是一个包括经济、政治、文化等各个基本构成领域在内的完整体系;相应地,所谓社会发展也应是一个包括整个社会结构体系的发展在内的完整过程。经济发展在社会发展中具有根本性的意义,但经济发展不能与社会发展的总体过程相脱节。因此,如何在充分重视经济发展的基础上,实现整个社会结构体系的全面协调发展,是我们在实践中必须解决好的重大课题。这一课题的研究当然可以从各个方面展开,在此我们主要从宏观对策的角度,就几个最基本的要求做一些分析。

一、从社会结构体系的有机联系出发,结合各领域的自身状况和条件,确定全面协调发展的合理目标

社会结构体系中经济、政治、文化等各个领域应如何发展、发展到什么程度,当然首先取决于它们自身内部的状况和条件;但是与此同时,每一个领域的发展又都要受到社会结构体系的有机联系的制约,这种有机联系体现了各个领域在社会结构体系中的不同地位。在制定社会发展对策时,不仅要考虑各个领域本身的状况和条

件，而且还必须充分认识社会结构体系的有机联系，由此出发确定出全面协调发展的合理目标。

按照历史唯物主义的基本观点，社会经济领域在整个社会结构体系中处于基础的地位，"物质生活的生产方式制约着整个社会生活、政治生活和精神生活的过程"[①]。而所谓经济领域包括两个基本方面，即生产力和生产关系；生产关系作为直接基础决定着政治的和思想的上层建筑，而生产力决定生产关系，并对整个社会结构体系起着根本决定作用。基于这样一种结构关系，我们在制定社会发展对策时必须遵循一种相应的逻辑序列：首先必须研究生产力发展的客观要求，确定生产力的发展目标；通常所谓经济发展，主要是指生产力的发展，生产力发展或经济发展必须放在整个社会发展的首要地位。在此前提下，研究生产关系亦即经济关系的发展，严格按照生产力的发展要求和目标确定生产关系的发展目标，使经济关系的发展与经济发展相协调；进而以经济领域包括生产力和生产关系的发展为根据，特别是以生产关系的发展目标为直接基础，确定政治领域和思想文化领域的发展目标，使政治领域和思想文化领域的发展与经济领域的发展相协调。这样一种逻辑序列是社会结构体系的有机联系所规定的，只有遵循这一序列，才能科学地确定出社会全面协调发展的合理目标。而若背离这一逻辑序列，离开生产力发展的前提去设计生产关系的发展，或者离开经济领域发展的基础去设计政治领域和思想文化领域的发展，都只能在客观规律面前碰壁。这是我们必须特别强调的。

但是，另一方面，在把握上述逻辑序列时又必须看到，历史唯物主义在强调生产力对生产关系、经济基础对上层建筑的决定作用的基础上又承认上层建筑对经济基础、生产关系对生产力的反作用；

[①] 《马克思恩格斯选集》第 2 卷，人民出版社 1995 年版，第 22 页。

这就是说，社会政治领域和思想文化领域的发展也会反过来制约经济领域的发展，经济领域中生产关系或经济关系的发展则反过来制约生产力的发展即经济发展。因此，在制定社会发展对策时，决不能仅仅从被动的意义上理解逻辑序列中"下一个环节"的发展，不能把"下一个环节"的发展仅仅看作是"上一个环节"发展的派生物，从而把全面协调发展看作可有可无、无关紧要甚至累赘。实际上，没有生产关系（经济关系）的相应协调发展，生产力的发展必定难以实现，而没有政治领域和思想文化领域的相应协调发展，经济领域的发展也必定无法保证。所以，必然严格按照全面协调发展的原则确定每一个环节、每一个领域的发展目标，确保各个领域的发展都真正到位，不留缺口。

从现阶段中国社会发展的实践来看，我们坚持以经济建设为中心，就是将生产力的发展亦即经济发展置于整个社会发展的首位，这对于我们这样一个在经济相对落后的基础上建设社会主义的国家来说极为重要。我们确定了"三步走"实现现代化的经济发展目标，并根据生产力发展的客观要求开展了经济关系方面的体制改革，确定了建立社会主义市场经济新体制的目标模式；与经济领域的发展相对应，我们在政治领域和思想文化领域里也提出了推进政治体制改革和加强社会主义精神文明建设的方向和任务。我们的总体目标，是要把我国建设成为富强、民主、文明的社会主义现代化国家。而现在的问题是，我们应该真正从社会结构体系的有机联系出发，将各领域发展的目标进一步具体化、明确化，并使之更好地协调起来。特别是政治体制改革和精神文明建设的具体目标，必须根据社会主义现代化建设和建立市场经济新体制的实际，进行更为深入的探讨，使之进一步科学化、合理化，以便更好地符合社会全面协调发展的需要。

三、着眼于社会发展的统一过程，依据各领域的不同特点，选择全面协调发展的适宜方式

社会全面协调发展的合理目标确定之后，还需要以适宜的发展方式将其付诸实践。因为发展是一个过程，社会各个领域都要采取适合于自身特点的具体方式展开自己的发展过程。而这些领域既然是处于整个社会结构体系的有机联系之中，这种联系必定会动态地表现出来，使社会发展客观上具有统一过程的性质。所以，各领域在展开自己发展过程时采取怎样的方式，就不仅应依据其自身的特点，而且应着眼于整个社会发展的统一过程的需要。只有这样，才能为全面协调发展选择适宜的方式，使之从目标的层面进入到过程的层面。

一般说来，在社会经济领域里，经济发展即生产力的发展应在讲求效益的前提下保持适宜的速度，而经济关系即生产关系的发展则需这样那样地推进各种意义的改革；就政治领域而言，发展同样要借助于相应的改革来实现；而对于思想文化领域来说，则须大力进行各种门类的精神生产。如若将上述各个领域的发展过程纳入整个社会结构体系的统一发展过程，就要求其中每一个领域的发展过程都尽可能地与其他领域的发展过程相衔接，相互配合，相互促动，共同推进，由此实现全面协调发展的既定目标。这样一种发展方式，可以称为均衡配套式发展，它应是社会全面协调发展在具体展开过程中所适用的一般方式。这种方式的实质，就是将全面协调发展的目标具体化解在发展过程之中，使之通过均衡累积而逐步实现。

但是，在一些特殊的发展阶段上，这种均衡配套式发展有可能遇到困难而无法有效实行。当社会的某些领域由于历史的和现实的原因面临特殊的发展压力，或是由于在发展中所要面对的问题具有特殊的复杂性，从而需要特殊对待的时候，这种情况就发生了。这

时就不能再一般性地平均使用力量,不能再机械地拘泥于各领域发展过程的均衡展开,而应从统一过程着眼,根据轻重缓急和问题的复杂程度确定本阶段发展的重点任务,集中力量优先予以完成。在侧重于某些领域或方面的同时,对于其他领域或方面则给予适当的兼顾,使之不发生大的脱节;随着重点领域的重点发展的不断推进,再逐步加大其他领域和方面的发展力度,使各个领域的发展过程最终衔接起来。这样一种发展方式可以称为重点兼顾式发展,它虽然会造成某种程度的过渡性失衡或非协调现象,但只有通过这种暂时的非协调,才能最终达到预期的协调。它是在特殊阶段上实现社会全面协调发展的特殊方式。

就中国社会的发展实践来看,我们正处于这样一种特殊的历史阶段上。这首先是由于过去很长一个时期中犯了"左"的错误:"多少年来我们吃了一个大亏;社会主义改造基本完成了,还是'以阶级斗争为纲',忽视发展生产力。"① 结果造成经济停滞落后,甚至连温饱问题都没有解决。与此同时,西方国家的经济却在同一时期发展很快,从外部对我们造成很大的压力。这样,来自内部和外部的压力使得经济发展亦即生产力发展的问题在现阶段十分突出地摆在我们面前,这使我们把最主要的力量集中到这一方面来。其次,我们过去还脱离生产力的实际搞"一大二公"、"穷过渡",建立了一套僵化的、高度集中的经济体制和与之相应的政治体制,现在我们所面临的任务正是从根本上变革这种旧体制,代之以充满生机和活力的新体制。但这一任务十分艰巨和复杂,要想一下子全面铺开几乎是不可能的。这就迫使我们将复杂的任务加以分解,先从经济体制方面取得突破,然后以此为支点逐步推进政治体制改革。鉴于以上两方面的特殊情况,我国现阶段的社会发展只能采取重点兼顾

---

① 《邓小平文选》第 3 卷,人民出版社 1993 年版,第 141 页。

式的发展方式，即以经济领域的发展为重点，兼顾其他领域的发展；在经济领域不断发展的基础上逐步加大其他领域发展的力度，最终达到社会各领域的全面协调发展。这是一种现实的选择。

十一届三中全会以来的10多年中，我国社会发展取得了重大成果。经济领域中，生产力发展突飞猛进，国民生产总值翻两番的任务提前完成，经济体制改革日趋深化，现已进入最后攻坚阶段。在这种情况下，我们有可能也有必要在继续保证经济领域重点发展的同时进一步推动社会其他领域的发展，特别是政治体制改革和社会主义精神文明建设，真正做到"两手抓"、"两手硬"，以适应我国社会全面协调发展的新形势和新要求。

三、按照既定的发展目标和方式，形成相应的比例关系，保证全面协调发展的恰当投入

社会发展是一个客观的过程，它不仅要有一定的发展目标、采取一定的发展方式，而且还必须解决一个实实在在的问题——为发展所必需的投入问题。任何一个社会领域的发展，都需要投入相应的人力、物力、财力，并依照该领域内部的规律科学地加以组合和调配，使之发挥良好的效用。而在这里，当我们关注社会的全面协调发展并探讨其对策要求时，同样不仅应关注目标层面上的协调和方式层面上的协调，而且还应关注投入层面上的协调，即在了解各个领域具体需要的基础上，从总体的高度考虑发展投入问题，将既有的人力、物力、财力等恰当地分配到各个领域，以确保社会全面协调发展最终落到实处。没有投入层面上的协调，所谓全面协调发展仍只能是一句空话。从原则上说，社会发展投入在各领域的恰当分配，应与社会全面协调发展的既定目标和方式保持一致。首先，全面协调发展的合理目标从总体上规定了一定阶段上社会发展的基

本任务，各个领域都应在这一目标指导下最终完成自己所应承担的那部分任务。尽管具体发展进程可以按不同方式这样或那样地展开，但殊途同归，最终要实现既定的目标。因此，这一阶段上的发展投入，在总体上必须按照最终目标或基本任务的要求来安排。其次，由于最终的发展目标必须通过一定的发展方式来实现，而发展方式又有均衡配套式发展和重点兼顾式发展等不同情况，所以在全面协调发展的具体展开过程中，发展投入的分配又必须根据发展方式的不同要求做出不同的具体安排，并随着发展进程的变化而不断加以调整。这样，发展投入层面上的协调既与全面协调发展的最终目标相一致，又与全面协调发展的展开方式相一致，这两个一致应该统一起来。

本着以上两个相一致的原则，社会发展投入在各个领域的协调分配应进一步形成某种大致的比例关系，以便更利于对策的实施和操作。而这种比例关系也必然体现出两个层次：其一是与最终目标相一致的投入比例关系，它跟发展目标本身一样是相对稳定的，是这一阶段发展投入的总体比例关系；其二则是与发展过程的展开方式相一致的投入比例关系，它却是要随着具体发展进程不断加以调整和改变的，是为同一发展阶段上的各个具体时期所适用的。这两个层次的比例关系各有其意义，既不应混淆，也不能偏废。

具体到现阶段中国社会发展的实际，我们必须看到，要实现社会各领域发展的既定目标，建设富强、民主、文明的社会主义现代化国家，是一项宏伟而艰巨的历史任务；为保证这一任务的完成，社会各领域的发展都需要有充分而恰当的投入。而如何根据两个相一致的原则对人力、物力、财力等各种投入在各领域中进行协调分配，应该说还有待于进一步深入和具体的研究。特别是应借鉴其他国家发展的经验，从相应的比例关系入手进行系统的量化研究。就实践情况看，我们十分重视经济领域的投入，并注意协调安排政治领域和思想文化领域的投入,总体上是趋向于既定的发展目标和发展方式的要求的。但是也应承认,各领域之间以及各领域之中发展投入的不协调、不恰当现象也在一定程度上存在。如物质文明建设与精神文明建设"一手硬、一手软"的问题,与思想文化领域的投入不足有直接关系。根据国内外经验,发展中国家在经济起飞阶段的财政性教育经费支出应占国民生产总值的4%较为恰当,而我国却长期徘徊在2.5%上下;此外,科技方面的投入也颇感单薄。对于这些现实存在的偏差,我们应当下决心采取得力措施,有针对性地予以解决。

当然,各个领域的投入到位后,还有一个充分有效地加以利用的问题。我们必须减少浪费,提高效益,把有限的人力、物力、财力用在真正需要的地方,切实推进我国社会全面协调发展。

(原载《中国党政干部论坛》1996年第6期)

关于社会全面协调发展的逻辑思考

(1997年8月)

在建设有中国特色社会主义的实践进程中,应坚持社会全面协调发展的战略原则,这一点已成为人们的共识。但是,究竟如何实现全面协调发展,如何正确地认识和处理全面协调发展中的各种关系,却是需要进一步认真思考和加以明确的问题。本文拟针对这方面存在的一些模糊观念谈一些看法。

一

我们之所以要强调社会全面协调发展,是因为人类社会本来就是一个包括经济、政治、思想文化等各个领域在内的完整结构体系,而社会发展也就相应地是一个包括经济发展、政治发展、思想文化发展等各领域发展在内的综合发展过程;所谓全面协调发展,就是指社会各领域发展的全面展开和协调统一。但是这里的问题在于:这种全面协调发展的实现依据是什么?是主观的,还是客观的,如果是客观的,那么其内在逻辑又是怎样的?

马克思主义哲学的历史唯物主义告诉我们,虽然社会历史领域是以人为主体从而呈现出与自然领域不同的特殊性,但"它丝毫不能改变这样一个事实：历史进程是受内在的一般规律支配的"①。因此，当我们面对如何实现社会全面协调发展的问题时，必须首先确定这一问题的客观依据，即以社会各领域之间的客观联系为依据，从这种客观联系出发去解决全面协调发展问题。在这里，必须坚持防止和反对偏离这一客观依据而这样那样地单纯从主观意志和愿望（尽管有时是十分良好的愿望）出发的错误倾向，因为这样做必然会由于违背客观规律而对真正的全面协调发展造成损害。

确定了实现社会全面协调发展的客观依据，还需要由此而进一步了解这一客观依据的内在逻辑。这里所谓客观依据的内在逻辑乃是社会各领域间客观联系的具体机制，即它们怎样彼此发生联系。按照历史唯物主义的观点，经济领域在社会结构体系中处于最为基本的地位，"物质生活的生产方式制约着整个社会生活、政治生活和精神生活的过程"②。而在经济领域中，生产力决定生产关系，并作为整个社会结构体系的最终决定因素而起作用。生产关系作为经济基础决定着社会的上层建筑，上层建筑既包括政治上层建筑，又包括思想上层建筑。同时，历史唯物主义也说明了生产关系对生产力、上层建筑对经济基础的反作用，但认为后者的反作用最终要从属于前者的决定作用。历史唯物主义所揭示的社会各领域的这些联系机制，正是我们在解决社会全面协调发展问题时所必须遵循的客观逻辑，它要求我们必须依照上述各个领域在这一逻辑系列中的本来定位去协调它们的发展，而不能违背这一逻辑要求。当然，对这一逻辑要求的理解不应过于机械，因为所谓决定作用和反作用本来就包含着绝对性和相对性这双重特性的统一，从而为特殊条件下的多样性选择留下了余地；但是从

---

① 《马克思恩格斯选集》第 4 卷，人民出版社 1995 年版，第 247 页。
② 《马克思恩格斯选集》第 2 卷，人民出版社 1995 年版，第 32 页。

根本上说，各个领域的逻辑定位终究是不能随意背离的，否则就会造成严重失误和偏差。

二

众所周知，我国建设有中国特色社会主义的整体进程，是围绕经济建设这个中心而展开的，"以经济建设为中心"被作为党的基本路线的首要要求而确定下来。邓小平同志曾反复告诫全党，"这件事情一定要死扭住不放"[1]，"其他一切任务都要服从这个中心，围绕这个中心，决不能干扰它、冲击它"[2]。那么，应该怎样认识以经济建设为中心与社会全面协调发展的关系，讲社会全面协调发展是否要"淡化"以经济建设为中心？

这个问题事关重大，不容有半点模糊。我们必须明确地做出回答：以经济建设为中心与社会全面协调发展是应该也能够统一起来的，在现阶段实践中，实现社会全面协调发展必须坚持而不是淡化以经济建设为中心，后者是前者的题中应有之义。

从社会结构体系的内在逻辑来看，所谓经济建设主要是指生产力的发展，而生产力是整个社会结构体系的最终决定因素，它的发展在整个社会结构体系的发展中具有根本意义。马克思和恩格斯指出："我们首先应当确定一切人类生存的第一个前提也就是一切历史的第一个前提，这个前提就是：人们为了能够'创造历史'，必须能够生活。但是为了生活，首先就需要吃喝住穿以及其他一些东西。因此第一个历史活动就是生产满足这些需要的资料，即生产物质生

---

[1] 《邓小平文选》第 2 卷，人民出版社 1994 年版，第 276 页。
[2] 《邓小平文选》第 2 卷，人民出版社 1994 年版，第 250 页。

活本身。"① 不仅如此，物质生产还为社会各个领域的发展提供必需的物质条件和手段，这同样具有前提的性质。就社会主义社会而言，发展生产力是一项根本任务，这一方面如邓小平同志所言，"社会主义制度优越性的根本表现，就是能够允许社会生产力以旧社会所没有的速度迅速发展，使人民不断增长的物质文化生活需要能够逐步得到满足"②；另一方面则是由于没有生产力发展提供的物质条件和手段，社会主义社会其他领域和层次的发展都会成为"空中楼阁"。这里需要特别指出的是，我国社会主义社会是在相对落后的生产力基础上起步的，至今仍处于一个特殊的"初级阶段"；生产力发展的落后不仅难以满足人民的物质文化生活需要，而且限制了整个社会的发展，由此邓小平同志将我国的社会主义社会称为"不合格的社会主义"。在这种情况下，发展生产力对我们无疑具有特殊的迫切性，必须给予特殊的对待。

生产力在整个社会结构体系中的逻辑定位和我国社会主义初级阶段的特殊实际，都要求我们在建设有中国特色社会主义的实践中把经济建设摆在中心地位。所谓社会全面协调发展，只能是在确保这一中心并且围绕这一中心的前提下展开，社会各个领域和层次的发展都必须服从于生产力的发展亦即经济建设，并按照各自的逻辑定位努力与生产力的发展或经济建设相协调，而不是反过来要求经济建设与其他领域的发展相协调，乃至从属于这些其他领域。只有以生产力的发展为立足点，由此依次展开其他领域和层次的发展，才能做到真正的全面协调发展。过去我们在这个问题上曾有过深刻的教训，生产力发展长期遭到忽视，结果使得整个社会的发展失去了根基；邓小平同志曾十分感慨地说："多少年来我们吃了一个大

---

① 《马克思恩格斯选集》第 1 卷，人民出版社 1995 年版，第 32 页。
② 《邓小平文选》第 2 卷，人民出版社 1994 年版，第 128 页。

亏"①。直到十一届三中全会以后，我们才真正实现了工作重点转移，把发展生产力提到了首要地位，邓小平同志强调"这是最根本的拨乱反正"②。今天，当我们研究社会全面协调发展战略时，决不应忘记这一历史的经验，决不应再在这一问题上发生动摇。

正是与经济建设的中心地位相对应，邓小平同志提出了"三个有利于"的判断标准，即把"是否有利于发展社会主义社会的生产力、是否有利于增强社会主义国家的综合国力、是否有利于提高人民的生活水平"作为判断改革和各方面工作是非得失的根本标准；这个标准的三个方面是统一的，统一的实质是生产力标准。在社会全面协调发展中坚持以经济建设为中心，就应该相应地坚持"三个有利于"的判断标准，这个标准的根本意义就在于保证生产力的发展在整个社会发展中的首要地位。要实现社会全面协调发展，应该首先确认"三个有利于"的根本要求，而决不是与之对立起来。

三

确定了经济建设亦即生产力的发展在社会全面协调发展中的中心地位之后，接下来便是围绕这一中心铺开社会其他领域和层次的发展。而我们在建设有中国特色社会主义实践中所大力进行的体制改革，便是这方面发展的重要内容。

体制改革首先包括经济体制改革，而这一改革属于经济领域中生产关系的层次。生产关系与生产力同属于经济领域，是社会结构体系中密切联结的两个层次，所谓社会全面协调发展必然要求在推进生产力发展的同时相应地推进生产关系的发展。而生产关系的逻

---

① 《邓小平文选》第3卷，人民出版社1993年版，第141页。
② 《邓小平文选》第3卷，人民出版社1993年版，第141页。

辑定位表明，虽然它可以能动地反作用于生产力，但最终要服从于生产力的决定作用，生产力决定生产关系，生产关系一定要适应生产力的状况。因此，在全面协调发展的过程中，生产关系的发展一定要与生产力的发展相协调，一定要根据生产力的要求去调整生产关系。过去我们在这个问题上同样"吃了大亏"，主要是脱离我国生产力的实际一味进行生产关系领域里的革命，搞"穷过渡"和"一大二公"，建立了一套高度集中的计划经济体制，结果妨碍了生产力的发展，本身也无法站住脚。这一深刻教训我们也必须时刻牢记。如今，我们所进行的经济体制改革，就是要根据现阶段生产力的实际要求，"从根本上改变束缚生产力发展的经济体制，建立起充满生机和活力的社会主义经济体制，促进生产力的发展。"① 这种性质的改革，完全符合社会全面协调发展对生产关系的逻辑要求，它体现了生产关系发展的正确方向。经过十多年的艰苦努力，我们已经确立了社会主义市场经济的目标模式，并且不断向这一目标模式靠近；经济体制改革的巨大成就已为世界所承认，那种从某些抽象的教条和观念出发对改革的非难和指责，在根本上难以成立。

随着经济体制改革的进行，体制改革还在政治领域逐步展开。政治体制改革是现阶段政治领域发展的集中表现，而政治领域的发展是社会全面协调发展的不可或缺的组成部分。依照社会结构体系的内在逻辑，政治领域作为政治上层建筑而为经济基础（生产关系）所决定，它应该适合经济基础的要求，而为自己的基础服务。这样，在社会全面协调发展的进程中，政治领域的发展必须与经济领域的发展相协调，政治体制改革必须与经济体制改革相配套。过去，在高度集中的计划经济体制之上，我们建构了一套"权力过分集中"②

---

① 《邓小平文选》第3卷，人民出版社1993年版，第370页。
② 《邓小平文选》第2卷，人民出版社1994年版，第327页。

的政治体制,如今我们要革除旧的经济体制而代之以社会主义市场经济新体制,在政治体制上也必须进行相应的变革,大力推进社会主义民主和法制建设。市场经济需要创造与之相适应的国家形式,这是不依人的意志为转移的必然趋势。当然,政治体制改革涉及众多复杂问题,在战略上必须谨慎把握;但正如邓小平同志已经指出的:"现在经济体制改革每前进一步,都深深感到政治体制改革的必要性。"① 随着新的经济体制的基本框架的确立,政治体制改革必将进一步全面展开,这是社会全面协调发展的客观要求。

包括经济体制改革和政治体制改革在内的中国改革目前正以不可阻挡之势向前推进。这场改革是深刻而艰难的,具体路子只能在实践中摸索。但只要我们把准各个领域和层次在客观联系中的逻辑定位,严格按照社会全面协调发展的客观逻辑去做,我们就一定会走向成功的彼岸;而任何企图"超越"或背弃这种客观逻辑的做法,都只能使改革走入歧途,甚至半途而废,所以我们必须坚决加以反对。

四

思想文化领域是社会结构体系中的又一个基本域,要实现社会全面协调发展,对这一领域的发展同样应该给予充分的重视。而我们在建设有中国特色社会主义的实践中所大力倡导的社会主义精神文明建设,正是要解决现阶段思想文化领域的发展问题。

应该承认,在一个相当的时期里,不同程度地存在两个文明建设"一手硬、一手软"的现象,思想文化领域的发展存在一定差距。这种情况不符合社会全面协调发展的要求,应该予以纠正。如邓小

---

① 《邓小平文选》第3卷,人民出版社1993年版,第176页。

平同志所说的：："我们要建设的社会主义国家，不但要有高度的物质文明，而且要有高度的精神文明"①；"要坚持两手抓"、"两只手都要硬"②。党的十四届六中全会通过的《关于加强社会主义精神文明建设若干重要问题的决议》，要求"把精神文明建设提到更加突出的地位"，无疑是十分必要的。但是，究竟怎样理解这个"更加突出的地位"，怎样理解"两只手都要硬"，有一些重要之点必须加以明确。

从社会结构体系的内在逻辑来看，思想文化领域作为社会意识而必然地受到社会存在的制约，其中主要部分作为意识形态亦即思想上层建筑而直接为经济基础所决定。思想文化领域有着自己的相对独立性并能起到能动的反作用，但归根到底它是第二性的。因此，在社会全面协调发展的进程中，精神文明建设必须以社会存在领域的发展为根基；思想文化领域的发展必须与经济领域和政治领域的发展相协调，要适合这些领域的要求而为其提供思想保证和智力支持。精神文明建设亦即思想文化发展的客观逻辑定位必须认识清楚，我们过去"一手硬、一手软"，是表明精神文明建设相对滞后，思想文化发展不到位，不能适合社会结构体系的内在逻辑的要求。而今我们强调将其提到"更突出的地位"，就是要克服这种不到位的现象，使之真正到位，即达到其本来的逻辑定位的要求。所谓"两只手都要硬"，也应该在这个意义上去理解，即要求物质文明建设和精神文明建设都按照各自的逻辑定位而充分展开，各自都到位。

有一种不正确的理解，似乎强调"两只手都要硬"，强调精神文明建设的"更突出的地位"，就是要把精神文明建设与物质文明建设摆在完全同等的地位，使之简单平列起来；甚至由此而对党的基本路线的"一个中心"产生怀疑，对"三个有利于"标准产生怀疑。

---

① 《邓小平文选》第2卷，人民出版社1994年版，第367页。
② 《邓小平文选》第3卷，人民出版社1993年版，第378页。

其实这完全是一种误解，它离开社会结构体系的内在逻辑、离开思想文化领域的客观逻辑定位来考虑问题，使"两只手都要硬"脱离本来的逻辑依据，变成两个方面的机械拼加。这样做看上去似乎是"加强"精神文明建设，实际上则会使它失去科学的根基，由于将其置于不恰当的地位而损害了它；同时，还必然对经济建设这个中心造成损害。这不是到位，而是越位；过犹不及，真理再向前多走一小步，就会变成谬误。

由上可见，要实现社会全面协调发展，绝不是一件容易的事情。我们只有从社会结构体系中各领域之间内在联系的客观逻辑出发，正确地认识和处理实际发展中的各方面关系，才能真正科学地解决全面协调发展问题。而这正是我们在建设有中国特色社会主义的实践中，所应该努力去做的。

（原载《前线》1997年第8期）

论社会主义改革动力作用的三个力度要求

（1993 年 5 月）

社会主义改革是社会主义社会发展的重要动力，这一点已经成为人们的共识。但是，这种认识不能停留在一般的层次上，而应达到应有的深度。在这里，一个实质性的问题便是：在现阶段，我国社会主义改革的动力作用应该在什么程度上得到发挥，也就是说应该达到怎样的力度？这个问题关系到改革的动力作用的真正实现以及改革本身的成败，必须搞清楚。

一、改革的双重规定及其彻底性质

党的十四大报告对我们正在进行的社会主义改革有这样一个明确的概括："它不是要改变我们社会主义制度的性质，而是社会主义制度的自我完善和发展。它也不是原有经济体制的细枝末节的修补，而是经济体制的根本性变革"①。这一概括恰当地揭示了社会主义改革的双重规定，亦即一个问题的两个方面。在这里，我们应特别注

---

① 《中国共产党第十四次全国代表大会文件汇编》，人民出版社 1992 年版，第 4 页。

意的是后一个方面的规定，即所谓"经济体制的根本性变革"。这一提法与邓小平同志南方谈话中强调"从根本上"改变旧体制的精神是一致的，它突出体现了改革的彻底性的要求，是14年来深化认识的重要成果。而要真正达到比较深刻的认识，又必须了解历史唯物主义在生产关系等方面基本理论研究的新成果，因为它们本来就是密切联系着的。

过去哲学上讲生产关系，总是把它作为生产力的形式来看待，认为生产力是内容，生产关系是形式，二者的统一即构成生产方式。这一认识不能说错，但仅仅停留在这种比较单一的区分上，而不对生产关系本身再做具体的分析，必然导致简单化的理解。反映在对社会主义制度的认识上，便是曾存在一时的"唯一模式论"，即认为社会主义生产关系只能有一种模式，这就是苏联模式。制度和体制的区分这时还不可能提出，还被看作是一回事；而改革问题，这时也就只限于对社会主义生产关系的某些不完善的具体环节进行调整，这当然还不是我们今天意义上的改革。

随着实践的发展，人们逐渐对"唯一模式论"发生怀疑，开始认识到社会主义制度可以而且应该根据本国实际去选择不同的模式。这便促使人们从哲学理论的高度进行新的探讨。结果发现，不能仅仅从形式的意义上去理解生产关系，其对生产力来说固然是形式，而就它本身而言，也还有一个内容和形式的统一问题。形式和内容的区分是相对于一定的范围和条件而言的，不能把它们绝对化。生产关系作为一种物质利益关系，其内容主要是规定着这一关系根本性质的一些基本原则，但这些原则还需要通过各种具体规定和要求体现出来，这便是生产关系的具体实现形式。一定的内容可以通过不同的形式展现出来，一种生产关系也完全可以有各种不同的具体实现形式。具体到社会主义生产关系，当然也不可能只有一种"模式"。所谓模式，也就是它的具体实现形式。正是基于这样一种认识，人们开始把"制度"和"体制"作为两个相互对应的概念来看待，确认一种制度可以采取各种不同的体制。

有了对生产关系的这种新的、更进一步的认识，并区分了"制度"和"体制"这两个相互联系但又各不相同的概念，我们才得以正式提出"体制改革"这一目标，并以此作为社会主义改革的基本任务。既然社会主义生产关系可以从根本制度和具体体制的统一来把握，那么在社会主义的生产力与生产关系的矛盾运动中，生产关系对生产力的不适合的问题究竟出在哪里呢？看来不是简单的"某些环节和方面"的问题，而是社会主义生产关系的具体实现形式，亦即它的具体体制不适合。我们过去参照苏联模式所建立的那套高度集中的计划经济体制，存在着严重的弊端，不能适应现阶段我国生产力发展的实际水平和要求，它作为社会主义生产关系的传统的实现形式，严重地妨碍了社会主义生产关系的本质内容的真正展现，妨碍了社会主义优越性的真正发挥。所以，我们的改革必须以变革这种旧的实现形式或体制为主要目标，而不仅仅是像过去所提的那样只限于生产关系的"某些环节和方面"。而这样一来，也就开始明确了我国社会主义改革发挥其动力作用的一个基本的力度要求：它必须在体制方面实现一个新的转变，建立一种更为适合的新体制以取代旧体制，亦即为社会主义生产关系寻找一种新的实现形式。社会主义改革要想有效地发挥自己的动力作用，就必须达到这样的力度。

体制改革的目标在于变革旧体制而建立新体制，但是，在过去一个时期的改革实践中，仍有一个问题是人们不太清楚的，这就是我们究竟要怎样变革旧体制，通过这种变革建立一种什么样的新体制。在改革初期，我们只是试图在保证计划经济的前提下加入市场经济的因素，即所谓"以计划经济为主，市场调节为辅"。在此之后，又渐次提出"有计划的商品经济"，"计划与市场相结合"。这样一些对体制改革的具体构想，实际上并未脱出以计划经济为特征的旧体制的窠臼，所谓新体制也只能是在旧体制基础上的修补和翻新。而党的十四大在这方面所取得的突破性进展，就是正式提出了建立社会主义市场经济新体制的构想，从而最终抛弃了旧的计划经济体制的模式。在此基础上，十四大报告才特别强调了这一思想：我们的改革不是对原有经济体制的修修补补，而是经济体制的"根本性变革"。这就是说，我们必须从根本上彻底地、完全地改变旧体制，重新建立一种与旧体制根本不同的新体制。市场经济体制的构想与"根本性"变革要求的提出，将改革动力作用的力度要求又向前推进了一步，即它所要完成的旧体制向新体制的转变必须是"根本性"的转变，这样才能保证它的动力作用真正到位。如果达不到这种"根本性"的要求，那么改革应有的动力作用就难以实现，而改革本身也难以取得成功。

我们强调对旧体制实行"根本性的变革"，会不会动摇社会主义制度本身呢？一些好心的人们抱有这样的疑问。而若从哲学的高度了解了生产关系本身的内容和形式的关系，并像我们上面所指出的那样弄清了制度和体制的关系，就会明白，这种所谓"根本性变革"仅仅是在体制的意义上说的，是在社会主义生产关系的实现形式的意义上说的，并不会动摇作为它的基本内容的根本制度。形式当然会对内容产生影响，但我们的改革恰恰是要破除那种不利于内容的旧形式，为社会主义生产关系探寻更有利于它的新的实现形式。作为社会主义生产关系实现形式的具体体制是要从根本上加以变革的，而作为社会主义生产关系基本内容的根本制度是不能动摇的，由此便产生了对我国社会主义改革的双重规定，而这也就是我国改革在发挥其动力作用时的双重力度要求。

此外还应说明的是，我们以上侧重从生产关系的角度阐述改革的双重规定和彻底性，而上层建筑方面也同样存在这一要求。上层建筑也有一个内容和形式的关系，一种政治制度，需要通过各种具体的政治体制表现出来。而既然作为经济基础的生产关系需要在体制上进行根本变革，那么上层建筑也必须相应地变革其体制。我们在把握改革动力作用的彻底性力度要求时，也不应忘记这一方面。

二、改革也是解放生产力

改革作为社会主义社会发展的重要动力，不仅表现在它直接推动着作为社会主义生产关系实现形式的经济体制以及其他各方面体制的变革，而且还要进一步体现为对生产力进步的推动作用。如果说前面对于改革的双重规定及其彻底性的分析，是从生产关系以及上层建筑等方面的变革着眼看改革动力作用的力度要求，那么在这里，则是要进而从生产力的进步着眼来看改革动力作用的力度，即它对生产力的进步应该起到怎样的推动作用，亦即在什么程度上起到这种作用。这方面的力度要求，不是别的，正是"通过改革解放生产力"，其关键点在"解放"二字上。

对于这一问题，我们过去的确是认识不够的。正如邓小平同志所说的，往往只讲在社会主义制度下发展生产力，不讲通过改革解放生产力。"解放"是与"束缚"相对而言的，说社会主义生产关系还存在"束缚"生产力的问题，还需要进行"解放"，这在过去是人们难以接受的。就是在改革进行了很长一个时期以后，仍然有不少人对此表示怀疑，觉得有否定社会主义之嫌。原因何在？从理论上说，这在很大程度上是由于不了解生产关系的本质内容与它的实现形式之间的关系，不了解制度和体制的区别和联系。过去往往把生产关系仅仅看作生产力的形式，对生产关系本身的内容和形式还没有加以区分，把制度和体制还看作是一回事。这样，如果要说到"束缚"生产力和"解放"生产力的问题，必然要涉及对社会主义生产关系和社会主义制度本身的根本评价，而这当然也就难以说通。

如今，当我们进一步认识了生产关系不仅是生产力的社会形式，而它本身也有一个基本内容与实现形式的关系；认识了一种制度可以有各种不同的具体体制，制度和体制的关系可以从内容和形式的角度去把握的时候，这个问题应该说就不难解决了。我们说通过改革解放生产力，是针对我国社会主义生产关系的具体实现形式亦即具体体制而言，并不涉及社会主义生产关系的本质内容和根本制度。社会主义生产关系从根本性质上说是适合生产力发展要求的，是为生产力的发展开辟了广阔前景的。但是，我国生产关系所采取的那种旧的实现形式或体制是不适宜的，它妨碍了社会主义生产关系的优越性的发挥，束缚了生产力的发展。我们所进行的社会主义改革，就是要打破旧体制对生产力的这种束缚，从而使生产力解放出来。由于旧体制的不适合已经不是某些部分和方面，而是整体性的不适合，对这种旧体制的改革不是部分的修补，而是根本性的变革，那么对生产力而言，完全可以说是一次"解放"。这一解放的成果，就是真正促进我国生产力的迅速发展，到本世纪末实现"翻两番"，并在此基础上尽快实现社会主义现代化的宏伟目标。而在旧体制的束缚下，这一目标是很难实现的。

特别需要指出的是，由于我们过去一个时期中不懂得生产关系还有一个自身实现形式亦即具体体制的问题，因而也就无从了解这种实现形式或体制在生产力与生产关系矛盾运动中的作用和意义。人们曾以为，只要社会主义生产关系作为一种根本制度而得到确立，它的优越性就会如人们所期望的那样展现出来，从而迅速推动生产力的发展。其实不然。社会主义几十年的实践已经证明，如果我们不能从生产力的具体实际出发，为社会主义生产关系寻找到真正适合的实现形式，不能为社会主义制度选择一种真正有利的具体体制，那么社会主义的优越性就会受到压抑而不能很好地得到发挥，社会主义的基本原则还有可能受到各种扭曲。这样一种受到压抑的、扭曲了的社会主义生产关系，也就无法起到对生产力的积极促进作用，相反还会妨害生产力的发展。这个认识是我们经历了多年的曲折才达到的，而我们现在的问题也正是出在这里。如今，我们若不能通过改革解决这个具体实现形式或体制的问题，我们的社会主义制度就无法站稳脚跟。

革命是解放生产力，改革也是解放生产力。这两个"解放"当然是有着不同的内涵的：前者是针对已经从根本上不适合于生产力的整个生产关系和社会制度，是通过这种生产关系和社会制度本身的根本性变革而达到的；而后者则是针对社会主义生产关系的不适合的具体实现形式或具体体制，通过对这种实现形式或体制的根本性变革而达到的。但两个解放的共同之处，在于都是要大大推动生产力的发展和进步。因此，我们把解放生产力作为改革动力作用的进一步的力度要求，它的动力作用必须也应该在这个力度上发挥出来。这一力度要求，与前述双重规定及其彻底性的力度要求，是完全一致的。

三、改革是一场新的革命

在考察我国社会主义改革动力作用力度要求时，还有一个十分重要的观点必须注意，这便是关于改革是一场新的革命的观点。邓小平同志曾多次提到这一观点，而党的十四大报告则用了大段篇幅对此加以阐述，将这次改革同建立新中国的革命相提并论。这个评价当然是相当高的。而这同时也就是对改革的动力作用提出了很高的力度要求。

一些同志对"革命"这个概念存在疑问。一谈到革命，往往使人联想到武装斗争、暴力冲突、政权易位、一个阶级推翻另一个阶级的统治。我们过去所经历的那场革命，正是这样的革命。而改革，也能称之为革命么？为了正确地认识问题，有必要首先弄清革命这一概念。的确，历史唯物主义所讲的革命，亦即社会革命，原本是有着特定的涵义的。所谓社会革命，是指社会形态的质变，一种社会形态向另一种社会形态的转变。这种社会革命包括社会经济、政治、文化等全方位的根本变革，其中政治革命是首要环节，即所谓革命的首要问题是政权问题。而政治革命又往往是通过暴力革命的形式进行的，当然也不排除非暴力的形式。但是，"革命"这一概念又具有狭义和广义两种含义，历史唯物主义通常所讲的社会革命只是它的狭义的含义。从广义来说，革命又可以泛指各种广泛和深刻的变革，例如我们通常所说的技术革命、思想革命等等。事物在发展过程中产生有重大意义的、划时代的变化，都可以称之为革命。这样，当我们依据革命的双重含义来看待我们所经历的两次"革命"时，就会发现：第一次革命亦即毛泽东同志领导的创建社会主义新中国的革命，是从狭义的革命即历史唯物主义的社会革命的含义上说的，它是社会形态的质的变革。而第二次革命亦即以邓小平同志为总设计师的社会主义改革，则是从广义上说的，是广义的革命。我们所进行的改革虽然并不是社会形态的质变，也不是一个阶级推翻另一个阶级，但它对我国社会发展的影响，的确是十分广泛和深刻的，就广义而言称得上是一次"革命"，或者说应该成为一次革命。

改革对我国社会发展的深刻影响，首先表现为它要完成旧的经济体制的根本性变革，即由高度集中的计划经济体制转向社会主义市场经济体制。而随着经济体制的根本变革，政治体制和其他方面的体制也要进行相应的变革。虽然这些变革不会动摇社会主义的基本制度，但在具体体制的领域里，无疑具有最深刻的意义。其次，改革不是要一般地促进生产力的发展，而是要打破旧体制对生产力发展的束缚，从而"解放"生产力。其结果，就是尽快实现社会主义现代化。因此，对我国经济建设和生产力的发展来说，改革无疑也具有极其重大的意义。再次，对于社会的思想文化领域，对于社会风气、社会心理、价值观念、生活方式等各个方面，改革都将产生全方位的影响，促使社会的精神面貌发生巨大变化。特别是过去几十年历史遗留下来的某些惰性心理沉积和旧的计划经济体制下形成的一些扭曲观念，将在改革的洪流中受到猛烈的冲刷。最后，从总体上说，改革是建设有中国特色社会主义的必由之路，通过改革，我们将为社会主义的现实发展开辟出一条全新的途径，这不仅对我国社会主义社会，而且对整个世界社会主义运动都将产生划时代的历史影响。改革作为一场革命，其意义最终在此。

明确了改革的革命意义，我们在把握改革动力作用的力度时，就必须从这个革命的高度来着手。如果说前述双重规定及其彻底性的要求是从体制本身而言的对改革动力作用的力度要求、解放生产力是从生产力发展的角度对改革动力作用的力度要求，那么这里所说的改革也是一场革命，就是从整个社会进步的高度对改革动力作用的力度要求。我们正在进行的改革肩负着如此重要的使命，它对我国社会发展的动力作用只有按照以上各个方面的力度要求去发挥，才能真正到位。对此，我们要有一个充分的认识，并要以真正坚决、彻底的态度，投入到改革的实践中去。

（原载《求是内部文稿》1993 年第 10 期）

社会改革"软着陆"的战略分析

(1996年3月)

中国现阶段正在进行的体制改革,是一场涉及社会各个领域的全方位的深刻变革。而对于这场改革来说,能否在相对平稳的状态下顺利推进并最终达到预期的目标,亦即实现"软着陆",是一个具有特殊意义的战略课题。对此,我们必须做出科学的研究,并采取正确的对策。

一

就一般规定而言,社会改革之区别于社会革命,在于它并不是要从根本上改变社会制度的性质,不是要完全推翻一种社会形态而建立另一种社会形态,而是在承认一个社会的基本制度、在维护一种社会形态的基本结构的前提下,针对某些具体环节和方面进行调整和改变,或者更替和改换社会基本制度的具体实现形式,亦即所谓社会体制。与社会改革的这一规定相适应,其进行方式通常是在国家权力中心的统一组织或支持下有计划地进行的,亦即所谓"自上而下",而不像社会革命那样往往是"自下而上",以一个阶级推翻另一个阶级的统治为前提。因此,如果说社会革命大多会引发全社会范围内的剧烈对抗直至诉诸暴力,那么社会改革则显得相对和缓,一般不会破坏社会的基本秩序,相反却是在维护这种基本秩序的条件下展开的,至少在总体上看是如此。

但是,确认社会改革在总体上不破坏社会的基本秩序,并不就意味着改革不会引起各种矛盾和冲突,不存在局部秩序破坏及发生动荡的可能性。改革毕竟是要对社会结构的某些环节和方面或者对社会的具体体制做出调整和改变,而这必然会触动人们之间既定的利益关系格局,于是一定范围内的矛盾和冲突就是难以避免的了。虽然这些矛盾与冲突并不具有根本利益对立的性质,但若缺乏适宜的控制或处置不当,仍有可能趋于激化,以致造成局部的对抗和动荡。此外,社会改革毕竟在维护社会基本秩序的条件下涉及某些具体秩序的变动,而新旧交替又难免有一个过程,这一过程如果控制不利,也会出现一定程度的混乱,加剧各种冲突和局部动荡。一般说来,社会改革过程中出现矛盾激化和局部动荡的可能性与改革本身的深刻程度成正比,改革越深刻,涉及的问题就越复杂,上述可能性也就越大。这一点,在中外历史上的各类改革中有着充分体现。

考察一下现阶段中国改革的任务和目标,不难确认它正是属于社会改革范畴中最为深刻的那一类。这场改革并不只限于对社会结构体系的某些具体环节和方面的修修补补,而是涉及作为社会基本制度的具体实现形式的社会体制的根本转换。首先是彻底革除过去那套高度集中的计划经济体制,代之以适合于生产力发展要求的社会主义市场经济新体制;在此基础上,还要完成政治体制、思想文化体制及其他各方面社会体制的相应变革。正因为我们的改革所要完成的是社会体制层面上的根本性的深刻变革,邓小平同志才将其称为"中国的第二次革命"。而这样一场极其深刻的社会改革,必然伴随着相应程度的风险,整个进程的控制有着很大的难度,如果搞得不好,很容易引起这样那样的动荡和混乱,乃至对社会基本秩序造成冲击。对此，我们必须有一个清醒的认识。

　　社会改革进程中的风险固然不应动摇我们改革的决心，但在推进改革的过程中尽可能妥善地处理各种矛盾和冲突，尽量减少和防止各种动荡和混乱，却是绝对必需的。这些动荡和混乱不仅会妨害社会经济及其他各个领域的正常运行和发展，从而使社会为改革付出重大的代价，而且也往往会导致改革本身的曲折和延误，直至中断和出轨。因此，社会改革中必须采取正确的对策，力求平稳推进，实现"软着陆"。而若考虑到现阶段中国改革的特殊处境，这一要求更是具有特殊重要的意义。

二

　　社会改革进程中客观存在着发生局部动荡和混乱的可能性，正确的选择应是尽力控制这种可能性，努力使改革平稳推进，实现"软着陆"。而要探讨适合于这一战略要求的正确对策，就必须对社会改革进程中的一系列相关因素进行分析，认识它们的不同作用和影响。当然，这里不可能面面俱到，而只是指出以下一些重要方面。

　　其一，社会对改革的接受程度与思想动员。一种社会改革能否顺利推进并平稳地实现目标，首先取决于各个阶层的社会成员在何种程度上赞同和接受改革的宗旨，以及对改革提供何种程度的支持。特别是像中国现阶段这样极其深刻的改革，离开广大社会成员的赞同和支持是不可想象的。而社会对改革的接受程度，又直接与思想动员的程度相关联，后者的任务就是借助于理论探讨、舆论宣传、信息沟通和教育灌输等手段促使公众了解改革，认识改革，正确对待改革。思想认识当然不等于一切，但解决思想认识问题却无疑是首要的前提。思想动员越充分，社会对改革的接受程度就越高，而改革的进程就越会趋于平稳。相反，思想动员不充分，社会接受程度低，改革的进程就很容易出现曲折和动荡。

其二，社会改革中的利益冲突与疏导设计。改革中的利益矛盾和冲突在所难免，如果不欲这些矛盾冲突激化而发生动荡，就只能通过疏导设计来解决问题。进行宣传教育固然也是一种疏导，但更重要的是以利益手段疏导利益冲突。这就需要开渠引水，视情况使冲突中的利益得以分流、转移、替代或补偿，从而尽可能化解冲突。这种疏导设计得越合理，工作落实得越具体，改革中的利益矛盾和冲突就越能得到控制，从而改革进程中的稳定性系数也就越大。反之，如果不重视或没有能够进行这种疏导设计，或者虽有设计但不够合理，抑或这方面工作未能很好地落到实处，那么就难以有效地防止改革中的利益冲突的激化，难以保证改革进程的平稳和顺利。对于这方面因素的基础性作用，应当给予充分的评估。

其三，新旧交替的"序间状态"与特别处置。改革过程中新旧两种秩序交替所造成的社会运行的非规范状态，可以称为"序间状态"。这种序间状态能否得到控制，它会在何种程度上导致混乱而影响社会改革的稳定进程，取决于针对这种状态所采取的处置方式。在新旧两种秩序交替的情况下，当然可以继续借助原有机制的某些积极作用，同时争取使新的机制尽快投入运行；但仅靠这些显然是不够的，还需要设立这样那样的特别处置系列（从政策、法规到机构、组织等），作为过渡性、临时性手段，专门应付那些难以靠正常机制处理的过渡性、临时性问题，使之不至于非正常地扩张和造成恶性后果。这类特别处置系列设立的情况如何，其作用发挥情况如何，都直接关系到改革进程的平稳程度。

其四，社会的承受能力与改革推进速度。社会改革特别是根本性的体制改革要打破原有的为人们所熟悉、所习惯的旧体制、旧秩序、旧的利益关系格局，而代之以人们不熟悉的、陌生的新体制、新秩序和新的利益关系格局，公众在心理上必然要经历一个逐步调谐和适应的过程，即使在思想动员较为充分的情况下也是如此。这里便遇到了通常所说的对改革的心理承受能力的问题。此外，改革方案的推行和实施还会遇到各种物质条件的制约，包括可能投入的物力、财力，各种非正常损耗的补偿和消化能力等；从主体方面说，还有一个对改革的具体方案的把握和操作能力的问题。这些均可归属于社会对改革的承受能力的序列。而与社会承受能力直接相关联的，是改革的推进速度，社会改革是以较快的速度展开，还是以较慢的速度进行，是采取"闪电式"方法，还是"渐进式"方法，在不同的社会承受能力的情况下，其效应是很不相同的。这方面的因素，无疑对改革进程的平稳程度影响极大。

其五，社会的应变准备和强制性力量的威慑，也是一个不可忽视的重要因素。尽管采取了各种措施，但改革进程中发生某种混乱和动荡的可能性仍然存在，这就要看社会应付突发事件和突然变化的准备状况如何，以及能否利用必要的强制性力量及时钳制事态，防止其进一步扩大，并将问题解决在初始阶段。如果这方面准备不足或力量不够，一旦发生事变，便会难以应付，直至局面失控，演化至不可收拾的地步。这方面有着不少历史的教训，要保证社会改革的平稳进行，不能不引以为鉴。

三

根据以上各方面的分析，我们可以为社会改革的平稳推进并最终实现"软着陆"提出一些基本的对策思路。

首先，必须充分利用一切舆论和宣传教育手段，大力进行思想动员，以真正使改革深入人心，尽可能地提高社会对改革的认识和接受程度，争取广泛的社会支持。其次，必须特别做好两方面的工作：既然改革过程中的利益矛盾和冲突需要借助于疏导设计来解决，那么就应尽可能合理地进行这种设计，包括利益分流、转移、替代或补偿等；既然新旧交替的"序间状态"需要依赖特别处置系列来应付，那么就应有针对性地设立这种系列，并使之充分发挥作用。再次，在改革的推进速度方面，应恰当估计社会承受能力，一般应采取"渐进式"而逐步展开。最后，在采取以上各种对策的基础上，还应做好应变的准备，并保持足够分量的强制性威慑力量，保证及时控制可能出现的不利局势。

考虑到现阶段中国改革的深刻性质，以及与之相对应的风险程度，这些基本对策尤应予以特别的重视。中国改革风险大，控制的难度大，以上每个环节都必须加倍地下功夫，任何一个环节气力不到，都有可能功亏一篑，影响"软着陆"战略的实现。

从以往十多年改革的进程看，应该说我们大体上是遵循了上述对策思路的。重视思想动员是我们的历史传统，在这场改革中我们充分发挥了这一传统优势，大力进行宣传教育，唤起了广大干部群众的改革热情，使亿万人民积极投入到改革中来。从改革一开始，我们就注意做好利益疏导工作，谨慎处理各种利益冲突，帮助群众排忧解难；如农村实行联产承包责任制时注意帮助贫困户，城市改革中注意解决部分国有企业的实际困难，在改革劳动用工制度的过程中注意为下岗职工广开就业门路，在机构改革过程中注意做好人员分流工作等等。虽然这方面还有很多不足，但毕竟做了相当的努力。针对改革过程中新旧秩序交替的序间状态，我们也注意采取了各种过渡性的特别措施，集中解决一些过渡性的特殊问题，如企业债务问题、市场秩序问题、商品质量问题、物价问题、"三乱"问题等。而从改革推进速度看，我国改革采取的正是"渐进式"，从农村到城市，从经济体制到政治体制，从重点突破到全面展开，十多年来一步一个脚印地逐步走向深入。实践也证明，我们具有必需的强制能力，应变准备也较为充分。正是由于在以上各个方面均采取了比较正确的对策，花费了较大的气力，我国的改革才得以比较平稳地向前推进，十多年来基本上保持了"软着陆"的良好势头，得到了国内外的充分肯定和赞誉。

然而，在对以往的进程做出上述肯定的同时，我们又必须清醒地看到我国改革在今天所面临的新的问题和挑战，看到我们工作中的疏漏和不足。形势并不容许我们过于乐观。目前我们的经济体制改革已进入攻坚阶段，即要在继续进行健全市场体系和发展完善新的宏观调控体系的同时，改革国有资产管理体制和建立现代企业制度，使国有企业最终成为真正的市场主体。攻克了这一难关，我们就能在世纪之交初步建立社会主义市场经济体制的基本框架，而政治体制改革和其他方面改革亦将获得新的支点。但是，现在的问题是，人们对国有资产管理体制改革和建立现代企业制度的认识存在着相当程度的模糊和混乱，对国有企业的困境众说纷纭；国有企业改制所要解决的企业债务问题、冗员问题、"办社会"问题等，都涉及十分复杂的利益矛盾和冲突，此外贫富差距、分配不公问题已成为公众反应强烈的热点；"序间状态"中，物价涨幅仍居高不下，各种危害性的投机活动屡禁不止，而以权钱交易为突出特征的腐败现象四处蔓延；社会对新一轮改革的心理承受能力不好确定，财力、物力也都不充裕。所有这些问题构成现实的不稳定因素，对改革的继续平稳推进形成威胁。在一些地方，甚至还出现了表面化的事态。

面对改革进程中的这些新的问题，我们必须按照"软着陆"的基本对策思路，在各个环节上进一步加强努力。要加强对改革特别是国有资产管理体制改革和现代企业制度的研究和宣传，加强与社会各层次的沟通和分流，尽可能地消除各种认识模糊和混乱；要特别重视和处理好国有企业改制过程中的利益矛盾，通过加快建立新的社会保障体系以及各种疏导措施化解这些矛盾；对贫富差距过大和分配不公问题，应通过深化分配体制改革和利用税收调节等手段予以解决；要进一步重视和自觉设立各类特别处置系列，重点解决好物价问题和经济秩序等方面的问题，加大反腐败的力度；要继续把握目前攻坚时期的改革推进速度，并为在新的市场经济体制基本框架的基础上社会改革在各个领域的进一步扩展做好准备。鉴于各种不稳定因素的存在状况，应对可能发生的各种事态随时保持警觉，一有发现，及时处理。总之，要通过以上各个方面的努力，尽量消除和防止出现某种动荡和混乱的可能，确保改革继续平稳地向前推进。

即将进入21世纪的中国改革还将面临许多十分艰巨的任务，但应该相信，只要我们采取了正确的对策，这场改革就一定能够比较顺利地达到既定的目标，最终实现"软着陆"。

（原载《新视野》1996年第2期）

对外开放：后发展国家的矛盾境遇和对策

（2005 年 5 月）

在现代社会发展中，对外开放已经成为多数国家外部战略的基本方针。因为只有采取对外开放的方针，与国际社会开展积极的交流与合作，才有可能做到利用国际关系中的有利因素促进国内社会的发展；同时，也只有借助于对外开放，才能将国内社会发展的成果融入国际社会发展的总进程，从而为整个人类社会的进步做出应有的贡献。但是，在探讨对外开放方针的具体实施问题的时候，我们还应特别关注一种特殊的情况，这便是后发展国家在对外开放中的矛盾境遇。特别是在全球化的新的进程中，这方面问题更加突出；这便要求后发展国家在实行对外开放的方针时采取特殊的对策措施，以利于这一矛盾的解决。

一

考察一下后发展国家所处的具体实际，不难看出一个明显的事实，即实行对外开放的有利和不利之处对这些国家来说同样突出。

一方面，实行对外开放的方针对这些国家有着特殊的积极意义。这主要是因为后发展国家的国内社会发展处于相对落后的地位，实行对外开放可以为这些国家提供直接吸收和借鉴国际社会发展的积极成果，大大加快国内社会发展的可能性；这是一种特殊重要的历史契机，也是后发展国家的"后发优势"得以发挥出来的现实途径。全球化时代的到来，更是为后发展国家的发展提供了新的机遇，使它们得以有更多的途径融入国际社会发展的总进程。社会发展的具体方式中，除了各种常规方式之外，还包括"外引式"发展、"跨越式"发展等特殊方式；后发展国家所处的特殊地位，在总体上可以说是适合于这些发展方式的，如果能够恰当地加以应用，必定会收到良好的效果。而要采用这些发展方式，就必须借助于对外开放，只有在外部战略中采取对外开放的方针，才能为这些发展方式的应用提供必要的条件，否则一切都谈不上。这就是为什么后发展国家更加迫切地需要对外开放的原因。

但是另一方面，我们又要看到，实行对外开放的方针对后发展国家来说又有着特殊的风险。这同样是因为后发展国家所处的相对落后的地位，使得它们在国际交往和竞争中属于弱势和相对被动的一方，比较容易受到侵害。首先是经济技术水平较之发达国家有明显差距，在国际经济交往中缺乏应有的竞争力，在外来的压力下必然会遇到很大的困难。在政治和文化等领域里，也会不同程度地遇到类似的问题，对后发展国家的政治、文化发展造成压力。全球化进程在给后发展国家带来更多机遇的同时，又会给它们带来更大的挑战，因为这一进程毕竟主要是以西方发达国家为主导的，在不合理的国际经济秩序下，难免会加剧世界经济发展的不平衡和全球不平等，扩大贫富差距，甚至使发展中国家的经济安全受到威胁。西方发达国家在凭借自己经济发展的优势主导着经济全球化的同时，也必然要在政治、文化等领域的全球化进程中极力推行自己的规范和主张，以自己的观念、准则为尺度裁决他人，甚至采用各种压力手段强加于人。当前世界政治格局中霸权主义和强权政治的各种行径，以及西方意识形态通过各种途径和方式在全球范围的极力扩张和渗透，已是有目共睹。这种情况，自然不能不引起人们的疑虑和担忧。

二

面对这样一种特殊的矛盾境遇，后发展国家在实行对外开放的方针时，究竟应该怎样做呢？无疑地，后发展国家必须更加积极地致力于建立和维护公正合理的国际秩序，坚决反对各种形式的霸权主义和强权政治，反对打着"人权"和"人道主义"的旗号肆意践踏别国主权，努力为自己的对外开放创造一种较好的外部环境。而与此同时，后发展国家还必须依据自己的特殊实际，有针对性地采取特殊的应对措施，以更好地达到趋利避害之目的。在这里，需要特别指出以下几点：

第一，后发展国家应在坚定不移地推进对外开放进程的总的前提下，从本国实际出发对这一进程的具体展开进行主动调控。这里既包括对开放的具体领域进行调控，也包括对开放的具体时机进行调控。从总的趋势上说，开放当然应该是涵盖社会各个领域、各个方面，应该是全方位、多层次的开放；但在一定的发展阶段上，哪些领域能够开放，哪些领域暂时还不能够开放，如果要开放的话，又开放到何种程度，都是要根据国际国内的具体条件来决定的。同样，从总的趋势说，开放的广度和深度必然是不断拓展的，但在一定的时期内，开放的具体步骤是怎样的，先开放什么，后开放什么，何时开放，也都是要根据各方面的具体条件来决定的。这里的关键是要看实际效果，而不是为开放而开放；要通过这种主动调控，尽可能地将对外开放的积极作用发挥出来，同时又能够将随之而来的不利影响压减到最低限度。切忌不顾实际条件的许可，盲目地实施开放，结果将对外开放的主动权拱手让出，使自己处于被动地位。

第二，在实施对外开放的过程中，必须对国内的某些特殊资源采取特殊的保护措施，防止出现恶性开发和非正常的流失。由于后发展国家的生产力水平相对较低，在国际竞争中往往处于劣势；为了开展对外贸易，常常不得不借助于本国所具有的各种矿藏、森林、动植物等自然资源，以低附加值的初加工形态廉价出口，以换取国内经济发展所需要的先进技术和设备。同时，发达国家实行产业转移，将某些在本国已逐渐失去优势的传统产业转移到后发展国家，从而得以更为直接地利用后发展国家的廉价资源和劳动力；其中包括在后发展国家开办某些具有明显的负外部性的企业，对这些国家的环境和资源造成污染和破坏。所以，后发展国家借助于法律手段和政策手段，对自有资源特别是那些重要的战略资源采取特殊的保护措施，是十分必要的。当然，这决不是意味着全部管死，而是把握适度的原则，既要适应对外开放的需要，又要确保本国经济和社会发展的长远利益，将这两个方面的要求结合起来。那种片面理解对外开放的方针，在发展过程中只顾眼前利益、不顾长远利益，对国内资源的恶性开发和非正常流失采取听之任之的不负责任的态度，是十分有害的。

第三，不仅是对重要资源，对于目前还比较弱小、在国际竞争中易受冲击的某些重要产业，也应有适当的保护措施。而按照现有的国际规则，这方面是有一定的选择空间的，后发展国家应充分利用这一空间，为本国的产业发展争取较好的条件。当然，这里也有一个适度的原则，过度的保护不仅不利于对外开放，而且对于这些产业本身的发展来说也会产生很大的负作用。一般说来，对重要产业的保护措施主要应体现在对外开放的初期，这时国内产业需要有一段时间进行必要的调整和改造，进行参与国际竞争的准备。这个准备工作进行得如何，对于这些产业进入国际市场之后的处境有很大的关系。随着对外开放过程的展开，这种保护措施应逐步减少，鼓励国内产业中的各类主体积极参与国际市场的竞争，在竞争中不断改进技术、提高管理水平，最终壮大自己。同时，在对重要产业实行必要保护时，应准确评估这些产业的实际承受能力，所采取的保护措施应以这些产业既能够感受到竞争的较大压力但经过努力又能够承受得住这样一个尺度为宜。这种保护只能是一种辅助手段，而不能造成对保护的依赖，最终还是要依靠市场机制。

第四，对于开放过程中所面临的风险和可能出现的各种问题，要提早做好应对的准备，并尽可能地防止这些问题的发生。由于后发展国家经济和社会发展的基础相对薄弱，对外来冲击的防范能力不足，社会安全程度较低，因而受到各种侵害的可能性较大，所以必须未雨绸缪，以图有备无患。在这个问题上，发生在上个世纪末的亚洲金融危机就是一个典型的案例。虽然出现这场危机的原因涉及许多方面，但其中的一个重要原因，便是一些亚洲国家在开放金融市场的过程中缺乏应有的警惕，结果在这场危机到来时措手不及，吃了大亏。后发展国家应当从中汲取教训，进行认真的反思和研究。不仅经济领域是如此，政治、文化等其他社会领域也是如此，而且政治、文化等方面的问题可能更为复杂。我们应该从社会各个领域着眼，充分重视各项准备工作，提高抵御各种风险的能力，确保对外开放进程的顺利推进。

以上几点，都主要是着眼于如何应对对外开放过程中可能遇到的风险和问题，减少其对本国社会发展的不利影响；而与此同时，我们又要进一步强调，后发展国家决不应因为有了这些风险，便在对外开放的过程中畏首畏尾，退缩不前；即使遇到某些挫折，付出某些代价，也决不应该对对外开放的方针产生怀疑或失去信心。以上所讨论的各项措施，最终都是为了能够更好地推进对外开放，其目的是为了进，而决不是为了退；是前进中的防护，而不是消极避让。后发展国家应该通过既积极又稳妥地推进自己的对外开放进程，使自己的后发优势充分发挥出来，从而有效地促进本国社会发展。

（原载《理论前沿》2005 年第 9 期）

全球化问题：社会发展战略研究的关注点

(2002 年 1 月)

在新的世纪到来之际，全球化问题已成为世界范围内共同关注的热点问题。围绕这一问题，人们已经从不同的方面和角度进行了相当广泛的讨论；而在这里，本文则是打算从社会发展战略研究的角度，就当代中国社会发展进程中针对全球化问题的战略关注点做一些分析。

社会发展战略是一个包含多方面内容的综合体系，从整体层面上说，它不仅包括一个国家社会发展的内部战略，而且包括与内部战略相对应的外部战略，这两方面的战略本来就应是相互协调、相互结合的。而当人类社会的历史发展如马克思所指出的那样日益"向世界历史转变"①，不同国家和不同地区之间的相互联系日趋紧密，以至于形成现代意义上的全球化浪潮的时候，社会发展的外部战略的研究就愈是显示出其特殊的重要性，社会发展的整个内部战略的体系都必须密切注意与这种外部战略进行调谐。那么，对于当代中国社会发展来说，全球化问题的战略关注点究竟应该是怎样的呢？本文认为，可以从以下几个层次具体展开。

---

① 《马克思恩格斯选集》第 1 卷，人民出版社 1995 年版，第 89 页。

一、全球化的经济意义与我国经济发展中的对外关系

从现阶段的情势看来,所谓全球化还主要表现为经济全球化。虽然学者们对经济全球化所下的定义各有不同,但就其一般特征而言,应是资本、技术、劳务、商品等各种经济资源在全球范围内的自由流动和统一配置,包括生产全球化、技术全球化、金融全球化、贸易全球化等,使得世界各国的经济发展之间形成一种更加直接和紧密的内在联系。国外一些学者将这种联系称为"世界范围内经济活动的网络联系"①。从社会发展战略的角度观察这种经济全球化的趋势,当然首先应该从生产力的层次上着眼于其经济意义本身,研究其对于我国经济发展的实际影响,由此就外部战略中的对外经济关系做出讨论,并据此对我们的经济发展战略做出调整。

经济全球化究竟会给我们带来什么,目前存在着各种不同的见解和观点。在国际上,拥护全球化的主张与反全球化的要求针锋相对;而在国内的讨论中,也有这样那样的分歧。但总地看来,这样一种观点已渐成共识,即认为应从两个方面看问题。从积极的意义上说,要看到全球化有利于世界经济的总体发展和全球整体利益的增进,并给各个国家包括发展中国家的经济发展提供了新的机遇和条件。而从消极的方面看,全球化进程又主要是以西方发达国家为主导的,而发展中国家则处于弱势和相对被动的地位;在不合理的国际经济秩序下,全球化会加剧世界经济发展的不平衡和全球不平等,扩大贫富差距,甚至使发展中国家的经济安全受到威胁。就中国的情况而言,作为一个发展中的大国,我们的经济在经过改革开

---

① [德] 于尔根·弗里德里希斯:《全球化——概念与基本设想》,见张世鹏、殷叙彝编译:《全球化时代的资本主义》,中央编译出版社1998年版,第1—22页。

放 20 多年来的发展之后正在积极地走向世界。我们不断扩大开放，发展同世界各国的经济交往和联系，并通过这种开放的联系成功地促进了自己的发展。经济全球化的到来，应该说首先是有利于我，使我们能够有更多的机会汲取国外经济发展的好的经验和成果。但另一方面，我们也要看到，我们在全球化过程中必然会面临种种压力和风险；我们将不得不面对实力差距很大的全球竞争，同时还要面对由发达国家所主导的这种不合理的经济秩序，以及由此带来的种种不利后果。

　　面对这样一种复杂的情况，我们在对外经济关系上应该做如何考虑？首先应该从总体上明确，我国对外开放的方针不能也不应有任何的动摇。邓小平同志曾一再强调指出："经验证明，关起门来搞建设是不能成功的，中国的发展离不开世界。"[①] 在全球化浪潮到来之际，我们决不能采取消极退缩的做法，而必须采取积极进取的态势，抓住机遇，迎接挑战。因此，在这里，我们的战略关注点也就应从两个方面展开：一方面，应着眼于充分利用全球化所带来的一切有利条件，把对外开放提高到一个新水平，进一步促进我国经济的发展；要考虑如何才能争取到更多的途径和机会，以及更为优惠的条件，使我们能够更多更好地引进和利用国外的技术、资金等资源，同时更有利于我们发展外向型经济，实施"走出去"的战略。另一方面，又要研究和制定有效措施，尽可能地克服全球化进程中的各种不利影响；要考虑如何才能从生产、技术、金融、市场等方面着手，建立有效的控制和防护体系，保证我国的经济安全，同时尽可能地改变或减少全球化规则中的不公正性，维护国内经济各领域发展的合理权益。从现阶段的进展情况来看，应该说我们已经从这两个方面做出了积极的努力，特别是我国积极创造条件加入

[①] 《邓小平文选》第 3 卷，人民出版社 1993 年版，第 78 页。

WTO，在入世谈判中注意将原则性和灵活性结合起来，取得了较好的成果。但入世并不等于问题的完结，而且入世本身也要付出成本和代价。我们所面临的困难和压力仍然很大，许多实际问题还需要在入世以后的对外交往实践中进一步探索和解决。

与这一层次的外部战略相协调，经济发展的内部战略也应积极适应这种新的形势。这方面的战略关注点，应是如何尽快完成国内经济结构特别是产业结构的战略性调整，加快各个领域的技术改造和实力重组，同时力求形成高新技术领域的某种局部强势，为迎接全球化进程中的新的机遇和挑战做好准备。目前要特别重视利用加入 WTO 之前以及之后几年的有限的缓冲时间，做好相关领域和行业的调整准备和重组工作，以尽可能地增强对即将到来的外部冲击的承受能力。但这里应该指出，所有这些调整和重组，都必须从我国经济发展的实际出发，按照经济规律的客观要求去做，而不能过多地依赖行政手段；否则，就会事与愿违，甚至适得其反。而从总体上看，我们的经济发展战略应注意将以下两个方面有机地结合起来：一方面，我们固然要借助于全球化而更好地发挥我们的后发优势，尽可能地吸收国外的先进成果，力求实现某种程度的"跨越式"发展；而另一方面，我们又不能急于求成，要在增强经济发展的坚韧性上下功夫，要认识到我们将要面对的压力和冲击力会是很大的，只有依靠坚韧的努力，才能站稳脚跟，才能以此为基础而寻求发展，寻求"跨越"。这两个方面应该是一致和统一的。

二、全球化的体制形式与我国经济体制改革的对外接轨

经济全球化作为一种席卷全球的经济浪潮，不仅在狭义的经济发展的意义上包含着现代生产力发展的实在内容，而且还有着自己

特定的生产关系形式，亦即体制形式。因此，社会发展战略研究在这一问题上的关注点，就不能仅限于生产力层次上的经济发展本身，而且还应涉及它在生产关系层次上的体制形式，要从外部战略的角度研究我国的经济体制改革如何与国际接轨，以适应经济全球化的客观要求；而我国经济体制改革的内部战略，也要与外部战略的这一层次相协调。

任何一种生产力的形成，都需要借助于一定的生产关系形式，全球化当然不能例外。然而在这里，我们又遇到了一个颇具争议的问题：如何确认全球化的生产关系形式或体制形式？全球化是否就是"资本主义生产方式的全球扩散"？这个问题不弄清楚，就不能正确地认识和对待全球化，更谈不上从战略的高度研究我国经济体制改革的对外接轨的问题。

无疑，考察一下经济全球化的推进方式，的确可以看出作为这一浪潮的主导力量的西方发达国家正在力图将自己的规则和主张推向世界，并将自己的体制形式在全球范围内加以放大。但这里有一个关键性的问题，这就是必须将资本主义生产关系的制度内容与它的体制形式亦即市场经济体制区分开来。众所周知，对姓"社"姓"资"的不正确理解曾长期困扰着中国人的头脑，其中就包括将市场经济看作是资本主义，而将计划经济看作是社会主义。随着经济体制改革的推进，我们已最终突破了这一不正确的观念，对制度与体制的辩证关系有了一个比较科学的认识。从理论上说，生产关系本身可以区分为两个层次，即经济制度和经济体制。经济制度是一种生产关系的建构原则的凝结，而经济体制则是这些建构原则的实现形式；经济制度和经济体制之间属于内容和形式的关系。所谓社会主义和资本主义的"主义"性质，应从经济制度的层次去把握；而计划经济也好，市场经济也好，则都是属于经济体制的层面，如邓小平所说"都是手段"①，本身并没有主义之分。在现阶段，实践证明市场经济体制较之计划经济体制更能适合生产力的实际水平；所以，我们在经济体制改革中提出了社会主义市场经济的目标模式，就是要将市场经济体制与社会主义经济制度有机地结合起来。虽然市场经济体制长期以来一直是为资本主义所采用，但它同样可以作为社会主义经济制度的实现形式而为社会主义所采用。由此，我们在考察全球化进程时，也就不能简单地将其归结为"资本主义生产方式的全球扩张"；虽然西方发达国家是在资本主义基本经济制度的前提下将市场经济的体制形式运用于全球化，但这种体制本身毕竟不能等同于资本主义生产方式，而我国作为社会主义国家，也同样可以在社会主义经济制度的前提下，借助于同样的市场经济体制形式与国际接轨，加入全球化的进程。这一点，我们必须明确。

正是基于这样一种认识，我国社会发展的外部战略在生产关系层次上就应该有这样两个重要的关注点：一方面，我们当然要在经济全球化的过程当中继续坚持我们的社会主义基本经济制度，而不是没有原则地简单"趋同"，所以必须考虑如何采取措施，有效地维护这一原则，确保我们的制度安全。而另一方面，我们又要有明确的态度，在具体体制的层面上接受全球化的普遍形式，努力解决好社会主义市场经济新体制的对外接轨问题。这就要求我们在经济体制改革中认真研究和对待国外市场经济的体制建构、运行机制和具体做法，熟悉和了解国际通用的、确实为市场经济本身所需要的各种规则和惯例，从我国的实际出发，尽可能地加以吸收和借鉴。应该肯定，我们在这两个方面都已经做了许多工作，但从实际进展来看，仍有一些环节不够到位，特别是与国际惯例不符的做法还很多，

---

① 《邓小平文选》第3卷，人民出版社1993年版，第367页。

这对我们很不利。此外，在全球化进程中如何科学地处理好以上两个方面的关系，也还需要进一步研究。对于国外市场经济的体制形式，还有一些东西我们认识不够，仍然自觉不自觉地囿于姓"社"姓"资"的习惯性思维而予以排斥；这种情况，应该进一步加以改变。

与外部战略的这一层次相协调，我们在内部战略方面的关注点，则应放在如何面对全球化到来的新形势，进一步加速我国经济体制改革的总体进程，尽快攻克剩余的难关，完成计划经济向市场经济的根本性转变。我们要在经济体制的层面上与国际接轨，就必须尽快建立起社会主义市场经济新体制的基本框架。经过20多年的努力，我国的经济体制改革已经从各个方面全面展开并取得了重大成果，但仍有相当的路程要走。我们的市场体系还不够完备，一些领域的市场化程度还比较低，已有市场的运作也很不规范；我们的宏观调控体系还有待于进一步加强和完善，财税、金融、投资体制的改革还有待推进；我们的社会保障体系还在经历着艰难的"脱壳"过程；而我们在市场主体的塑造方面还很粗糙，特别是还未能取得国有经济改革的根本突破，国有企业还没有完成从行政纽带到经济纽带的转换。整个经济体制改革的这种状况，是难以适应全球化条件下经济运行的要求的，不仅对外接轨困难，而且面对更为复杂的国际竞争和各种风险，我们的企业缺乏应有的活力，整个体制的防范能力和控制能力也十分有限。所以，如果我们不能加速推进我国经济体制的改革，就难免会在全球化的进程中处于十分被动的地位。从战略上看，形势逼人，我们不能再有任何的拖延。

三、全球化的社会影响与我国政治、文化等领域的对外交流

目前正在迅速展开的全球化进程是否可以仅仅概括为经济全球化，是否还应包括政治、文化等其他领域的全球化，这在讨论中尚没有一致的意见。但已有许多学者对这一问题做出了肯定的回答，例如英国社会学家 D.赫尔德和 A.麦克格鲁等人在他们研究全球化的专著《全球大变革》中就特别强调："全球化最好被理解为一个多面的或者分化的社会现象。不能把它看作一个单一的状态，相反它指的是在社会活动的所有关键领域中不断全球化的相互联系模式。"[①] 国内也有不少学者赞成这种意见。我认为，全球化在本质上无疑应是一个包括社会各个领域在内的整体性的过程，经济全球化必然会相应地推动政治、文化等领域的全球化。而在现阶段，如果说全球化进程在政治、文化等社会领域中的进展还没有达到经济领域中的那种程度，但随着经济全球化的突飞猛进，它在社会其他领域的影响无疑正在十分明显地日益扩大。因此，对于社会发展战略的研究来说，我们对全球化问题的关注点也必须从经济领域扩展到政治、文化等其他各个领域。

有一种担心，似乎全球化在政治、文化等领域中会更多地导致消极后果。其实，这里同样应该首先看到它的积极意义。全球化以自己的更为直截了当的方式推动了政治、文化等领域中的国际交流与合作，这在总体上有利于人类社会在这些领域的发展和进步。经济活动在全球范围内跨国界、跨地区地广泛展开，大量的全球性问题的出现，不仅要求形成普遍规范的经济秩序，而且要求建立相对统一的政治秩序，要求在全球范围内相应展开各种方式的政治合作

---

① ［英］D.赫尔德、A.麦克格鲁等：《全球大变革——全球化时代的政治、经济和文化》，杨雪冬等译，社会科学文献出版社2001年版，第37页。

以及直接统一的政治活动。同时,文化领域的广泛交流与某种普遍接受的全球性文化也必然相伴而生,其中也包括这一方面的全球规则和统一秩序的形成。这些进展,无疑都有助于促使世界不同国家和地区的政治、文化发展超越自身的狭隘局限而汇入人类文明进步的大潮中来,对于发展中国家的政治现代化和文化现代化具有积极的促进作用。当然,另一方面,我们也的确应该认识全球化在政治、文化领域中的不利影响:西方发达国家在凭借自己经济发展的优势主导着经济全球化的同时,也必然要在政治、文化等领域的全球化进程中极力推行自己的规范和主张,以自己的观念、准则为尺度裁决他人,甚至采用各种压力手段强加于人。当前世界政治格局中霸权主义和强权政治的各种行径,以及西方意识形态通过各种途径和方式在全球范围的极力扩张和渗透,就是明证。这种情况,自然不能不引起人们的的疑虑和担忧。

全球化在政治、文化等领域中的影响是双重的,而社会发展战略的研究在这一层次上的关注点,也必须从外部战略的角度有针对性地展开。一方面,我们必须在政治、文化等领域的全球化的进程中坚持社会主义的政治制度和意识形态,维护国家主权和国家安全,努力推动建立公正合理的国际政治、文化新秩序,坚决反对霸权主义和强权政治,包括反对文化霸权主义,以及所谓"后殖民主义"和"民族虚无主义"等趋向。这方面,我们的脚跟要稳,立场要坚定,态度要鲜明。但是另一方面,我们又必须积极参与全球范围的政治、文化交流与合作,加强同世界各国的沟通和联系,协力解决各种全球性的政治、文化问题。对于国外政治、文化领域发展的积极成果,则要像对待经济技术领域发展的成果那样,大力地吸收和借鉴。这里应该强调,所谓人类文明成果应是一个全方位的整体概念,经济、政治、文化等各个领域都有自己相应的文明成果,都需要我们去吸取。那种抱着偏狭的态度将社会各个领域的发展割裂开来，将人类文明成果的概念片面地加以理解和对待的做法是十分错误的，也是行不通的。我们应充分利用全球化所提供的机会和条件，全面地吸收人类文明成果，在促进我国经济现代化的同时，相应地促进我国的政治现代化和文化现代化。

与这里的问题相关联，还有一个重要之点需要注意，这就是如何看待政治领域里的"主义"问题。应该明确，政治领域与经济领域的情况一样，并不是所有的东西都与"主义"的性质相联系。这里也应注意区分制度和体制两个不同层面，政治关系的建构原则凝结为一定的制度内容，体现着它的"主义"，而作为这些原则的实现形式的政治体制，则同样具有手段的意义。在全球化过程中，政治制度层面上的原则问题，我们当然不能含糊；但在具体体制的层面上，却有一些反映政治运行的客观规律的合理因素和具有普遍意义的科学性质的东西，可以供我们进行研究和借鉴。所以，在政治领域的对外交流中，我们应该善于辨别和区分不同性质的对象，采取不同的态度加以对待，而不能简单化。

对于社会发展战略的研究来说，在这一层次上同样有一个内部战略与外部战略的协调问题。从内部战略看，我们在这一层次的关注点应该是如何进一步推进我国政治领域和文化领域的发展，提高政治现代化和文化现代化的水平，以适应全球化条件下的政治和文化要求。我们必须下气力切实加强社会主义的民主和法制建设，加强社会主义精神文明建设，提高全民族的教育、科学、文化水平。其中，政治体制改革的进展尤其令人关注。我国的全面改革采用的是渐进式战略，首先在经济体制上深入展开，政治体制改革循序跟上。这一战略从总体上看是正确的，实践的结果也是成功的。从现阶段的进展看，我们应该尽快完成经济体制改革的最后攻坚，建立起社会主义市场经济的基本框架，然后以此为支点及时实现改革重点的转移，将政治体制改革的一些深层次问题真正提上日程。政治体制改革的深入开展会遇到更多复杂和敏感的问题，我们必须在战略上早做准备，确保成功。只有在继续完成经济体制改革的同时加快政治体制改革的步伐，将新体制的整体架构按照协调配套的要求尽早建立起来，才不仅为我国社会发展中的许多在今天看来颇有难度的问题的解决提供至关重要的硬件支持，而且也使我们能够以充足的活力应对全球化条件下复杂的国际环境，迎接全球化的各种挑战。

（原载《新视野》2002年第1期；收入北京大学马克思主义文献研究中心编：《马克思主义与全球化》，北京大学出版社2003年版）

可持续发展：后发展国家的特殊问题

（2005 年 7 月）

在有关社会发展战略的研究中，可持续发展作为一种基本的战略原则，已经得到广泛的肯定和认同。这一战略要求正确处理社会发展与环境保护之间的关系，既要通过自然环境的开发利用有效地促进社会发展，又要在社会发展的过程中有效地保护自然环境，努力实现这两方面问题的统筹解决。应该说，可持续发展的这些原则要求具有普遍的意义，后发展国家在制定自己的社会发展战略时，无疑也应努力体现这些要求。但是，从后发展国家的实际处境看，这些原则的实现又面临着一些特殊的问题，只有进一步明确认识，采取正确的对策，才有可能真正解决好这些问题，推动可持续发展战略的有效实施。

一

从一般意义上说，所谓"后发展国家"与"发展中国家"这两个概念，应属于同义词；而前者似乎更能体现这些国家在世界历史进程中所处的地位。如果我们由此出发，稍微具体地考察一下后发展国家社会发展的特殊实际，那么应该不难看出，这些国家在可持续发展战略的实施中的确有一些不同于发达国家的特殊问题。这些特殊问题主要表现在以下几个方面：

第一，作为后发展国家，它们面临着特殊的发展压力。在世界发展的进程中，后发展国家由于各种不同的历史原因而处于相对落后的地位；发达国家较早地实现了现代化，而后发展国家却迟迟未能完成这一历史任务。随着世界范围的交往和联系日益扩展，特别是全球化进程的不断推进，后发展国家越来越清楚地意识到自己与发达国家之间的差距，越来越感受到发展落后所带来的种种不利后果，从而越来越认识到加快发展的必要性和紧迫性，在发展方面的压力越来越大。在刚刚过去的20世纪后期，这个问题已经十分明显地突出出来；特别是随着新的技术革命的到来，发达国家又在第一次现代化的基础上进入了第二次现代化的过程，开始从工业社会转向信息社会，这就使得后发展国家与发达国家之间的差距进一步拉大，再次增加了这些国家的发展压力。在新世纪来临之时，世界银行发布的《世界发展报告》写道："在20世纪，人类生存条件比历史上任何其他时期都有更大的进步，全球的财富、相互联系和技术能力以前所未有的速度发展，不过……全球进步带来的利益分配是极不公平的。20个最富裕国家的人均收入是20个最穷国家人均收入的37倍——在过去的40年中差距扩大了一倍。"[①] 在这种情况下，许多后发展国家都把加快发展摆在了最重要的位置上，纷纷制定自己的发展战略，力图通过积极的努力缩小差距，逐步接近和赶上发达国家的发展水平。进入新的21世纪之后，信息革命的步伐越来越快，后发展国家的发展问题更是成为当今世界的最迫切的问题之一。面对这样一种特殊的发展压力，后发展国家的环境保护无疑遭遇到

---

① 世界银行：《2000\2001年世界发展报告》，中国财政经济出版社2001年版，第3页。

严峻的挑战。

第二，与发达国家曾经走过的发展道路相比，可持续发展的要求增加了后发展国家的发展难度。从历史上看，西方发达国家当年所走过的，是一条以"高生产、高消耗、高污染"为特征的发展道路。工业化为这些国家的社会发展提供了全新的动力，带来了经济的繁荣和巨大的财富，使它们得以成为"发达国家"；但是与此同时，发达国家的这些发展成果的取得，又是以对全球自然环境的前所未有的损害为代价的。它们在工业化的进程中大规模开采煤炭、石油及其他各类矿藏，生产了大量的工业制品，并将各种工业废料和人工合成化学物质抛向自然界。可以说，目前人类所面对的各种环境问题，主要是或者首先是由发达国家所带来的。即使到了现在，发达国家仍要依赖对自然环境的过度开发来维持自己的发展；无论是有害气体排放，还是自然资源消耗，发达国家都占有大部分的比例，它们是目前环境问题的主要责任者。据世界自然基金会最新发布的报告，美国、日本、德国、英国、意大利、法国、韩国、西班牙等国家至今仍有很大的"生态赤字"，它们的"生态足迹"明显超越了地球生态承载力。从平均数看，一名北美人对地球造成的"冲击"是一名欧洲人的 2 倍，是一名亚洲人或一名非洲人的 7 倍。① 正是因为发达国家所走过的这条发展道路在环境方面的成本太高，代价太大，所以后发展国家不能再继续仿照，而应该走将促进发展和保护环境结合起来的可持续发展的道路。但是从另一方面看，这也就在很大程度上增加了后发展国家的发展难度，使它们不能再像发达国家当年那样以如此方便的手段去获得自己的发展成果。尽管这样做从长远来看是有利的，对整个人类的生存和发展来说是必

---

① 世界自然基金会：《2004 年地球生存报告》，参见《北京科技报》2004 年 11 月 10 日。

需的，但对于后发展国家实现现代化特别是第一次现代化的发展目标，完成从农业社会向工业社会的转型这一历史任务来说，确实增加了多方面的限制。对于本来就已经与发达国家的发展拉开了很大差距、正面对着特殊的发展压力的后发展国家来说，这更是一种几近苛刻的要求。从某种意义上说，这也是一种历史的不公平，但又是一种不能不面对的不公平。

第三，由于不合理的国际经济政治秩序的存在，后发展国家的发展遇到许多障碍，同时也影响了它们解决环境问题的能力。发达国家借助于自己的经济和政治实力，在国际关系体系中处于核心地位；它们聚集了全球大部分的资金，掌握着先进技术，在国际经济交往中具有明显的竞争力，在国际政治和文化交往中则极力推行强权主义和霸权主义。而后发展国家则在这个国际关系体系中处于边缘和依附的地位，经济上受剥削，政治上、文化上也处处受制于人。联合国开发计划署在公开的报告中承认，"国际贸易规则也经常与发展中国家的经济利益背道而驰，并且无法限制发达国家的贸易保护行为，特别是通过反倾销措施和其他非关税壁垒实施的保护主义。平均来看，工业国从发展中国家进口商品征收的关税是从其他工业国征收关税的4倍。"① 特别应该指出的是，一些发达国家在大搞针对后发展国家的贸易保护主义时，还打出了环境保护的名义；它们利用自己在技术方面的优势，不顾后发展国家的特殊实际，对进口产品制定了种种严格的"环境标准"，限制后发展国家的产品进入发达国家的市场。实际上，正是由于发展受到阻碍，缺乏足够的技术和资金支持，以及必要的制度保证和其他社会条件，后发展国家的环境保护工作很难开展；即便它们认识到了保护环境的重要性，也

---

① 联合国开发计划署：《2002年人类发展报告：在碎裂的世界中深化民主》，中国财政经济出版社2000年版，第7页。

没有足够的能力解决好这方面的问题。加之在环保领域里，发达国家又是捷足先登，抢占市场，而后发展国家的环保产业起步艰难，力量薄弱，这就更是增大了它们解决环境问题的难度。

第四，如果说以上分析还只是从不同国家本身的情况着眼，那么我们无疑还应注意到另一个相关事实，这就是发达国家借助自己在国际竞争中的有利地位，掠夺性地换取后发展国家的初级产品，迫使后发展国家粗放式地大量开发自然资源；同时，还把许多污染严重的产业转移到后发展国家，对这些国家的自然环境造成危害。在这种不平等的交往关系中，最大的受益者是发达国家，而后发展国家却不得不承受环境方面的重大代价。

以上这些方面的问题，在各个后发展国家的社会发展实践中，都是普遍存在的，这便为后发展国家的可持续发展带来了不少的困难。特别是随着经济全球化的不断推进，世界各个地区和国家之间的交往越来越多，联系越来越密切，后发展国家在可持续发展方面所遇到的这些问题和困难也会越来越突出地表现出来。而面对这些特殊的问题和困难，后发展国家究竟应该如何应对和解决呢？

二

要在这些特殊问题和困难面前做出正确的决策，首先应该明确两点认识。其一便是在后发展国家迫切需要加快社会发展的情况下，究竟要不要重视环境保护的要求？特别是面对发达国家在环境开发和利用上已经形成的特殊利益，以及不合理的国际经济政治秩序所带来的障碍，是否可以放弃环境保护方面的努力，或者暂时把这方面的要求搁置起来，先集中力量解决发展问题，等发展起来以后再说？对于这个问题的回答，无疑应该是否定的。加快社会发展对于后发展国家来说当然具有特殊的重要性和紧迫性，后发展国家必须把发展放在一切工作的首要位置，尽快把本国的经济建设搞上去，把整个社会的发展搞上去，力争早日实现社会现代化，接近和赶上发达国家的发展水平。但是在这样做时，决不应以破坏人类所赖以生存的自然环境为条件，决不能只顾眼前，不顾长远；只顾自己，不顾子孙后代。那样做只能是杀鸡取卵，竭泽而渔，没有可持续性，前景可哀。发达国家所走过的"高生产、高消耗、高污染"的发展道路已经被证明是一条错误的道路，已经使人类为之付出了很大的代价，我们不应该继续重复它们的错误，使这种代价进一步加大。如果说当时人们对于环境问题的认识还十分不够，在对自然环境的开发和利用上还存在很大的盲目性，那么在这方面已经有了深刻的经验教训的今天，当可持续发展的要求已经成为共识，从而上升为普遍的战略原则的时候，我们没有理由再向后转，明知不可为而为之。如果那样，就是对人类也包括对自己的不负责任。至于发达国家从环境开发和利用上所获得的某些特殊利益，以及由此造成的历史性的不公平，则应该通过采取积极措施纠正已有的偏差、在环境保护和污染治理方面承担更多的责任、对后发展国家以适当补偿等方式加以解决，而不能以消极的方式去寻求"平衡"，那样只能造成恶性循环。对于国际经济政治秩序的不合理所造成的障碍，包括发达国家掠夺后发展国家的初级产品、向后发展国家转移污染产业等问题，也都应通过国际交往中的积极努力逐步加以改变和解决，而不能消极退缩，听之任之，更不能因此而放弃对环境问题的关注。

如果说后发展国家在加快发展的同时不能不重视保护环境的要求，那么第二，从另一方面说，后发展国家的环境保护，究竟应该做到什么程度，是否就应该同发达国家一样对待，以同样的标准和尺度来要求？是否只有在这个前提下，后发展国家才能展开自己的发展？对这个问题的回答，同样也应该是否定的。因为一个国家解决环境问题的实际能力，是与它的经济发展水平以及整个社会发展水平相联系的，发展水平越高，解决环境问题的能力就越强，反之就越弱。在一定的社会发展阶段上，对环境问题的解决只能达到与之相应的一个程度，所以在确定环境保护方面的标准和尺度时，只能以这个客观可能性为依据，而不能脱离这个依据。后发展国家与发达国家的社会发展水平存在明显差距，就社会现代化的实现程度而言，并不处在同一个发展阶段上，因而在解决环境问题方面就不能简单地以同一种标准和尺度来要求。如果非要将发达国家所能够达到的标准和尺度强加于后发展国家，那么不仅这些标准无法真正落实，后发展国家的经济发展和整个社会发展也都会由于这种不切实际的限制而无法正常展开。所以，后发展国家对于环境问题的解决，只能从自己的发展实际出发，尽可能地采取措施。世界贸易组织在有关技术性贸易壁垒的协议中，既规定了要采取必要措施保护环境，又规定了对后发展国家的"特殊和差别待遇"，提出"应考虑发展中国家成员在技术法规、标准和合格评定程序的制定和实施方面的特殊问题、它们特殊的发展和贸易需要以及所处的技术发展阶段"。[1] 某些发达国家不顾后发展国家的实际，在经济交往中对后发展国家提出环境保护方面的不切实际的要求，其实质是以环境保护为名推行贸易保护主义，这种做法是十分有害的，也是十分短视的，必须坚决加以反对。

  基于以上两点认识，后发展国家在实施可持续发展战略时所应该做的，只能是在遵循可持续发展的一般原则的前提下，针对自己所面临的特殊问题，寻找一条符合自己实际的、能够将加快发展与保护环境这两方面的要求较好地结合起来的现实途径和道路。加快发展的努力毫无疑问是要坚持下去的，"发展才是硬道理"[2]，可持

---

[1] 世界贸易组织：《技术性贸易壁垒协定》，见《乌拉圭回合多边贸易谈判结果法律文本》，法律出版社 2000 年版，第 134 页。
[2] 《邓小平文选》第 3 卷，人民出版社 1993 年版，第 377 页。

续发展战略最终也是要落脚于发展,而后发展国家的可持续发展当然更是要突出发展。为了实现发展,后发展国家可以也应当积极开发和利用其所处的自然环境,为自己的发展创造良好的自然条件;并且,鉴于后发展国家的实际发展水平相对落后,应该容许它们有选择地使用与其发展水平相适应的开发手段和方式,而不能提出过高的标准和要求。但是与此同时,后发展国家的发展又应该是适度的,是在自然环境的承受力范围之内,并与维持生态平衡、保护自然环境的努力相结合的。其对自然环境的开发利用,应在其力所能及的范围内尽可能地符合环境保护的要求;开发手段和方式的选择也应是有所限制的,而不是任意而为的。具体说来,可以区分不同情况分别加以处理:对于那些严重污染环境、严重毁坏和浪费资源的行为以及相关的经营活动,必须坚决地加以制止和关停,并予以严厉惩处;对于会造成一般性污染或损害的产业及相关的经营活动,则应予以适当的控制,加强监督和管理,并要求以适当方式对其污染或损害后果予以补偿;对于有利于保护环境同时又能够促进发展的绿色产业和经营活动,则应该大力倡导和支持,并鼓励其他产业朝这一方向转变。除此之外,对于已经形成的环境污染和资源破坏,后发展国家也应量力而行,尽可能地加大投入,认真加以治理。随着后发展国家的不断发展,在环境保护方面的力度应逐步增大,对已有问题的解决也应逐步到位。

后发展国家要按照这样一种路径合理地实施可持续发展战略,无疑需要国际社会的支持和帮助。一方面,国际社会应致力于促进后发展国家的经济发展以及整个社会的发展,帮助后发展国家摆脱贫穷落后的状态。这不仅需要向后发展国家提供经济、技术以及其他方面的国际援助,而且需要建立一种更为合理的国际经济政治秩序,使后发展国家能够在国际交往中受到更为公平的对待,并获得更多的发展机会。另一方面,国际社会还应对后发展国家的环境保护提供大力的支持,帮助它们解决好所面对的环境问题。在这方面,发达国家负有义不容辞的责任,因为它们已经在自然环境的开发利用上获得了特殊利益,并使整个人类社会为此付出了很大的代价;而目前后发展国家本身所面临的环境问题中,有一部分也是由发达国家间接地造成的,因此在很大程度上也应由发达国家来负责。在联合国环境与发展大会上,发达国家已不得不承认了自己的责任,并对向后发展国家提供资金和技术等方面的支持做出了承诺。按照《里约热内卢环境与发展宣言》、《21世纪议程》等文件的提法,在环境问题上,"各国负有共同的但有区别的责任"。国际社会应该督促发达国家认真恪守大会的决议,真正承担起自己的责任,切实兑现自己的诺言。当然,后发展国家也应充分利用国际社会的帮助和支持,做好自己的环境保护工作,同时积极参与这方面的国际合作,共同解决好人类共同的环境问题。

以上我们对后发展国家在可持续发展方面所遇到的特殊问题做了讨论。而从中国现阶段的发展实际来看,我们所面对的正是这样一些特殊问题。作为一个后发展国家,我们过去曾错失了许多重要的发展机遇;如今历经曲折找到了适合于自己的新的道路,当然要抓住时机,大力发展生产力,加速推进社会现代化,尽快改变长期落后的被动局面。而与此同时,我们又决不能以牺牲环境为代价,而要根据自己的具体实际,尽可能地搞好环境保护。应该看到,在当代中国社会发展的实践中,可持续发展战略已经受到了广泛的重视,并被积极地付诸实施。特别是上个世纪80年代以后,我国政府十分明确地将保护环境作为一项基本国策,为此制定了一系列的法律和政策,并积极参与了解决环境问题的国际合作;1994年通过的《中国21世纪议程》以及以后的一系列重要文件,更是明确提出了实施可持续发展战略的基本思路;而2003年召开的中共十六届三中全会,又进一步强调要"坚持以人为本,树立全面、协调、可持续的发展观"①。从实践的结果看，通过改革开放20多年来的努力，我们不仅取得了巨大的发展成就，在环境保护方面也取得了许多重要的成绩。但同时又必须承认，这些已有的成绩还是远远不够的，我们在可持续发展方面还有很多工作要做。我们必须在继续大力推进我国的经济和社会发展的同时，进一步增强环境意识，采取更为有力的措施做好环境保护工作，将可持续发展战略的原则要求更好地落到实处。

（原载《新视野》2005年第4期）

---

① 《中共中央关于完善社会主义市场经济体制若干问题的决定》，人民出版社2003年版，第3页。

塑造可持续发展的社会机制

（1999年6月）

可持续发展问题如今已成为众所关注的热点问题，我国政府也已正式将可持续发展确立为基本战略。那么究竟怎样才能确保这一战略的落实，从而真正实现我国经济和社会的可持续发展？对此人们已从不同的角度进行了研究，并从我国的实际出发提出了各种对策建议。但是，还有一个方面的问题似有待进一步探讨，这就是有关可持续发展的社会机制问题；这个问题解决不好，可持续发展战略仍难以得到有效的保证。

一

虽然人们对可持续发展概念的理解存在这样那样的差异，但按照联合国世界环境和发展委员会在1987年的报告中所提出、继而又被写进1992年联合国环境与发展大会的一系列重要文件的观点，所谓可持续发展主要是指既能满足当代人的需求又不对满足后代人需求的能力构成危害的发展，其中的关键是要实现人口、经济、社会、环境和资源等方面的相互协调。我国于1994年发布的《中国21世纪议程》白皮书大体上采用了这一观点，所谓可持续发展战略的要求也主要是从这一意义上展开的。当然,对于中国这样的发展中国家来说,首先必须强调经济和社会发展,"发展才是硬道理"①;但这种发展无疑应尽可能地与保护环境、节约资源的要求相协调,防止和减少对环境的破坏和资源的浪费。实施可持续发展战略,最重要的就是要处理好这个基本关系。

那么我们怎样才能处理好这个基本关系呢?这里当然首先应该从这一关系本身的技术方面着眼,即研究发展本身是以怎样的方式展开的,不同的发展方式又是怎样对环境和资源发生作用的,而对发展方式进行调整和改变的技术可能性又是如何。所谓发展首先是经济发展,而经济发展是通过物质生产过程实现的;就物质生产过程来说,它本身"首先是人和自然之间的过程,是人以自身的活动来中介、调整和控制人和自然之间的物质变换的过程"②,而这种过程无疑有一个技术上的合理性问题需要解决。但是,与此同时,马克思主义的历史唯物主义又告诉我们,人们的物质生产过程不仅是人与自然发生关系的过程,而且是一个社会过程,人与自然的关系是要受到人与人之间的社会关系的制约的。这就是说,人们在进行物质生产并借助于物质生产实现其经济和社会发展时所采取的具体方式,与人们所在的社会关系体系本身的内在机制有着直接的联系;要处理好发展与环境、资源之间的关系,不仅要着眼于技术方面的问题,而且要着眼于社会机制方面的问题。

社会关系体系的内在机制是怎样制约着发展与环境、资源之间关系的呢?首先,就社会的驱动机制而言,社会关系体系所内含的利益导向有着基础性的意义。马克思曾指出,"人们为之奋斗的一切,都同他们的利益有关。"③这里的利益应是一个综合性范畴,其

---

① 《邓小平文选》第 3 卷,人民出版社 1993 年版,第 377 页。
② 《马克思恩格斯选集》第 2 卷,人民出版社 1995 年版,第 177 页。
③ 《马克思恩格斯全集》第 1 卷,人民出版社 1995 年版,第 187 页。

中既包括经济领域的利益，同时也包括政治、文化及社会等其他领域中的利益；而所有这些利益都须通过一定的社会关系体系才能实现出来。每一种社会关系体系都有自己所特有的利益实现方式，这种实现方式的具体规定和要求就体现为一定的利益导向。一个社会如果不能把自己的利益实现方式与发展和环境、资源的关系问题有机地联结起来，从而使社会的利益导向真正指向这两个方面的协调统一，就不可能为这一问题的解决提供所必需的动力。值得注意的是，所谓利益实现方式与利益范畴本身一样都必须从综合的意义上去理解，即不仅涉及社会的经济关系，而且涉及社会的政治关系及其他各方面的关系；这一点往往被忽视，人们更多地着眼于经济的层面而不是完整的社会层面，而这样是不能形成对问题的全面认识的。

其次，从社会的控制机制来看，实现经济、社会发展和保护环境、节约资源之间的关系问题能否得到较好的解决，还取决于解决这一问题的基本原则和要求是否被明确纳入了社会控制的设计范围，以及社会控制的各个环节是否健全，社会控制的手段是否得力。一个正常的社会都有自己的控制机制，这一机制的作用是保证社会的运行和发展按照既定的轨道展开，而不至于发生出轨和偏离。现代社会的控制机制是以国家政权体系为中枢而建构的，它包括控制尺度和规范体系的建立、实际过程的检测和反馈、可能发生的各种问题的预防、已发问题的处理和已有偏差的纠正等环节；实施社会控制的手段则包括强制性的法律、纪律等手段（硬约束）和非强制性的思想、道德等手段（软约束）。如果发展与环境、资源的关系问题未能在社会控制的设计范围中找到自己的应有地位，这一问题的解决当然只能处于自发的状态；而即使已进入社会控制的范围，但由于控制机制本身的缺陷或在这一方面问题的具体应用上的不到位，同样会在相应程度上流于形式。

当然，除了驱动机制和控制机制之外，其他方面的社会机制也都从各自的角度影响着发展与环境、资源之间关系问题的解决，从而这样那样地制约着可持续发展战略的实施。而我们只有认真研究这些社会机制，将这些机制的作用引导到实现发展与保护环境、节约资源相统一的要求上来，才能使可持续发展战略的实施得到切实的保证。

二

应该说，在我国经济和社会发展的过程中，我们已经为解决好发展与环境、资源的关系问题做出了积极的努力。特别是80年代以后，我国政府十分明确地将保护环境作为一项基本国策，为此制定了一系列的法律和政策，并积极参与了解决环境问题的国际合作；1994年通过的《中国21世纪议程》，更是明确提出了实施可持续发展战略的基本思路。从各方面实践看，多年来也已取得了一些重要的成果。但是与此同时，我们又必须承认，这方面工作还十分不够，有许多问题一直未能很好地解决。究其原因，除了认识上的不足之外，最主要的就是社会机制方面的欠缺。

要考察我国现阶段的社会机制，从总体上必须注意到两方面的情况。一方面，我们首先无疑应该确认这样一个一般背景，即由于我国的社会关系体系正在经历着全面的体制改革，各方面的社会机制也在发生着相应的转变。我们原有的那一套社会机制是在过去那种高度集中的计划经济体制以及与之相应的政治体制下形成的，而现在我们要通过经济体制改革打破旧的经济体制而建立社会主义市场经济的新体制，同时还要相应地完成政治体制以及其他方面的社会体制的深刻变革，这就要求在改革中重塑与新体制相联结的新的社会机制。但由于完成这样一种深刻的改革需要一个渐进的过程，所以现阶段不可避免地存在着旧的社会机制已被打破、新的社会机制又尚未形成这样一种过渡状态。但是另一方面，我们也应看到，在体制改革的过程中，如何将新的社会机制的重塑与可持续发展的要求科学地联结起来，又是一个需要进一步引起重视的特殊问题。而这方面问题，是必须在体制改革的一般背景下从特殊的层面上进行专门研究的。

就社会的驱动机制而言，如果我们在经济领域里要建立社会主义市场经济的新体制，那么市场机制就会成为这一领域中的驱动机制的基础。市场不仅在资源配置上起基础性作用，而且也会在经济利益的实现方式上起基础性作用。在这个基础上，国家的宏观调控也将发挥积极的作用，这种作用与市场机制的作用结合在一起，规定着经济领域中的利益导向。从目标模式说，社会主义市场经济坚持以公有制为主体，这一条件下的市场机制应该内在地包含着个体利益与社会整体利益相统一、眼前利益与长远利益相统一的要求，而国家宏观调控更是要着眼于社会整体利益和长远利益，这种导向才能为解决发展与环境、资源的关系问题提供动力。但是，在现阶段，正是这种统一的利益实现方式由于改革不到位而尚未真正形成，致使一些企业或其他市场主体为牟取个体的眼前利益而侵害社会整体的长远利益的现象相当广泛地存在；表现在发展和环境、资源的关系问题上，就是只顾主体个体一时的发展需要，不顾对环境的破坏和资源的浪费。而与此同时，环境、资源问题与主体利益的直接关联性本身就是现阶段改革中不够明确的一个薄弱方面，它必须借助于有足够力度的经济处置才能有效地体现出来，这一点我们尚缺乏充分的认识。

不仅如此。经济领域中的驱动机制，是与政治领域中的驱动机制相联系而共同发生作用的；而我们的政治体制改革虽然也取得了不少进展，但一些实质性方面还未能深入展开，这就使得相关的驱动机制存在明显缺陷。一些干部将"对上负责"和"对下负责"割裂开来,只知"对上负责"而不知"对下负责",主要精力不是用于踏踏实实地做好自己的工作,切实为广大群众谋利益,而是用于搞一些"好看"的"政绩"向上报功,甚至无原则地取悦于上级领导,以求得自己的升迁;这样就导致了各种急功近利的"短期行为"和不负责任的"败家子"作风,保护环境、节约资源往往由于投入多、见效慢、"出力不讨好"而受到忽视,乃至成为牺牲和代价。

再从社会的控制机制来看,现阶段同样有着不少问题。虽然我们已经明确地将处理好发展与环境资源之间的关系、实现可持续发展的总体要求纳入了社会控制的设计范围,并提出了分阶段的环境保护目标;但在社会控制的某些环节上还存在明显欠缺。如有关环境保护的控制尺度和规范体系还需在操作的层面上进一步细化,目前这方面尚显得过于笼统,责任也还不够具体;实际过程的检测和反馈还不够及时,也谈不上严密;对有关问题的预防措施跟不上,常有滞后的情况;对已发问题的处理也难以到位,已出现的偏差纠正不力。在控制手段上,我们虽然已在立法方面做了大量工作,有了《环境保护法》等一整套法律法规以及各种政策规定,但"有法不依、执法不严"、"有令不行、有禁不止"的情况比较严重地存在;由于环境保护的意识普遍比较淡漠,加上党风和社会风气中的不良倾向的影响,思想道德方面的约束作用也十分有限。所有这些不利因素都在很大程度上妨碍着我们对可持续发展过程的实际控制。

既然现阶段社会机制方面存在的这些欠缺对可持续发展战略的实施造成了十分消极的后果,那么我们在研究我国可持续发展战略的实施对策时,就必须把解决这一方面的问题摆在重要地位,通过深化体制改革积极促进社会机制的转换,并努力将可持续发展的原则和要求进一步融入新的社会机制的各个方面。我们应该尽快建立社会主义市场经济新体制的基本框架,借助于公有制的新的实现形式建构起个体利益与社会整体利益、眼前利益与长远利益相统一的利益实现方式，并将发展与环境、资源问题相协调的要求与市场主体的经济利益紧紧挂起钩来；应在经济体制改革取得决定性突破的基础上及时推进政治体制改革，特别是改变干部的任免和管理方式，使他们对"政绩"的追求真正落到实处；应根据新体制的特点改造社会控制的相关环节，特别要强调可持续发展的总体要求在这些相关环节上的具体落实；应借助于政治体制改革推进社会主义民主政治和法治国家的建设，切实做到有法必依、执法必严、有令必行、有禁必止，并将这一精神体现到可持续发展战略的实施上来；同时强化全社会对可持续发展的意识，树立以保护环境、节约资源为荣，以破坏环境、浪费资源为耻的新的道德风尚。此外，对于社会机制的其他方面，也应做相应的调整和完善，以适合可持续发展战略的要求。

有了适宜的社会机制，并不就有了一切，社会机制的塑造当然不能代替可持续发展问题的技术上的解决。我们还必须在坚持以经济发展为中心的前提下，合理调整产业结构，开发应用高新技术，促进经济增长方式由粗放型向集约型转变；实施清洁生产和文明消费，采取有效的技术措施解决好环境和资源等方面现存的问题。然而，所有这一切都只能在一定的社会前提下进行，而适宜的社会机制正是要为可持续发展战略的真正实施提供这样的社会前提。

（原载《理论视野》1999 年第 6 期）

社会整体视野中的城乡关系问题

(2007 年 3 月)

城乡关系问题是人类社会发展史上长期存在的一个重大问题。而当社会发展步入现代化的历史进程之中时,这一问题会进一步凸显出来,要求我们认真研究和解决。应该看到,有关城乡关系问题的讨论近年来已引起广泛的关注,并取得了很多有价值的成果;但从总体上说,这些讨论主要还停留在某些具体学科的层面,局限于社会的某些具体领域。要把这方面的讨论进一步引向深入,还必须从社会哲学的高度,着眼于社会的整体结构和社会发展的整体进程,对城乡关系做出整体性的研究和审视。本文便试图就此做一些探讨。

一、社会与社会发展:城乡关系的整体规定

对于社会这一概念,不同的学科有不同的理解。而从社会哲学的意义上说,所谓社会并不仅仅是指经济、政治、文化等领域之外的社会生活领域,而是指包括经济、政治、文化等各个领域在内的整个社会结构体系。这样一个社会结构体系不是各种事物杂乱无章的偶然堆积,而是一个有着内在的有机联系的复杂系统,其中各个组成部分之间相互联结、相互制约,由此形成一个统一的整体。与

此相应，社会哲学上所说的社会发展，也不仅仅是指社会的某个具体领域的发展，而是指整个社会结构体系的发展；并且这种社会发展不是各个构成领域各自发展的互不相干的具体过程的简单汇集，而是它们之间按照其固有的内在联系相互影响、相互作用而形成的有机统一的整体进程。因此，当我们考察社会和社会发展进程时，一定要注意从整体上把握社会结构体系、把握社会发展的整体进程，而现实实践中的许多问题，也都应该置于这种整体视野之中去认识。目前有关城乡关系的研究和探讨，便是如此。

在已有的讨论中，人们首先侧重于从经济领域着眼去考察城乡关系问题。这自然是有着相当的合理性的，因为经济领域在整个社会结构体系中处于基础地位，在城乡关系中无疑也具有基础的意义。从历史上看，城乡分离本身就是社会生产力发展到一定程度的结果，是随着农业、手工业以及商业的分工而产生的。① 在长期的发展中，城乡关系出现了很多变化，但直到今天，二者之间的最根本的区分仍是经济结构的不同：农村以第一产业即农业为主，而城市则是以第二、三产业即工业、商业和服务业为主。正是基于经济结构的这种区分，城市和农村在生产方式和生活方式上都形成了这样那样的差别。如果说在工业化之前的农业社会中，城乡之间的差别还主要是同一个发展阶段上的差别，那么随着工业化的展开和农业社会向工业社会的过渡，这种差别就进一步扩大为两个不同的发展阶段的差别：现代工业在城市中迅速兴起，使城市较快地迈进到新的发展阶段；而农村却在很长时期内依然延续着传统农业，从而这样那样地继续滞留在旧的发展阶段上。美国经济学家阿瑟·刘易斯正是基

---

① 《马克思恩格斯选集》第3卷，人民出版社1995年版，第640—643页。

于对这种现象的考察，提出了"二元经济结构"的概念①；而这种"二元经济结构"也正是当前我国城乡关系中存在的一个实质性问题②。

经济领域的考察对于城乡关系的研究来说固然重要，但与此同时又必须看到，所谓城乡关系并不仅仅体现在经济领域，而且还体现在政治、文化等其他社会领域，还需要我们从社会结构体系的整体高度去把握。无论城市还是农村，都是经济、政治、文化等领域有机联系的统一体，经济领域存在的差别，必然会影响到政治、文化等其他领域，使这些领域也产生相应的差别。并且由于各个领域之间的相互作用，这些差别会在实际过程中呈现出种种错综交织的情况。在传统社会中，由于城市和农村的经济领域大体上处于同一个发展阶段，政治领域和文化领域中也存在着明显的同构性；但即使在这种情况下，这些领域中的差别也同样是这样那样地存在着的。一般说来，由于农业是传统社会生产力的主干，社会的经济重心在农村，因而农村在政治上和文化上也往往比城市占有更多的优势，结果是农村统治城市；这一点在西欧中世纪的庄园领主制下表现得非常明显。中国古代虽然表面上不同于西欧，集权体制的统治中心设在城市，似乎是城市统治农村，但实际上国家在政治上、文化上的主要支撑力依然是在农村。当然，城市由于具有特殊的经济结构，在政治上和文化上也会逐渐发展起自己的特殊优势；从历史上看，正是西欧那些在封建领地的夹缝里生长起来的工商业城市酝酿产生了新的变革因素，最终将整个社会的发展推进到一个新的时代。而

---

① 参见［美］阿瑟·刘易斯：《二元经济论》，施炜等译，北京经济学院出版社1989年版，第1—10页。
② 参见农业部课题组：《建设社会主义新农村若干问题研究》，中国农业出版社2005年版，第70页。

这里需要特别注意的是，进入新的工业时代之后，城乡之间的差别不仅在经济领域，而且在政治、文化等各个领域也都一起被扩大了。不仅出现了二元经济结构，而且社会的政治结构和文化结构也都在很大程度上被二元化了，整个社会结构体系都成为一种二元结构。这种状况，可以称为"二元社会结构"。也就是说，城市不仅在经济领域里进入了工业经济的发展阶段，并且在政治、文化等各个领域里也都会相应地形成现代工业社会的技术特征；而农村不仅在经济领域里滞留在传统的农业经济的阶段上，并且在政治、文化等各个领域中也会相应地保留着传统的农业社会的技术特征。我国现阶段的城乡关系正是如此，我们所看到的不仅是二元经济结构，而且是这种整体性的二元社会结构。

从归属上说，城市和农村无疑同属于一个统一的社会结构体系；但另一方面，二者又有着相对的独立性。它们各自形成了具有明显差别的经济、政治和文化特征，这些不同领域的特征并不是孤立的和偶然的，而是有着自己的内在逻辑和有机联系。从这个意义上说，城市和农村实际上形成了同一个社会结构体系内部的两个相对独立而又相互联结的子系统，每一个子系统的结构都具有相应的完整性。而我们所要考察的城乡关系，正是这两个相对独立和完整的子系统之间的关系。

二、社会现代化与城市化：城乡关系的整体演变

当社会发展进入到一个特殊的阶段，即从传统社会向现代社会转型、实现社会现代化的历史时期，城乡关系的演变也开始呈现出一种全新的趋向。人们使用"城市化"这一概念来概括这种趋向，并将城市化理解为社会现代化的一个重要特征。

然而需要指出的是，通常对于城市化的理解，往往过于偏狭，只是将其局限于城乡关系的某些具体方面。例如，一种流行的观点把城市化理解为农村人口向城市的"转移"或"集中"，农村人口越来越少，城市人口越来越多。与此相应，城市人口在总人口中所占的比重，也就被看作是衡量城市化水平的主要指标。对此，讨论中已有一些论者提出了不同看法，并试图对城市化的内涵进行拓展。如有的论者提出"城市化的主体有两个：人口和产业（资本）"，"城市化表现为人口和产业的同时流动"[1]；有的论者认为城市化（城镇化）的内涵应从"人口比重不断提高"、"产业结构转变"、"居民消费水平不断提高"、"城市文明不断发展并向广大农村渗透和传播"、"人的整体素质不断提高"等不同方面去把握[2]；还有的论者主张"融合多学科的知识，从更广泛的角度去剖析城市化的外在表象下掩盖的内在动因"，认为"综合地看，城市化是社会生产力的变革所引起的人类生产方式、生活方式和居住方式改变的过程"[3]等。这些不同角度的新探讨，对于全面认识城市化进程无疑具有积极的意义；但仅有这些探讨仍然是不够的。

如前所述，所谓城市和农村属于同一个社会结构体系内部的两个相对独立的子系统，每一个子系统的结构都具有相应的完整性，都应该从社会结构体系的整体高度，从经济、政治、文化等基本领域的统一去把握。同样，我们在研究城市化问题的时候，也不能仅仅看到城市和农村这两个子系统之间关系的某一个或某一些具体方

---

[1] 李佐军：《中国的根本问题——九亿农民何处去》，中国发展出版社2000年版，第287—288页。

[2] 王梦奎、冯并、谢伏瞻：《中国特色城镇化道路》，中国发展出版社2004年版，第164—165页。

[3] 祁金立：《中国城市化与农村经济协调发展》，华中科技大学出版社2004年版，第20页。

面，而应该着眼于这两个子系统的完整结构，从整体的高度去认识它们之间关系的变化。从这个意义上说，所谓城市化应该是社会结构体系中城市和农村这两个子系统在社会现代化进程中的升级、分化和重新组合的过程，它不仅表现为大量的农村人口向城市转移或集中，也不仅表现为经济领域中产业结构、生产方式以及生活方式等的变化，而且还表现为政治、文化等其他领域的变化；它是在城市和农村同时发生的包括经济、政治、文化等各个基本领域在内的整个社会结构体系的变化，是城乡关系的整体演变。

要理解城市化的这种整体规定，先要理解作为它的形成背景的社会现代化的整体进程。所谓社会现代化本身就不仅仅是一个经济发展问题，而是涉及整个社会，是传统社会向现代社会的整体转化，是一种完整的社会转型。从本来的含义上说，所谓传统社会主要是指农业社会，而所谓现代社会主要是指工业社会；而所谓从传统社会转化为现代社会，亦即社会现代化，也就是从农业社会转化为工业社会。当然，在现阶段社会发展的实践中，工业社会的前锋又在向新的信息社会过渡，所以我们可以借助于讨论中提出的"两次现代化"的观点，将农业社会向工业社会的转化理解为第一次现代化，而将工业社会进一步走向信息社会理解为第二次现代化。而无论是农业社会、工业社会还是信息社会，都不仅仅是着眼于社会的某个特殊领域，而是具有整体的规定性。从历史唯物主义的社会形态理论来看，这些概念应属于技术社会形态的范畴，即在不同的技术基础上形成的、具有不同技术特征的社会类型；这些技术特征不仅体现在经济领域，而且体现在政治、文化等其他各个领域，需要从社会整体上加以把握。相应地，所谓社会现代化作为这种技术社会形态意义上的社会转型，既包括经济现代化，也包括政治现代化和文化现代化，需要从社会发展的整体进程去把握。

社会现代化是一种整体进程，而城市化就是这一整体进程的直接体现。从历史上看，城市化的发生首先是与第一次现代化即农业社会向工业社会的转化相联系。农业社会的技术基础是以传统农业为主干的生产力体系，与之相应的技术特征包括生产关系层面上的自给自足的自然经济形式、政治领域中集权的或专制的政体形式以及文化领域中愚昧和迷信的普遍存在等等；而工业社会的技术基础则是以现代工业为主干的生产力体系，与之相应的技术特征包括生产关系层面上的市场经济形式、政治领域中的民主政体形式以及文化领域中科学的发展和科学精神的生长等等。从农业社会向工业社会的转化，便是要以现代工业为主干的生产力体系取代以传统农业为主干的生产力体系，并在此基础上完成社会各个领域的技术特征的转换；于是工业化、市场化、民主化、科学化等等便构成经济现代化、政治现代化和文化现代化在这一阶段的主要内容。而这些内容的展开，势必要对传统社会中原有的城乡结构形成冲击：首先是城市本身发生变革，现代工业发展起来，工业社会的各种技术特征随之形成；继而带动农村的变革，以现代工业改造传统农业，曾在农村长期存在的那些农业社会的技术特征也会逐步被改变。而与这个过程相伴随的，必然是城市的不断扩张和农村的不断缩减，其中包括许多农村以这样那样的方式逐渐转化为城市。而剩余的部分也不再是传统意义上的农村，其技术基础和各领域的技术特征已越来越与城市趋同，从而转变为工业社会的一部分。所谓城市化的历史进程，便是所有这些变革过程的统一和总汇。当然，在这个历史进程中，城乡关系中的各种变化是逐步发生的，当城市已进入新的工业社会的时候，许多农村仍会在一定时期中继续停留在农业社会阶段，这样便出现了前面提到过的二元社会结构。但总的趋势是要朝着工业社会的方向转化的，而促进农村的社会现代化，消除城乡二元结构，正是城市化进程的题中应有之义。

社会现代化是一个不断前进的过程，继第一次现代化之后，还有第二次现代化，即从工业社会向信息社会的转化；而城市化过程也将随着第二次现代化的到来继续推进。信息社会的技术基础将是以知识经济为主干的新的生产力体系，因此第二次现代化的任务首先便是促使工业社会的生产力体系向这种新的生产力体系转化，亦即信息化。在此基础上，社会的经济、政治、文化等各个领域也将形成新的技术特征，虽然这些特征尚未完全显露出来，但讨论中也已进行了一些初步的探索。例如 A.托夫勒认为，随着网络时代的到来，"市场化行将告终"[①]；而按照 J.奈斯比特的看法，一种"共同参与民主制"将取代"代议民主制"[②]。可以预期，第二次现代化背景下的城乡关系也将在信息化的基础上融入各种新的内容，信息社会的新的技术特征将渗透在城市和农村的各个领域，使城市化的水平得到新的提升。

三、城市发展与农村发展：城乡关系的整体协调

了解了城乡关系在社会结构体系中的整体规定，以及它在社会现代化和城市化进程中的整体演变，我们便可以由此出发，进一步探讨如何从整体的高度协调好城乡关系，将城市发展与农村发展真正合理地统筹起来，推动城市化以及整个社会现代化进程的顺利展开。这也正是中国现阶段所面对的实践问题，因而具有直接的现实

---

① [美] A.托夫勒：《第三次浪潮》，朱志焱等译，生活·读书·新知三联书店 1984 年版，第 380 页。

② [美] J.奈斯比特：《大趋势——改变我们生活的十个新方向》，梅艳译，中国社会科学出版社 1984 年版，第 161 页。

意义。

应该说,无论城市发展还是农村发展,多年来已有比较深厚的研究积累。而自从中共十六届三中全会明确提出统筹城乡发展的要求之后,这方面的研究进一步深入展开,并取得了新的进展。综合起来说,一是考察了世界各国在现代化进程中处理城乡关系的不同情况和做法,总结了世界历史范围内的经验和教训;有些论者还侧重从城市化进程的角度,具体考察了同步城市化、过度城市化、滞后城市化和逆城市化等不同的模式或类型。二是回顾和反思了新中国成立以来我国在处理城乡关系方面的具体实践,总结了我们自己的历史经验和教训;特别是针对我国城乡二元结构长期存在、城市化进程明显滞后、城乡差距不断扩大的严峻现实,突出强调了统筹城乡发展的必要性和紧迫性。三是探讨了统筹城乡发展的具体方式和途径,包括如何进一步加快城市发展,发挥城市对乡村的辐射和带动作用;如何更加重视农村发展,加大各项支持力度,切实解决好"三农"问题;如何将城市发展与农村发展有机地结合起来,积极稳妥地推进城市化的进程,逐步缩小城乡差距,实现城乡一体化,等等。此后,为落实统筹城乡发展的要求,中共十六届五中全会又进而提出了建设社会主义新农村的目标和任务,围绕这一主题又进行了许多新的讨论,形成了更为具体的研究热点。

但是,仔细分析一下已有的研究和讨论,可以看出其中所存在的一个缺憾和不足,即在许多论者那里仍主要是从经济领域着眼去谈论统筹城乡发展问题,即便涉及社会发展,也主要是某些狭义的社会事业的发展;而建设社会主义新农村的问题也往往这样被看待。无疑地,我们要统筹城乡发展、推进社会主义新农村建设,当然首先要从经济领域入手,并相应推进各种社会事业的发展。如讨论中所提出的,要贯彻"多予少取放活"的方针,切实增加对农业和农村的投入，扩大公共财政覆盖农村的范围；要发展农业科技，转变农业增长方式，努力建设现代农业；要加强农村的基础设施建设，构建新型农业支撑体系；稳定和完善农村基本经营体制，发展新型经济合作组织，推进农业产业化和市场化；要努力增加农民收入，改善农村居住条件，建立农村社会保障体系；要消除城乡歧视，改革户籍制度，保障进城务工人员的各项权益，促进城乡劳动力的合理流动；如此等等。所有这些要求和主张，无疑都是十分必要的；但同时又应指出，仅仅着眼于这些问题，还是很不够的。这便涉及上面所强调的整体性认识：既然城市和农村作为社会结构体系的两个子系统而具有各自的整体规定，而二者在社会现代化和城市化进程中的演变同样具有整体要求，那么我们在统筹城乡发展时，就必须强调城乡关系的整体协调。这就不仅要着眼于经济领域，而且要着眼于政治、文化等其他各个领域；不仅要着眼于某些狭义的社会事业的发展，而且要着眼于包括经济、政治、文化等各个领域在内的整个社会结构体系的发展。社会主义新农村建设作为统筹城乡发展的重要举措，也同样是如此。中共十六届五中全会提出的建设社会主义新农村的目标和任务，本身就包括"生产发展、生活宽裕、村容整洁、乡风文明、管理民主"等各个方面①，这正是体现了一种整体性要求，因而也必须从整体的高度去把握，而不能片面地加以理解。

从现阶段的情况来看，我国农村不仅在经济领域，而且在政治、文化等领域都存在着不少问题，需要我们切实采取措施加以解决。例如，如何进一步推进农村民主政治建设，健全和完善以民主选举、民主决策、民主管理、民主监督等为基本内容的村民自治制度，克

---

① 《中国共产党第十六届中央委员会第五次全体会议文件汇编》，人民出版社2005年版，第8页。

服实际过程中存在的各种偏差;如何进一步搞好农村的精神文明建设,发展农村文化教育事业,提高农民的科学文化素质,扫除各种愚昧和迷信现象,并逐步克服长期存在的小农意识的狭隘局限。政治领域和文化领域中的这些问题的解决,与经济领域中各种问题的解决一样,都是社会主义新农村建设的基本要求;而进一步说,只有在解决经济领域中的各种问题的同时,一并解决好政治、文化等领域中所存在的这些问题,才能从整体上推进农村的社会现代化进程和城市化进程,消除城乡之间的二元社会结构,从各个方面缩小城乡差距。在以往的实践中,一些农村正是由于政治、文化等领域的问题没有解决好,反过来影响了经济领域中各种问题的解决;还有的则是经济领域借助于某些特殊的条件较快地发展起来了,但政治、文化等领域的发展没有跟上,结果出现了种种扭曲和畸变现象,仍然无法摆脱整体上的落后地位。因此,在统筹城乡发展的过程中,一定要把政治、文化等领域的发展与经济领域的发展结合起来;而在所有这些领域里,城市都应起到积极的带动作用,支持农村解决好相关问题。

当然,统筹城乡发展,不等于只是关注农村发展。要推进城市化,实现整个社会的现代化,城市本身首先要搞上去。目前我国城市的发展已取得了很大进步,但也同样存在不少的问题;这些问题也应该从社会结构体系的整体高度去认识。从经济领域看,我们的工业发展水平还不高,信息产业和整个第三产业的发展都很不够;社会主义市场经济体制虽然已初步建立起来,但仍有不少难点需要继续攻坚。从政治领域看,我们的政治体制改革需要进一步推进,社会主义民主政治建设的许多深层次问题还有待提上日程。从文化领域看,传统社会中某些落后意识和观念的影响仍根深蒂固地存在,教育科学文化等也都还需要进一步发展。所有这些问题,都需要我们按照社会现代化和城市化的整体要求,在统筹城乡发展的过程中进一步加以解决。而从城市规划和建设的角度看,我国现有城市体系的总体规模还不够大,聚集效益还不够高,综合承载能力远不能适应城市化进程中快速增长的新的需求。因此,一定要继续贯彻大中小城市和小城镇协调发展的方针,大力促进我国城市体系的建设。而在这一过程中,同样要立足于社会结构体系的整体高度,把经济、政治、文化等各个领域的建设有机地联结起来,确保我国城市体系完整、有序地生长和扩展,为完成"城市支持农村"的历史任务创造条件。

(原载《中共中央党校学报》2007年第2期)

区域社会发展的战略问题

(1998年7月)

首先明确两点:(1)这里所说的区域社会发展,是指一定区域的社会结构体系的整体发展,即包括经济、政治、文化等各个领域的发展在内,而不仅是经济等个别领域的发展;(2)这里所说的区域社会发展战略,主要是从区域社会自身的角度出发,研究一定区域的社会发展应该如何展开,怎样去做。当然,区域本身是一个多层次的概念,这里主要着眼于区域社会自身发展战略的一般框架和普遍性原则。

区域社会发展涉及内部和外部诸种关系的处理,而区域社会发展战略的研究也就应从这些不同的关系入手。

一、区域社会发展的内部关系与内部战略

区域社会作为一个国家的社会体系的组成部分,具有其相对独立性,它本身就是一个完整的系统,并且同国家社会体系相比具有同构性。虽然区域社会系统的各个方面都联结在国家范围的大的社会系统的母体之上并为后者所制约,但发展毕竟要立足于系统内部的现实根据。因此,研究区域社会发展战略,首先便应该研究这一

发展所涉及的各种内部关系，由此建构相应的内部战略。

区域社会发展的内部关系首先表现为区域社会结构体系中各个领域或层次之间的关系。区域社会同样由经济、政治、文化等基本领域所构成，也同样可以按照历史唯物主义的观点区分为生产力、生产关系（经济基础）、上层建筑（政治上层建筑和思想上层建筑）等几个基本层次；只是由于不同区域具体条件的差异，这些领域和层次往往会表现出各种不同的情况，区域社会发展的整体进程包括以上各个领域和层次的发展，要使整体进程能够正常展开和顺利推进，就必须处理好这些领域和层次之间的关系，把它们的各自发展协调统一起来。如果我们把这些关系看作区域社会内部的横向关系，那么这方面的战略就可以相应地称为区域社会发展的横向战略。

就一般原则而言，横向战略应严格依照社会结构体系的内在机制，以生产力的发展为逻辑起点，根据生产力的客观要求调整和改变生产关系，并将政治领域和思想文化领域的发展奠立于经济领域发展的现实基础之上。这些原则对于各种区域都是普遍适用的，只是还应同时注意两点：一是特定区域中经济、政治、文化等各领域的发展都须依据本区域的具体条件形成自己的特色；二是它们相互之间的联结和制约往往会由于受到区域社会所属的国家社会体系的制约而呈现出更为复杂的状态，包括某种程度的超常规现象，或然性的幅度有可能增大，横向战略的制定应充分考虑这种复杂性和或然性。

区域社会发展的内部关系不仅体现为社会结构各领域和层次之间的横向关系，而且还体现为社会结构体系发展过程本身的纵向关系。发展必然展开为一种历时态过程，即由既有状态向未来目标不断演变和推进的过程。所谓纵向关系便是这一过程中既有状态与未来状态、低级状态与高级状态之间的关系，它涉及发展目标、发展步骤、发展速度、发展效益、发展的可持续性等问题。区域社会发展必须正确对待和解决这方面的关系和问题，而这方面的战略也就可以相应地称为区域社会发展的纵向战略。

纵向战略的一般原则，应是依照社会发展过程本身的客观规律，把发展的阶段性和连续性统一起来，把速度和效益统一起来，把眼前发展和长远发展统一起来。不仅经济领域的发展是如此，政治领域和文化领域的发展也是如此，整个区域社会结构体系的发展和演进都应该如此。当然，对于区域社会来说，纵向战略的制定应特别注意从本区域的实际出发，既要充分挖掘潜力，又要量力而行，对各个领域乃至整个社会结构体系的发展进程进行合理设计和调控。

区域社会发展中的横向战略和纵向战略是相互联系和制约的，纵向战略以横向战略为依托，而横向战略则需随着纵向战略的展开而实现。这两方面的战略统一起来，规定着区域社会结构体系本身的整体发展。但是，在此基础上我们还应进一步认识到，所谓横向战略和纵向战略只是就社会结构体系本身在发展中的横向关系和纵向关系而言的，而在区域社会发展的实践中，社会结构体系只是作为社会客体而存在，与之相对应的还有社会主体——存在并活动于这个社会结构体系之中并作为其现实承担者的人。社会主客体之间是相互制约的，一般社会是如此，区域社会也同样如此。所以，研究区域社会发展战略，不仅要研究作为社会客体的社会结构体系的发展，而且还应研究作为社会主体的人的发展，使主体发展与客体发展协调起来。在这里，如果我们将上面有关社会结构体系本身的横向战略和纵向战略归结为区域社会发展的客体战略，那么有关主体方面的战略研究也就可以相应地称为区域社会发展的主体战略。

从社会主客体相互制约的客观机制来看，一方面客体规定主体，主体即人"实际上是属于一定的社会形式的"，人的本质"是一切社会关系的总和"①；另一方面主体也制约着客体，它在最终意义上具有目的的地位，同时又在过程的意义上作为手段而起作用，即社会结构体系的发展需要适宜的主体条件。这样，区域社会发展的主体战略所应遵循的原则便是在社会结构体系发展的客观基础上积极促进本区域主体的发展，其一是将客体发展的成果最终落脚于主体发展的目的，其二则是通过促进主体发展而为社会结构体系的发展创造所需要的主体条件。当然，社会主体有着自己的群体结构，研究这种群体结构，处理好各类主体之间的关系（包括他们的矛盾与冲突），通过合理的调配和组织有效发挥各类主体在区域社会发展中的积极作用，并不断改善和提高群体素质，也应是主体战略的题中应有之义。

区域社会发展的客体战略和主体战略同样是相互联结和制约的，没有主体战略，客体战略（包括横向战略和纵向战略）便无法转化为主体的实践；而没有客体战略，主体战略就失去了客观基础和存在根据。区域社会发展的内部战略不仅包括横向战略和纵向战略的有机统一，而且包括客体战略和主体战略的有机统一。

二、区域社会发展的外部关系与外部战略

要解决区域社会的发展问题，不仅要处理好这一发展所涉及的内部关系，而且还应同时处理好外部的各方面关系。这也就是说，区域社会发展战略不仅应包括内部战略，而且还包括外部战略；内部战略围绕内部关系展开，而外部战略则围绕外部关系展开。

所谓区域社会发展的外部关系，首先是指发展过程中区域社会与区域外部社会的关系。在这方面关系上，区域充分显示出其不同

---

① 《马克思恩格斯选集》第 1 卷，人民出版社 1995 年版，第 60 页。

于国家的特殊性，从而使区域外部战略的内容明显地不同于国家外部战略。这方面的外部关系包括三个具体方面，区域社会发展的外部战略必须相应地解决这三个具体方面的问题。

区域社会与外部社会之间关系的第一个方面表现为区域社会作为部分而与其所从属的更大范围的社会整体之间的关系。区域社会本身作为一个相对独立的系统无疑具有整体的意义，我们所要研究的区域社会发展战略就是着眼于区域社会的整体发展；但是在更大的社会系统中，区域社会的整体又只具有部分的意义，作为更大的系统整体中的组成部分而存在。这种更大范围的社会首先是指国家的范围，而对于不同层次的区域结构来说，它又可以指本级区域所从属的上级区域。区域社会发展的外部战略首先就是要解决好区域对国家以及对上级区域的这种关系，由于这种关系的实质是部分对整体的区属关系，这方面的战略便可以相应地称为区域社会发展的区属战略。

区属战略的一般原则当然首先是承认整体对部分的制约和限定，亦即承认区域社会发展必须服从国家以及上级区域的社会发展的整体筹划和设计，局部服从全局。没有这一原则，无论整体或是部分都会由于陷入无序状态而无法正常展开自己的发展。但是另一方面，这里所说的服从绝非消极被动的服从，而应该是一种积极主动的服从，亦即区域社会发展必须根据自己的实际找准在国家以及上级区域的社会发展整体进程中的位置，区域应以主动的姿态积极参与整体发展的筹划和设计，促使整体方案的合理化。而保证各个部分的发展合理展开、各得其所，本来就是整体发展的题中应有之义。

区域社会与外部社会之间关系的第二个方面表现为区域社会与并行存在的其他区域社会之间的关系，亦即区际关系。区际关系虽然是以区域社会的相对独立存在为前提，但它毕竟不同于国家与国家之间的那种独立性，它是作为一国社会整体内部的不同部分之间的关系而存在的。区域社会发展的外部战略应该进而妥善处理这种区际关系，这方面的战略也可以相应地称为区域社会发展的区际战略。

就区际战略的一般原则而言，这里同样有两个相关要求：其一，区域之间的优势互补，平等合作。各个不同的区域在社会发展进程中由于各方面历史的和现实的原因而形成不同的格局，各有自己的优势和劣势、强项和弱项；不仅经济领域是如此，政治领域、文化领域也同样如此。这就要求各个区域本着平等互利的精神开展合作，各自发展优势，取长补短，共同提高社会发展的效益。其二，区域之间平等竞争，相互促进。区域社会既然各自相对独立，在发展进程中必然会发生竞争，包括经济、政治、文化等各个领域的竞争。各个区域都力求使自己在各方面都发展得快一些、好一些。这种竞争如果在合理的范围内展开，应该能起到十分积极的促进作用，形成必要的区际激励机制。各个区域无疑都应充分利用这一机制促进自己的社会发展。但是，对于区际竞争中可能出现的各种消极现象，如区域割据、资源大战、地方保护主义等等，则应坚决反对，因为这样做的结果是最终损害各个区域的共同利益。

区域社会与外部社会之间关系的第三个方面表现为区域社会与国际社会之间所发生的各种接触和联系，亦即涉外关系。区域涉外关系有两种形式，一是间接的形式，即通过国家而与国际社会发生联系，这种形式比较普遍，大多数国际交往都是以国家为单位或在国家的名义下进行的。但是除此之外，区域涉外关系还有第二种形式，即直接的形式；例如区域在合理权限内自主进行的对外经济、文化交流与合作，国内区域与国外区域之间建立某种区域友好关系（友好城市、姊妹城市等等）。区域涉外关系的存在要求区域社会发展的外部战略中必须具有相应的内容，亦即区域社会发展的涉外战略。

涉外战略的原则要求，首先应是积极参与国际交往的开放态势。要按照国家对外开放的统一规划；充分利用国家对外交往的各种统一渠道和途径，发展区域社会与国际社会的间接形式的联系；在国家授权和允许的范围内，则应多方面开展区域社会与国际社会的直接交流和合作。通过对外交往，吸收借鉴国际社会发展的积极成果，借助国际社会中的各种有利因素，为本区域的社会发展服务。但是与此同时，必须注意国内各区域在涉外关系中的统一协调，防止出现自相抵牾、内耗过多以及多头引进、重复浪费等现象。

区域社会发展中的外部关系不仅包括区域社会与外部社会的关系，而且还包括区域社会与自然环境的关系。自然环境虽然也可以依照区域所在而相对划分，但自然系统本身的存在形式往往具有超区域的特点（大江、大河、山脉、气候、大气层等），区域自然环境的状况这样那样地直接关系到更大范围的自然环境的状况；所以区域社会与自然环境的关系不能只是从本区域的意义上去理解，而是应该从更大的范围乃至整个人类的生存环境去理解。这也规定了正确处理这方面的关系在区域社会发展战略中的重要地位，这方面战略我们便可以相应地称为区域社会发展的环境战略。

环境战略的原则要求也包括两个相关的内容：其一是合理利用自然环境促进本区域社会发展。要充分认识区域社会所处的自然环境的特点，因地制宜，扬长避短，发挥优势，挖掘潜力，使区域社会发展获得适宜的自然条件支持。其二则是在区域社会发展中有效地保护环境。要依据自然系统的内在联系，努力维持生态平衡，同时按照防治结合、以防为主的方针解决环境污染问题。必须明确，区域社会对整个人类所共有的自然环境负有自己的责任，决不可只图局部一时的发展而损害整个人类社会长远发展的条件。

区域社会发展的内部战略和外部战略作为区域社会发展战略客观体系中的两个相对区别的系列，其地位是各不相同的。社会发展的根据存在于社会内部,因而内部战略在区域社会发展中具有根本的意义。而社会发展又离不开各种外部条件,因而外部战略在区域社会发展中也是不可缺少的。这两个系列的战略在区域社会发展的实践中是相互联结的:外部战略必须为内部战略服务,而内部战略依赖于外部战略。外部战略以内部战略为前提,而内部战略以外部战略为条件。我们只有把它们有机地统一起来,按照整体性的原则加以协调,才能有效地推进区域社会的发展。

(原载《理论前沿》1998年第14期)

第五篇　社会发展的实践探索

当代中国社会发展中的双重转型

(1997年3月)

当代中国社会发展中的转型问题,是学术界关注的一个热点问题,讨论中见仁见智,存在着各种不同的理解和认识。而在我看来,现阶段的中国社会正在经历一种独特的双重转型,它将促使中国社会结构发生全面更新。这就需要从社会哲学的层次上,运用社会形态理论研究中的一些新的成果,进行科学的分析和探讨。

一、社会形态的两种视角与双重转型问题的提出

所谓社会形态,从最一般的意义上讲,应是指社会发展的不同阶段或基本类型。毋庸置疑,当初马克思提出社会形态概念,主要是强调从社会的经济关系(生产关系)的性质入手,联系这种经济关系所赖以存在的生产力根据,以及以这种经济关系为基础的政治的和思想的上层建筑来区分和把握不同的社会形态。这样来把握的社会形态,又被称为经济社会形态(Ökonomische Gesellschaftsformation)。正是按照这种理解,我们可以把人类社会区分为原始共产主义社会、奴隶社会、封建社会、资本主义社会、社会主义和共产主义社会等基本形态,这已为人们所熟知。

但是，随着近年来社会形态理论研究的深入，一种新的观念又进而为人们所关注，即社会形态是一种立体范畴，对它的区分和把握可以有多维视角，而不只是一维视角。其中讨论较多的便有技术社会形态这一新的视角。所谓技术社会形态，即是从社会的生产力的状况入手，研究和把握整个社会结构体系的技术特征，由此可以将人类社会区分为渔猎社会、农业社会、工业社会、信息社会等不同的形态。技术社会形态概念的提出吸取了国外学者有关成果的合理成分，并在历史唯物主义的基础上对其加以批判改造，从而进一步拓展和推进了马克思主义的社会形态理论。它与我们原有的经济社会形态概念一起形成了对社会形态进行区分和把握的两个不同视角。两者有着不同的着眼点，各有自己的意义和功能；它们不是对立的，而是互补和兼容的。当然，这两种视角的地位也并非简单平列，经济社会形态仍然是我们认识和把握社会形态的最主要的视角；但技术社会形态的视角也绝非可有可无，它可以使我们从不同侧面更加全面、完整地认识和把握社会形态。①

社会形态理论研究中的这一新的成果，为我们研究当代中国的社会转型问题提供了必要的方法论手段。所谓社会转型是一个较为广泛的概念，它可以指整个社会形态意义上的社会基本类型的转换，也可以指一定社会形态范围内的社会具体类型的转换；但不论是哪一个层次上的社会转型，都可以按照社会形态本身的不同视角去考察，从而纳入一种立体的逻辑框架。既然经济社会形态和技术社会形态作为两个不同视角各有自己的着眼点，那么我们就应该将分属于这两个不同视角的社会转型科学地区别开来，在不同的规定性上去把握；同时，既然经济社会形态和技术社会形态作为社会形态的

---

① 贾高建：《当代社会形态问题导论》，中共中央党校出版社1994年版，第34—58页。

两个不同视角并不是对立的,而是互补和兼容的,那么我们又有可能将社会转型研究中的某些不同角度的认识成果科学地统一和整合起来,从而摒弃在一定程度上存在的孤立和分割的倾向。

从现阶段中国社会发展的实际来看,我们正在经历多方面的社会转型过程。其中最主要的,正是经济社会形态和技术社会形态这两个不同视角内的两种转型,在此可以称之为双重转型。由于中国社会发展的特殊历史进程和背景,现阶段所经历的这个双重转型具有中国特色的独特内容。我们所应该做的,便是从经济社会形态和技术社会形态这两个不同视角出发,分别研究这两种转型,并在此基础上揭示二者之间的合理联系和统一。

二、重构社会主义:经济社会形态视角内的社会转型

从经济社会形态的视角看,中国的社会发展的确走过了一条独特的历史道路。在经历长期封建社会之后,中国没有走上真正意义上的资本主义社会,而是在半殖民地、半封建社会的基础上借助于新民主主义过渡到社会主义社会。社会主义给中国带来了光明的希望和曙光,中国在各方面都取得了许多成绩,中国人民站起来了,这一点当然不容否认;同时必须看到,社会主义社会的发展并没有像预期的那样顺利,出现了一系列重大失误和曲折。这种现实给我们造成了很大的压力,也使人产生困惑和疑虑。

从理论和实践的结合上所进行的严肃反思告诉我们,中国虽然是在较低起点上进入社会主义社会,但这一选择有其合理的根据,属于历史的必然。我们过去之所以出现了种种失误和曲折,不能简单地归因于社会主义制度本身,而是由于我们建构了一种不切合我国实际的社会主义模式,包括"一大二公"和高度集中的计划经济

体制，以及与之相应的政治和文化体制。这种模式很大程度上借鉴于苏联，它虽然在历史上曾起过一定的积极作用，但在以后的实践中日益显露出严重的弊端。因此，我们所应该做的，不是要否定社会主义，而是要否定社会主义的这种建构模式。我们过去曾一度认为社会主义只能有某一种固定的模式，如今这种僵化的观念已被打破；社会主义社会完全可以具有多种不同的建构模式。只要我们从实际出发，特别是从我国现阶段生产力的客观要求出发去探寻真正适宜的社会主义新模式，就一定能够为社会主义社会的发展开辟一条新的成功之路。

正是基于这样一种科学认识，中国拉开了被称为"第二次革命"的体制改革的帷幕。这场改革的任务就是要从根本上改变旧的计划经济体制，而代之以充满生机和活力的新经济体制——这种体制已在实践中被确认为社会主义市场经济体制；在此基础上，还要完成政治体制和思想文化体制的相应变革，建设社会主义民主政治和精神文明。这场改革是极其深刻的，但它不是对社会主义的否定，而是对社会主义的重构，其实质，正是社会主义社会建构模式的转换。这种模式转换虽然不涉及社会形态本身的改变，亦即不改变社会的基本类型，但它却涉及社会形态内部的社会具体类型的改变，它意味着社会主义社会形态将由一种具体类型转变为另一种具体类型，在这个意义上，它属于社会转型的范畴。既然社会主义社会形态属于经济社会形态的序列，那么这种转型——由体制改革引起的社会主义社会建构模式的转换亦即社会主义的重构——便属于经济社会形态视角内的社会转型，其基本规定必须从经济社会形态的视角去把握。

自党的十一届三中全会算起，中国改革已经进行了 18 年。这 18 年间，新旧模式的转换已经取得了长足的进展。旧的计划经济体制已在很大程度上被破除，社会主义市场经济新体制正逐步形成，到本世纪末将确立其基本框架；政治体制和思想文化体制的改革也在适宜的范围内有所推进，其目标渐趋明确。如今，我国的改革已进入一个关键的时期，经济体制改革面临攻坚，而政治体制和思想文化体制改革则有待于在社会主义市场经济体制基本框架的支点上进一步展开。我们必须坚持不懈地进行努力，保证改革任务的继续完成，尽快实现社会主义建构模式的转换，实现这一意义上的社会转型。

邓小平同志曾深刻地指出："我们的改革不仅在中国，而且在国际范围内也是一种试验，我们相信会成功。如果成功了，可以对世界上的社会主义事业和不发达国家的发展提供某些经验"。[①] 虽然中国的这一"试验"还在进行过程中，但人们已经可以清楚地看到，一条新的、有中国特色的社会主义道路，正在中国人的脚下充满希望地延伸。

三、社会现代化：技术社会形态视角内的社会转型

当我们从经济社会形态的视角转向技术社会形态的视角，由这一视角考察当代中国社会发展的时候，我们看到的是另一种意义的转型——由农业社会向工业社会的转型。一些学者称之为"传统社会"向"现代社会"的转型。这一转型的过程亦即所谓社会现代化的过程。有关这方面的问题已有许多的讨论，但我认为还有必要从社会哲学的层次，运用"技术社会形态"这一新的概念对一些认识进行提炼和归纳，包括某种重新审视。

既然技术社会形态的视角是从社会的生产力状况入手，研究考察整个社会结构体系的技术特征，那么所谓农业社会（传统社会）

---

① 《邓小平文选》第 3 卷，人民出版社 1993 年版，第 135 页。

向工业社会（现代社会）的转型、亦即社会现代化的过程也就应从社会各个领域的技术特征的相应变化去把握。就生产力而言，农业社会中是以手工农业为主导，而工业社会中则是以现代工业为主导，前者向后者的转化即工业化是生产力发展的现代化的主要内容。就生产关系（经济关系）而言，农业社会中采取的是与手工农业相适合的自给自足的自然经济形式，而工业社会中则采取与现代工业相适合的市场经济形式——所谓自然经济和市场经济在这里都是作为生产关系的技术形式存在的；前者向后者的转化即市场化是生产关系（经济关系）现代化的主要内容。生产力和生产关系两个层次的现代化统一起来，便构成所谓经济现代化，工业化和市场化是经济现代化的两个不可或缺的基本方面。从政治领域看，农业社会中大多采取专制的或集权的政体形式，而工业社会则通常采取民主政体的形式——这些不同的政体在这里是作为政治关系的技术形式存在的，并且是与经济关系（生产关系）的技术形式相联结的；前者向后者的转化即民主化是政治现代化的主要内容。从思想文化领域看，农业社会中具有明显的愚昧和迷信的色彩，宗教神学影响深远，而工业社会中现代科学充分发展，科学精神广泛渗透到各个方面——这些可以看作是思想文化体系的技术特征；前者向后者的转化即科学化是文化现代化的主要内容。以上经济现代化（工业化、市场化）、政治现代化（民主化）、文化现代化（科学化）便构成社会现代化的基本框架，反映了从农业社会（传统社会）向工业社会（现代社会）转型的主要内容。从技术社会形态的视角看，这一转型属于两种技术社会形态之间的转化，在这个意义上具有基本类型转变的性质。

中国社会现代化亦即从农业社会向工业社会转型的过程在历史上进展迟缓，它是在半殖民地、半封建社会状态下艰难起步的。一直到新中国成立时，我国社会基本上仍是一个农业社会。新中国成立后，我们在新民主主义和社会主义条件下继续推动社会现代化进程，取得了一系列重大成就。但是，由于没有及时把工作重点转移到经济建设上来，影响了经济现代化的进程，而经济现代化的迟滞又拖住了包括政治现代化和文化现代化在内的整个社会现代化的后腿，使之未能正常展开。因此，当代中国社会发展的一个基本课题，就是下大气力发展生产力，以此为导引尽快解决经济现代化问题，并最终促使社会现代化的全面实现，完成从农业社会（传统社会）向工业社会（现代社会）的转型。值得注意的是，由于当代世界范围内工业社会发展的前锋已开始向信息社会过渡，中国的社会现代化任务中也就应该同时包括吸收最新发展成果的某些内容。

应该看到，我国进入新的历史时期以来，社会现代化进程大大加快。经济发展"翻两番"的任务提前完成，产业结构变化显著；经济体制改革在反复探索后终于确定了社会主义市场经济的目标模式，这正体现了经济关系现代化的要求。同时，为政治现代化所要求的社会主义民主政治建设正在加强，为文化现代化所要求的社会主义思想文化体系的科学精神正在得到发扬。可以确信，中国社会现代化的预期目标一定会尽快实现。当然，这丝毫不意味着我们会看轻现阶段所面临的困难，在经济、政治、文化等各个领域还有许多棘手的问题，这里的关键是要按照既有的方针坚定不移地干下去。

四、双重转型的特殊组合和统一进程

以上两个不同视角内的社会转型——经济社会形态视角内的社会主义重构或模式转换，技术社会形态内的社会现代化即农业社会（传统社会）向工业社会（现代社会）的转变，同时并存于当代中国社会发展的实践，而且它们不是各不相干地孤立展开，而是相互联结和交织在一起的，这样便形成了一种双重转型的特殊组合。

之所以说是一种特殊组合,因为技术社会形态视角内农业社会向工业社会的转型(社会现代化),在历史上通常是与经济社会形态视角内封建社会向资本主义社会的过渡相联结,并在资本主义条件下完成的;而中国由于特殊的历史原因没有经历资本主义充分发展的阶段,是在半殖民地半封建的基础上,经过新民主主义进入到社会主义社会,这样社会现代化的历史任务便自然要延伸到社会主义阶段上,在社会主义条件下加以完成。于是便出现了上述两种转型的特殊组合:一方面是社会主义经济社会形态自身要不断发展,以新模式取代旧模式;另一方面则是在技术社会形态意义上实现农业社会向工业社会的转型。这两种转型的联结表现在,我们要实现的后一种转型即社会现代化是社会主义条件下的现代化,而我们要完成的社会主义模式转换或重构也必须与社会现代化的要求相一致;由此便引出了两个为中国特殊实际所决定的特殊命题:社会主义现代化和现代化的社会主义。这两个命题集中体现了双重转型特殊组合的实质。

既然在当代中国社会发展的实践中存在着这种双重转型的特殊组合,我们就应该恰当地处理好二者的关系,把它们的进程科学地统一起来。而这种统一既是当代中国社会发展的客观要求,又有其自身内在的客观根据。

就客观要求而言,当代中国社会发展的实践把这两个方面的转型同时提到我们面前,哪一个都不能忽视,更不能放弃。一方面,社会主义面临严峻的挑战,旧的苏联模式已宣告失败,如不及时进行模式转换而重构社会主义,只能是死路一条;另一方面,社会现代化的进程一再迟延,若再不抓紧时机、尽快赶上,我们就将无法立足。这两个方面的转型都是现阶段迫切需要完成的历史任务,只能统一起来共同推进。而从其自身的客观根据看,这两种转型存在着内在的一致性:在经济社会形态的视角内,社会主义的重构或模式转换要求把生产力的发展作为根本任务,并从现阶段生产力发展的实际出发建立社会主义市场经济新体制,同时推进政治体制和思想文化体制改革,建设社会主义民主政治和社会主义精神文明;而在技术社会形态的视角内,社会现代化即从农业社会(传统社会)向工业社会(现代社会)的转型又是以工业化、市场化、民主化、科学化等为主要内容;这两种转型的基本趋向在经济、政治、文化等各个领域均是一致的。正是由于这种内在的一致性,我们才有可能把双重转型的进程统一起来。这样,双重转型的统一既有必要性,又有可能性。只有正确认识和把握这个统一,才能科学地解答社会主义现代化和现代化的社会主义这两个特殊的历史命题,把中国社会发展推进到一个新的水平。

(原载《中共中央党校学报》1997年第2期)

关于当代中国的社会转型

（2002 年 10 月）

众所周知，当代中国社会正处于一个深刻的转型过程之中。如何看待这个转型，讨论中见仁见智，存在着各种不同的理解和认识。而在我看来，现阶段的中国社会正在经历一种独特的双重转型，它将促使中国社会结构发生全面更新。这就需要从社会哲学的层次上进行一些具体的分析和探讨。

首先，要对当代中国的社会转型问题做出科学的研究，就必须借助于一定的方法论手段。而历史唯物主义关于社会形态理论方面的一些新的成果，在这里具有直接重要的意义。所谓社会形态，从最一般的意义上讲应是指社会发展的不同阶段或基本类型。毋庸置疑，当初马克思提出社会形态概念，主要是强调从社会的经济关系（生产关系）的性质入手，联系这种经济关系所赖以存在的生产力根据，以及以这种经济关系为基础的政治的和思想的上层建筑来区分和把握不同的社会形态。这样来把握的社会形态，又被称为经济社会形态。正是按照这种理解，我们可以把人类社会区分为原始共产主义社会、奴隶社会、封建社会、资本主义社会、社会主义和共产主义社会等基本形态。然而随着近年来社会形态理论研究的深入，学者们又提出了一种新的观点，即认为对社会形态的区分和把握可以有多维视角,而不只是一维视角。其中讨论较多的便有技术社会形态这一新的视角。所谓技术社会形态,就是从社会的生产力的状况入手,研究和把握整个社会结构体系的技术特征,由此可以将人类社会区分为渔猎社会、农业社会、工业社会、信息社会等不同的形态。技术社会形态概念与经济社会形态概念不是对立的,而是互补和兼容的,两者有着不同的着眼点,各有自己的意义和功能。只有将这两个不同的视角结合起来,才能更加全面、完整地认识和把握社会形态。

将社会形态理论方面的这一新的成果应用于社会转型问题的研究,便要求我们从社会形态的多维视角来看待社会转型。所谓社会转型是一个较为广泛的概念,它可以指整个社会形态意义上的社会基本类型的转换,也可以指一定社会形态范围内的社会具体类型的转换;但不论是哪一个层次上的社会转型,都应该按照社会形态本身的不同视角去考察,从而纳入一种立体的逻辑框架。既然经济社会形态和技术社会形态作为两个不同视角各有自己的着眼点,那么我们就应该将分属于这两个不同视角的社会转型科学地区别开来,在不同的规定性上去把握;同时,既然经济社会形态和技术社会形态作为社会形态的两个不同视角并不是对立的,而是互补和兼容的,那么我们又有可能将社会转型研究中的某些不同角度的认识成果科学地统一和整合起来,从而摒弃在一定程度上存在的孤立和分割的倾向。

从现阶段中国社会发展的实际来看,我们的确正在经历多方面的社会转型过程;而其中最主要的,正是经济社会形态和技术社会形态这两个不同视角内的双重转型。

一方面,从经济社会形态的视角看,中国正在经历社会主义社会的模式转换,即从原有的苏联模式的社会主义转换为有中国特色的社会主义。我们过去所建构的是一种不切合我国实际的社会主模式，包括高度集中的计划经济体制以及与之相应的政治和文化体制；这种模式很大程度上借鉴于苏联，它虽然在历史上曾起过一定的积极作用，但在以后的实践中日益显露出严重的弊端。应该明确，社会主义并不只是有某一种固定的模式，而是可以有多种不同的建构模式。我们应该从实际出发，特别是从我国现阶段生产力的客观要求出发，去探寻真正适宜的社会主义新模式。正是基于这样一种认识，中国展开了被称为"第二次革命"的全面的体制改革。这场改革的任务就是要从根本上改变旧的计划经济体制，而代之以新的社会主义市场经济体制；并进而在此基础上完成政治体制和思想文化体制等方面的相应变革。这场改革是极其深刻的，但它不是对社会主义的否定，而是对社会主义的重构，是社会主义社会建构模式的转换。这种模式转换虽然不涉及社会形态本身的改变，亦即不改变社会的基本类型，但它却涉及社会形态内部的社会具体类型的改变，它意味着社会主义社会形态将由一种具体类型转变为另一种具体类型，在这个意义上，它属于社会转型的范畴。

另一方面，从技术社会形态的视角看，中国社会则正在经历另一种意义的社会转型，这就是由农业社会向工业社会的转型。通常所谓从"传统社会"向"现代社会"的转型，亦即社会现代化，主要就是指这一过程。当然，从世界范围看，工业社会的前锋已经开始向信息社会过渡，所以人们在讨论现代化问题时也已开始包含这一阶段的内容；而中国社会的发展也现实地面临着在社会转型的过程中大力吸收信息革命成果的问题。但从总体上看，中国社会所面临的任务首先仍是继续完成由农业社会向工业社会转型。有关这方面的问题已有许多的讨论，但我认为还有必要从社会哲学的层次，运用"技术社会形态"这一新的概念对一些认识进行提炼和归纳，包括某种重新审视。既然技术社会形态的视角是从社会的生产力状况入手，研究考察整个社会结构体系的技术特征，那么所谓农业社会（传统社会）向工业社会（现代社会）的转型亦即社会现代化的过程也就应从社会各个领域的技术特征的相应变化去把握；而经济现代化（工业化、市场化）、政治现代化（民主化）、文化现代化（科学化）便构成社会现代化的基本框架，反映了从农业社会（传统社会）向工业社会（现代社会）转型的主要内容。从性质看，这一转型是两种技术社会形态之间的转化，在这个意义上，它属于社会基本类型的转变，是一种十分深刻的社会转型。

以上两个不同视角内的社会转型——经济社会形态视角内的社会主义模式转换即从苏联模式的社会主义向有中国特色社会主义的转型，技术社会形态视角内的社会现代化即农业社会（传统社会）向工业社会（现代社会）的转型，同时并存于当代中国社会发展的实践。它们并不是各不相干地孤立展开，而是相互联结和交织在一起的，这样便形成了一种双重转型的特殊组合。这两种转型的联结表现在，我们要实现的社会现代化是社会主义条件下的现代化，而我们要完成的社会主义模式转换或重构也必须与社会现代化的要求相一致；由此便引出了两个为中国特殊实际所决定的特殊命题：社会主义现代化和现代化的社会主义。这两个命题集中体现了当代中国社会发展中的双重转型特殊组合的实质。我们应该恰当地处理好二者的关系，把它们的进程科学地统一起来，积极有力地推动中国社会的发展和进步。

（在德国汉堡"中德论坛"上的主旨发言，原载《学习时报》2002年12月16日）

社会现代化问题与中国的实践

(1999年11月)

社会现代化问题是当代中国社会发展中的一个基本课题。在长期的发展实践中,我们为实现社会现代化的战略目标进行了艰苦的努力,并取得了重大成就;但同时也遭遇了不少的曲折。如今,在新中国成立50周年到来之际,我们应该从理论与实践的结合上对我国社会现代化的历史进程进行反思,并针对现阶段存在的问题进行探讨。

一

要对中国社会现代化的历史进程做出真正科学的分析,首先需要一个基本的理论前提,即对社会现代化问题本身有一个科学的认识。在这一问题上,人们已经从各自的角度进行了广泛的研究,并提出了不少有价值的见解;而我的看法是,社会现代化问题还应从社会哲学的层次上,运用社会形态理论研究的新的成果进行逻辑定位,并由此做出进一步的概括和整合。

众所周知,社会形态理论是历史唯物主义理论体系的重要组成部分。就概念的基本规定而言,所谓社会形态应是表示社会的一定发展阶段或类型,亦即处于一定发展阶段的社会或一定类型的社会。当年马克思和恩格斯提出这一概念时,主要是从社会的经济关系亦即生产关系的性质入手,结合一定的生产关系所赖以存在的生产力根据,以及以这种既定的生产关系为基础而建构起来的政治的和思想的上层建筑的性质来考察社会形态;这样来把握的社会形态被他们称为 Ökonomische Gesellschaftsformation,即"经济社会形态"。而正是从经济社会形态的视角着眼,我们可以将人类社会区分为原始共产主义社会、奴隶社会、封建社会、资本主义社会、社会主义和共产主义社会等一系列基本形态。

但是,在近些年来的研究中,人们已经越来越认识到,区分社会形态的标准和尺度不是一维的,而是多维的。"经济社会形态"是我们区分和把握社会形态的基本视角,但并不是唯一的视角;社会发展的阶段和类型还可以从多种不同的视角进行区分和把握,而"技术社会形态"便是其中之一。所谓技术社会形态,就是从生产力的层次入手,考察一定社会中生产力的发展状况及其对社会各个领域的技术方面的影响,由此把握这一社会的技术特征。(顺便指出,有的学者将技术社会形态概念仅仅局限于生产力的层次,这是片面的。它不应是一个层次概念,而应是一个整体概念,是社会整体的一个特殊视角。)从这一视角着眼,我们也可以将人类社会区分为一系列基本形态,包括渔猎社会、农业社会、工业社会、信息社会等。而正是这种技术社会形态视角,为我们研究社会现代化问题提供了直接的方法论手段。

按照一般的理解,所谓社会现代化,就是指从传统社会向现代社会的转化。那么什么是传统社会,什么是现代社会?从现有的讨论中可以看出,所谓传统社会是指前工业社会,主要是农业社会;而所谓现代社会则首先是指工业社会(当然,由于从世界范围看工业社会的前锋已经向信息社会过渡,人们在讨论现代社会时也已开始涉及新的信息社会的因素）。而不论是农业社会还是工业社会，实际上都是属于技术社会形态视角内的基本形态系列，它们的基本特征都应按技术社会形态的科学规定去把握。就农业社会而言，其基本特征首先体现为传统农业在社会的生产力体系中占据主要地位。这种生产力体系构成农业社会的技术基础，而社会的各个领域都必然会在这个基础之上形成与之相应的技术特征：在经济关系的领域里，主要是自给自足的自然经济形式；在政治关系的领域里，主要是专制的或集权的政体形式；而在思想文化领域里，则是普遍存在的愚昧和迷信，各种形式的神秘主义发生着深远的影响。所有这些技术特征都是与传统农业的技术基础相联系的，只要这种技术基础还存在，这些技术特征也必然会这样那样地存在。而在工业社会里，情况就大不相同了。其基本特征首先是以现代工业为主体的生产力体系，在这个技术基础之上，社会各领域形成了另外一些技术特征：经济关系领域里一般是与现代工业相适合的市场经济的运作形式；政治关系领域里一般是与现代工业以及市场经济相适合的民主政体的运作形式；而在思想文化领域里，则是现代科学的充分发展，以及科学精神在各个方面的广泛渗透。所有这些技术特征的存在，都是与现代工业的技术基础相联系的。

一旦我们从技术社会形态的视角正确地把握了农业社会和工业社会的基本特征，所谓社会现代化的基本要求就十分明确地摆在我们面前了。社会现代化既然是从传统社会即农业社会向现代社会即工业社会转化，那么它首先要求生产力体系由以传统农业为主体向以现代工业为主体转化，亦即工业化；与此同时，它还包括社会各个领域的技术特征的相应改变：在经济关系的领域里，由自然经济形式向市场经济形式转化，亦即市场化；市场化与工业化的统一构成所谓经济现代化的主要内容。在政治关系领域里，现代民主政体取代专制的或集权的政体形式，亦即民主化；在思想文化领域里，则是以现代科学和科学精神扫除各种愚昧和迷信，亦即科学化；民主化和科学化便构成所谓政治现代化和文化现代化的主要内容。只有把所有这些方面的内容有机地统一起来，才能比较全面地把握社会现代化的基本要求。

二

考察一下中国社会现代化的历史进程，可以看出它是在一种特殊条件下开始起步的。在历史上，中国曾长期处于农业社会，这种传统的技术社会形态与经济社会形态视角内的封建社会相互联结，一同延续了两千多年。一直到鸦片战争以后，帝国主义列强用大炮打开了中国的大门，将中国社会变成了一种半殖民地、半封建的扭曲形态；这种变故给中国人民带来了巨大的痛苦与灾难，但与此同时，也正是在这种扭曲的形态下，中国开始了自己的社会现代化的艰难历程。首先是工业化开始起步，在生产力体系中生长起了现代工业的成分；与之相适应，经济关系领域的市场化也开始形成自己的生长点。辛亥革命推翻了封建帝制，而"五四"运动的两个口号——"德先生"（democracy）、"赛先生"（science），实质上正是政治现代化和文化现代化的基本内容。然而在当时的条件下，社会现代化的步履维艰，直到1949年中华人民共和国建立时，中国还基本上是一个落后的农业国。

中华人民共和国的成立给中国的社会现代化带来了新的历史机遇。从经济社会形态看，建国后我们先是经历了一个新民主主义阶段，然后于1956年进入社会主义社会；而从技术社会形态看，正是在这种历史条件下，中国的社会现代化进程才得以真正自觉和全面地展开。首先，在经过几年的恢复和重建之后，国家开始制定和实施国民经济发展计划，着力推进工业化的进程。1956年底召开的中共八大，明确提出要集中力量发展社会生产力，尽快建立自己的完整的工业体系，把我国从落后的农业国变为先进的工业国。与工业化的展开相对应，社会各个领域的技术特征也开始发生相应的变化：经济关系领域打破了原有的自然经济体系，开始探索新的社会化的经济运行形式；政治关系领域本着人民当家作主的原则，着手建构自己的民主政体；思想文化领域则大力倡导科学，努力扫除多年沉积的愚昧和迷信。我国的社会现代化事业一度出现了蒸蒸日上的可喜景象。但是，遗憾的是以后的实践发生了重大失误，特别是错误地转向了"以阶级斗争为纲"，把主要精力用来搞政治运动，经济建设被挤到了一旁；这种情况大大延缓了生产力发展和工业化的速度，而工业化的迟滞又从根本上拖了整个社会现代化的后腿。加之我们在苏联的影响下建立了一种高度集中的计划经济体制，人为地阻断了市场化的进程；政治领域和思想文化领域的指导方针也出现了偏差，对政治现代化和文化现代化都造成了不利影响。

1978年的中共十一届三中全会不仅是我国社会主义实践的历史转折点，也同样是我国社会现代化进程中的历史转折点。我们在总结以往经验教训的基础上进行拨乱反正，实现了工作重点的转移，把经济建设确立为一切工作的中心；同时开始了经济体制、政治体制和其他各方面体制的全面改革，并实行对外开放。从经济社会形态的视角看，我们在党的基本路线的指引下，开辟了建设有中国特色社会主义的新的道路；而从技术社会形态的视角看，我国的社会现代化进程大踏步地向前推进了。首先，社会生产力得到迅速发展，工业化程度显著提高，同时还尽可能地吸收了新的信息化的成果；这方面的成就举世瞩目，从而大大加强了整个社会现代化的技术基础。其次，在市场化方面取得了突破性的进展：我们逐步认识了市场经济体制的科学规定和独特价值，并在经济体制改革的实践中确立了社会主义市场经济的目标模式；如今旧的计划经济体制已被打破，而新的市场经济体制的基本框架正在形成。第三，我们进一步明确了建设社会主义民主政治和法治国家的目标，并借助于政治体制改革向这一目标推进；同时，大力倡导"解放思想、实事求是"的科学精神，努力提高全民族的科学文化水平，建设"面向现代化、面向世界、面向未来"的新的文化体系；这些都使得我国的政治现代化和文化现代化出现了一种全新的气象。总之，十一届三中全会以来的这个时期，是我国社会现代化取得成就最大、进展最快的一个时期。

在考察中国社会现代化的历史进程时，有必要注意到一个特殊的事实，即这一技术社会形态意义上的历史进程与经济社会形态演进的历史进程之间形成了一种特殊的组合。一般说来，技术社会形态意义上的社会现代化应是在经济社会形态演进的资本主义阶段完成的；但是，由于中国社会发展的特殊历史条件，我们在经济社会形态方面未能经历独立发展资本主义的完整阶段，而是在半殖民地、半封建的基础上经由新民主主义的过渡而较早地进入了社会主义阶段。这样一来，技术社会形态意义上的社会现代化的任务就只能在社会主义阶段上完成了。而另一方面，正是由于我国是在社会现代化未完成的条件下进入社会主义社会的，这就必然会给新建立的社会主义社会带来很大的历史局限；这种局限只能随着社会现代化的不断推进而逐步得到克服。所以，这里就有了两个相互关联的特殊的历史命题：社会主义现代化和现代化的社会主义。这两个历史命题正是体现了技术社会形态和经济社会形态的演替进程在中国社会发展中的特殊组合，即社会现代化进程与社会主义社会的发展进程之间的特殊组合；而从基本要求上说，这两个命题是内在一致的，是可以也必须统一起来的。

三

新中国成立50年特别是十一届三中全会以来中国的社会现代化事业取得了很大的进展，但是从现阶段的情况看，我们仍面临着十分艰巨的任务。就生产力而言，我们的总体水平还不够高，发展还很不平衡；从农业国向工业国的转变还在过程中，工业化的任务还没有完成。同时，当今世界信息革命的发生和知识经济时代的到来，对我们形成新的挑战。在经济关系领域里，经济体制改革正面临攻坚，社会主义公有制能否寻找到与市场经济相适合的具体实现形式，特别是国有经济的改革能否到位，关系到社会主义市场经济体制的基本框架能否如期建立起来，市场化的要求能否最终实现。在政治关系领域和思想文化领域里，建设社会主义民主政治和法治国家的任务仍有待于借助政治体制改革而大力推进，建立新的思想文化体系方面也有许多难题需要探索解决，民主化与科学化的进程绝不会一帆风顺。所以，无论是经济现代化，还是政治现代化和文化现代化，都还需要我们继续付出实实在在的努力。

面对这些任务，我们必须进一步科学地认识社会发展的客观规律，坚决地按照客观规律办事，采取得力步骤和措施，从各方面将社会现代化的进程继续推向前进。首先，在生产力的发展上，我们必须进一步提高现有工业体系的发展水平，加速传统农业的技术改造，发展第三产业，实现产业结构的转变，尽快完成工业化的进程；在这一进程中，要大力实施科教兴国战略和可持续发展战略，促进经济增长方式由粗放型向集约型转变，提高国民经济的整体素质。面对信息革命和知识经济的挑战，我们也决不能漠然处之和消极等待，而应变挑战为机遇，充分发挥后发展国家的优势，尽量吸收新的技术成果，发展高新技术产业，建立国家创新体系，力争把工业化进程与信息化进程合理地结合起来,实现生产力发展中的某种"跳跃",尽快赶上发达国家的发展水平。

在经济关系领域的市场化方面,我们必须按照社会主义市场经济目标模式的要求继续深化经济体制改革,促进计划经济体制向市场经济体制的转变。要勇于冲破各种阻力和障碍,下气力攻克难关,取得最后的突破。目前国有经济的改革遇到困难,主要原因是在一些根本环节上仍未能摆脱计划经济的旧的框架的束缚,没有实现彻底变革旧体制的要求。而且,国有经济的改革不能只盯着企业,而是应将"上层"的改革与"下层"的改革结合起来,作为一个整体来对待。所谓上层包括国有资产的管理体制以及与之相关的人事管理体制、利益分配体制等;而正是在这个层次上,迄今尚未完成从行政纽带向经济纽带的转换。《中共中央关于建立社会主义市场经济体制若干问题的决定》曾明确指出,要"按照政府的社会经济管理职能和国有资产所有者职能分开的原则,积极探索国有资产管理和经营的合理形式和途径"[①]。这一要求具有根本性的意义,必须真正加以落实。与之相应,"下层"的改革主要是企业制度创新,企业本身要按照现代企业制度的要求建立真正的法人治理结构。而这一层次上也同样存在着新旧体制的冲突,必须进一步解放思想,按照市场经济的客观规律的要求予以解决。近来,党的十五届四中全会又针对目前改革实践中存在的问题,做出了《关于国有企业改革和发展若干重大问题的决定》,力图进一步推动这方面的攻坚。应该相信,只要国有经济的改革真正到位,它完全能够获得一种与市场经济相适合的具体实现形式,从而成为市场经济的真正主体。而我们的社会主义市场经济新体制,也就能够最终建立起来。

---

① 《十四大以来重要文献选编》(上),人民出版社1996年版,第526页。

在大力推进以工业化和市场化为主要内容的经济现代化的同时，我们也应进一步推进以民主化为主要内容的政治现代化和以科学化为主要内容的文化现代化。伴随着经济体制改革的继续深化，我国的政治体制改革也应逐渐加大力度。市场化为民主化提供基础，如果社会主义市场经济新体制的基本框架能够如期建立起来，我们就应以此为支点适时实现改革重点的转移，将建设社会主义民主政治和法治国家的一些深层次问题提上日程。民主政体作为社会政治关系的技术形式，必须保证政治权力的产生机制、政治权力的监督和制约机制、政治权力的回收机制等各个环节的合理设置，并为广大社会成员的平等参与提供普遍的机会和条件；而这些问题的解决都是我们所要进行的政治体制改革的题中应有之义。我们要从中国的实际出发，对政治体制改革的目标模式进行更为具体的技术设计，并以积极稳妥的方式一步步地付诸实施。中国曾长期处于农业社会，"为民作主"的意识和"人治"传统根深蒂固，要推进政治体制改革和民主化的进程，就必须大力进行思想启蒙，培育现代民主观念。同时，要注意处理好改革中的各种复杂矛盾，尽可能避免激烈的冲突和震荡，保证政治现代化的顺利实现。

至于文化现代化亦即思想文化领域里的科学化进程，则要求我们进一步发展我国的现代科学事业（包括自然科学和哲学社会科学），并将科学精神广泛渗透到教育、文化体系和思想、道德体系中去。要通过普及九年制义务教育、大力发展高等教育、开拓多种形式的社会教育，广泛提高全民族的科学文化水平，破除各种愚昧和迷信。要弘扬理性，培育自主意识，以科学的态度和方法对待一切事物。在这里，有必要特别强调社会实践的科学性问题。因为现实过程中存在着一种满足于感性经验的层次甚至是"拍脑袋"决策的倾向，社会科学的必要性有时并不像自然科学那样受到重视；而这种倾向必然会给我们的社会实践造成很大的损害。过去我们曾经为此吃了不少的苦头,如今一定要认真克服,以达到文化现代化的基本要求。

　　社会现代化进程是一个宏大的系统工程,经济现代化、政治现代化以及文化现代化是它的基本组成部分。只要我们坚决遵循这一进程的内在规律的要求,脚踏实地地从各个方面进行努力,我们就一定能够完成历史交给我们的艰巨任务,尽快把我们的国家建设成为一个现代化的社会主义强国。

(原载《新视野》1999年第6期;收入中国历史唯物主义学会编:《历史唯物主义在新中国五十年》,2000年)

中国社会现代化的几个重要特点

(2007年9月)

社会现代化是现阶段中国社会发展的历史课题。从社会哲学的层次上说，所谓社会现代化是整个社会结构体系从传统社会到现代社会的转化，包括经济现代化、政治现代化、文化现代化等各个领域的现代化，是一种十分深刻的社会转型。而在现阶段特殊的历史条件下，中国社会现代化的进程呈现出以下几个重要特点。

第一，社会现代化进程之中的两个不同阶段——第一次现代化和第二次现代化在这里发生交错，中国社会同时面临着两次现代化的历史任务。

所谓现代化是一个相对的概念，从经典意义上说，所谓传统社会主要是指农业社会，现代社会则是指工业社会，而社会现代化也就是从农业社会向工业社会的转化。而随着社会的不断进步和发展，信息社会又作为继工业社会之后的一个新的历史阶段向我们走来，于是社会现代化的概念有了新的延伸，进而将工业社会向信息社会的转化也包括进来。由此我们便可以将社会现代化的历史进程相应地区分为两个不同的阶段：第一次现代化是从农业社会走向工业社会，第二次现代化则是从工业社会走向信息社会。在中国，第一次现代化亦即从农业社会向工业社会的转化经历了长期的曲折过程,已取得了长足的进展;特别是在改革开放以来的新的历史时期,更是取得了突破性的成果。但是从总体上看,第一次现代化的历史任务尚未最后完成;特别是我国不同地区的发展很不平衡,一些地方至今仍在很大程度上没能摆脱农业社会的落后状态。所以,继续推进工业化,促进农业社会向工业社会的转变,仍是现阶段中国社会现代化的首要任务。然而另一方面,第二次现代化亦即工业社会向信息社会的转化又已开始,以新技术革命为导引的"第三次浪潮"在中国同样产生了深刻的影响。面对新的历史机遇,我们当然不应错过,而必须及时抓住,使中国的社会发展尽快融入世界潮流。因此,我们不能按部就班地等待第一次现代化完成之后再来进行第二次现代化,而应在继续完成第一次现代化的同时,将第二次现代化的历史任务提上日程。要将工业化和信息化结合起来,以信息化带动工业化,以工业化促进信息化,最终推动整个社会的现代化。

第二,中国的社会现代化属于"后发型现代化",虽然在发展序列上处于落后和被动地位,但却有着特殊的"后发优势"。

所谓"后发型现代化"是与"早发型现代化"相对应的概念,对此学界已做过比较充分的讨论。发达国家的社会现代化属于"早发型",它们在现代化进程中处于领先地位;而发展中国家的社会现代化则属于"后发型",它们的现代化进程相对迟缓。"后发型现代化"较之于"早发型现代化",无疑有着各种不利的因素,面临着很大的困难和压力;但与此同时,这种历史的差距又在客观上提供了一种可能性,使得发展中国家可以通过吸收和借鉴发达国家已经取得的成果和经验,缩短自己的发展路程,尽可能少走一些弯路,并实现某种发展中的"跳跃"。这便是所谓"后发优势"。从中国的实际看,我们在进行各项改革的同时不断扩大对外开放,就是要充分发挥和利用这种"后发优势",为我们的现代化建设服务。改革开放二十多年的实践表明,我国对外开放的方针是十分正确的,成效是巨大的。我们的现代化事业之所以能在短短的几十年间迅速起飞并取得举世瞩目的成就,正是与我们通过对外开放大力吸收和借鉴了国外社会现代化的各种成果和经验分不开的。我们应该坚定不移地将这一方针继续贯彻下去,促使我国的社会现代化更好更快地向前推进。

第三,我们是在全球环境问题已经严重凸显的情况下推进社会现代化的,因而历史地面对着促进发展与保护环境的双重要求,实现可持续发展成为必然选择。

发达国家在实现社会现代化的过程中大量消耗和占用了地球上的各种资源,并对自然环境造成了严重污染和破坏。这条以"高生产、高消耗、高污染"为特征的发展道路,固然使这些国家"发达"起来了,但其成本和代价却是极大的,它损害了人类社会发展的根基,并且进一步危及整个人类的生存。因此,对于发展中国家来说,不可能也不应该再走发达国家的老路,而必须将促进发展与保护环境这两方面的要求结合起来,既要解决好发展问题,又要解决好环境问题,走出一条新的可持续发展的道路。当然,这样做是有难度的,对于本来就已经与发达国家拉开了很大差距、正面对着特殊的发展压力的发展中国家来说,更是一种几近苛刻的要求。但为了整个人类发展的长远利益,又只能这样做。中国是一个负责任的发展中大国,在推进社会现代化的过程中始终高度重视资源和环境问题。我们明确地将可持续发展作为国家的基本战略,并为此做出了脚踏实地的努力。虽然在这方面还存在着不少的困难,但我们一定要坚定不移地走下去,在不断促进社会现代化的同时,努力建设资源节约型和环境友好型社会,实现人与自然的和谐发展。

第四，中国的社会现代化作为技术社会形态视角内的社会转型，是与经济社会形态视角内的社会主义模式转换联结在一起的，由此形成一种特殊的双重转型过程。

如上所述，社会现代化包括农业社会向工业社会进而向信息社会的转化。按照历史唯物主义的社会形态理论，所谓农业社会、工业社会、信息社会等等应属于技术社会形态的序列，这里所区分的是社会的技术类型；而技术社会形态是与经济社会形态联结在一起的，后者所区分的是资本主义、社会主义等"主义"类型。这两种不同视角分别从两个不同的侧面反映着社会形态的规定性，应该统一起来加以把握。在学界的讨论中，从农业社会向工业社会进而向信息社会的转化亦即社会现代化被看作是一种社会转型，这当然是对的；但社会转型也同样应从社会形态的多维视角特别是技术社会形态与经济社会形态的联结和统一中去把握。就中国而言，我们的社会现代化作为技术社会形态视角内的社会转型，是在经济社会形态已进入社会主义社会（虽然只是初级阶段）的前提下发生的，并且经济社会形态的视角内也在发生着一种社会转型，即社会主义模式转换——从苏联模式的社会主义转向中国特色的社会主义。这一转型虽然不是社会基本类型的变化，而只是社会具体类型的改变，但同样具有十分深刻的意义。以上两个视角内的社会转型内在地联结在一起，便形成了一种特殊的双重转型过程，并由此产生了两个特殊的历史命题：社会主义的现代化和现代化的社会主义。我们应该深刻认识和把握这个双重转型的历史逻辑，把二者真正有机地统一起来，协调一致地加以推进。

（原载《学习时报》2007年9月3日）

中国社会现代化进程中的主体条件问题

(1997年2月)

当代中国社会正处于由传统社会向现代社会转型，亦即所谓社会现代化的进程之中。社会的存在和发展是以人为主体的，中国社会现代化的目标能否顺利实现，直接取决于主体本身是否具备足以承担这一任务的适宜条件。然而，如果说这一观点在一般意义上已成为共识，那么具体到怎样恰当地认识和评价中国社会现代化进程中的主体条件，以及如何发展和改造这类主体条件，则存在着各种不同的看法和意见。本文拟就此问题做一些探讨。

一

社会现代化作为传统社会（农业社会）向现代社会（工业社会）的全方位转型，包括社会经济、政治、文化等各个领域的全面内容。经济现代化无疑是整个社会现代化的导引，其中首先包括通常所理解的生产力层面上的现代化，这主要是以传统的手工农业为主干转化为以现代的机器工业为主干，亦即工业化。与此相应的还应有生产关系（经济关系）层面上的现代化，这主要是由传统的自给自足的自然经济形式向现代市场经济形式转化，亦即市场化。在经济现代化基础上进一步发展起来的政治现代化和文化现代化,则分别以现代民主政体的建立(民主化)和以科学精神取代各种愚昧迷信(科学化)为主要内容。从历史上看,社会现代化是同资本主义相结合并作为资本主义的技术形式发展起来的,具体表现为资本主义大工业、资本主义市场经济、资本主义民主和资本主义科学文化体系,这时现代社会(工业社会)与资本主义社会便成为两个相互重合的概念。

然而在中国,社会现代化却展开为一种特殊的历史进程。中国没有经过完整的资本主义社会阶段,社会现代化是在半殖民地、半封建的扭曲条件下艰难地起步的。一直到中华人民共和国成立,中国社会仍基本上是一个农业社会。特殊的历史际遇使中国在相对落后的基础上较早地进入了社会主义阶段,而旧时代所未能完成的社会现代化的历史任务,就只能在新的社会主义阶段上继续完成。这样一来,中国的社会现代化,就不是与资本主义而是与社会主义结合在一起,包括社会主义工业化、社会主义市场经济、社会主义民主和社会主义文化,走的是一条社会主义现代化的特殊道路,那么它对主体条件的特殊要求就集中体现为将社会主义原则贯穿到主体在社会现代化的各个层面的活动中去,即要求主体素质和能力——包括生产力层面上的技术水平和管理水平,生产关系层面上的市场活动能力和宏观调控能力,政治层面和文化层面上的民主素质、知识结构和科学精神等,都不仅一般地适合社会现代化的需要,而且应适合在社会主义条件下进行社会现代化建设的需要,适合社会主义工业化、社会主义市场经济、社会主义民主和社会主义科学文化体系——一句话,社会主义现代化的需要。

中国社会现代化对主体条件的要求包括上述一般要求和特殊要求这双重要求,要实现中国的社会现代化,作为主体的人必须把这两个层次的要求统一起来。这两个层次的要求均涉及各个方面,忽视了任何一个方面，主体条件就是有缺欠的、不完备的，都会影响社会现代化的实现。

二

中国社会现代化的历史进程在过去几十年的社会主义建设实践中已经全面展开并取得了一系列重大成就，特别是改革开放之后的十多年里得到了迅速推进，我们在主体条件方面已经有了相当的准备和积累。从现状看，我国的主体条件在某些成分上已趋向于社会现代化的一般要求及特殊要求：在生产力层面上，我国就业人口中已有近一半（按照《中国统计年鉴》的数据，1993年就已达到43.6%）的人数从事工业生产和第三产业，他们不同程度地具备了工业化所要求的基本技术水平，其中包括相当数量的技术人员。在继续从事农业生产的人员中，也有一部分开始熟悉和掌握某些现代农业技术。至于现代生产管理，也已受到人们的广泛重视，并开始出现了一批管理人才。在生产关系层面上，人们已开始接触和了解现代市场机制，并逐步明确发展社会主义市场经济的途径和做法。在政治层面和文化层面上，人民群众对建设社会主义民主的关切程度有了提高，并这样那样地具备了一定的参政议政能力。接受过9年以上教育的人口已达40%以上，其中大专以上文化程度的人口增加较快，社会主义科学文化思想获得一定的推广。以上这些方面的条件，使得我国社会的主体有可能承担起继续推进社会现代化进程的历史任务。但是与此同时，我们又的确应该清醒地看到，我国现有的这些主体条件对于社会现代化的继续推进来说确实是不充分的、有缺欠的。这种缺欠主要表现在以下三个方面：

第一，十分不平衡。其中既包括主体条件在社会不同层面上发展的不平衡，也包括主体条件存在不同的社会群体之间发展的不平衡。就前者而言，人们对生产力层面上的主体技术水平（主要是实用技术）比较重视，对生产关系层面上适合于市场经济新体制的市场活动能力比较强调，这两个层面上的主体条件相对说来发展较快。对比之下，政治层面上民主意识和民主活动能力的增强，以及文化层面上的知识准备和科学精神的培育，则显得过于迟滞。就后一种不平衡而言，对比就更为明显：我们既有在生产技术水平、市场活动能力、民主素质和科学精神等方面发展较快、走在前列的先行群体，又有在这些方面均十分落后、与社会现代化所要求的条件相去甚远甚至基本不着边际的传统群体，他们之间的过大差距极易导致相互联系的脱节乃至断裂。

第二，质量档次不高。就总体状况看，即使是已具备的部分条件，也只是停留在最基本的要求上，还有待于提高档次。现有主体在生产力层面上进行工业化生产的技术水平，除少数之外，大多与现有的生产设备和手段一样相对陈旧。现代管理对于我们毕竟是一个刚刚起步的生疏领域。由于我国的市场经济还处于建构阶段，人们在生产关系层面上对于市场机制和市场运行的认识还比较简单、片面，还存在不少曲解和混乱，市场活动的经验也十分不够。至于政治层面和文化层面上，本来就发展迟滞的主体条件更显薄弱，现有的某些民主意识还需要在理性的层次上加以整理和提炼，而民主活动能力也相应稚嫩。主体知识结构受到浅薄的功利主义倾向的影响，科学精神也还受到传统习惯势力的很大束缚。

第三，双重要求的实现不够契合。即主体还未能做到将社会现代化对主体条件的一般要求与中国社会主义现代化的特殊要求较好地统一起来，并自觉地加以实现。这突出地表现在生产关系层面上，许多人对于社会主义生产关系的基本原则（例如公有制）能否与市场经济体制相结合，还存有各种疑问。认识上不去，主体活动能力也必然受到分割。这样一种主体状态当然难以真正适合建构社会主义市场经济的客观要求。在政治层面上,也存在类似的问题。主体只有处理好认识中的许多矛盾,才能真正实现这一层面上的双重要求。

现阶段我国主体条件的这些缺欠和不足如果不能及时得到改造和克服,主体素质和能力不能再上一个新台阶,我国社会现代化进程的继续推进就将步履维艰,困难重重。就这个意义而言,我国社会现代化面临挑战。

三

面对上述状况,我们所能做和应该做的,当然是积极采取得力措施,努力促进主体条件的发展和改造,以使之与社会现代化进程的客观要求一致起来,而不至于拖社会现代化的后腿。

按照历史唯物主义的观点,作为主体的人是社会的存在物,主体即人自身状况(包括素质和能力等)的改变不是主观任意的,而必须有其客观的社会根据。我们要对现阶段社会现代化进程中的主体条件加以改造,无疑也不能脱离它的社会根据而任意为之。而在这里,所谓社会根据不是别的,正是社会现代化的客观进程。我们本来就是本着社会现代化的客观要求去进行主体条件改造的,而这一改造过程的具体展开也要以社会现代化的实际推进为依据,以实现社会现代化的实践为基础。在这个社会根据之上,我们可做的事情很多:

首先,针对主体条件发展不平衡的问题,通过各种途径广泛进行主体动员和宣传。要利用各级各类组织系统、广播电视和书刊杂志等传媒手段、专门的或业余的学校教育体系以及普遍的社会交往和直接交流,推动主体条件发展迟滞的各种传统群体接受社会现代化的各方面信息,激发他们改善自身主体条件的积极性和主动性,并帮助他们学习现代生产技术和管理方法,了解市场经济的机制和规则,进行民主和科学的启蒙。在这样做时,那些主体条件发展较快的先行群体的示范和带动作用,是不应忽视的。而另一方面,在主体动员和宣传过程中,不仅要重视生产力层面上的技术水平和生产关系层面上的市场活动能力,而且要充分重视政治层面和文化层面上的民主素质和科学精神,使主体条件的发展在社会各个层面之间协调起来。

其次,针对主体条件质量档次不高的问题,下气力进行纵深教育和训练。在生产力层面上,技术培训应在现有的基础之上瞄准现代工业化发展的更高、更新乃至最高、最新的水平,把主体技术水平的提高同生产手段的技术改造结合起来;同时深入研究和学习现代管理,大胆吸收和借鉴发达国家的管理经验。在生产关系层面上,要引导人们进一步深入全面地认识和了解市场经济,澄清各种片面的、糊涂的和错误的观念。在政治层面和文化层面上,则要大力进行人民群众当家作主的社会主义民主教育,深化对民主政体及其实现机制的认识,进一步提高正确行使自身民主权利的能力。要促使主体知识结构进一步合理化,鼓励和倡导科学精神,大胆地向旧的迷信和愚昧挑战。

再次,针对双重要求的实现不够契合的问题,继续深入探索,解决疑难。要加强对社会主义与工业化、社会主义与市场经济、社会主义与民主、社会主义与科学文化等一系列具体课题的研究,提高主体在这些方面的认识,增强将社会现代化双重要求真正统一起来的自觉性以及实际操作能力。在这个问题上,既要重视较高层次的理论研讨,又要大力进行普通层次的宣传教育,以使双重要求的统一为各类主体所掌握。

最后还有必要指出的是,中国在社会现代化方面属于后发展国家,这一历史地位既有不利的一面,又有有利的一面。就主体条件的培育和改造来说，一个明显的有利之处便是使我们的主体有可能吸取先发展国家主体已经取得的积极成果，并借鉴它们的主体发展经验，拿来为我所用，使我国主体条件的发展得以比实际进程超前一步，从而更好地为实现社会现代化服务。实践证明，主体条件发展较快，必然会带动社会现代化进程的相应加快。我们必须充分利用后发展地位的这一有利之处，努力变被动为主动，尽速改造现有的主体条件，使之不断上新台阶。应该说，我国在这方面的潜力是很大的，正有待于我们去开发。

（原载《中国党政干部论坛》1997年第2期；收入中共中央党校哲学教研部编：《人的现代化与建设有中国特色社会主义》，中共中央党校出版社1997年版）

中国社会现代化：历史性进展与新的挑战

（2010 年 5 月）

在 21 世纪头十年即将结束的时候，我们欣慰地看到，中国的社会现代化在经过长期艰苦的努力，特别是近几十年改革开放的洗礼之后，已经取得了历史性的进展，进入了巩固提高和进一步全面展开的新的阶段。而在这一阶段上，又有着不少的难题和挑战，需要我们正确应对和解决。我们要在已有成果的基础上，继续做出新的努力，将社会现代化的历史进程不断推向前进。

一、技术社会形态的深刻转型：全面推进与整体协调

社会现代化作为传统社会走向现代社会的历史过程，是一种深刻的社会转型。对于这个转型的基本规定和内容要求，应从社会哲学的高度，借助于社会形态多维视角研究的方法论成果，纳入技术社会形态系列去认识。所谓传统社会主要是指技术社会形态系列中的农业社会，而所谓现代社会则首先是指工业社会，继而又进一步指向信息社会；这样，所谓社会现代化便包含从农业社会向工业社会和信息社会的两次转型。这个意义的社会现代化是以社会技术基

础的变革为导引，促使社会各个领域的技术特征发生相应改变，最终实现整个社会的技术类型转换。概括地说，经济领域中生产力层次的工业化和信息化，以及与之相应的生产关系层次上的市场化，政治领域中的民主化，思想文化领域中的科学化，应是社会现代化进程最基本的内容。

  考察一下当代中国社会现代化的实践，可以清楚地看到以上各方面内容的生动展现。首先引人瞩目的无疑是生产力层次的发展和进步：新中国成立前，生产力长期停留在以传统的小农经济为主体的落后水平上，人均 GDP 只有几十美元；而在 60 年后的今天，这种状况已经发生了根本改变。我们的工业化进程已推进到中级阶段，一个独立的、比较完整的、有相当规模和较高技术水平的现代工业体系已逐步形成；并且我们还抓住新技术革命带来的历史机遇，积极推动了信息化进程，使之与工业化结合起来。据国家统计局最近公布的修订数据，截至 2008 年底，我国三次产业增加值在 GDP 中所占比重已达到 10.7：47.5：41.8；GDP 总量也已达到 314045 亿元人民币，人均合 3452 美元。① 生产力的迅速发展带动了整个社会的现代化，与之相应的生产关系层次以及政治、文化等领域都在发生着深刻的变化。如果说社会主义制度的建立为社会现代化的全面展开创造了全新的条件，那么进入新时期，我们又进行了"第二次革命"：经济领域里实行经济体制改革，破除原有的计划经济体制，建立真正适合现代生产力要求的社会主义市场经济新体制；同时相应推进政治体制改革和文化体制改革，建设社会主义民主，发展社会主义先进文化。所有这些变革，都使得当代中国的社会现代化进程展现出特有的丰富内涵。

---

① 参见《国家统计局关于修订 2008 年 GDP 数据的公告》，载《人民日报》2009 年 12 月 28 日。

然而，随着当代中国的社会现代化在经济、政治、文化等各个领域全面展开，一个重要问题也越来越突出地提到我们面前，即如何进一步从整体上把握社会现代化的历史进程，将社会各个领域的现代化合理地联结和统一起来，使之相互促进、相互支持，协调有序地向前推进。从现阶段的实践来看，我们虽然也在这方面做了一定的努力，但还存在着明显的不足。在经济领域里，生产力层次的工业化和信息化虽然取得了历史性进展，但总体水平仍不够高；而生产关系层次上影响生产力发展的体制机制障碍依然存在，新的市场经济体制还很不完善。而在经济领域的现代化快速推进的同时，政治领域和文化领域的现代化相对迟缓，导致了某种程度的脱节和失衡，并由此衍生出许多扭曲和畸变现象。某些缺少约束的政治权力以不正当的方式介入经济领域，"寻租"现象多有发生，既造成市场机制的扭曲，又导致腐败蔓延；思想文化领域中的小农意识、封建意识以及各种落后观念根深蒂固，价值体系冲突激烈，社会失范在很大范围内存在。

现阶段实践中出现的这些偏差，对整个社会现代化进程造成了严重妨害，因此必须给予充分的关注。我们应从社会各领域的实际出发，努力克服各种障碍，促进社会现代化进程的进一步全面展开，并下气力解决好全面推进中的整体协调问题。而要做到这一点，就必须从系统整体的高度，科学地认识社会各个领域在社会整体中的不同定位，以及它们相互之间的有机联系，并依照这种有机联系的内在逻辑推动这些领域的现代化。这里必须强调尊重客观规律，反对各种唯心主义和形而上学倾向。只有这样，才能使我们的社会现代化进程真正形成一个统一的进程，从而推进到一个新的水平。

二、现代化进程中的人的问题：主体条件与价值目标

社会现代化的着眼点是社会结构体系，而这个社会结构体系又是作为客体与人即主体相联结而存在的。社会发展与人的发展相互制约，社会发展为人的发展创造条件，人的发展反过来又成为社会发展的条件；而在这种相互联结、相互制约的基础上，还存在着一种特殊的价值关系，其中人的发展是目的，社会发展是手段，社会的一切发展最终都是为了人。由此出发，社会现代化问题也必须与主体即人的问题联系起来去考虑：一方面要研究社会现代化的主体条件问题，没有能够承担起这一使命的社会主体，就什么也实现不了；另一方面还要研究社会现代化的价值目标问题，即怎样使社会现代化的成果适应主体的要求，对人的发展起到积极的促进作用。

在当代中国社会发展的实践中，随着现代化进程在社会各个领域的全面展开，社会主体即人的发展方面也取得了显著的进步。这首先表现为主体素质的改变。经过努力，我国的社会主体总体上已开始摆脱传统社会中的愚昧和落后状态，科学文化水平有了很大的提高，思想观念也逐步向现代化的方向转变。目前我们已基本实现了普及九年义务教育和基本扫除青壮年文盲的目标，劳动年龄人口受教育年限显著增长；根据教育部发布的《2008年全国教育事业发展统计公报》，到2008年底，小学学龄儿童净入学率达到99.54%；初中阶段毛入学率达到98.5%，高中阶段毛入学率达到74%，高等教育毛入学率达到23.3%。[①] 其次，随着社会现代化的推进，主体的生存条件得到很大改善，生活水平有了明显提高，各方面需要不断得到实现。特别是改革开放以来，我们不仅从根本上解决了温饱

---

① 教育部：《2008年全国教育事业发展统计公报》，载《中国教育报》2009年7月18日。

问题,并且已实现了总体小康,目前正在向更高水平的全面小康迈进。人的发展方面所取得的这些成果,充分体现了我国社会现代化的最终价值,同时也为社会现代化进程的展开提供了必要的主体条件。

但是与此同时,我们也要看到,在人的发展方面也还存在一定的差距和不足,需要我们认真对待。从总体上看,我们的主体素质还不够高,还不能很好地适应社会现代化的要求。根据2005年全国1%人口抽样调查主要数据测算,我国城镇劳动力的平均受教育年限为9.38年,农村劳动力为6.80年①,与发达国家相比还有明显差距。同时,思想解放和观念转变的任务也还十分艰巨,主体的思维方式在很大程度上还受到传统观念的束缚。从生存状况来看,如何将社会现代化的成果更好地运用于改善民生,真正做到"以人为本",使发展的成果为人民共享,也需要进一步做出努力。而特别值得注意的是,现阶段主体方面的发展出现了较为严重的不平衡,阶层分化有偏离正常轨道的危险,各种利益矛盾和冲突加剧。近年来社会分配差距不断扩大,一些处于特殊地位的利益群体采用不正当手段摄取社会财富以及各种好处,引起社会的普遍不满;这种现象继续蔓延下去,势必酿成更大的社会冲突和危机。

这些问题的存在,就要求我们在继续创造条件大力提高主体素质、促进主体发展的前提下,特别注意协调好社会各阶层之间的关系,特别是关心弱势群体和困难群众,帮助他们排忧解难,增强适应社会转型的能力;同时要通过深化经济、政治、文化等社会各领域的改革,健全和完善体制和机制,进一步理顺收入分配关系,整顿分配秩序,坚决打击贪污腐败、权钱交易以及各种利用不正当手

---

① 参见国家统计局:《2005年全国1%人口抽样调查主要数据公报》,载《中国信息报》2006年4月21日;蔡昉:《2009版人口与劳动绿皮书》,社会科学文献出版社2009年版。

段牟利的行为，破除垄断经营等不合理现象，促进社会公平的进一步实现。只有这样，才能有效调动社会主体的积极性，更好地推动我国社会现代化的历史进程。

三、对外关系的重大变化：和平崛起与世界格局

一个国家的社会发展，并不是一个孤立的进程，而是与整个世界的发展联系在一起的；要想发展得好，就不能搞闭关锁国，而应以开放的态度处理对外关系，积极开展国际交流与合作。对于社会现代化来说，这一点极为重要。特别是现代化起步较晚的后发展国家，更应发挥"后发优势"，积极学习和借鉴国外社会现代化的积极成果和经验，利用世界范围内的各种有利资源和条件促进自身的发展。当然，国际交往中也存在各种风险，也会有各种消极的影响；发达国家借助在现代化进程中的领先地位，必然要尽力维护有利于自己的国际关系体系和世界格局，而后发展国家社会现代化的推进和崛起，势必会对这种既定的体系和格局形成挑战，两者之间的矛盾和冲突在所难免。

中国的社会现代化原本是在一种扭曲的国际关系中，在半封建、半殖民地的落后基础上艰难起步的。帝国主义列强用大炮打开了中国的大门，霸占了中国的市场和资源，给中国人民带来了深重的苦难。新中国成立后，结束了这种被压迫的屈辱局面，然而由于当时世界上"两大阵营"的对立以及种种现实威胁，也由于我们自己思想认识上"左"的观念和"非此即彼"的思维方式，使我国在很长一个时期中采取了一种相对封闭的国际战略。进入新时期之后，我们认真总结了以往的经验和教训，在全面改革的同时，下决心打破封闭，实行对外开放。经济领域里"引进来"和"走出去"，而政治、文化等领域的对外交流与合作也以多种形式逐步展开。实践证

明，我国对外开放的方针是十分正确的，这方面所取得的显著进展，有力地促进了国内各领域的改革和发展，对整个社会现代化进程起到了重大的推动作用。而随着社会发展和现代化水平的不断提高，我国的综合实力不断增强，国际地位不断提升，在促进全球范围内各方面重大问题的解决、建立合理的国际经济政治新秩序中发挥着越来越重要的作用。

但是另一方面，在社会现代化的新的阶段上，我们的对外关系也出现了一些新的情况和问题，需要认真研究和对待。首先，我们的对外交流与合作起点较低，对外开放的水平还有待提高。以往我们积极发展对外贸易，将"中国制造"推向世界各地市场，然而我们的出口产品大多停留在低端水平上，或是依靠低廉的劳动力和其他要素成本进行加工制作，自主创新能力不强，同时还对国内的资源环境造成过度消耗和损害。这种状况到了应该改变的时候了。在新的阶段上，要使对外开放朝着有利于促进提高自主创新能力和转变经济发展方式的方向发展，努力将"中国制造"提升为"中国创造"。

其次，尽管我国始终坚持走和平发展的道路，但作为一个后发展大国迅速崛起，社会现代化水平不断提高，难免会引起国际范围内的种种疑惧和担心，特别是各种敌对势力的阻挠和反对。而从客观上说，中国越来越广泛地参与到国际经济、政治、文化等各领域的事务中来，也必然会影响原有的国际关系体系和世界格局，由此引发各种相关的矛盾和冲突。因此，我们应该充分意识到由于自身发展而带来的对外关系中的新变化，及时调整有关的方针和对策，审慎处理好各种新的情况和问题，推动世界格局朝着持久和平和共同繁荣的方向发展，为我国社会现代化的进一步推进创造更为有利的国际环境和外部条件。

四、新型工业化道路的历史选择：发展方式与环境问题

社会现代化作为从农业社会向工业社会和信息社会的转型，在根本上是由工业化和信息化所带动的。而在这一过程中，一个重大问题日益突出出来，即社会发展尤其是经济发展与环境保护的关系。以往发达国家所走过的道路，是一条"高生产、高消耗、高污染"的道路；工业化倒是实现了，但却付出了高昂的成本和代价。日趋严重的环境问题给人类敲响了警钟，促使人们重新思考社会现代化的道路问题，这就是要把经济和社会发展与环境保护协调统一起来，走一条能够实现可持续发展的现代化道路；其中首先是将生产力层面的工业化和信息化都纳入可持续发展的轨道。围绕这一目标，国际社会在联合国的推动下开始了多方面的合作。

中国作为一个后发展国家，正是在这样的背景下展开自己的现代化进程的。如果说在新中国成立后的一个时期里我们对环境问题认识不足，曾过分强调了对自然的征服与改造，做过诸如填湖造田、毁林开荒之类的荒唐事；那么随着环境问题在世界范围内的凸显，也越来越引起我们的重视，促使我们适时跟上时代的步伐，参与到国际社会实施环境保护和可持续发展的行动中来。早在上个世纪70年代到80年代，我国便制定并实施了一系列保护环境的方针、政策，召开了全国性的环境保护会议，建立了专门的工作机构，随后又成为联合国环境规划署的理事国。到了90年代，中国积极参与筹备和参加了联合国环发大会，并成为联合国可持续发展委员会的成员国；同时还及时发布了《中国21世纪议程》。进入21世纪，中国又参与筹备和参加了可持续发展世界首脑会议，并制定了《中国21世纪初可持续发展行动纲要》。可持续发展被确定为我国社会发展的一项基本战略，受到了党和国家的高度重视，并在国内各个领域的

实践中得到了有效的推进；同时，中国签署了一系列国际公约和议定书，积极参与了环境与发展领域的国际合作。在不久前召开的哥本哈根联合国气候变化会议上，中国作为《联合国气候变化框架公约》及其《京都议定书》的缔约方，再次发挥了积极的建设性作用。

在肯定成绩的同时，我们也要清醒地看到，虽然我们在环境保护和可持续发展方面做出了以上多方面的努力，但目前我国的环境形势仍然十分严峻。突出表现在各类环境污染和生态恶化的情况相当严重，主要污染物排放大大超过环境承载能力；同时自然环境中的各类资源消耗过度，一些主要资源的平均消耗强度远远超出世界平均水平。究其原因，除了环境治理本身尚有许多环节没有跟上之外，最根本的还是经济发展方式的转变未能完成，在具体工作中仍然存在着以粗放的方式追求工业化的扩展和经济增长的倾向。在社会现代化发展的新的阶段上，必须采取有效措施，下气力解决这方面的问题。

具体说来，一方面要继续加大环境治理力度，包括实施污染物排放总量控制，建立科学、完善的生态环境监测、管理体系，合理使用、节约和保护资源，提高资源利用率和综合利用水平等；另一方面则要从源头抓起，坚决纠正工业化推进过程中存在的偏差，加快转变经济发展方式，借助技术创新和产业结构调整，真正将经济发展与环境保护的要求统一起来，切实走出一条中国特色的新型工业化道路。要努力将信息化与工业化有机地结合起来，使之在更高的技术层次上起到引领作用。为保证以上各项措施的落实，就必须从经济发展过程中的各种利益关系着眼，综合运用经济的、法律的、行政的等各种手段，建立一种有效的社会机制；而社会经济、政治、文化等各个领域的改革都应当充分体现这方面的要求，为可持续发展战略的进一步实施塑造必要的制度和体制前提。

当然，作为一个后发展国家，我们要在大力推进社会现代化的同时处理好与环境保护的关系,是有着双倍的难度的。我们的现代化进程已经落后,发展的压力本来就很大;而正当我们要努力追赶的时候,又遇到了如此严峻的环境形势,迫使我们不得不充分重视和认真对待。环境问题属于全球性问题,发达国家无疑应负有首要责任;我们反对那种以种种借口向后发展国家转嫁负担,甚至变相剥夺后发展国家发展权的不公平做法。而另一方面,后发展国家无疑也应从自己的实际出发,担负起"共同的但有区别的责任"。① 中国是一个负责任的大国,在这个事关人类根本利益的重大问题上,当然要以积极的态度做出自己的努力;我们将会以一种体现着可持续发展要求的新的方式,更好地推进中国的社会现代化进程。

(原载《新视野》2010 年第 3 期)

---

① 《里约热内卢环境与发展宣言》,联合国环境与发展会议,1992 年 6 月。

社会现代化呼唤科学精神

(1999年7月)

在当代中国社会发展的进程中,我们越来越清楚地感到一种迫切的需求,即对科学精神的需求。这种需求以现代科学的发展为依托,以社会各领域的现实实践为根据,伴随着思想文化领域中的种种矛盾和冲突,正在从各个方面表现出来。如今科学本身的重要地位已越来越为人们所认识,科学不发展,我们只能永远处于落后地位;而在重视发展科学的同时,我们应更进一步地重视作为现代科学的灵魂而存在的科学精神。我们需要借助于这种科学精神冲破各种迷信和愚昧的藩篱,对自身周围的一切进行理性的审视和反思;我们需要以科学的态度观察这个迅速变化着的世界,远瞻人类的命运和未来;我们需要真正科学地把握人类社会自身的客观规律,以此指导我们的社会发展和改革的实践,从而抛弃一切主观臆测和唯意志主义的东西,使我们少发生一点偏差和失误。无疑地,我们的社会发展进程正是呼唤着这样一种科学精神。

如果我们从应有的理论高度考察一下当代中国社会发展所处的历史地位,就会看出这种对科学精神的需求和呼唤,是有着深刻的历史内涵的。当代中国社会发展正处于从传统社会(农业社会)向现代社会(工业社会)转型亦即社会现代化的过程之中,而思想文化领域的科学化,正是社会现代化过程中的一个重要组成部分。以往谈论起现代化时,人们往往更多地关注生产力的层面,把现代化与经济发展联结起来。不错,社会现代化首先是经济现代化,而经济现代化又首先是生产力层面上的现代化;在中国这样的经济发展落后的国家里,突出强调这一层面的现代化是无可非议的。但同时又必须看到,社会现代化作为一种深刻的社会转型过程,绝不仅仅是生产力层面上的现代化,而是包括整个社会体系在内的全方位的现代化。即使是经济现代化,也不仅涉及生产力的层面,而且涉及生产关系即经济关系的层面;而在经济现代化之外,还有政治现代化和文化现代化。就具体内容而言,经济现代化包括生产力层面上的工业化和生产关系层面上的市场化,而政治现代化与文化现代化则分别体现为政治关系层面上的民主化和思想文化领域中的科学化。所谓科学化作为文化现代化的主要内容,是与社会现代化的整体进程相适合的;其基本要求正是在充分发展现代科学的基础上,大力弘扬理性和科学的精神,并将其贯穿和渗透到社会实践的一切领域和社会生活的一切方面中去,从而彻底改变在传统的农业社会中形成的迷信和愚昧的状态。没有这种科学化,整个社会现代化就不可能真正完成。

再进一步说,当代中国社会现代化的过程,亦即从传统社会(农业社会)向现代社会(工业社会)的转型,是在社会主义的条件下进行的。我们正在进行的建设有中国特色的社会主义的伟大事业与社会现代化的目标是联结在一起的:我们要建设的社会主义是现代化的社会主义,我们要实现的现代化是社会主义的现代化。而就社会主义本身而言,我们所坚持的是马克思所创立的科学社会主义,所谓有中国特色的社会主义不过是科学社会主义在中国的特殊实践;而科学社会主义与空想社会主义的根本区别就在于它必须建立在科学的根据之上,即要求我们切实按照社会发展的客观规律办事，以真正科学的态度去从事社会各方面的活动。所以，科学精神的弘扬也正是我们的社会主义事业的内在要求，这种要求与社会现代化的要求完全一致，并且也只有在社会现代化的基础上才能真正得到实现。

回顾中国社会发展的历史进程，我们曾经历了长期的农业社会的发展阶段，与之相对应的是同样长期的封建社会。在这种传统的农业社会的落后基础之上和封建制度的压制之下，自然谈不上真正的科学和科学精神，所存在的只能是普遍的愚昧和无知，是对上天和存在于冥冥之中的各种造物主及命运主宰的畏惧和崇拜，是对各种神灵和奇异力量的虔诚迷信。虽然圣贤们的智慧和无数普通人的经验的总结已经包含着许多科学的因素，但支配着整个社会的运行的却始终是各种非科学的意识形态。近代以后，中国的社会现代化进程伴随着西方列强的隆隆炮声在半殖民地、半封建的扭曲形态下开始起步，经历了戊戌变法、辛亥革命、五四运动等中间环节，最后以新民主主义革命的胜利和中华人民共和国的成立为标志而转向全面展开。在这一过程中，特别是在新中国成立以后的发展中，现代科学逐步生长起来，理性的觉醒和科学意识的增长成为改变整个社会面貌的精神力量的泉源；而我们在社会主义条件下进行的马克思主义科学世界观和方法论的教育，无疑也收到了明显的成效。但是，由于传统和习惯的力量在中国有着过于深厚的历史根基，同时也由于我们的社会现代化进程总体上进展不快，特别是经济现代化（工业化和市场化）的进展迟滞从根本上制约了整个社会现代化的进程，我们在思想文化领域的科学化方面也不可避免地遇到了各种阻力和障碍。旧的、落后的思想意识难以根除，即使一时受到冲击，也极易死灰复燃；更值得注意的是，非科学的旧意识、旧观念往往还这样那样地渗透到新的科学思想体系中，以新的形式表现出来，以至于形成"现代迷信"之类的东西，极大地妨害了我们的事业。

中共十一届三中全会之后，中国的社会主义事业进入了新的发展时期，社会现代化进程开始获得了加速推进的历史契机。20年来，社会生产力迅速发展，工业化水平大为提高；而随着社会主义市场经济新体制的目标模式的确立，过去曾被人为地阻断了的市场化进程终于得以展开；同时，政治现代化的民主化要求也具体地体现为建设社会主义民主政治和法治国家的现实努力。与此相应，文化现代化的科学化方面也取得了显著的成就，诸如科教兴国战略的实施和包括自然科学和哲学社会科学在内的现代科学事业的繁荣，全社会科学文化水平的提高，以及真正的科学精神在"解放思想、实事求是"的旗帜下不断突破僵化和教条的局限。可以说这些成就对整个社会发展起到了十分积极的推动作用，20年来各方面的重大进展都是与此相联系的。但是另一方面，我们又必须看到，科学化方面这些业已取得的成就仍是十分不够的，距离现阶段社会主义现代化建设的需要还有很大的差距。从总体上看，我国社会的科学文化水平的提高还很不平衡，至今仍有不少落后地区未能普及九年义务教育，包括相当数量的文盲、半文盲人口的存在；传统的农业社会的落后意识、包括各种迷信和神秘主义的东西仍有很大的市场，特别是在一些农村地区和低文化层次的人群中；在社会各领域的实践中，都还存在着一些不正确的倾向，尊重科学、重视科学的观念在一些干部和群众的头脑中还没能扎下根，凭长官意志和狭隘经验"拍脑袋"决策的非科学方式还有很大的习惯力量。所有这些问题的存在，都这样或那样地限制了我们的文化现代化的水准，妨碍了科学精神的弘扬，进而对整个社会现代化进程、对建设有中国特色社会主义的事业造成了十分不利的影响。

面对现阶段所存在的这样一些问题，我们必须在高度重视的前提下下大力气去解决。我们要进一步提高对科学化要求的认识，以更大的力量、更多的投入推动科学事业的发展，并继续大力培植全民族的科学意识，在全社会塑造尊重科学、热爱科学的良好氛围；要大力发展教育，特别是尽快普及九年制义务教育，为科学精神的广泛生长提供充分的社会条件；要加强科学知识的宣传，充分发挥各种新闻媒体和社会传播手段的作用，利用一切为群众所接受的形式，将科学观念和科学精神灌输和渗透到广大社会成员中去，同时要坚决地同各种落后意识、同愚昧和迷信现象做斗争，启发群众的觉悟。在更高的层次上，则要充分肯定现代化进程中的主体自主意识，鼓励用自己的头脑进行理性的思考，倡导科学的批判和探索精神。我们应继续加强马克思主义科学世界观和方法论的教育，努力在社会各领域的实践中树立起真正的科学观念，坚决破除那些落后的、非科学的决策方式的影响。通过这些努力，我们将进一步推进思想文化领域的科学化，促进科学精神的生长，从而更好地适应整个社会主义现代化事业的需要。

在经历了多少年的风雨和艰难曲折之后，中国如今终于站在了现代化的门槛上。社会现代化呼唤科学精神，而中国社会主义现代化建设在现阶段的进一步推进更需要科学精神。让我们大力弘扬这种科学精神，以崭新的姿态将我们的事业推向下个世纪，去迎接新的现代化时代的到来。

（原载《瞭望》1999年第26期）

现代化与小康社会

(2003 年 3 月)

党的十六大提出,我们在 21 世纪头 20 年的奋斗目标,是全面建设小康社会。围绕这个问题已经有不少的讨论,但总地说来还有待深入。我认为,这个问题应该从社会哲学的高度,结合当代中国社会发展的基本进程去认识,特别是放在社会现代化的进程中去认识。正如十六大报告明确指出的:全面建设小康社会是我国"实现现代化战略第三步战略目标必经的承上启下的发展阶段"[1]。所以,要研究这一阶段的问题,必须首先研究社会现代化的问题。

关于社会现代化问题,也已经有许多的讨论,这是近年来理论界的热点之一。尽管讨论中还存在不同的见解,但有一点已经形成共识:社会现代化是一种深刻的社会转型。对于这种转型,我们可以借助于历史唯物主义关于社会形态理论研究的新的成果,从社会形态的多维视角去把握。所谓社会形态,从最一般的意义上讲应是指社会发展的不同阶段或基本类型。毋庸置疑,当初马克思提出社会形态概念,主要是强调从社会的经济关系(生产关系)的性质入手,联系这种经济关系所赖以存在的生产力根据,以及以这种经济

---

[1] 《中国共产党第十六次代表大会文件汇编》,人民出版社 2002 年版,第 18 页。

关系为基础的政治的和思想的上层建筑来区分和把握不同的社会形态。这样来把握的社会形态，又被称为经济社会形态，我们可以由此将人类社会区分为原始共产主义社会、奴隶社会、封建社会、资本主义社会、社会主义和共产主义社会等基本形态。然而随着近年来社会形态理论研究的深入，学者们又提出了一种新的观点，即认为对社会形态的区分和把握可以有多维视角，而不只是一维视角；其中讨论较多的便有技术社会形态这一新的视角。所谓技术社会形态，就是从社会的生产力的状况入手，研究和把握整个社会结构体系的技术特征，由此可以将人类社会区分为渔猎社会、农业社会、工业社会、信息社会等不同的形态。技术社会形态概念与经济社会形态概念不是对立的，而是互补和兼容的，两者有着不同的着眼点，各有自己的意义和功能。只有将这两个不同的视角结合起来，才能更加全面、完整地认识和把握社会形态。而在这里，如果我们将这一方法运用于社会转型问题，就是要从多维视角的统一来考察社会转型，特别是将经济社会形态和技术社会形态这两种视角的考察结合起来。而我们说社会现代化是一种社会转型，正是可以归属于技术社会形态的视角，是这一视角内的社会转型。因为所谓社会现代化，就是指从传统社会转向现代社会；而从经典意义上说，所谓传统社会主要是指农业社会，所谓现代社会则主要是指工业社会，所谓从传统社会转向信息社会，也就是从农业社会转向工业社会。当然，随着实践的发展，社会现代化的概念也不断扩展，讨论中提出的"第二次现代化"的观点，就已经将信息社会纳入了社会现代化的范畴。但不管怎样，对于这方面问题，我们都应该按照技术社会形态视角的逻辑规定，从社会形态的多维视角的统一中去把握。

这里特别需要指出的是，新的技术社会形态概念同经济社会形态概念一样，都是一个完整的社会类型概念，即都是涵盖社会结构体系的各个领域，只不过视角不同。社会现代化作为技术社会形态视角内的社会转型，其基本内容也就应该从技术社会形态的整体视野去把握。就社会现代化的经典意义而言，所谓从农业社会向工业社会的转化，首先是社会的技术基础的变化，即由以传统农业为主体的生产力体系向以现代工业为主体的生产力体系转化，亦即工业化；与此同时还包括社会各个领域的技术特征的相应改变：在经济关系的领域里，是由传统的自然经济形式向市场经济形式转化，亦即市场化；市场化与工业化的统一构成所谓经济现代化的主要内容。在政治关系领域里，是以现代民主政体取代农业社会中形成的那种专制的或集权的政体形式，亦即民主化；在思想文化领域里，则是以现代科学和科学精神扫除以往普遍存在的各种愚昧和迷信，亦即科学化；民主化和科学化便构成所谓政治现代化和文化现代化的主要内容。以上各方面内容全面展开，才能实现从农业社会向工业社会的转化。而若将社会现代化的概念扩展到信息社会，则要求社会的技术基础进一步转化为以现代信息产业为主干的生产力体系，亦即信息化；同时社会各个领域的技术特征还要进一步发生相应的新的改变。

从中国社会发展的实践来看，我们的社会现代化进程是在半殖民地、半封建的扭曲形态下艰难起步的。从辛亥革命到新民主主义革命，都是为这一进程开辟道路；而新中国的成立，使我们的社会现代化在新的条件下开始全面展开。但是，由于指导方针上的错误，我们在前进中遭遇了曲折：工业化进展不快，市场化进程被人为地阻断；而经济现代化的迟滞又拖延了整个社会现代化的进程。十一届三中全会以后，我们拨乱反正，确定以经济建设为中心，工业化的步伐大大加快；特别是经济体制改革不断深化，市场化进程得以真正展开。随着经济现代化的迅速推进，政治现代化、文化现代化等方面也不断取得重要成果。我们认真反思了以往的经验教训，从中国社会发展的实际出发，确立了现代化建设"三步走"的基本战略。经过二十多年的艰苦努力，前两步战略目标已经胜利实现，中国社会发展初步达到了小康水平。我们取得的成就是巨大的，但却还面临着新的更为艰巨的任务，即再经过几十年的努力，在本世纪中叶基本实现现代化，这是我们的第三步战略目标。而在本世纪头二十年中全面建设小康社会的奋斗目标，就是在这样的背景下提出来的，并且从一开始，就明确定位为实现第三步战略目标的一个"必经的承上启下的"特殊阶段。①

对于这样一个特殊阶段，有两个重要之点必须深刻认识。第一，全面建设小康社会的"全面"二字十分重要。这就是说，这里所要求的不仅仅是经济发展，而且是社会各个领域的全面发展。十六大报告中专门对这个全面目标作了说明，内容包括经济、政治、文化等各个领域的发展，概括起来就是"使经济更加发展、民主更加健全、科教更加进步、文化更加繁荣、社会更加和谐、人民生活更加殷实"②。应该说，对小康社会提出这种全面性的要求，是十六大的一个极为重要的成果，是认识上的一个很大的进步。过去我们在谈到小康社会时，主要是着眼于经济的发展和人民生活水平的提高，虽然也涉及社会发展的其他一些方面，但还不够充分；而这次则不同，特别强调了社会各个领域的全面发展。当然，经济发展始终是最根本的，全面建设小康社会仍然要紧紧抓住经济建设这个中心，努力使国内生产总值再翻两番；但仅仅讲这一条还是不够的，还必须有其他各领域发展的全面目标；这样，小康社会才能真正成为社会发展的一个整体阶段。第二，全面建设小康社会的这个全面目标，应该与社会现代化的基本内容联结起来加以把握。对此，十六大报告也有明确论述："这次大会确立的全面建设小康社会的目标……是

---

① 《中国共产党第十六次代表大会文件汇编》，人民出版社2002年版，第18页。
② 《中国共产党第十六次代表大会文件汇编》，人民出版社2002年版，第18页。

与加快推进现代化相统一的目标"①。而如上所述，社会现代化作为技术社会形态视角内的社会转型，应该是包括经济现代化、政治现代化、文化现代化等各个领域的现代化在内的整体进程；全面建设小康社会作为我国现代化建设的一个特殊阶段，其各方面目标正是与这一整体进程的要求相一致的，是朝向社会现代化的最终目标的；这一阶段的目标的实现，将为我们最终完成社会现代化这一深刻转型提供更为直接的基础和条件。

最后还应指出，在当代中国社会发展的实践中，社会现代化这一技术社会形态视角内的社会转型，是与社会主义社会的模式转换这一经济社会形态视角中的社会转型相联结而存在的。前者是从农业社会转向工业社会和信息社会，而后者则是从原有的苏联模式的社会主义转向有中国特色的社会主义。这两种视角的社会转型统一起来，便构成社会主义现代化这一特殊的历史命题。而十六大提出的全面建设小康社会的奋斗目标，正是这一历史命题在现阶段的具体体现。

（原载《理论动态》2003年3月20日，第1593期）

---

① 《中国共产党第十六次代表大会文件汇编》，人民出版社2002年版，第20页。

全面建成小康社会是中华民族伟大复兴的关键一步

（2016年9月）

确保到2020年全面建成小康社会，是党的十八大提出的宏伟目标。这一目标是我们党和国家"两个一百年"奋斗目标中的第一个百年目标，意义十分重大；如习近平总书记强调指出的，"实现这个目标是实现中华民族伟大复兴中国梦的关键一步"[①]。对此，我们应从战略高度深刻认识和理解，并在正确把握其内在要求的基础上，大力推动这一目标的实现。

一、从战略高度认识全面建成小康社会的基本定位

众所周知，"小康社会"原本是中国古代思想史上的一个概念，在当代被赋予了全新的含义；并且从一开始便被纳入社会主义现代化战略的总体设计，成为这一战略中的重要一环。当然，从最初提出到党的十八大，其基本定位经历了一个逐步调整和变化的过程。

[①] 《习近平关于全面建成小康社会论述摘编》，中央文献出版社2016年版，第4页。

20世纪70年代末,邓小平同志作为中国改革开放和社会主义现代化建设的"总设计师",领导我们党制定了"三步走"的现代化发展战略。其中第一步是从1980年到1990年,实现国民生产总值翻一番,解决人民的温饱问题;第二步便是从1990年到2000年,国民生产总值再翻一番,人民生活达到小康水平。之后的第三步则是从21世纪初到世纪中叶,再用50年左右的时间,使人均国民生产总值达到中等发达国家的水平,基本实现现代化。由于前两步目标和第三步目标之间正好是世纪之交,所以实现"小康"便作为重要的"世纪目标",引起了世界范围的广泛关注。

应该说,这一时期的"小康"目标还主要着眼于经济发展和人民生活水平的提高,具体指标也比较有限。而正如邓小平同志当时所指出的:"这个目标对发达国家来说是微不足道的,但对中国来说,是一个雄心壮志,是一个宏伟的目标。"① 正是在这一目标的指引下,我们党带领人民在20世纪的最后20年大力推进改革和发展,最终取得了重要的成果。2002年,党的十六大正式宣布:"经过全党和全国各族人民的共同努力,我们胜利实现了现代化建设'三步走'战略的第一步、第二步目标,人民生活总体上达到小康水平。"这一目标的实现,是"中华民族发展史上的一个新的里程碑"。②

那么,小康社会建设的历史任务是否到此就完结了呢?不是的。十六大对此做出了一个新的回答,认为"现在达到的小康还是低水平的、不全面的、发展很不平衡的小康";因此,"要在本世纪头二十年,集中力量,全面建设惠及十几亿人口的更高水平的小康社

---

① 《邓小平文选》第3卷,人民出版社1993年版,第77页。
② 《中国共产党第十六次全国代表大会文件汇编》,人民出版社2002年版,第17页。

会"①。围绕这一目标，十六大报告从经济、政治、文化、社会以及生态等各个方面作了具体阐述，并进而明确了这一目标的战略定位，指出"全面建设小康社会"是我国"实现现代化战略第三步战略目标必经的承上启下的发展阶段"②，其目标"是与加快推进现代化相统一的目标"③。自此，我国社会主义现代化建设进入了全面建设小康社会的新阶段。2007年，党的十七大又根据我国社会各领域改革和发展的新形势，对全面建设小康社会提出了"新的更高要求"④，推动了这一战略任务的进一步展开。

2012年，党的十八大召开。大会认真总结了过去五年以及十六大以来十年发展的成就和经验，对全面建设小康社会的战略目标做了进一步的调整，提出"要在十六大、十七大确立的全面建设小康社会目标的基础上努力实现新的要求"⑤。在此基础上，十八大要求全党，全面把握机遇，沉着应对挑战，"确保到2020年实现全面建成小康社会的宏伟目标"⑥。由此，"全面建成小康社会"便成为这一时期小康社会建设目标的新的表述。与此同时，十八大还将现代化建设的第三步战略目标明确为"两个一百年"奋斗目标，即在中

---

① 《中国共产党第十六次全国代表大会文件汇编》，人民出版社2002年版，第17—18页。
② 《中国共产党第十六次全国代表大会文件汇编》，人民出版社2002年版，第18页。
③ 《中国共产党第十六次全国代表大会文件汇编》，人民出版社2002年版，第20页。
④ 《中国共产党第十七次全国代表大会文件汇编》，人民出版社2007年版，第19页。
⑤ 《中国共产党第十八次全国代表大会文件汇编》，人民出版社2012年版，第16页。
⑥ 《中国共产党第十八次全国代表大会文件汇编》，人民出版社2012年版，第15—16页。

国共产党成立一百年时全面建成小康社会，在中华人民共和国成立一百年时建成社会主义现代化国家。十八大之后，以习近平同志为总书记的党中央又进一步提出实现中华民族伟大复兴的中国梦，将"两个一百年"奋斗目标纳入中国梦的基本内容，并进而强调，全面建成小康社会"是实现中华民族伟大复兴中国梦的关键一步"。这样，围绕小康社会的战略设计又增添了更多时代内涵，其基本定位提升到一个新的战略高度。

二、用整体思维把握全面建成小康社会的目标要求

如上所述，党的十八大提出的"全面建成小康社会"战略目标，是在十六大、十七大所提目标的基础上，进一步调整后形成的；而十六大、十七大所提的"全面建设小康社会"目标，又是在20世纪末"总体小康"的水平上进一步扩展而成的。这里的关键是"全面"二字，它体现了一种整体思维，是对中国社会发展进程的整体性认识和考量。对此，应借助马克思主义哲学特别是历史唯物主义的方法论，正确理解和把握。

按照历史唯物主义的观点，人类社会是一个由经济、政治、文化、社会（狭义）等基本领域所构成的完整的结构体系。这些领域并非相互隔绝和孤立地存在，而是内在地联系着的；它们相互作用、相互制约，形成一个有机的整体。与之相应，人类社会的发展进程，也不是各个领域孤立发展的过程，而是由它们各自的发展相互联结而形成的统一进程。因此，要通过实践能动地推动社会发展，就必须认识社会结构体系的有机联系，把握这种有机联系的内在机制，及其在社会发展统一进程中的具体体现。而历史唯物主义所揭示的生产力与生产关系、经济基础与上层建筑之间矛盾运动的规律，为我们提供了最基本的遵循。

不仅如此，我们同时还应看到，人类社会作为一个相对独立的领域，是与自然领域相互联系而存在的。从根本上说，自然界制约着人类社会的存在和发展。离开了自然界，人类就无法生存；没有适宜的自然环境和条件，社会就不能发展。而人类的活动和社会的发展又反过来对自然界发生影响，包括积极影响和消极影响。自从人类社会进入工业时代以来，生产过程所造成的生态环境问题日益凸显；协调好社会发展与环境保护之间的关系，已成为一个全球性的重大课题。

社会发展要协调好自身内部各个领域之间的关系，还要协调好与自然领域之间的关系，这样一种整体性要求在我国社会主义现代化建设的实践中十分清楚地表现出来。要实现现代化，必须以经济建设为中心，大力发展生产力；而要发展生产力，就需要调整生产关系，进行经济体制改革。而在推进经济领域改革和发展的同时，还必须相应地推进政治领域、文化领域以及其他社会领域的改革和发展，而环境问题的解决也必须提到战略的高度来对待。只有将经济建设、政治建设、文化建设、社会建设、生态文明建设等方面从整体上协调统一起来，才能确保社会主义现代化建设顺利展开。正是基于这样一种整体性要求，党的十六大在实现我国现代化建设第二步战略目标、人民生活总体上达到小康水平之后，及时提出了"全面"建设小康社会的新的目标；从十六大到十七大，再到十八大，一直紧紧抓住"全面小康"这个主题，坚持用整体思维把握这一目标要求，并根据新的实践不断赋予其新的内涵。

按照十八大报告的阐述，全面建成小康社会的目标要求包括"经济持续健康发展"、"人民民主不断扩大"、"文化软实力显著增强"、"人民生活水平全面提高"、"资源节约型、环境友好型社会建设取得重大进展"等方面①,其逻辑支撑便是报告中明确概括的"五位一体"的总体布局。② 要实现全面建成小康社会的战略目标,就必须从整体上将这些方面的要求统一起来,决不能顾此失彼,丢掉其中任何一个方面。但是否只要将这些不同的方面纳入统一部署,在社会发展的实践中都有所顾及,就算是符合整体思维的原则了呢?回答仍然是否定的。必须强调,真正的整体思维不仅要求顾及所有各个方面,而且还应更进一步,即按照各个领域之间的有机联系来协调它们的关系,遵循这种有机联系的内在机制来推动各个方面的改革和发展。否则,不论主观愿望如何,都有可能造成各领域之间的不协调甚至脱节,使整体意义上的统一进程无法实现。这是历史唯物主义方法论告诉我们的基本道理,一定要深刻领会,并运用到实际工作中去。

三、以坚定信心开启全面建成小康社会的决胜阶段

2015年10月,十八届五中全会通过了《中共中央关于制定国民经济和社会发展第十三个五年规划的建议》。《建议》指出,从2016年到2020年的"十三五"时期,是"全面建成小康社会决胜阶段"③,全党要认清形势,坚定信心,继续顽强奋斗,团结带领全国各族人民协调推进"四个全面"战略布局,如期完成全面建成小康社会的战略任务。2016年3月,十二届全国人民代表大会四次会议

---

① 《中国共产党第十八次全国代表大会文件汇编》,人民出版社2012年版,第16—17页。
② 《中国共产党第十八次全国代表大会文件汇编》,人民出版社2012年版,第12页。
③ 《中国共产党第十八届中央委员会第五次全体会议文件汇编》,人民出版社2015年版,第19页。

通过了《国民经济和社会发展第十三个五年规划纲要》，标志着这一"决胜阶段"的正式开启。

应该说，经过新世纪以来十多年的努力，我们在全面建设小康社会的实践中取得了许多新的重大成就。经济发展继续保持中高速增长，总量稳居世界第二位，人均国内生产总值接近8000美元。在进入新常态的情况下，采取有效措施，推动形成经济结构优化、发展动力转换、发展方式转变加快的良好态势。公共服务体系基本建立并持续扩大覆盖面，人民生活水平和质量加快提高。全面深化改革有力推进，人民民主不断扩大，依法治国开启新征程。中华民族伟大复兴的中国梦和社会主义核心价值观深入人心，国家文化软实力不断增强，生态文明建设也取得了新的进展。所有这些成就的取得，为在"十三五"时期最终完成全面建成小康社会的战略任务创造了良好的条件。但同时也应看到，我们的经济和社会发展还面临许多困难和挑战：经济发展中不平衡、不协调、不可持续的问题仍然突出，发展方式的转变还需要继续加大力度；改革进入攻坚期和深水区，各领域都有不少难啃的硬骨头；社会主义民主政治建设和法治国家建设任务艰巨，思想文化领域里的矛盾和冲突表现出新的特点，生态环境恶化的趋势尚未得到根本扭转。正如十八届五中全会所指出的，"十三五"时期我国社会发展仍处于可以大有作为的重要战略机遇期，也面临诸多矛盾叠加、风险隐患增多的严峻挑战。

面对全面建成小康社会决胜阶段的这种复杂形势，我们必须保持清醒的头脑，并做出正确的应对。首先必须坚定信心，振奋精神，以加倍的努力投入到新的实践中去，在已有成果的基础上继续开拓进取，进一步推动各领域的改革和发展。特别是要勇于面对各种难点问题，下气力进行攻坚，力求取得新的突破。其次还要有科学的方法，正确处理所遇到的各种矛盾。要以马克思主义的科学世界观和方法论为指导,坚持解放思想、实事求是,真正做到按客观规律办事。特别是要按照社会发展的整体性要求,真正处理好经济、政治、文化、社会、生态等各个领域之间的关系。改革和发展进程中越是遇到难题,就越是要强调科学方法论的指导;只有这样,我们才能不断破除前进道路上的各种障碍,完成决胜阶段的各项任务,确保全面建成小康社会的战略目标如期实现。

(原载《光明日报》2016年9月6日)

全面建成小康社会与全面建成社会主义现代化强国

（2018年2月）

党的十九大站在党和国家事业发展全局的高度，对实现"两个一百年"的奋斗目标做出了新的战略安排，要求在决胜全面建成小康社会的基础上，乘势而上，开启全面建设社会主义现代化国家的新征程。这一战略安排体现了我们党对社会发展规律和社会主义现代化建设规律的新认识，应从理论与实践的结合上深入研究和把握。

一

自新中国成立以来，实现社会主义现代化、建设社会主义现代化国家，一直是我们党领导人民为之奋斗的战略目标。而对于这一目标的具体认识和把握，却经历了一个不断深化和调整的过程。

众所周知，由于历史的原因，我们是在经济文化相对落后的基础上，经由新民主主义的过渡而进入社会主义社会的。当时的经济体系中虽然已有一些现代工业的成分，但发展很不充分，总体上还是一个落后的农业国。新中国成立后，我们党带领人民迅速展开经济建设，依靠自力更生、艰苦奋斗，在较短的时间内建立了一个比较完整的工业体系，为社会主义现代化准备了初步的基础。随后，我们党又提出"四个现代化"的战略目标，推动社会主义现代化建设进一步展开。然而，由于指导思想上"左"的偏差，在社会主义改造基本完成之后，仍长期坚持"以阶级斗争为纲"，没有及时实现党和国家工作重点的转移，结果使现代化战略的实施和既定目标的实现受到很大影响。后来发生的"文化大革命"更是一场浩劫，对国民经济和现代化建设造成了极大的危害。

十一届三中全会之后，我们党拨乱反正，纠正了以往"左"的错误，果断停止"以阶级斗争为纲"，把工作重点转移到经济建设上来。党正确分析了社会发展的具体实际，做出了我国仍处于并将长期处于社会主义初级阶段的重大判断，制定了"一个中心、两个基本点"的基本路线，开辟出一条新的中国特色社会主义道路，从而使我国的社会主义现代化建设进入一个新的阶段。在战略安排上，提出了"三步走"的现代化发展战略：第一步是从1980年到1990年，用10年的时间实现国民生产总值翻一番，解决人民的温饱问题；第二步是从1990年到2000年，再用10年时间，使国民生产总值再翻一番，人民生活达到小康水平；第三步则是从21世纪初到世纪中叶，再用50年左右的时间，使人均国民生产总值达到中等发达国家的水平，基本实现现代化。

"小康社会"原本是中国古代思想史上的一个概念，我们党在谋划社会主义现代化战略时，恰当地借用了这一概念，并赋予其新的含义，使之成为"三步走"战略的重要一环。当然，这一战略最初提出时，所谓"小康社会"的目标还主要着眼于经济发展和人民生活水平，具体指标也比较有限。而正如邓小平同志当时所指出的："这个目标对发达国家来说是微不足道的，但对中国来说，是一个雄心壮志，是一个宏伟目标。"① 正是在这一目标的指引下，我们党带领人民在20世纪的最后20年大力推进改革和发展，最终取得了预期的成果。2002年，党的十六大正式宣布："经过全党和全国各族人民的共同努力，我们胜利实现了现代化建设'三步走'战略的第一步、第二步目标，人民生活总体上达到小康水平"；这是"中华民族发展史上的一个新的里程碑"。②

现代化建设的前两步战略目标如期实现，那么，第三步战略目标又该如何推进呢？党的十六大对此进行了深入的研究，并做出了一个重大的判断：虽然我们已经实现了当初设定的小康目标，但"现在达到的小康还是低水平的、不全面的、发展很不平衡的小康"。因此，十六大进而提出，"要在本世纪头二十年，集中力量，全面建设惠及十几亿人口的更高水平的小康社会"③。那么，这个"全面建设小康社会"的新目标与社会主义现代化建设第三步战略目标是个什么关系呢？十六大对此做出了明确的阐述，指出这一新的目标是我国"实现现代化战略第三步战略目标必经的承上启下的发展阶段"，"是与加快推进现代化相统一的目标"。④ 自此，我国社会主义现代化建设进入了全面建设小康社会的新阶段。2007年，党的十七大又根据我国社会各领域改革和发展的新形势，对全面建设小康社会提出了"新的更高要求"⑤，推动了这一战略任务的进一步展开。

2012年，党的十八大召开。大会认真总结了过去五年以及十六大以来十年发展的成就和经验，对全面建设小康社会的战略目标做了进一步的调整，提出"要在十六大、十七大确立的全面建设小康

---

① 《邓小平文选》第3卷，人民出版社1993年版，第77页。
② 《十六大以来重要文献选编》（上），中央文献出版社2005年版，第14页。
③ 《十六大以来重要文献选编》（上），中央文献出版社2005年版，第14页。
④ 《十六大以来重要文献选编》（上），中央文献出版社2005年版，第14—15页。
⑤ 《十七大以来重要文献选编》（上），中央文献出版社2009年版，第15页。

社会目标的基础上努力实现新的要求";要求全党全面把握机遇,沉着应对挑战,"确保到 2020 年实现全面建成小康社会的宏伟目标"。① 与此同时,十八大还进一步明确了"两个一百年"奋斗目标,即在中国共产党成立一百年时全面建成小康社会,在中华人民共和国成立一百年时建成社会主义现代化国家。

在此次党的十九大上,习近平总书记的报告全面分析了中国特色社会主义进入新时代后的新形势和新要求,提出从现在起到 2020 年,是"全面建成小康社会决胜期",要坚持不懈地做出努力,确保全面建成小康社会作为第一个百年奋斗目标如期实现。在此基础上,"乘势而上开启全面建设社会主义现代化国家新征程,向第二个百年奋斗目标进军"。② 报告进而对 2020 年到本世纪中叶的现代化建设做出了全面谋划,提出分两个阶段来安排:第一个阶段是从 2020 年到 2035 年,在全面建成小康社会的基础上,再奋斗 15 年,基本实现社会主义现代化;第二个阶段是从 2035 年到本世纪中叶,在基本实现现代化的基础上,再奋斗 15 年,把我国建成富强民主文明和谐美丽的社会主义现代化强国。这两个 15 年的战略安排,为实现第二个百年奋斗目标指出了具体路径,也为我们描绘了最终实现我国社会主义现代化建设"三步走"战略的新的蓝图。按照这一安排,原定的第三步战略目标将在第一个 15 年提前实现,而后一个 15 年则要在这一基础上向更高的水平迈进。这一壮丽图景令人鼓舞,催人奋进。

---

① 《十八大以来重要文献选编》(上),中央文献出版社 2014 年版,第 13 页。
② 《中国共产党第十九次全国代表大会文件汇编》,人民出版社 2017 年版,第 22 页。

二

　　党的十九大对实现"两个一百年"奋斗目标所做出的新的战略安排，包含着多方面的内容和要求。无论是全面建成小康社会，还是全面建成社会主义现代化强国，首先当然都要大力推动经济建设，提高经济发展水平，新的战略安排充分体现了这一要求。但与此同时，它又绝不仅仅局限于这一方面，而是立足于社会主义现代化建设的全局，着眼于整个社会结构体系，以及社会领域与自然领域之间的关系，提出了一个系统、完整的目标体系。要真正理解这一安排，必须借助马克思主义哲学特别是历史唯物主义的方法论，从社会发展的整体性要求去认识。

　　历史唯物主义告诉我们，人类社会是一个由经济、政治、文化、社会（狭义）等基本领域所构成的完整的结构体系。这些领域不是相互隔绝和孤立地存在着，而是相互作用、相互制约，形成一个有机联系的整体。与之相应，人类社会的发展进程也不是各个领域孤立发展的过程，而是由这些过程相互联结而形成的统一进程。因此，要通过实践能动地推动社会发展，就必须着眼于社会结构体系的有机联系，把社会真正作为一个整体来对待，把社会发展进程作为一个统一的进程来把握。历史唯物主义对社会结构体系的有机联系作了进一步深入的考察，揭示了生产力与生产关系、经济基础与上层建筑矛盾运动的规律，这两对矛盾构成社会的基本矛盾，制约着整个社会结构体系的存在和发展。而在这一基本矛盾中，生产力处于最为根本的地位，在整个社会发展的进程中起着最终决定作用。因此，在推动社会整体发展的统一进程时，首先应充分重视生产力的发展，同时又要依照生产力与生产关系、经济基础与上层建筑之间相互制约、相互作用的机制，统筹推进社会结构体系各个领域、各个层次的协调发展。这便是社会发展进程中的整体性要求。

而进一步说，人类社会作为一个相对独立的领域，是与自然领域相互联系而存在的。自然界从根本上制约着人类社会的存在和发展，离开了自然界，人类就无法生存；没有适宜的自然环境和条件，社会就不能发展。而人类的活动和社会的发展又反过来对自然界发生影响，包括积极影响和消极影响。而如果破坏了自然环境，也就损害了人类社会存在和发展的根基。所以，在社会发展进程中，不仅要把握人类社会自身的整体性要求，而且还必须协调好社会领域与自然领域之间的关系，把社会发展与环境保护结合起来。这也可以说是更广泛意义上的整体性要求。

正是社会发展的这种整体性要求，在我国社会主义现代化建设的实践中清楚地展现出来。虽然我们也曾经历各种曲折，出现过一些错误和偏差，但在总结经验教训的基础上不断推动这方面问题的解决。十一届三中全会之后实现工作重点的转移，把经济建设摆在了中心位置上；而与此同时，政治领域、文化领域以及社会其他领域的改革和发展也都纳入了社会主义现代化建设的总体战略，按照社会发展的整体性要求加以推进。当然，对于这个整体性要求的具体内涵，我们的认识也有一个逐步深化的过程；从最初的经济建设、政治建设、文化建设"三位一体"，到经济建设、政治建设、文化建设、社会建设"四位一体"，再到经济建设、政治建设、文化建设、社会建设、生态文明建设"五位一体"，建设中国特色社会主义的总体布局不断拓展，社会主义现代化建设的整体战略越来越明晰。在坚持以经济建设为中心的同时，统筹推进社会各领域、各方面的改革和发展，日益成为全社会的普遍共识。

党的十九大关于"两个一百年"奋斗目标的战略安排，便是在这样一种认识和实践的基础上形成的。它所体现的内在逻辑，正是社会发展的这种整体性要求。关于第一个百年奋斗目标即全面建成小康社会,十九大报告重申要按照十六大、十七大、十八大提出的各项要求,统筹推进经济建设、政治建设、文化建设、社会建设以及生态文明建设。当初党的十六大提出全面建设小康社会这一战略目标时,本身就是在坚持以经济建设为中心的前提下,突出强调了"全面"二字。经济上要再翻两番,达到新的发展高度;而在其他各个领域里,也都要有协调发展的目标。所以十六大报告强调指出,"这次大会确立的全面建设小康社会的目标,是中国特色社会主义经济、政治、文化全面发展的目标",其基本要求是"使经济更加发展、民主更加健全、科教更加进步、文化更加繁荣、社会更加和谐、人民生活更加殷实"。① 党的十七大和十八大继续坚持了这一"全面小康"的目标要求,并在新的实践的基础上进一步提升和拓展了这些目标。在经济建设方面,从"国内生产总值比2000年翻两番"到"人均国内生产总值翻两番",再到"国内生产总值和城乡居民人均收入比2010年翻一番",强调"又好又快发展"、"持续健康发展";而在政治建设、文化建设、社会建设以及生态文明建设等方面,也同时提出了人民民主不断扩大,文化软实力显著增强,人民生活水平全面提高,资源节约型、环境友好型社会建设取得重大进展等新的目标要求。而此次党的十九大继续强调了这些目标要求,并提出"突出抓重点、补短板、强弱项",将各领域发展的战略目标进一步落实到位,"使全面建成小康社会得到人民认可、经得起历史检验"。②

关于第二个百年奋斗目标即全面建成社会主义现代化强国,以及两个15年的阶段性安排,党的十九大同样是从社会发展的整体高度做出了全方位的谋划和部署,其内在逻辑仍然是坚持以经济建设

---

① 《十六大以来重要文献选编》(上),中央文献出版社2005年版,第14—15页。
② 《中国共产党第十九次全国代表大会文件汇编》,人民出版社2017年版,第22页。

为中心，统筹推进经济建设、政治建设、文化建设、社会建设以及生态文明建设。值得注意的是，这一新的战略安排在经济建设方面不再设置具体的发展指标，而是强调"我国经济已由高速增长阶段转向高质量发展阶段，建设现代化经济体系是跨越关口的迫切要求和我国发展的战略目标"[①]；要求坚持质量第一、效益优先，以供给侧结构性改革为主线，推动经济发展质量变革、效率变革、动力变革，提高全要素生产率，最终使我国经济实力、科技实力大幅跃升，跻身创新型国家前列。而在政治建设、文化建设、社会建设、生态文明建设等方面，则分别提出了保障人民平等参与、平等发展的权利，建设法治国家、法治政府、法治社会，实现国家治理体系和治理能力现代化，提高社会文明程度，增强国家文化软实力，提高人民生活水平，实现全体人民的共同富裕，形成现代社会治理格局，实现生态环境的根本好转等一系列目标要求。正是基于这样一种整体性安排，十九大报告庄严宣告，到本世纪中叶，我国物质文明、政治文明、精神文明、社会文明、生态文明将全面提升，中华民族将以更加昂扬的姿态屹立于世界民族之林。

三

党的十九大为实现"两个一百年"奋斗目标绘制了宏伟蓝图，而将这一蓝图变成现实，还需要我们脚踏实地地做出努力。我们必须深刻认识所面对的新的形势，明确所要承担的新的任务，准备迎接新的挑战，奋力夺取新的胜利。

应该说，经过长期艰苦的努力，我们在全面建设小康社会、推

---

① 《中国共产党第十九次全国代表大会文件汇编》，人民出版社2017年版，第24页。

进社会主义现代化的实践中已经取得了举世瞩目的重大成就。党的十八大以来,在以习近平同志为核心的党中央领导下,统筹推进"五位一体"总体布局、协调推进"四个全面"战略布局,如十九大报告所指出的"取得了改革开放和社会主义现代化建设的历史性成就","推动党和国家事业发生历史性变革"。① 在经济建设方面,深入贯彻新发展理念,端正发展观念、转变发展方式,促使经济发展质量和效益不断提升,同时保持了经济中高速增长,在世界主要国家中名列前茅,国内生产总值达到 80 万亿元,稳居世界第二。与此同时,大力推进政治建设、文化建设、社会建设、生态文明建设,社会主义民主不断发展,法治体系日益完善,马克思主义在意识形态领域的指导地位更加鲜明,社会主义核心价值观和中华优秀传统文化广泛弘扬,文化事业和文化产业蓬勃发展,人民生活不断改善,覆盖城乡居民的社会保障体系基本建立,社会治理体系更加完善,忽视生态环境保护的状况明显改变,生态文明制度体系加快形成,生态环境治理明显加强。从总体上看,全面深化改革取得重大突破,中国特色社会主义制度更加完善,国家治理体系和治理能力现代化水平明显提高,全面从严治党成效卓著,内政外交呈现全新局面。正是基于这样一种历史性成就,党的十九大宣布"中国特色社会主义进入了新时代"②,社会主义现代化建设站在了新的历史起点上。

在看到成绩的同时,我们也应清醒地认识到,我国社会各领域的发展都还存在差距和不足。在经济建设方面,发展不平衡不充分的一些突出问题尚未解决,发展质量和效益还不高,创新能力不够强,实体经济水平有待提高。而在政治建设、文化建设、社会建设、

---

① 《中国共产党第十九次全国代表大会文件汇编》,人民出版社 2017 年版,第 2、7 页。
② 《中国共产党第十九次全国代表大会文件汇编》,人民出版社 2017 年版,第 8 页。

生态文明建设等方面，也都有不少难点问题需要进一步探索和解决。发展社会主义民主、建设社会主义法治国家的任务仍很艰巨，意识形态领域的斗争依然复杂，民生领域还有不少短板，社会文明水平尚需提高，社会矛盾和问题交织叠加，生态环境保护任重道远。改革仍处在攻坚期和深水区，一些改革部署和重大政策措施还需要进一步落实，国家治理体系和治理能力有待进一步加强，党的建设方面也还存在不少薄弱环节。所有这些问题的存在，都需要我们继续下气力开展工作，从社会整体的高度统筹推进各领域的改革和发展，力求在各方面建设中不断取得新的成果。

针对中国特色社会主义进入新时代后的新的形势，党的十九大围绕"两个一百年"奋斗目标的战略安排，以习近平新时代中国特色社会主义思想为指导，依照新时代坚持和发展中国特色社会主义的基本方略，对社会各领域发展和各方面建设做出了全面的部署。我们要深入学习贯彻十九大精神，努力将这些部署真正落到实处。在经济建设方面，要适应建设现代化经济体系的要求，深化供给侧结构性改革，增强我国经济质量优势；加快建设创新型国家，为建设现代化经济体系提供战略支撑；实施乡村振兴战略，把解决好"三农"问题作为全党工作重中之重；实施区域协调发展战略，建立更加有效的区域协调发展新机制；加快完善社会主义市场经济体制，推动形成全面开放新格局。与此同时，在政治建设、文化建设、社会建设、生态文明建设等方面，也都要采取相应措施加以推进。要进一步健全人民当家作主制度体系，发展社会主义民主政治，推进法治国家建设；坚定文化自信，推动社会主义文化繁荣兴盛，推动社会主义精神文明和物质文明协调发展；提高保障和改善民生水平，加强和创新社会治理，让改革发展成果更多更公平惠及全体人民；加快生态文明体制改革，建设美丽中国，提供更多优质生态产品以满足人民日益增长的优美生态环境需要。要加强党的领导，继续坚定不移全面从严治党，提高党的执政能力和领导水平，为我国社会主义现代化建设提供根本保证。

从现在起到 2020 年，只剩下短短 3 年的时间。要依据全面建成小康社会的目标要求，以及党的十九大关于"抓重点、补短板、强弱项"的工作部署，针对各领域发展中的差距和不足，进一步加大工作力度，下气力取得最后的突破。第一个百年奋斗目标实现之后，第二个百年奋斗目标要求更高，任务更重，新征程上还会遇到各种新的问题和挑战。我们一定要坚定信心，振奋精神，以加倍的努力投入新的实践，在习近平新时代中国特色社会主义思想指引下，不断谱写社会主义现代化建设的新篇章，确保在本世纪中叶最终实现全面建成社会主义现代化强国的宏伟目标。

（原载《当代世界与社会主义》2018 年第 1 期）

当代中国社会发展战略研究的几个重要问题

(2001 年 9 月)

当 20 世纪已经过去、新的 21 世纪已经来临的时候,中国人有理由感到欣慰和自豪。经过以往多年的探索和曲折实践,我们终于找到了一条适合于中国社会实际的发展道路,即建设有中国特色社会主义的道路;而自十一届三中全会以后的 20 多年来,我们沿着这条道路努力开拓前进,在改革开放和现代化建设上取得了举世瞩目的成就。实践已经证明,我们所选择的这条道路是正确的,沿着这条道路走下去,中国是有希望的。但是与此同时,我们又必须看到,这些已有的成就离预期的成功还有很大的距离;在前进的路途上,一些真正具有挑战性的问题还摆在我们的面前,我们面临的任务仍十分艰巨。面对新的形势和新的要求,我们必须在总体上有一个正确的战略选择,以积极的态势推动中国社会的继续发展。

从总体上看,我们在多年的实践中已经形成了一系列适合我国国情的战略方针。而根据现阶段中国社会发展的实际,我们还有一些重要问题需要进一步明确认识,并从战略的高度认真研究和解决。

一、必须重视社会发展的整体性要求，从整体层面把握社会各领域发展的统一进程

众所周知，社会发展是一个十分广泛的概念，正如人类社会本身就是由经济、政治、文化等基本领域所构成的复杂的结构体系一样，社会发展也是一个由经济发展、政治发展、文化发展等各个领域的发展所构成的复杂的发展过程。因此，社会发展战略问题的研究必然要涉及这些不同的社会领域，必须要从各个方面入手进行，包括所谓经济发展战略、政治发展战略、文化发展战略等。这些不同方面的研究都是重要的、不可缺少的，这一点毋庸置疑。但是，这里所要强调指出的是，我们在研究社会发展战略问题时，必须清楚地认识到，人类社会的结构体系是作为一个有机的系统而存在的，是一个有机联系的复杂整体；相应地，社会发展的复杂进程也是一个有机联系的统一进程，是社会结构体系的整体性发展。所以，社会发展战略问题的研究必须充分认识社会发展本身的整体性要求，注意从整体的层面研究社会发展的整体战略或宏观战略。这就是说，不能只是研究经济发展、政治发展、文化发展等各个不同领域发展的战略，而且还应研究整个社会结构体系统一发展的战略。

从一般意义上说，这个道理似乎并不难被人们所接受。但具体地考察一下就会看到，正是在这个问题上，还存在一些模糊的认识，而要在实践中切实解决好这一问题，更不是那样容易。首先，究竟什么是社会发展的整体性要求？有一种简单化的理解，似乎将各个领域的发展包括经济发展、政治发展、文化发展等等都研究到了，没有遗漏，就算是有整体眼光了。其实这并不是真正的整体性。真正的整体性要求不是将各个领域的研究简单地累积和拼加起来，而是要着眼于各个领域之间的有机联系，研究它们怎样在发展过程中相互影响、相互制约，怎样将这些不同领域的发展有机地联结起来，

从而真正有效地构成社会发展的统一进程。按照系统观点，整体不等于部分之和。将各个部分机械地拼加起来，即使这种拼加看起来很全面，也不能算作整体；整体在于部分之间的有机统一。所以，社会发展的整体战略是一个专门的层面，它要求将社会真正作为一个整体来对待，将社会发展真正作为一个统一进程来对待。其次，如何进行这种整体性研究？这就要超越社会各领域发展的部分的层面，而真正从社会整体的层面着眼，切实研究和解决这个层面上的各种整体性问题。这些问题不局限于各个领域，但贯穿于各个领域的联系之中。当然，整体层面的研究也应包括对部分的研究，只不过这种研究不是脱离社会结构体系的有机联系而孤立地进行，而是将各个不同领域的发展置于社会整体发展的统一进程中，依照它们在社会结构体系中的客观逻辑定位，从整体和部分相互制约的关系中去研究。应该看到，正是这种整体性的研究，目前还显得相对薄弱；我们的社会发展战略研究还需要按照整体性的要求，从社会整体的层面上切实加强。

党的十五大围绕我国社会发展的总体战略，曾提出一个总的指导方针，这就是"围绕经济建设这个中心，经济体制改革要有新的突破，政治体制改革要继续深入，精神文明建设要切实加强，各个方面相互配合，实现经济和社会全面进步"。按照这一方针，我们在近年的实践中努力推动社会各个领域的发展，不断取得新的成果，包括"九五"计划的完成和"十五"计划的实施。但是，从现阶段中国社会发展的实际来看，这一指导方针所体现的整体性的战略要求还应该进一步加以强调。我们应该从整体的层面着眼，对我国社会发展的一系列整体性问题进行进一步的研究，真正从社会结构体系的完整体系着眼，提出社会发展的整体设计和方案；然后，将经济、政治、文化等各个领域的发展真正纳入整个社会发展的总体设计之中，依照它们在社会结构体系中的客观逻辑定位循序展开。在这一层面上，有不少问题需要进一步探索：例如，在进入新世纪之后，我们应如何在继续坚持以经济建设为中心、进一步实现我国经济发展的第三步战略目标的同时，下决心突破国有经济改革这个难关，尽快建立起新体制的基本框架；这既是确保经济发展的必要条件，又是为政治体制改革和其他方面的改革提供支点，在目前社会发展的整体层面上具有关键的意义。而政治体制改革又如何真正与经济体制改革相配套，与社会主义市场经济新体制的目标模式相适应的新的政治体制究竟应该是一种什么样的模式，这需要依据社会结构体系本身的客观联系机制做出具体的研究，而不能孤立地去看待，更不能主观地去判断。此外，在社会主义市场经济新体制的基础之上，究竟建立一种什么样的思想文化体系，这也必须按照社会结构体系本身的客观联系出发，而不能脱离这一联系，更不能从某种永恒不变的抽象观念出发；这里必须摈弃那种将精神文明建设与市场经济对立起来、企图用某种抽象的教条外在地强加于市场经济的做法，而要善于从社会主义市场经济本身的客观必然性中揭示其所蕴含的思想文化趋向，并科学地加以引导。这样一些问题，只有从社会发展的整体层面正确地加以研究和解决，才能真正做到整个社会的全面协调的发展。

二、认真研究社会发展的推进方式，正确处理发展目标与实现步骤之间的关系

社会发展是一个按照其内在的必然性渐次展开的历史过程，从战略研究的角度说，这个过程应包括发展目标和实现步骤这两个方面的问题。首先，应该确定一定阶段上社会发展的目标，解决社会发展向何处去的问题；其次，还应该考虑这一目标的实现步骤，研究如何使社会发展进程一步一步地渐次展开，最终使发展目标得到

实现。研究社会发展战略，必须注意处理好发展目标和实现步骤之间的关系。而对于这种关系的不同处理，便形成社会发展进程的不同的推进方式。

在有关社会发展问题的讨论中，常常可以看到两种不同的倾向：一种倾向比较注重于对社会发展所应实现的目标的研究，所强调的是一定阶段上的社会发展最终应该如何；而另一种倾向则更多地关注当前可能采取的发展步骤，所强调的是社会发展在当前应该如何。这两种倾向在讨论中相互碰撞，有时还会发生争论。其实，对社会发展战略的研究来说，这两个方面都是十分必要、不可或缺的，它们不应该相互排斥，而应该合理地结合起来。从当代中国社会发展的实践来看，这两个方面都还有不少的问题需要研究。一方面，党的十五大确定了我国社会主义初级阶段的基本纲领，包括经济纲领、政治纲领和文化纲领等方面，这就为我们研究当代中国社会发展的目标指明了方向；在这个基本纲领的指导下，我们应该进一步展开深入细致的研究，力求比较具体地说明这一阶段社会整体发展以及经济、政治、文化等各个领域发展的目标模式。目前这方面的研究还不够具体，进展也不够平衡；虽然对某些问题的认识需要在社会实践中逐步深化，但这并不妨碍我们在这一方面不断做出新的探索。应该肯定，我们已经提出的"2010年远景目标纲要"，以及"九五"、"十五"两个五年计划，无疑都具有这方面的积极意义；但我们还应该在此基础上，进一步研究整个初级阶段的目标模式，并且不仅仅是经济发展和社会事业的发展，而是应该包括经济、政治、文化各个领域在内的整个社会结构体系的发展。另一方面，就发展步骤而言，邓小平同志提出的"三步走、翻两番"的推进战略，确定了我国社会主义现代化建设的基本步骤，这一战略部署正在我国社会发展的实践中稳步实现。围绕这一战略，我们在其他一些方面的工作中也做出了具体步骤的安排。但是，从各个领域的发展实际来看，这方面的研究仍很不够，还需要进一步深入。特别是应与发展目标研究的新的要求相对应，从整体性的高度研究现阶段社会发展目标的实现步骤问题，亦即社会各领域、各方面发展的协调统一的推进步骤。这方面研究也存在着某种不平衡的状况，必须认真地加以克服。

回顾改革开放20多年来的实践进程，可以看出我们在社会发展的推进方式上已经形成了自己的特色。我们始终注意处理好发展、改革和稳定的关系，既要加快发展、深化改革，又要维护社会稳定，避免出现社会动荡；这无疑是一种比较适合于现阶段中国社会实际的、比较合理的战略方针。在经济发展领域，我们始终坚持持续、快速、健康发展的方针，强调将速度和效益统一起来；在体制改革方面，则是根据实际情况逐步推进，既要积极，又要稳妥；这些也都是应该充分肯定的。但是，目前存在的问题是：对于我们在现实实践中所创造的这些好的做法，如何从应有的战略高度加以概括和整合，并在此基础上对我国社会发展的推进方式做出进一步全面和深入的研究，从而更好地指导我们的现实实践。这方面存在着各种不同的看法，还需要做出讨论。例如，在现代化进程中，我国属于"后发式"国家；而"后发式"的道路不同于"原发式"道路，它应有一种特殊的推进方式。这种推进方式的一般要求是怎样的，又如何应用于中国的发展实践，还需要做出进一步的探讨。这次"十五"计划明确提出，要"以信息化带动工业化，发挥后发优势，实现社会生产力的跨越式发展"。这一要求如何落实，也还需要具体研究。再如，中国改革的推进方式，从战略的高度应如何概括？目前存在不同看法，我认为从总体特征来说，可以概括为渐进式战略。需要说明的是，所谓渐进式战略并不只是表现在时间和速度方面，它本身还内在地包含着改革切入点的选择、改革步骤的设计和改革阶段的划分等一系列问题的解决。由于社会改革的任务及其背景和

459

条件不同，渐进式战略的实际应用也常常表现出各种不同的情况，而这些不同主要正是通过改革切入点的选择、步骤设计、阶段划分等方面表现出来的。在中国改革的实际进程中，渐进式战略的应用就表现出一系列自己的特点；而近年来的讨论中有关中国改革战略的一些不同看法，如"体制外"到"体制内"、"增量改革"到"存量改革"等等，实际上正是从各自的角度对这些特点的分别描述，它们应该归属于渐进式战略的总体范畴，而不应该与渐进式战略分离并对立起来。进一步说，在对中国改革的已有经验做出概括的基础上，我们还应该对渐进式战略的一般规则以及它的优点和缺点等做出系统考察和分析，并根据中国改革的实际，研究如何更好地应用这种战略。特别应该指出的是，中国改革的渐进式进程是从经济体制改革入手，逐步扩展到政治体制和其他方面的改革。经过20多年的"渐进"，目前已进入一个十分关键的时期。我们的经济体制改革必须抓紧时间，尽快完成最后的突破；而政治体制改革则应随着经济体制改革的推进而逐渐加大力度，一旦新的经济体制的基本框架建立起来，政治体制改革就有可能也有必要以此为支点而大力展开，这时就要及时考虑改革重点的转移。这里涉及很多敏感的问题，应该及早进行准备。

当然，关于当代中国社会发展的推进方式问题，不仅应从各个不同领域和不同方面做出研究，而且同样还应从社会整体的层面做出研究，即社会发展的整体进程的推进方式研究。这一研究存在较大的难度，目前还相对薄弱。但没有这一层面的研究，就不能达到应有的战略高度。我们可以先对已有的各个方面的研究成果进行整合，然后再按照整体层面的逻辑要求进一步推开。这方面研究的加强，对于我国社会发展进程的顺利展开，具有直接的重要意义。

三、深刻认识社会发展中的主客体关系，从目的和手段的双重意义解决主体方面的问题

人类社会是人的活动领域，在这个领域中，社会结构体系是作为客体而与作为主体的人相对应。因此，在研究社会发展战略问题时，就不能仅仅从社会客体着眼，而应进一步从社会客体与社会主体的关系着眼，亦即将社会发展与人的发展统一起来进行考察。马克思主义哲学的历史唯物主义认为，作为主体的人是现实的人，人的存在要受到作为社会客体的社会结构体系的制约，人的发展要依赖于社会发展。但是另一方面，社会主体又反过来制约着社会客体，人的发展也同样制约着社会发展。这种制约可以从以下两种意义上来理解：其一，社会发展以人的发展为最高目的，社会发展的成果最终应体现在人的发展上；其二，社会发展又需要相应的主体条件，在这个意义上，人的发展又是社会发展的手段。依据社会主客体之间的这样一种辩证关系，社会发展战略的研究在解决社会客体亦即社会结构体系方面的问题的同时，还应该相应地研究和解决社会主体方面的问题，而且既要从目的的意义上去考虑，也要从条件的意义上去考虑。就主体即人的目的意义而言，这方面战略应将人的发展确定为社会发展的最终落脚点，要研究如何通过社会发展不断满足主体自身多层次、多方面的需要，并不断通过新的需要的产生为社会发展提供新的动力。而就主体即人的手段意义而言，这方面战略是要研究如何解决社会发展的主体条件问题，包括如何利用既有的主体条件，以及如何培育新的主体条件。所谓既有主体条件的利用，应是通过合理的调配和组织有效发挥各类主体在社会发展中的积极作用，抑制和减少其消极作用；而所谓新的主体条件的培育和创造不仅是促进各类主体素质的提高，而且还应着眼于不同社会地位的社会群体之间的关系在社会发展过程中的改变。

从当代中国社会发展的实践看,我们对于主体即人的目的意义的认识日趋明确。邓小平同志重视将社会发展同人民利益的实现联结起来,强调通过发展生产力提高人民生活水平;他将社会主义的本质落脚于"最终实现共同富裕",认为"贫穷不是社会主义";他所提出的"三步走"战略,就是将实现"温饱"、"小康"和"富裕"分别作为三个战略阶段的发展目标。江泽民同志提出的"三个代表"的重要思想,也是落脚于"代表中国最广大人民的根本利益";而前不久通过的"十五"计划,又明确要求"坚持把提高人民生活水平作为根本出发点"。正是因为我们比较好地坚持了这样一种战略指导思想,我们的事业才能够得到广大人民群众的支持和拥护;在今后的实践中,我们应该将这一指导思想继续坚定不移地坚持下去。而这里所需要指出的是,我们必须对人民利益的范畴有一个全面的理解。有些同志仅仅从经济利益的角度理解人民利益问题,这是很不够的。人民利益应是一个涵盖整个人类生活领域的综合范畴,它应该从人们的经济生活、政治生活、文化生活等各个方面的统一去理解,从人们的多层次的需要去理解。我们强调主体在社会发展过程中的目的意义,在现阶段就是要通过社会发展全面地实现人民群众的各方面的利益要求,满足广大社会成员不断拓展的多层次的需要。特别是当我们解决了"温饱"问题,并基本实现"小康"之后,这一点尤其应该引起足够的重视。

在认识主体即人的手段意义、解决社会发展的主体条件方面,我们也已做了大量的工作,积累了不少好的经验;如充分发挥各级党组织和群众团体的作用,大力开展宣传教育和思想政治工作,正确对待和处理新时期人民内部矛盾,做好新的条件下的统一战线工作,以各种方式加强干部培训,以及努力提高全民族的科学文化水平等。但从目前的情况看,这方面仍有不少问题需要从战略的高度进一步研究和解决。在既有主体条件的利用上,首先要做的是对现阶段中国社会的群体结构（包括阶级结构和社会分层结构）以及各类群体在当代中国社会发展中的地位和作用等做出真正科学的分析，然后才有可能以此为基础制定正确的战略方针，进一步处理好各类群体之间的关系，发挥好他们的作用。目前这一问题的研究虽然已取得一定的成果，但还存在明显的局限。在培育和创造新的主体条件上，主要问题包括各类主体的教育和培训如何防止和克服做表面文章的形式主义现象，以及社会反映强烈的滥发文凭乃至弄虚作假等极不正常的现象；特别是作为领导主体的干部培训如何进一步提高质量，收到实效；怎样培养和造就大批的优秀人才，并采取有效措施保证各类优秀人才脱颖而出，人尽其才，才尽其用；同时，还应研究如何调整各类群体的相互关系，特别是做好转化工作，尽可能地变被动为主动，化消极为积极，促使尽可能多的社会主体将其活动转到社会发展的总的方向上来。统一战线是我党的"三大法宝"之一，在现阶段的社会发展过程中应该进一步发挥作用，但这需要根据新的变化了的情况做出新的创造，而不能简单地沿用以往的某些做法。所有这些问题，都应该从战略的高度加以认识，并认真地加以研究和解决。

当代中国社会发展战略研究是一个综合性的重大课题，除了以上几个方面的问题外，还有其他许多问题需要研究，如与内部战略相对应的外部战略问题、与本位战略相对应的环境战略问题等。应该相信，只要我们认真总结以往实践中的经验和教训，按照解放思想、实事求是的精神努力探索，大胆实践，就一定能够在新的世纪里不断取得新的成果，从而沿着我们已经开辟的正确道路，将当代中国社会发展不断地推向前进。

（原载《理论动态》2001年9月20日，第1539期）

社会全面协调发展的进程分析与对策探讨

(2008 年 12 月)

在对改革开放 30 年来的历史过程进行回顾和总结时，一个重要的关注点，便是社会全面协调发展的状况及相关问题。

所谓社会全面协调发展，可以从广义和狭义等不同意义去理解，但就其基本定位而言，主要还是应着眼于社会结构体系本身，研究社会结构体系中各个领域、各个层次以及各个部分之间的全面协调。社会基本结构领域包括经济领域、政治领域、文化领域、社会领域等；按照这些领域之间的有机联系，则可以进一步区分出生产力与生产关系、经济基础与上层建筑等基本层次。要实现社会全面协调发展，最主要的便是处理好这些层次之间的关系。而从社会的空间结构来看，城市和乡村构成社会结构体系中两个相对独立而又密切联系的组成部分，同时一个社会往往又区分为不同的区域；因此社会全面协调发展也应该包括城乡关系和区域关系的处理。下面，我们便依据这一定位，从现阶段社会发展的实际出发做一些研究和思考。

一、现阶段社会全面协调发展的进程分析

众所周知,改革开放之前,我国的社会发展虽然取得了很多成绩,但也出现了重大失误和偏差,在很大程度上偏离了社会全面协调发展的要求。中共十一届三中全会之后,我们拨乱反正,实行改革开放,开辟了中国特色社会主义的新的道路。应该说,从1978年到2008年的30年间,社会全面协调发展的要求较好地得到了实现,并取得了重大的成果。但同时也应看到,实践中还存在差距和不足,需要引起应有的注意。

分析一:生产力与生产关系

如果说30年来我们的社会发展中有什么最为突出的成果,那便是生产力的持续快速发展。这一时期,我国的经济总量从1978年的3645亿元增长到2007年的24.66万亿元,平均年增长率接近10%;人均GDP从1978年的381元(约225美元)增长到2000年的7858元(约949美元),成功实现"翻两番",继而增长到2007年的18682元(约2460美元),又翻了一番多。从质的方面考察,我国生产力的技术水平不断提高,产业结构逐步升级,三次产业增加值在GDP中所占比重和从业人员比重均发生重大变化,工业化进程取得突破性进展,信息化进程也已从各个方面展开。而随着生产力的发展,人民生活明显改善,从温饱不足上升到总体小康。

与生产力的发展相适应,生产关系层次也发生了深刻变革。我们大力推进经济体制改革,破除了原有的计划经济体制,初步建立起社会主义市场经济新体制。这一变革涉及方方面面,包括培育和改造市场主体,打破"一大二公"的制度格局,建立起以公有制为主体、多种所有制经济共同发展的基本经济制度;建立现代市场体系,培育市场中介组织;转变政府职能,建立宏观调控体系;改革

分配制度，建立社会保障体系，以按劳分配为主体，多种分配方式并存。改革与开放并行，从"引进来"到"走出去"，对外开放的水平不断提高，最终形成了"全方位、宽领域、多层次"的对外开放格局；2001年正式加入WTO之后，我国经济更为直接地融入世界经济体系，新的市场经济体制逐步与国际接轨。

对生产力与生产关系这两个层次之间的关系进行分析，可以看出这一时期生产力的迅速发展与生产关系的深刻变革紧密联系，不可分割。经济体制改革所遵循的是"三个有利于"的标准，社会主义市场经济的目标模式是根据生产力发展的客观要求提出来的。因此，这一改革与生产力的发展相协调，起到了显著的推动作用。

但与此同时，这两个层次的协调发展也还存在一些问题与不足。一方面，生产力发展的总体水平还不高，工业化任务还没有完成，信息化进程才刚刚起步，自主创新能力还不强，长期形成的结构性矛盾和粗放型增长方式尚未根本改变，人民生活还不够富裕；而另一方面，生产关系层次上影响发展的体制机制障碍依然存在，改革攻坚面临深层次矛盾和问题。社会主义市场经济体制只是初步建立起来，许多方面还不够完善：国有经济改革有待深化，其中国有资产管理体制改革和国有企业改革都还没有到位；市场体系还不够完备，运行还不够规范；政府职能转变仍在过程中，宏观调控体系还不够健全；分配差距过大（据测算，基尼系数已接近或达到0.5），社会保障体系还没能完全建立起来；对外开放的水平也还有待提高，"中国制造"的现有格局存在很大局限。要进一步推动生产力的发展，还有赖于生产关系层次的改革进一步深化。

分析二：经济基础与上层建筑

可以说，以建立社会主义市场经济体制为目标的经济体制改革，代表着这一时期经济基础发展变化的基本趋势和要求。而这一时期上层建筑的情况又是如何呢？

从政治上层建筑层次看，政治体制改革逐步展开，社会主义民主政治建设不断进步。首先是改革和完善党的领导方式和执政方式，推进民主制度建设，包括完善人民代表大会制度、共产党领导的多党合作和政治协商制度、民族区域自治制度以及基层群众自治制度，从各个层次、各个领域扩大公民有序政治参与，并开始探索解决权力监督和制约问题。其次是加强法制建设，推进依法治国，包括大力开展立法工作，基本形成具有中国特色的社会主义法律体系；改革司法体制，努力使审判机关、检察机关依法独立行使审判权、检察权；推进依法行政，要求各级党组织和全体党员在宪法和法律范围内活动。此外，还改革行政管理体制，建设服务型政府，着力转变职能、理顺关系、优化结构、提高效能；改革干部人事制度，包括实行公务员制度，推进国有企业和事业单位人事制度改革等。值得关注的是，近年来积极推进党内民主建设，包括完善党的代表大会制度，改革党内选举制度等，力图以党内民主带动人民民主。

从思想上层建筑层次看，社会主义文化建设取得重要进展，思想上层建筑也发生很大变化。一方面，思想解放不断推进，思想道德建设呈现出生机和活力；马克思主义中国化不断取得新的成果，形成了中国特色社会主义理论体系。另一方面，教育科学文化体制改革广泛展开，教育科学文化事业快速发展。义务教育在很大程度上得到普及，高等教育以及职业教育、成人教育逐步推开；初步建立起以企业为主体、产学研相结合的技术开发体系，以科研机构、高等院校为主的科学研究体系，以及社会化的科技服务体系，科技水平有了较大提高；改革文艺管理体制和大众传播管理体制，培育和规范文化市场，文艺创作日趋繁荣，新闻、出版、广播、电视、互联网等媒体的作用不断增强。

对经济基础和上层建筑的关系进行分析，可以看出这两个层次的变化也是紧密联系着的。经济基础层次的发展变革推动了上层建筑层次的发展变革,而后者反过来又对经济基础的改革和发展起到了保障和促进作用。

但与此同时,这两个层次之间也还存在不够协调之处。首先是政治上层建筑的发展存在差距和不足。政治体制改革还没有完全展开,一些深层次问题尚有待提上日程,社会主义民主政体的具体模式还有待探索;权力制约机制还不够健全,政治权力和经济利益的不正当结合造成市场机制的扭曲,寻租现象广泛存在,腐败问题比较严重;建设法治国家的任务仍很艰巨。其次,思想上层建筑的发展也有差距和不足。各种不适合新的发展要求的旧的思想观念仍然存在;马克思主义的指导地位需要进一步巩固,核心价值观需要进一步确立,社会失范问题比较严重;如何使思想道德建设与市场经济相适合,还存在各种模糊认识和消极倾向。教育科学文化体制改革也还没有到位,教育科学文化事业的发展仍比较粗放。综合起来看,经济体制改革的进一步深化,要求上层建筑层次加快进行改革和调整,从政治和文化层面提供支持和保障;而社会主义市场经济条件下如何推进社会主义民主政治建设和文化建设,还有许多难点问题需要探索。

分析三:城乡发展及其相互关系

作为社会结构体系的两个重要组成部分,我国的城市和乡村30年来都经历了重大变化。首先是城市改革和发展成就显著,城市化进程逐步展开。我国城市数量有了很大增长,城市人口比重显著提升,从1978年的1.7亿增长到2007年的5.9亿,占总人口的比重从1978年的17.92%增长到2007年的44.9%;城市经济迅速发展,各项改革不断深化,综合实力不断增强;按照大中小城市和小城镇协调发展的方针,逐步形成了若干以特大城市为中心、多层次、功能互补的城市群。

与此同时,农村改革与发展也取得了很大成绩。三中全会以后的改革从农村开始。1992年的中共十四大正式确立社会主义市场经济体制的目标模式后，农村改革和发展也逐步转入市场经济的轨道。2005年的中共十六届五中全会，又提出要按照生产发展、生活宽裕、乡风文明、村容整洁、管理民主的要求，建设社会主义新农村。广大农村在实行家庭联产承包责任制的基础上，逐步形成了统分结合的双层经营体制，同时推进农村流通体制改革，着手建立农业社会化服务体系和国家对农业的支持保护体系；按照"多予、少取、放活"的方针，进行了农村税费改革，取消了农业税，并开始扩大公共财政覆盖农村的范围，增加和改善农村公共产品的供给。农业的基础地位得到重视，对农业的投入不断增加，农村产业结构逐步调整，农业科技水平和农村综合生产能力有了较大提高，粮食产量从1978年的3亿多吨增长到2007年的5亿多吨。乡镇企业异军突起，三分天下有其一。农民人均纯收入由1978年的133.6元增长到2007年的4140.4元，将近31倍，年均增长7.1%。废除人民公社体制后，农村政治关系发生了重大变化，特别是近年来全面实行了村民自治，以多种方式开展了农村民主政治建设和精神文明建设。

从二者关系上看，应该说我们还是比较注意将城市发展和农村发展结合起来，在推进城市发展的同时重视农村发展。特别是2002年的中共十六大之后，明确提出统筹城乡发展，强调以工促农、以城带乡，促进城乡一体化，改变城乡二元结构；这一方针已开始付诸实践。然而遗憾的是，目前城乡发展仍存在较为明显的不协调之处：二元结构还没有真正打破，并且体现在经济、政治、文化等各个领域；农村发展虽已取得了重要进步，但仍然相对滞后，农业基础仍比较薄弱，农民收入水平仍然较低，农村公共产品供给仍远远少于城市，城乡差别存在扩大趋势。所有这些问题，都已十分突出地表现出来。

分析四：区域发展及其相互关系

我国区域发展的基本格局，是在东部、中部、西部等不同区域采取不同的发展战略。一是东部地区率先发展。在实行改革开放的进程中，国家首先加大了对东部的扶持力度，东部地区率先开发开放，并大胆进行各项改革。特别是相继建立了5个经济特区，14个沿海开放城市，还设立了众多经济开发区、新技术开发区、保税区等。30年来，东部地区的发展远远走在其他地区的前面，对全国各个地区的发展起到了示范和带动作用。二是西部大开发。改革开放前期，西部地区承担了较多的改革成本，支持了东部地区的率先发展。1999年以后，国家开始实施西部大开发战略，在投资项目、税收政策和财政转移支付等方面加大了对西部的支持力度；特别是大力进行基础设施建设和生态环境建设，积极发展有特色的优势产业，推动重点地带开发，并着力改善投资环境，引导外资和国内资本参与西部开发，使西部地区的改革和发展进入新的阶段。三是中部崛起。在东部率先发展和西部大开发的推动下，中部地区也逐步加大了自己的发展力度。特别是在继续重视农业基础地位和能源、原材料基地建设的基础上，加强了对区内资源的综合开发利用，发展精深制造业和高新技术产业，努力变资源优势为现实的经济优势。四是振兴东北老工业基地。2002年的中共十六大提出支持东北地区等老工业基地加快调整和改造，现已着手从战略上调整和转换东北地区的经济结构，整合现有资源，改组、改造现有企业，提高生产要素使用效率，力求形成新的发展优势。

从区域发展中的相互关系分析，改革开放前期所采取的是非均衡发展战略。进入90年代，开始重视区域协调发展问题；2002年中共十六大之后，明确提出统筹区域发展，力求形成东中西互动、优势互补、相互促进、共同发展的新格局。但从实际进程来看，我国区域发展不协调问题依然在很大程度上存在。虽然我们已加大了统筹地区发展的力度，并取得了一定的进展，但地区差别扩大的趋势尚未根本改变；中西部地区虽然已有很大发展，但仍然相对落后，西部大开发的战略目标还远未实现，中部地区的崛起仍有待时日，东北老工业基地的振兴还面临许多困难。区域发展中的这些问题，也已日益迫切地摆在我们面前。

二、促进社会进一步全面协调发展的对策探讨

在 30 年实践的基础上，中国社会发展又面临着新的任务。中共十六大将 21 世纪头 20 年确定为全面建设小康社会的特殊阶段；2007 年的中共十七大又进一步提出了全面建设小康社会的新要求。我们应该围绕这一新的任务，认真总结以往的经验，在肯定成绩的基础上，认清差距和不足，有针对性地采取措施，进一步推动社会全面协调发展。具体说来，应从以下各个方面着手努力。

第一，促进生产关系与生产力进一步相协调

面对新的形势和任务，我们首先应该做的，便是继续坚持以经济建设为中心，大力推动生产力的进一步发展，努力为社会全面协调发展提供更为坚实的根基。要继续保持经济较快增长的势头，确保实现十七大提出的战略目标，到 2020 年人均 GDP 比 2000 年再翻两番，使人民生活水平得到进一步提高；同时，抓紧转变经济发展方式，推动产业结构优化升级，走新型工业化道路，力求实现又好又快发展。要更好地将工业化和信息化结合起来，真正做到以工业化推动信息化，以信息化带动工业化。在这一过程中，要特别重视提高自主创新能力，努力建设创新型国家。

在生产关系的层次上，应根据生产力的状况及其发展要求，继续深化经济体制改革，完善社会主义市场经济体制，抓紧克服那些仍然在影响发展的体制机制障碍。要继续坚持和完善以公有制为主

体、多种所有制经济共同发展的基本经济制度，尽快完成国有经济改革的最后攻坚，使国有资产管理体制和现代企业制度进一步到位，将行政纽带真正转变为经济纽带，最终确立与市场经济相适合的公有制实现形式；加快形成现代市场体系，规范市场运行，真正做到"统一开放、竞争有序"；进一步完善宏观调控体系，特别是要深化财税、金融等方面的改革；合理解决分配差距问题，抓紧进行社会保障体制的改革；进一步提高对外开放的质量和水平，特别是要借助于开放促进自主创新能力的提高。通过以上各个环节的努力，使生产关系与生产力进一步相协调，同时为上层建筑层次的改革与发展提供新的基础。

第二，促进上层建筑与经济基础进一步相协调

生产关系层次上经济体制改革的不断深化，体现了经济基础的状况和新的发展要求。我们应根据这一状况和要求，大力推进上层建筑的发展和变革，努力使上层建筑与经济基础进一步相协调。

首先，要下气力推进政治体制改革，发展社会主义民主政治，使政治上层建筑与经济基础进一步相协调。从目前的实际看，应继续推进正在进行的各项改革，包括完善人民代表大会制度、共产党领导的多党合作和政治协商制度、民族区域自治制度、基层群众自治制度等，同时进一步探索与社会主义市场经济体制相适应的社会主义民主政治的具体模式，适时将有关深层次问题提上日程。要下气力解决权力的监督和制约问题，抓紧建立和完善"决策权、执行权、监督权既相互制约又相互协调的权力结构和运行机制"，真正做到"让权力在阳光下运行"[①]。继续探索党的执政方式和领导方式问题，把坚持党的领导与人民当家作主有机地结合起来。继续推进法

---

① 《中国共产党第十七次全国代表大会文件汇编》，人民出版社2007年版，第32页。

治国家建设,特别是解决有法必依的问题;继续推进党内民主建设,并使之真正起到带动人民民主的作用;同时还要继续推进技术层面的改革,如行政管理体制改革和干部人事制度改革,推进政企分开、政资分开、政事分开、政府与市场中介组织分开,进一步适应市场经济新体制的要求。

其次,要继续推进文化体制改革,加强社会主义文化建设,使思想上层建筑与经济基础进一步相协调。一方面,要进一步加强思想道德建设,抓紧建立和完善与社会主义市场经济相适应的思想道德体系,特别是社会主义核心价值体系;进一步推进思想解放,为改革和发展的新的突破做好思想准备。另一方面,则要进一步推进教育科学文化体制改革,提高教育科学文化事业的发展水平。要坚持教育的公益性质,促进教育公平;同时又要适应市场经济要求,继续改革办学体制、投资体制、管理体制、招生体制、分配体制,优化教育结构,提高教育质量。继续建构适合市场经济要求的科研体制和科技管理体制,提高科技成果的质量,促进科技成果的转化;同时重视做好科学普及工作,培育全社会的科学精神。继续推进文艺管理体制和大众传播管理体制的改革,规范文化市场,促进文化繁荣。所有这些方面,都有大量的工作要做。

第三,促进城乡发展进一步相协调

针对城乡关系中存在的问题,首先应继续推进城市的改革和发展,完善城市结构和布局,增强综合承载能力,以此为基础加快农村城市化的步伐。而与此同时,则要更加重视农村的改革和发展,下气力推进社会主义新农村建设。要进一步加大对农村和农业的投入,加强农村基本设施建设,加快农业的现代化改造,提高农业生产力水平,增加农民收入,这是整个农村发展的根本。围绕这一根本,继续推进农村各项改革,包括继续坚持和完善农村基本经营制度,健全农村市场和农业服务体系,推进农村金融体制改革,加快建立农村社会保障体系，加大公共财政覆盖农村的力度，以及加强农村民主政治建设，完善村民自治体制等。同时，要从各个方面推进农村文化建设，树立新的道德风尚，扫除各种愚昧和迷信。而从城乡关系的总体上说，必须从经济、政治、文化、社会等各个方面采取措施，切实推进城乡一体化，进一步打破城乡二元结构，缩小城乡差别。

不久前召开的十七届三中全会，通过了《中共中央关于推进农村改革发展若干重大问题的决定》。《决定》系统总结了农村改革和发展的历史经验，并对新形势下进一步推进农村改革和发展做了全面的部署。我们应认真贯彻落实《决定》精神，促使各方面问题尽快得到解决。

第四，促进区域发展进一步相协调

应该说，我们已经确定的区域发展战略，包括支持东部率先发展、西部大开发、中部崛起、振兴东北老工业基地等，总体上是正确的，应该继续加以实施。但需要特别强调的是，应在继续保持东部发展活力的同时，进一步加大中西部开发力度，增加对中西部的投入和政策支持，特别是加强基础设施建设和生态环境建设，创造有利于发展的基本条件。要注重实现基本公共服务均等化，引导生产要素跨区域合理流动，特别是引导和鼓励外资和国内资本向中西部流动。中西部地区要善于发挥本地区的优势，扬长避短，走出适合于自己的发展路子，逐步缩小区域发展差距。

此外，这里还应指出，协调区域发展不仅要着眼于经济发展，而且要着眼于整个社会结构体系，包括经济、政治、文化以及社会等各个基本领域的发展。从目前的情况看，要加快中西部地区的发展速度，必须进一步解放思想，下气力深化各项改革，为发展扫除障碍，提供动力。前述整个社会范围内的生产力与生产关系、经济基础与上层建筑之间的矛盾，在各个不同的区域都不同程度地存在，而在中西部地区则表现得更为突出。我们应将这些矛盾的解决与区域发展的协调有机地结合起来,从整体上加以把握。

总之,当代中国社会发展正处在一个十分重要的历史阶段,我们要深入学习实践科学发展观,以马克思主义哲学的科学方法论为指导,进一步促进社会全面协调发展,为完成全面建设小康社会的历史任务、最终实现社会主义现代化做出努力。

(原载《理论动态》2008年12月10日,第1799期)

统筹经济社会发展应从整体高度着眼

(2004年11月)

在有关"科学发展观"的讨论中,"统筹经济社会发展"是一个广为关注的重大问题。而从目前讨论的情况来看,对于这个问题的认识似乎还存在着一些差异和分歧;其中特别需要注意的,便是如何将这一问题提升到应有的高度,从社会整体的意义上加以把握,而不能理解得过于偏狭。这里便打算就此谈一些看法,以参加讨论。

一、所谓经济社会发展的"社会",应是包括各个基本领域在内的完整的结构体系,而不能仅仅是某些狭义的社会事业。

从一般的意义上说,所谓统筹经济社会发展,就是要将经济发展与社会发展协调统一起来,共同加以推进。但是这里首先需要搞清楚的是,所谓经济社会发展的"社会",究竟是指什么?按照一种比较流行的观点,这个"社会"主要是指社会保障、就业安置、教育科技、文化体育、公共卫生等各项社会事业;因此,所谓统筹经济社会发展,也就是要将经济发展与这些社会事业的发展协调统一起来。这种观点不能说没有一点道理,"社会"这一概念本身是可以从不同意义上去理解。然而问题在于,如果我们是要将统筹经济社会发展作为"科学发展观"的一个基本要求来对待，那么仅仅在这个狭窄的意义上去理解"社会"概念，就是十分不够的了。

众所周知，人类社会作为一个完整的结构体系，是由经济、政治、文化等基本领域所构成的。这些基本领域在社会结构体系中各有其特殊的价值意义，是不可或缺的。与之相应，所谓社会发展的整体进程，也是由经济、政治、文化等各个领域的发展所构成的，没有这些结构领域的发展，就没有社会发展。而通常所说的经济发展，只是社会发展的整体进程中的一个具体组成部分，并且它还不等同于经济领域的发展，而只是经济领域中的一个结构层次——生产力层次上的发展。经济领域包括两个结构层次，一个是生产力，一个是生产关系；经济领域的发展不仅包括生产力层次的发展，亦即通常所说的经济发展，而且还包括生产关系层次的发展，它常常体现为经济制度或经济体制的变革。当然，经济发展亦即生产力层次的发展在整个社会发展进程中具有最为根本的意义，我们必须大力加以推进；但是，仅仅有这一层次的发展还是不够的，还需要有生产关系层次的发展，以及政治、文化等其他领域的发展。没有这些其他层次和领域的发展，社会发展就是片面的、不合理的；而且经济发展也必然要受到这些层次和领域的制约，最终无法实现发展。所以，我们所能够做和应该做的，就是将经济发展与整个社会结构体系的发展协调和统一起来，共同加以推进。于是，这才有了统筹经济社会发展的要求，而这一要求也只能从社会结构体系的整体的高度来理解；这里所说的"社会"就不能仅仅是指某些狭义的社会事业，而应该是指整个社会结构体系。所谓统筹经济社会发展，就不仅是要将经济发展与某些社会事业的发展统筹起来，而且是要将经济发展与整个社会结构体系的发展统筹起来。

从现阶段我国社会发展的实际来看，我们正在经历一种特殊的双重转型。从经济社会形态的视角看，我们正在经历社会主义的模式转换，即从原有的苏联模式的社会主义转向中国特色的社会主义。而我们所确定的建设中国特色社会主义的基本纲领，就是着眼于社会的整体发展，包括中国特色社会主义的经济、中国特色社会主义的政治、中国特色社会主义的文化等各方面的内容；只有将经济发展与整个社会结构体系的发展统筹起来，才能适合建设中国特色社会主义伟大事业的要求。从技术社会形态的视角看，我们正在经历社会现代化，亦即从传统社会向现代社会的转型。而社会现代化同样是一个整体发展的进程，它包括经济现代化、政治现代化、文化现代化等各个领域的现代化，经济现代化只是这个整体进程中的一部分。并且，进一步说，即使是经济现代化，也并不只是一个经济发展问题，而是应该从经济领域的两个层次——生产力和生产关系的统一去理解。只有从整体的高度着眼，将生产力层次的现代化和生产关系层次的现代化，进而将经济现代化和政治现代化、文化现代化等各个领域的现代化协调统一起来，才能适合社会现代化的要求。

中共十六大提出，在基本实现现代化建设"三步走"战略的前两步目标之后，我们正面临一个全面建设小康社会的特殊阶段。这是"实现现代化建设第三步战略目标必经的承上启下的发展阶段"。① 而这一阶段的发展目标，并不仅仅是经济发展和某些社会事业发展的目标，而是"中国特色社会主义经济、政治、文化全面发展的目标"，是"与加快推进现代化相统一的目标"。② 因此，强调

---

① 《中国共产党第十六次全国代表大会文件汇编》，人民出版社2002年版，第18页。
② 《中国共产党第十六次全国代表大会文件汇编》，人民出版社2002年版，第20页。

从整体的高度统筹经济社会发展,将经济发展与整个社会结构体系的发展协调统一起来,也是落实十六大的部署、实现全面建设小康社会的战略目标所必需的。

二、要统筹经济社会发展,还必须从社会各个领域之间的有机联系入手把握社会发展的整体进程,而不是简单地"兼顾"或"并列"。

明确了统筹经济社会发展的基本要求,是要将经济发展和整个社会结构体系的发展协调统一起来,接下来需要讨论的便是:我们如何才能做到这种协调统一?这就必须对社会发展的整体性要求做出进一步的研究。

有一种观点认为,要统筹经济社会发展,就是要在抓好经济发展的同时,同时兼顾社会的政治、文化等其他各个领域的发展;只要将社会各个领域的发展都注意到了,就算是符合统筹发展的要求了。这个认识看上去似乎是对的,其实却不尽然。应该看到,人类社会的结构体系是作为一个有机的整体而存在的,按照系统观点,整体不等于部分之和,而是大于部分之和。这就是说,所谓整体并不就是将各个部分简单地累积和拼加在一起,而是各个部分之间的有机统一,它强调的是部分之间的有机联系;只有把握这种有机联系,才能把握整体。在社会发展进程中,只有从社会结构体系的整体存在着眼,按照社会的经济、政治、文化等各个领域之间的有机联系去推动它们各自的发展,将各个领域的发展有机地结合起来,才能算是一种整体性发展,也才能形成社会发展的统一进程。而只有按照这种整体性要求去做,才能真正将经济发展与社会结构体系的发展统筹起来,实现社会的全面协调发展。如果只是一般地顾及到社会各个领域的发展,将各个领域的发展孤立地加以对待,至多只能是形成各个领域发展的简单拼加,而不符合社会发展的整体性要求,从而也不可能真正实现经济发展与社会发展的协调统一。

在我国现阶段社会发展的实践中,要积极推动我们正在经历的双重转型,就必须遵从这个整体性要求。一方面,实现社会主义模式转换,建设中国特色的社会主义,必须根据社会结构体系中各个领域之间的有机联系,将中国特色社会主义的经济、政治、文化等各个方面的建设真正作为一个整体协调统一起来。另一方面,推进社会现代化的历史进程,也必须根据社会结构体系中各个领域之间的有机联系,将经济现代化、政治现代化、文化现代化等各个领域的现代化真正作为一个整体协调统一起来。在当前,要全面建设小康社会,也同样需要根据社会结构体系中各个领域之间的有机联系,将这一特殊阶段的各方面目标真正作为一个整体协调统一起来。这里的关键在于运用系统方法把握社会发展的整体性要求,离开了这个整体性要求,我们就会在实践中发生偏差。

例如,从经济领域看,我们要尽快完成工业化的历史任务,并大力推进信息化的进程;同时要继续深化经济体制改革,进一步建立和完善社会主义市场经济新体制。而在这样做时,我们又必须进一步认识到,经济领域的这种发展变化必然会对整个社会结构体系带来极其深刻的影响,社会的政治领域和文化领域必须进行同样深刻的改变,才能与之相适应。从政治领域看,我们的政治体制改革必须与经济体制改革相配套,而如何才能配套,与社会主义市场经济新体制的目标模式相适应的新的政治体制究竟应该是一种什么样的模式,这需要依据社会结构体系本身的有机联系做出具体的研究,而不能孤立地去看待,更不能主观主义地妄加评判,否则必定站不住脚,还会产生十分消极的后果。从文化领域看,在社会主义市场经济新体制的基础之上,究竟建立一种什么样的思想文化体系,这也必须按照社会结构体系本身的有机联系出发,而不能脱离这一联系,更不能从某种永恒不变的抽象观念出发;这里必须摈弃那种将精神文明建设与市场经济对立起来、企图用某种抽象的教条外在地强加于市场经济的做法,而要善于从社会主义市场经济本身的客观必然性中揭示其所蕴含的思想文化趋向,并科学地加以引导。

这里还要澄清一个相关的问题。有一种观点认为,既然强调统筹经济社会发展,就是要把社会各个领域的发展放在同等重要的位置,而不能再讲"以经济建设为中心"。这种观点实际上是一种"多中心论",它的错误之处,也是在于未能正确理解社会发展的整体性要求。正如上面已经指出的,社会发展进程是按照社会结构体系内部的有机联系所形成的统一进程。而这种有机联系规定了社会各个领域在社会结构体系的整体之中的客观的逻辑定位,它们各自的发展必须依照这一逻辑定位循序展开,而不能任意地加以改变,这是社会发展的整体性要求的题中应有之义。历史唯物主义告诉我们,生产力决定生产关系,经济基础决定上层建筑,而在整个社会基本矛盾运动的过程中,生产力处于最为根本的地位,它对整个社会结构体系的发展具有决定性的意义。我们之所以确定以经济建设为中心,就是基于生产力的这种根本地位;只有大力发展生产力,把经济建设搞上去,社会其他领域的发展才能获得现实的根基,整个社会发展进程才能全面展开。没有生产力的发展,其他领域的发展就谈不上。因此,正如邓小平同志所说的那样,社会各个领域的发展都必须围绕和服从于经济建设这个中心,而决不能干扰它、冲击它。那么,现在强调统筹经济社会发展,是否就放弃和否定这个中心呢?当然不是的。统筹经济社会发展只能以社会结构体系内部的有机联系为依据,其中首先还是要毫不动摇地坚持经济建设这个中心;社会其他领域的发展当然也要大力推进,但这些领域的发展只能是紧密围绕经济建设这个中心,按照它们各自的逻辑定位相应地加以推进,而不是简单地与经济建设平列起来。只有这样,才能真正做到经济发展和整个社会发展的协调统一。

三、建立整体性的社会发展评价体系，是统筹经济社会发展的重要手段。

要真正做到从整体的高度统筹经济社会发展，还有一个重要问题需要加以探讨，这便是对社会发展的整体评价问题。社会发展评价是了解和把握一定阶段上社会发展状况的重要手段，而既然统筹经济社会发展的"社会"应作为一个完整的结构体系来理解，那么这里所需要的评价也只能是从整体的高度所进行的评价。如果只有某些具体领域发展的局部评价，没有整体发展的整体评价，我们对一定阶段上社会发展状况的了解和把握就会遇到很大的局限，所谓从整体高度统筹经济社会发展也就无从谈起。

社会发展的整体评价应体现一些基本的要求。第一，应全面了解社会的经济、政治、文化等各个领域发展的状况，而不只是部分领域发展的部分状况。虽然社会发展的整体状况并不就是这些领域发展状况的简单相加，但这些领域的发展毕竟是社会整体发展的统一过程的组成部分，只有在全面了解各领域发展状况的基础上，才能对社会发展的整体状况做出进一步深入的研究。第二，要依据社会各领域之间的有机联系，进一步形成对社会发展的整体状况的认识，进而做出整体性的概括和评价，包括社会发展的整体进程进行到何种程度，社会发展的整体水平有了何种提高，社会结构体系的整体性质和特征发生了何种变化，以及社会发展的整体状况是否正常等等。第三，社会发展的整体评价还有更进一步的要求，这就是从造成既定发展状况的原因入手进行深层评价。一定阶段上的社会发展出现这样或那样的整体状况，是有着内部的和外部的、直接的和间接的等多方面的原因的，只有对这些原因做出分析，才能进一步认识和把握社会发展的现有状况。

要对社会发展进行这样一种整体评价，就需要建立相应的评价体系。社会发展评价通常可以采用两种不同的方式：一种是定性研究的方式,另一种则是定量研究的方式,这两种方式当然不是相互排斥,而是相互联结的,在实际操作中可以也应该综合起来加以运用。但随着研究的深入,人们愈来愈意识到,为了使社会发展评价更为科学和更加符合实际,仅仅用一般的逻辑手段对社会发展状况进行定性描述和分析是不够的,还必须借助于相关的数量指标体系进行专门的定量研究,并以此作为推动定性研究进一步深入的基础。因此,当我们讨论社会发展的整体评价问题时,也必须对相关的指标体系的建构和运用予以充分的关注。以上关于社会发展整体评价的几个基本要求,都应该通过相应的数量指标体现出来;而反过来说,这些基本要求也应该成为相关指标设计的直接依据,我们所提出的社会指标必须与这些要求相一致。首先,要全面了解社会各个领域的发展状况,就必须设计各相关领域的社会指标,至少经济、政治、文化等基本领域的指标是必不可少和缺一不可的;并且,在设计这些领域的社会指标时,必须着眼于其中最具重要意义、最能体现其发展状况的因素和方面,而不是那些无关紧要、可有可无的因素和方面。如果重要因素和方面的指标出现这样那样的缺失,我们对这一领域的发展状况的了解就是不真实的、不全面的。其次,要依据各领域之间的有机联系认识社会发展的整体状况,就不能仅仅有反映经济、政治、文化等领域各自状况的社会指标,还必须有反映体现着社会各领域有机统一的社会整体状况的社会指标;这一类指标当然不是各领域指标的简单相加,而必须根据社会各领域之间的有机联系专门设计。最后,要进一步从造成既定状况的原因入手进行深层评价,也应该有能够反映这种因果关系的社会指标;这类指标的提出应该以社会发展机制等方面的情况做依据。

社会发展的整体评价需要借助于相关的指标体系,而从现有的进展看,有关社会指标的研究主要是作为社会学和统计学的分支领域发展起来的,这方面的理论研究和应用研究都已积累了不少的成果；这些成果对于我们开展社会发展的整体评价，无疑都不同程度地提供了积极的支持。但是同时也应看到，我们对社会指标的现有研究还有着各种欠缺和不足；特别是对于社会发展的整体评价来说，还存在不少明显的问题。例如，在全面反映社会经济、政治、文化等领域发展状况方面，现有的社会指标就还不够充分，结构也不够平衡。对于经济领域，通常所谓经济发展主要是指生产力方面的发展，这方面的指标较多；而有关生产关系亦即经济关系方面的发展变化，相应的指标就很少。对于政治领域，现有指标体系中仍存在大量空白。对于文化领域，教科文卫等方面的发展已引起了人们的广泛关注，但思想道德建设等方面的情况基本上还未被纳入社会指标体系。至于在反映社会各领域的有机联系和整体状况以及追根寻源的深层评价方面，就更是难以见到适宜的社会指标；虽然已有学者注意到这方面的问题，但总地看来这一类社会指标的研究还未能很好展开。所有这些问题，都是需要我们在新的实践的基础上进一步探索和解决的。而只有解决了这些问题，才能建立起真正适合于社会发展整体评价的指标体系，并进而为从整体上统筹经济社会发展问题提供必要的手段。

（原载《理论动态》2004年11月30日，第1654期；收入张再兴、李崇福主编：《马克思主义中国化与邓小平理论》，清华大学出版社2005年版）

加强精神文明建设应从社会发展的整体进程着眼

（1996 年 12 月）

研究精神文明建设问题，不仅要从精神文明建设本身着眼，而且还应把精神文明建设置于社会发展的整体进程中，从它与这一整体进程的关系去研究。

首先，关于精神文明建设的地位，就应从社会发展的整体进程去认识。这里至少包括两个主要之点：

其一，人类社会本身就是一个包括经济、政治、思想文化等基本领域在内的完整结构体系，相应地，社会发展也应是一个由经济、政治、思想文化等各个领域的发展所构成的整体的发展过程。所谓精神文明建设主要归属于思想文化领域的发展。它是社会发展的整体过程所不可或缺的组成部分。具体到社会主义社会的发展来说，我们不仅要发展社会主义市场经济和社会主义民主政治，而且还必须建设社会主义精神文明。正如十四届六中全会所指出的："社会主义社会是全面发展、全面进步的社会，社会主义现代化建设事业是物质文明和精神文明协调发展的事业"①，"社会主义精神文明是社

---

① 《中共中央关于加强社会主义精神文明建设若干重要问题的决议》，人民出版社 1996 年版，第 29 页。

会主义社会的重要特征"①。离开了精神文明建设,社会主义社会的发展就是片面的、不完整的。

其二,社会的思想文化领域的发展与经济、政治等其他领域的发展在社会发展的整体过程中是相互制约、相互影响着的。经济领域和政治领域的发展制约着思想文化领域的发展,而思想文化领域的发展也反过来制约着经济领域和政治领域的发展。六中全会的《决议》在分析我国现阶段社会主义社会的发展实际时指出:"物质文明是基础,经济建设这个中心必须牢牢把握,毫不动摇,但是精神文明搞不好,物质文明也要受破坏,甚至社会也会变质"。② 我们正在大力进行经济建设,加决构建社会主义市场经济新体制,并不断推进社会主义民主政治建设;而精神文明建设若不能相应跟上,必然会拖以上各方面发展的后腿。当前思想文化领域里出现的一些消极现象和问题,已经造成了不容忽视的后果。因此,六中全会一再强调,一定要"切实把精神文明建设提到更加突出的地位",这"已经成为全党和全国各族人民极其关注的大事"。③

精神文明建设的地位应从社会发展的整体过程去认识,非如此不能明了现阶段加强社会主义精神文明建设的战略意义;而进一步说,关于精神文明建设的方式,也同样必须从社会发展的整体进程去把握,否则就有可能偏离社会发展规律的客观要求。这里也可以指出两个要点:

其一,精神文明建设的目标,应该根据社会发展的整体进程的

---

① 《中共中央关于加强社会主义精神文明建设若干重要问题的决议》,人民出版社1996年版,第2页。
② 《中共中央关于加强社会主义精神文明建设若干重要问题的决议》,人民出版社1996年版,第2页。
③ 《中共中央关于加强社会主义精神文明建设若干重要问题的决议》,人民出版社1996年版,第2页。

要求进行设计。既然精神文明所属的思想文化领域的发展只是社会发展的整体进程的一个组成部分，那么部分的目标无疑只能从属于整体的目标，并为整体的目标所规定。在社会发展的一定阶段上，精神文明建设能够达到何种水平，要取决于这一阶段上社会发展的整体水平，决不能脱离这种整体水平主观地追求某种虚幻的目标。从社会发展整体进程的内在机制看，各个领域的发展虽然处于相互制约的关系中，但经济领域的发展对于思想文化领域的发展来说具有基础的意义，同时政治领域的发展对于思想文化领域的发展也有着不可低估的作用。因此，精神文明建设的目标必须以经济领域以及政治领域的发展目标为逻辑依据，并与之统一协调起来。具体到现阶段我国社会主义精神文明建设来说，其目标的设定就应在建设有中国特色社会主义这一整体目标的前提下，与发展社会主义市场经济、推进社会主义民主政治的目标相协调，而不能与之相脱节，更不能与之相对立。十四届六中全会《决议》所提出的今后15年我国社会主义精神文明建设的主要目标，正是应该从这一要求去理解。

其二，精神文明建设的具体进程，也应根据社会发展的整体进程的要求去展开。精神文明建设的目标确定之后，要通过一定的过程将其付诸实现，而这一过程如何推进，具体进程如何展开，并不能孤立地去考虑，而应纳入社会发展的整体进程，从整体战略的高度通盘筹划。这里也必须充分尊重社会发展整体进程的内在机制，使精神文明建设亦即思想文化领域发展的进程与经济领域、政治领域发展的进程协调展开、统一推进。经济领域的发展所具有的基础意义在这里无疑也是贯穿始终的，思想文化领域发展的具体进程的展开总体上也要以经济领域发展的具体进程以及政治领域发展的具体进程为依托的。但值得注意的是，这并非意味着这些领域发展的具体进程之间存在着简单的先后关系，即经济领域发展的进程先展开，然后才是政治领域和思想文化领域发展进程的依次展开；相反，在现实实践中，它们的具体进程之间表现出错综交织的复杂关系，对此必须辩证地加以把握。

从我国现阶段的实际来看，社会主义精神文明建设不仅应在目标的设计上与发展社会主义市场经济、推进社会主义民主政治的目标相协调，而且在具体进程的展开中也应与发展社会主义市场经济、推进社会主义民主政治的具体进程相协调。不注意这种协调而试图孤立地推进精神文明建设的进程，是不可能成功的。这就需要对各个领域发展的具体进程中的一系列实际问题做深入细致的研究，提出切实可行的操作方案，把这一层面上的协调真正落到实处，使社会主义精神文明的具体进程真正融入社会发展的整体进程。

十四届六中全会《决议》指出：社会主义精神文明建设是一个长期复杂的过程，"对于这种长期性、复杂性要有足够的思想准备"。① 而越是有长期性、复杂性，我们就越是应该重视从社会发展的整体进程去研究问题，这样才能保证社会主义精神文明建设的顺利进行。

（原载《中国市场经济报》1996年12月7日）

---

① 《中共中央关于加强社会主义精神文明建设若干重要问题的决议》，人民出版社1996年版，第6—7页。

中国改革的渐进式战略评析

(1999 年 1 月)

从中共十一届三中全会起，中国大地上拉开了一场深刻改革的帷幕。随着这场改革不断取得成功，它所采取的推进战略日益引起了人们的广泛兴趣和关注。如今，这场改革已进行了 20 年，我们无疑应该在总结已有经验的基础上，对有关战略问题做出适当的评析，以便更好地推进新的改革实践。

首先应该指出，我们这里所说的中国改革，不仅仅是指经济体制改革，而且包括政治体制改革和其他各方面改革，亦即把改革作为一个社会整体工程来对待。相应地，我们对中国改革战略的考察，也不是仅仅着眼于经济体制改革的战略，而是要研究整个社会改革的总体战略。如果从这个层次上看问题，那么应该不难看出，中国改革所采取的推进战略在总体上应属于渐进式战略。虽然近年来在这个问题上出现了一些不同看法和争议，但我认为，这些争议完全可以纳入渐进式战略的总体范畴而得到统一。因此，在这里，本文便拟以此为题做一些探讨。

一

虽然我们不能同意把渐进式战略简单地归结为时间的长短和速度的快慢，但从一般意义上讲，所谓渐进式战略毕竟是要将改革的任务拉开在一个较长的时间内，分步骤、分阶段地逐渐展开，通过一个渐进过程而最终实现全部目标。对于这种战略在改革进程中的运用，人们曾从各自的理解出发进行过讨论，例如塞谬尔·亨廷顿就曾在他的著作中大谈其"费边主义"①。然而，不了解中国改革的特殊复杂性及其社会背景，不把它放置在当代中国社会发展的总体进程中去考察，就不能真正明了这场改革采用渐进式战略的根据和理由，以及它在这一战略的应用中所表现的具体特点。

20年前，当中国开始这场改革的时候，所面临的是一种十分艰难的局面。众所周知，中国是在半殖民地、半封建社会的基础上，经过新民主主义阶段的过渡而较早地进入社会主义社会的。但是社会主义搞了多年，其结果并未能如愿；虽然我们付出了很大的努力并取得了一些成绩，但终究还是出现了比较严重的问题。特别是经济发展缓慢，运转不灵，人民生活水平得不到应有的提高；政治上则运动不断，乃至酿成"文化大革命"那样的灾难。这些严重的问题大大损害了我们的事业，也使人们产生了种种困惑和疑问；这样的社会主义究竟还能不能搞得下去，中国社会发展又一次面临着严峻的抉择。加上战后西方国家以及我国周边国家和地区发展较快，而原有的社会主义国家普遍不够景气，更是给我们造成很大压力和挑战。

---

① 参见亨廷顿：《变动社会的政治秩序》，张岱云等译，上海译文出版社1989年版，第372页。

在这种情况下，以邓小平为代表的中国共产党人对所发生的问题进行了严肃的反思。这一反思深刻地揭示了问题的根源，即我们的失误之处：一方面，正如邓小平所指出的："多少年来我们吃了一个大亏，社会主义改造基本完成了，还是'以阶级斗争为纲'，忽视发展生产力。"① 另一方面，我们脱离中国生产力相对落后的实际，建立了一套一大二公、高度集中的计划经济体制以及与之相应的政治体制，而"旧的那一套经过几十年的实践证明是不成功的。"② 正是针对这两方面的重大失误，我们党进行了坚决的拨乱反正：一方面，迅速完成了全党工作重点转移，把经济建设摆在了中心位置上；另一方面，从生产力的客观要求出发，决心彻底地变革旧体制。中国的改革就是在这个背景下拉开了帷幕，它的任务是要在坚持四项基本原则的前提下，为中国的社会主义探索一种适合于自己实际的新的实现形式，用一整套新体制取代已被证明是不成功的旧体制。

中国改革的任务是艰巨的，邓小平称之为"中国的第二次革命"③。而这场"带革命意义的改革"④ 应该采取何种战略而具体展开呢？在这个问题上，它明显地受到了三个至关紧要的条件限制。

其一，就改革本身而言，虽然我们在总的方向上已经明确要建构一套真正切合中国生产力实际的、充满生机和活力的新体制，但这种新体制究竟应该是什么样子，具体的目标模式是什么，我们并不是一开始就十分清楚的。这就是说，我们不可能一下子便拿出一个成熟的、完整的设计方案来，然后简单地照着去做。相反，我们只能边实践、边认识，"摸着石头过河"，在改革过程中逐渐明确具体的目标模式。

---

① 《邓小平文选》第 3 卷，人民出版社 1993 年版，第 141 页。
② 《邓小平文选》第 3 卷，人民出版社 1993 年版，第 237 页。
③ 《邓小平文选》第 3 卷，人民出版社 1993 年版，第 113 页。
④ 《邓小平文选》第 3 卷，人民出版社 1993 年版，第 78 页。

其二，从社会发展的整体进程来看，我们的中心任务已经是发展生产力，搞经济建设。特别是在耽误了几十年的时间之后，这个任务更显迫切，所以邓小平反复强调"要横下心来"、"扭着不放"，"其他一切任务都要服从这个中心，围绕这个中心，决不能干扰它、冲击它"。① 这样，体制改革的进行就必须以保证经济建设的正常进行不受影响为前提，它不仅不能影响而且还应不断促进经济发展。此外，"文化大革命"后百废待举，社会各领域的发展都不容等待和拖延，所以改革还必须与社会发展的整体进程相协调，保证和促进整个社会的发展。

其三，在经过了接连不断的政治运动特别是"文化大革命"那样的动荡之后，人心思安，社会心理拒斥新的不稳定的可能性。体制改革如果不顺应这一普遍愿望，就不会得到广大群众的支持和拥护。同时，如果不能保持稳定，前述经济发展以及整个社会发展的要求也就得不到实现。如邓小平所说，"如果没有一个稳定的环境，中国什么事情也干不成。"② 因此，改革的进行必须以不破坏社会稳定为条件。

以上三个条件对改革来说绝不是无关紧要的一般性要求，而是必须充分考虑、尽力遵循的基本规定。如若发生偏差，必定带来严重后果。这样，一方面是极为艰巨的改革任务，另一方面则是这样三个必须满足的条件做限制，在这种情况下，中国的这场改革几乎别无选择，采取渐进式的推进战略是唯一明智之举，也是唯一可能之举，至少作为主要战略是如此。

---

① 《邓小平文选》第 2 卷，人民出版社 1994 年版，第 248—251 页。
② 《邓小平文选》第 3 卷，人民出版社 1993 年版，第 348 页。

二

在战略的展开过程中，所谓渐进首先当然要表现在时间和速度方面；但同时还必须看到，渐进式战略本身内在地包含着改革切入点的选择、改革步骤的设计和改革阶段的划分等一系列问题的解决。一旦改革要拉开为一个较长的过程，就必须相应地确定这一过程的起点放在哪里，亦即改革从何处切入；整个过程准备划分为几个阶段，以及各个阶段的改革应采取哪些步骤推开等。虽然这些问题往往难以在改革一开始时就能够完全解决，而是要在过程之中逐渐地得到解决，包括在过程之中不断地对已有方案做出修正，但这终究是渐进式战略的题中应有之义，是作为这一战略的构成内容存在的。没有这些内容，所谓渐进式战略就是一句空话，根本无法应用和展开。所以，我们研究改革的渐进式战略，绝不是仅仅确认其时间和速度了事，而是要具体地考察其在切入点选择、步骤设计、阶段划分等方面的状况。所有这些方面的考察都应属于渐进式战略研究的当然范围。

在实践领域中，由于社会改革的任务及其背景和条件不同，渐进式战略的实际应用也常常表现出各种不同的情况；而这些不同主要正是通过改革切入点的选择、步骤设计、阶段划分等方面表现出来的。考察一下中国改革的实际进程，我们就会发现渐进式战略在这里的应用就表现出一系列自己的特点，而这些特点无疑是与这场改革的特殊复杂性相关联的。近年来的讨论中有关中国改革战略的一些不同看法，实际上正是从各自的角度对这些特点的分别描述，它们应该归属于渐进式战略的总体范畴，而不应该与渐进式战略分离并对立起来。

概括说来，关于渐进式战略在中国改革中的应用，有以下四个特点应特别注意。

（1）在对社会体制进行全面改革的总体进程中，选择经济体制为切入点，首先集中精力进行经济体制改革。

中国改革所要完成的是一项涉及经济、政治等各个领域的综合系统工程，对此邓小平讲得很明确："改革是全面的改革，包括经济体制改革、政治体制改革和相应的其他各个领域的改革。"① 那么，这些不同领域的改革，特别是经济体制改革和政治体制改革，能否齐头并进，同时展开呢？在中国改革所处的实际条件下，这种可能性几乎是不存在的。因为改革所要解决的问题太复杂，难度太大，仅是经济体制改革就已十分艰巨，政治体制改革就更是棘手。所以，各领域之间必须有所选择。而中国改革的实际进程，正如邓小平所说"是从经济方面开始的"②，即首先进行经济体制改革，以此为全面改革的切入点。至于政治体制改革，则"需要审慎从事"③，随着经济体制改革的深化而逐步提上日程。于是人们看到，中国的经济体制改革从十一届三中全会以后便日益广泛和深入地开展起来，而且20年中一直是作为重点来对待；而政治体制改革直到1987年的十三大才明确地"提到日程上来"④，并且是从与经济体制改革相配套的角度提出的。对经济体制改革和政治体制改革之间关系的这种处理，无疑是中国改革中渐进式战略的一个显著特点。

（2）就经济体制改革本身而言，我们也同样不是一下铺开，而是先从农村改革入手，走新的"农村包围城市"的道路。

在原有的计划经济体制下，中国农村实行的是"政社合一"的人民公社体制，对农业生产集中进行经营管理。十一届三中全会以

---

① 《邓小平文选》第3卷，人民出版社1993年版，第237页。
② 《邓小平文选》第3卷，人民出版社1993年版，第237页。
③ 《邓小平文选》第3卷，人民出版社1993年版，第176页。
④ 《邓小平文选》第3卷，人民出版社1993年版，第240页。

后，在贯彻"调整、改革、整顿、提高"八字方针的过程中起步的经济体制改革，首先就是从这里入手取得突破。如邓小平所说，"改革首先是从农村做起的，农村改革的内容总的说就是搞责任制，抛弃吃大锅饭的做法，调动农民的积极性。"① 在几年的时间里，全国农村广泛实行了以家庭联产承包为主要形式的新的经营体制，政社分开，人民公社体制被取消。在农村改革取得成效和城市改革进行试点的基础上，1984年的中共十二届三中全会才做出《关于经济体制改革的决定》，将改革的重点由农村转向城市。而"城市改革实际上是整个经济体制的改革"②，由此"经济体制的全面改革逐步展开"③。

(3) 以城市改革为重点的全面经济体制改革展开后，我们经历了一系列中间环节，才最终确立了社会主义市场经济新体制的目标模式。

在十二届三中全会以前，我们对原有的计划经济体制的否定还是很有限度的，当时只是小心翼翼地往计划经济体制内引入市场机制的因素，提出"以计划经济为主，市场调节为辅"。十二届三中全会试图为全面的经济体制改革设计一个目标模式，它所通过的《决定》中正式提出了"公有制基础上的有计划的商品经济"这一命题，并指出"商品经济的充分发展，是社会经济发展的不可逾越的历史阶段"。④ 这一认识无疑已突破了"计划经济为主"的旧观念，大大向前进了一步，但毕竟还没有摆脱旧体制的框架束缚。

十二届三中全会以后，以城市为重点的经济体制改革在发展商品经济、促进市场化方面取得了重大的进展，但市场化取向与旧的

---

① 《邓小平文选》第3卷，人民出版社1993年版，第117页。
② 《邓小平文选》第3卷，人民出版社1993年版，第130页。
③ 《邓小平文选》第3卷，人民出版社1993年版，第142页。
④ 《邓小平文选》第3卷，人民出版社1993年版，第568页。

计划经济框架的冲突也日趋明显。1987年召开的中共十三大总结了实践的经验，进一步提出"社会主义有计划商品经济的新体制，应该是计划与市场内在统一的体制"，并且确认"新的经济运行机制，总体上来说应当是'国家调节市场，市场引导企业'的机制"。[①] 这时，对新的经济体制的探索显然已接近一种决定性的转变。遗憾的是，由于十三大之后不久国内外形势的变化及其他因素的影响，这方面的探索一度出现反复。

1992年邓小平的南方谈话，唤起了又一轮思想解放和改革开放的热潮，围绕计划经济和市场经济的思想束缚终于被冲破。社会主义市场经济的目标模式开始为人们所接受，而同年召开的中共十四大正式确认了这一模式，指出"实践的发展和认识的深化，要求我们明确提出，我国经济体制改革的目标是建立社会主义市场经济体制，以利于进一步解放和发展生产力"[②]。至此，一种根本不同于旧体制的新的目标模式才最终得以确立。如果从1984年的十二届三中全会算起，这时已有8年；而若从1978年的十一届三中全会算起，则已14年过去。

（4）在建立社会主义市场经济新体制的过程中，我们本着先易后难的原则从各方面循序展开，包括所谓"体制内"和"体制外"关系的处理。

社会主义市场经济新体制的构成包括市场主体、市场体系、宏观调控体系、社会保障体系等各个方面，要建立这种新体制以取代原有的计划经济旧体制，就必须从以上各个方面着手。在市场主体方面，我们一方面对原有的公有制企业进行改革，通过所有权与经

[①] 《中国共产党第十三次全国代表大会文件汇编》，人民出版社1987年版，第30—31页。

[②] 《中国共产党第十四次全国代表大会文件汇编》，人民出版社1992年版，第22页。

营权的相对分离、扩大企业自主权、转变企业经营机制、直至今天仍在进行的建立现代企业制度以及相应的国有资产管理体制改革的探索，逐步使这些企业成为相对独立的市场主体；另一方面则在以公有制为主体的前提下允许和鼓励多种所有制成分共同发展，使个体企业、私营企业和三资企业等逐步成为社会主义市场经济的重要组成部分，从而使市场主体多元化。在市场体系方面，我们从最基本的消费资料市场开始，逐步培育起了生产资料市场、劳动力市场、金融市场、技术信息市场等各种市场，并逐步使之规范化、法制化。在宏观调控方面，我们通过政企分开、改变指令性为主的计划方式、逐步放开价格以及金融、财税、投资、外贸等具体体制的逐渐调整和改革，直至现在正在进行中的政府机构改革，一步步地使政府从以行政手段直接管理经济向主要运用经济和法律手段实行间接调控转变。在社会保障方面，我们正在采取一系列过渡措施，逐步建立养老、失业、医疗等社会保险制度，改变过去由单位和国家全包下来的做法。以上所有这些方面的改革，无不是充分考虑到问题的成熟程度，由易到难、由浅入深地逐渐展开的。

讨论中所涉及的"体制内"和"体制外"的关系问题，实际上也是改革由易到难的一种表现。从总体上看，应该说中国改革是从"体制内"和"体制外"一起动手的，如原有公有制企业的改革和发展多种所有制成分同时并行。但在实践展开过程中，公有制企业特别是国有企业的改革遇到了较大的困难，而多种所有制成分的发展却比较迅速；结果这些成分对新体制的建立起了较好的支持作用，反过来为进一步解决国有企业的问题提供了条件。所谓"存量改革"和"增量改革"的关系也是如此，原有的部分改起来有难度，而新建的部分则可以从一开始就尽量按照新体制的要求去设计；这样"增量改革"便可以为"存量改革"提供支持。不过对这类关系的把握又不可过于绝对，两个方面终究还是相互促进、共同发展的。

三

从1978—1998年这20年的实践结果来看,渐进式战略在中国改革中的应用无疑获得了明显的成功。

首先,就改革本身而言,这20年来已取得了巨大的成果,尤其是在经济体制改革方面。作为这一时期改革的重点,经济体制改革已获得了全方位的推进,原有的计划经济体制已被从根本上打破,社会主义市场经济新体制的基本框架在许多方面已开始形成。虽然目前国有经济的改革还面临攻坚,其他方面的改革也还有一些未能到位,但整个经济体制的面貌已发生了根本改变,只要我们按照既定的路子坚定不移地走下去,就完全有可能按照预期的要求把新体制的框架最终建立起来。不仅经济体制改革,政治体制改革以及其他各方面的改革也都取得了许多进展,不同程度地开始与经济体制相协调、相配套;全面改革的前景已愈来愈清楚地展示在人们的面前。

在体制改革成功推进的同时,我们还有效地保证了经济建设和各项社会事业的发展,保证了社会稳定的基本要求,在这方面也取得了重大的成功。20年来,我们坚持了以经济建设为中心,一直保持了令世人瞩目的发展速度,生产力水平和人民生活水平迅速提高;如今已提前实现了国民生产总值"翻两番"的战略目标,人均"翻两番"也将在本世纪末按期实现。与经济发展相伴随,科技、教育、文化、卫生及其他各项社会事业都获得了重大发展,人口和环境问题也得到了较好的解决。尽管体制改革已经在很深的程度上触动了社会的各个领域,但并没有引起大的社会震荡和波动,总的社会环境一直比较平稳。

为什么渐进式战略在中国改革中的应用能够获得这样的成功?

在我看来主要原因有三。

第一，中国改革的渐进过程从一开始就有一个十分明确的指导思想，即紧紧围绕经济建设这个中心，按照经济发展和各方面社会发展的实际要求而一步步展开；这样一方面使改革的进程直接以经济和社会发展的要求为根据，另一方面则使改革的成果得以直接服务于经济和社会发展的进程，由此形成一个协调推进的总体过程。中国改革强调实效，注重让群众得到实惠。邓小平提出的"三个有利于"的判断标准，不仅是中国改革的总的指导原则，而且对改革具体过程的展开也起到了直接的指导作用。

第二，中国改革对渐进式战略的应用，充分考虑了社会各方面的承受能力。改革的渐进过程怎样一步步展开，各项改革措施在什么时机出台，以什么样的方式出台，都要经过认真的研究和设计。邓小平曾明确指出："我们的方针是，胆子要大，步子要稳，走一步，看一步。"[①] 他还强调，改革中"要同人民一起商量着办事，决心要坚定，步骤要稳妥，还要及时总结经验，改正不妥当的方案和步骤，不使小的错误发展成为大的错误"。[②]

第三，中国改革渐进过程的具体展开，具有比较严密的内在逻辑。应该说，它选择经济体制为切入点，以经济体制改革带动政治体制和其他各方面的改革，这是符合生产力与生产关系、经济基础与上层建筑矛盾运动的规律的。经济体制属于生产关系的层次，以经济体制改革为重点先行展开，既紧贴生产力即经济发展的层面，又抓住了整个社会体制的关键；这一层面的突破一旦成功，就会破除旧的社会体制的存在根基，而为新的社会体制的全面确立提供有力的支撑点。政治体制改革涉及许多敏感问题，"会遇到很多的障

---

① 《邓小平文选》第 3 卷，人民出版社 1993 年版，第 113 页。
② 《邓小平文选》第 3 卷，人民出版社 1993 年版，第 286 页。

碍"①，只有获得这样的支撑点，才有可能扎实、稳妥地向前推进，一些实质性的问题才有可能在本来意义上真正展开。进一步说，经济体制改革的展开之所以从农村到城市，是由于当时农村改革的要求最紧迫，条件最成熟，经济体制改革必须首先解决农村的问题。邓小平在谈到这一进程时曾有过说明："为什么要从农村开始呢？因为农村人口占我国人口的百分之八十，农村不稳定，整个政治局势就不稳定，农民没有摆脱贫困，就是我国没有摆脱贫困。坦率地说，在没有改革以前，大多数农民是处在非常贫困的状况，衣食住行都非常困难。"② 正是这种"非常困难"的状况，使得农民无法再忍受下去，一些地方已经顶着压力，自发地冲破"禁区"。因此，把改革的起点放在农村，就是顺理成章的事了。当然，农村改革与城市改革相比，也没有后者那样复杂，"农村见了成效，我们才有勇气进行城市的改革。"③

至于以城市改革为重点的整个经济体制改革的总的目标模式的逐步确立，以及围绕这一模式由易到难的展开过程，都不是简单地由主观意志决定的，而是体现了人的认识和实践辩证发展的规律。人们通过实践认识事物，又通过实践改造事物；事物的内在矛盾会在实践过程中逐层显露出来，而人们也在实践过程中完成"由现象到本质、由所谓初级本质到二级本质，不断深化"④ 这样一个认识的过程，并以此为指导逐步实现对事物的改造。在中国改革的过程中，原本十分复杂的问题正是通过"渐进"的实践而被层层剥开的，一层一层地认识，一层一层地解决，一层一层地把改革引向深入；从计划经济到市场经济这一目标模式的确立过程是这样，在塑造市

---

① 《邓小平文选》第3卷，人民出版社1993年版，第176页。
② 《邓小平文选》第3卷，人民出版社1993年版，第237—238页。
③ 《邓小平文选》第3卷，人民出版社1993年版，第130页。
④ 《列宁全集》第55卷，人民出版社1990年版，第213页。

场主体、培育市场体系、构建宏观调控体系和社会保障体系等各方面展开的具体过程也是这样。也正是由于改革进程这样一层一层地推进符合认识和实践的辩证规律，它才比较好地为绝大多数群众理解和支持，才比较容易形成共识，从而减少了抵触、摩擦和阻力。

四

渐进式战略的应用给中国改革带来了明显成功，但与此同时，它也显现出某种特有的局限，使改革进程中产生了一些相关的问题。这也是全面评价这一战略时所应该注意到的。

由于渐进式战略是要将改革的任务以这样那样的方式拉开在一个较长的时期内分步解决，所以就不可避免地造成一种状况，即社会运行的序间状态相应延长。所谓序间状态，即是当旧的秩序被打破、而新的秩序又未能建立起来时，两种秩序之间的过渡状态。中国的改革是包括经济体制改革、政治体制改革以及其他各方面改革在内的全面改革，这种改革在以彻底性的要求破除原有的旧体制时，必然相应地打破旧体制下形成的既有秩序；而随着新体制的全面建立，新的秩序也就相应形成。但是，由于采用渐进式改革战略，新旧体制的更替不可能在短期内完成，新旧两种秩序的过渡也就需要时日。这样，社会运行便不得不长期处于序间状态，一些相关问题就由此衍生出来。

例如，由于国有经济的改革迟迟未能到位，国有资产的流失比较严重。虽然这里有历史的和现实的等多种因素的影响，但旧的经营方式不再有效，新的经营方式又未真正形成，特别是一些带有根本性质的关系一直没有理顺，无疑是最关键的原因。以"寻租"为主要特征的腐败现象在各个领域的蔓延，是当今中国最令人担忧的问题之一，而经济秩序和政治秩序的序间状态，无疑为其提供了特殊的土壤。此外，由于各方面的社会运行在序间状态中不同程度地具有非确定性的特点，以及有关约束机制的不健全，使得这样那样的"失范"现象相当广泛地发生，并使某些投机行为有机可乘。诸如此类的问题都与现阶段社会运行的序间状态相关联，而且这个序间状态越长，这些问题就越突出。

当然，不论采取何种战略，改革过程中都会出现某种序间状态，也都会有相应的问题发生。但渐进式战略的应用使得序间状态延长，从而将这些问题进一步突出出来，如果处理不好，甚至有可能造成严重后果。因此，我们必须对此引起足够的重视，并采取积极的对策。包括在改革中尽可能地处理好新旧两种秩序之间的衔接问题，尽量减少可能出现的缺口和漏洞；同时视情况设立特别处置系统，包括特别预警系统、过渡性约法和政策体系、应对性的专门力量和手段等，通过特殊措施对付特殊问题。应该相信，只要对策得当，我们完全可以把问题控制在最小的限度内；而问题的根本解决，当然还有待于我们各方面改革的彻底完成，新体制最终取代旧体制而真正建立起来。

总之，渐进式战略虽然也有着它的局限的一面，但这并不妨碍我们对它的应用成果的肯定。在今后的改革过程中，我们应在总结以往经验的基础上，更加科学和有效地应用这一战略；按照既定的部署，继续坚定不移地把改革推向前进。

（原载《中共中央党校学报》1999年第1期）

再造新的平衡——中国体制改革的目标选择

(1994 年 9 月)

当 20 世纪走向结束、新的历史时代即将到来的时候，中国社会的基本结构正在经历艰苦的转型和变革过程。建立市场经济新体制的突破性进展令人振奋，一条充满希望的道路正在人们脚下延伸。但是，中国改革的历史特点规定了这一阶段的复杂态势：社会结构体系的过渡性失衡衍生出各种畸变现象，使改革别无选择地穿行于泥淖和沼泽。我们所应做的是将这类畸变抑制在最小限度，通过现阶段改革目标的实现获得结构体系转换的新的支点，由此建造新的平衡。这是一个需要韧性和战略眼光的跨世纪课题。

一、中国改革：突破与失衡

无论我们对一种社会结构体系的价值评价如何，有一点应该确认，即这种社会结构体系要能够正常存在和运转，必须以其自身内部的各个基本构成部分的有机结合和协调统一为前提。一定的生产力结构、社会经济结构（经济关系）、政治结构以及思想文化结构等各个基本结构层次之间相互联结、相互制约，它们的功能耦合维持着整个社会结构体系的相对平衡。假如这个体系中的某些结构层次发生变异而其他层次未能相应改变，原有的平衡就会被打破，社会结构体系就会进入某种失衡状态。而在整个体系的演变未能及时完成的情况下，这种失衡状态便会导致已变异的层次与原有的结构层次之间的非正常的结合，从而产生出种种畸变现象，成为一个特殊的社会问题。

将中国的改革同苏联的改革做一对比，不难看出它的最明显的特点便是在保持政治结构以及思想文化结构相对稳定的条件下，首先从经济结构即经济领域入手下大力气取得突破。虽然这一改革的性质并不是要从根本上改变社会经济制度，而只是要变革作为根本制度的具体实现形式的经济体制，但这种体制范围内的变革仍具有革命的意义。它所要实现的是两种不同体制的根本转换，即将旧的高度集中的计划经济体制转换为社会主义市场经济新体制；而这种转换必然要打破旧的社会结构体系的原有平衡——尽管不是制度意义上的平衡，但却是体制意义上的平衡。在原有的计划经济体制下形成了既定的经济（生产力）发展模式，同时又有相应的政治体制和思想文化体系与之相配套；而在建立市场经济新体制方面取得突破的同时，政治体制、思想文化体系等方面的变革尚未充分展开，难免会在一定程度上造成我国社会结构体系全方位变革过程中的过渡性失衡。这样，现阶段实践中的某些令人关注的畸变现象，便由此而生了。

虽然在政治领域中也进行了政府职能转变、精简机构等多项工作，但一些深层次问题的解决还需要一个过程。于是，畸变首先便表现为正在生长中的市场经济与权力运作的某些特殊机制非正常结合所产生的消极后果，典型形态为权钱交易，亦即所谓"寻租"现象。当然，此类问题在相对平衡的社会结构体系中也会不同程度地存在，但在上述非正常结合的条件下却十分突出地表现出来。一方面，原有的政治体制是以计划经济体制为依托，不具备在市场经济条件下自我约束、合理规范的有效功能，在商品——货币关系的冲击之下，仅有的薄弱的防护堤很容易出现裂隙和缺口，各种腐败现象明显地滋长起来。利用手中握有的权力为自己牟取私利的卑下欲求在经济——政治结构错位而暴露出的许多"虚空"地带中得到实现的机会，这是"寻租"现象的政治成因。另一方面，权钱交易的制约乏力使中国的市场经济一开始就带有某种非规范化的色彩，由政治特权转化而来的经济特权阻碍着公平竞争机制的形成并使市场信号失真，市场刺激力扭曲为政治投机的诱惑。尤其是社会主义市场经济以公有制为主体，经济和政治在根本上是一元的，公有制（主要是国有经济）的所有权代表者需要通过政治途径产生（产权制度改革并不改变这一点）。这样，权钱交易或"寻租"现象在导致政治腐败的同时也会直接造成经济秩序的破坏和变形。

由社会结构体系的过渡性失衡所衍生的畸变现象不仅存在于政治和经济的层面上，而且还发生在思想和文化的层面上。在旧的体制下形成的思想文化体系，面对市场经济新体制的突破已经显得不再适合，向新的思想文化体系的转变又难以在短期内完成。这便出现理论原则与实践原则的一定程度的疏离，由此产生某些困惑和疑虑，以及所谓"信仰危机"，并进而发展为精神虚无主义，鄙夷精神追求，贬抑精神生活，热衷于物质利益的实现和物质生活的"实惠"。物质上走向丰富的同时精神上趋于贫乏，市场经济的等价交换原则被扭曲放大为人生基本原则。特别是在上述经济——政治畸变现象存在的情况下，更是助长了精神领域中的这种消极倾向。政治领域的腐败和经济领域的不正常现象毒化着整个社会风气，导致社会道德滑坡；而思想文化领域的畸变又反过来强化经济——政治领域的畸变。

现阶段实践中的各种消极现象当然应从多方面进行分析，而正在进行突破的经济体制改革也毕竟尚处于未完成状态。但社会基本结构的某种失衡已明显地显露出来,由此产生的某些畸变是不容回避也不应回避的事实。

二、问题分析:代价与控制

就迄今为止的改革进程而言,失衡和畸变现象的存在是否导向对我国改革战略的否定性评价?结论并非如此。

了解中国改革史的人们都清楚,当我们从过去的种种曲折和痛苦中醒悟过来,并不得不冷静地思索改革问题的时候,我们面对的是一种极其复杂的社会局势。一方面,旧体制下的矛盾和积弊层层叠叠,涉及经济、政治、思想文化等各个结构层次的错综交织的联系,一时难以全部解决;另一方面,经济发展的一再延误所造成的严重匮乏迫使我们不得不排除一切困难,立即实行工作重点的转移,一切改革都必须以服从和保证经济发展为前提。此外,历史的和现实的、国内的和国际的种种原因所造成的不安定因素,使整个局势带有特殊的敏感性,改革必须充分考虑到社会稳定的要求。在这样的复杂背景下,中国要想通过改革积极而又平稳地完成整个社会结构体系的体制转换,就不能一哄而起、四面出击,而必须寻找正确的改革突破口,由此入手循序渐进,逐层撕开旧体制之网,使其积弊和矛盾逐次理清和显露出来,从而使改革一步步扩展和深入。从各方面条件综合考虑,以经济体制改革作为整个社会结构体系变革的突破口,乃是最自然的明智选择:它紧贴经济发展的层面,又避开最敏感的政治区域,同时又抓住了全部社会体制的关键环节。这一层面的突破一旦成功,就会破除旧的社会体制的存在根基,而为新的社会体制的全面确立提供有力的支撑点。

至于政治体制和思想文化体系的变革,只能随着经济体制改革的推进而逐步提上日程。政治体制改革难度和风险都很大,如果在条件尚不成熟时匆忙进行，便有可能陷入某种失控状态，甚至引发较大的社会动荡。经济体制改革的复杂和艰巨已在十多年的实践中为人们所目睹，而要与此同时大规模推进政治体制改革又不引起混乱，几乎是不可能的。因此在经济体制改革取得突破的过程中政治体制改革相对迟缓，是暂时不可避免的。而思想文化体系的核心是社会意识形态，它很大程度上直接受社会政治体制的制约，政治体制改革的不到位也必然影响到思想文化体系的转变。这样一来，由于社会结构体系的过渡性失衡而产生的种种畸变现象，便是中国改革的这一特殊进程难以避免的负面效应，是保证改革沿着既定目标顺利进行所不得不付出的历史代价。

但是，承认这类畸变现象的客观原因，决不意味着肯定这类现象并可以任其泛滥。相反，我们应该在改革现阶段的可能的条件下采取积极有效的对策，将它们尽力控制在最低程度和最小范围。针对群众反映强烈的权钱交易（寻租）等畸变现象，一方面应尽可能发挥原有体制的约束机制的功能，包括党内监督制约机制和国家政权体系的监督制约机制，查处贪污腐败、违法乱纪分子，打击经济领域中的各种非法和不正当行为；另一方面则应从新的实际出发采取过渡性的特别措施，集中力量办实事，重点解决那些影响大、公众反映强烈的典型问题。同时，要加强各个层次的思想教育工作，特别是加强对党员干部的思想教育，要求他们廉洁自律，自觉抵制各种诱惑和侵蚀。对于思想文化领域中出现的带有畸变性质的消极现象，也应从各方面入手采取措施，加强正面引导，抑恶扬善，扶持正气，同时有针对性地回答群众思想中的疑点问题，澄清有关的错误和模糊认识，坚定社会主义的理想信念。尽管以上各个领域的努力都会遇到这一过渡性阶段的种种困难，但只要我们真正加以重视并认真去做，是可以在很大程度上抑制各种畸变倾向，从而尽力降低这些代价的。

这里还应特别指出的是,我们决不能因为失衡和畸变现象的存在而对现阶段的改革成果产生怀疑,从而动摇推进改革的信心和决心。必须清楚地认识到,这类问题只是改革过程中的过渡性问题,而不是社会主义市场经济新体制的必然产物。面对这类问题,畏缩和倒退都是没有出路的,只有奋力向前,加快改革步伐,才能及早走出困境。而在本世纪走向结束、新的世纪即将到来的时候,应该说我们正在接近一个新的转折点。

三、世纪之交:战略的转移

经过十多年来的艰苦努力,我国的经济体制改革已经取得了丰硕的成果。目前正在进行国有大中型企业产权制度改革和经营机制转换的攻坚战,按照预期的目标,到本世纪结束之时,社会主义市场经济新体制的基本框架将宣告确立。而随着这一基本框架的确立,中国改革将进入一个新的阶段,改革的基本战略亦相应地发生转移。

在新的世纪开始的新的阶段,经济体制改革当然要继续扩展已有的成果,使市场经济新体制的基本框架进一步充实和丰满起来。在这一层面上无疑还有许多工作要做。但是,这时我们终究已经获得一种可能,即从经济体制层面上的集中突破转变为以新的经济体制的基本框架为依托,进而完成政治体制和思想文化体系的相应变革,建立起与市场经济体制相适应的新的政治体制和新的思想文化体系。这就是说,市场经济新体制的基本框架的确立为整个社会结构体系的全方位变革提供了现实的支撑点,社会结构体系的各个基本构成部分将在这个支撑点上进一步走向平衡,现阶段的过渡性失衡将在总体上消除,而由这种失衡所衍生的各类畸变现象也将失去存在根据。

与社会主义市场经济体制相适应，政治体制改革应在党的领导下，大力推进社会主义民主和法制建设。市场经济的发展要求强化国家政权体系的自然约束能力，而只有通过民主政治建设，才能有效地解决这一问题。社会主义国家代表人民群众的根本利益，应该真正体现人民当家作主的原则。民主作为一种政体形式，其具体构成当然应该从我国实际出发去探索；但确保权力规范运行的一些基本机制必须具备，并形成一个有机的体系。法制与民主密切相联，民主需要法制来体现，而法制只有依靠民主才能真正实行。市场经济应是法制经济，它在呼唤民主的同时必然呼唤真正的法制，新的政治体制应该是民主与法制的内在统一。

只有通过深化改革进一步实现了这些要求，权力运作的价值取向才会真正体现为人民服务的根本宗旨，权力的监督和约束将以多种形式广泛社会化（包括舆论功能的有效发挥），国家权力体系内部的制约关系将进一步理顺，专门的监督和司法机构将充分有效地发挥其作用。这样，滥用职权牟取私利、在市场经济条件下大搞"权钱交易"等畸变现象才能有效地得到铲除，市场经济秩序得到维护，市场机制的积极作用才能正常地呈现出来。

随着市场经济体制基本框架的确立和政治体制改革的深入展开，社会的思想文化体系亦将逐步完成新旧更替的转换过程，社会主义意识形态将获得更加切合实际、更能滋养其生命力的新的发展形式，并以新的成果向群众提供为他们所能接受的精神食粮；对社会主义市场经济的各种片面的、庸俗的、不正确的认识将得到矫正，只追求物质享乐、鄙视精神价值的虚无主义倾向将被扭转和克服。特别是作为经济和政治层面畸变现象的精神折光的种种颓唐和扭曲的意识，将随着这些畸变的消除而得到清理，新的、积极健康的道德风尚逐步形成，社会将在基本结构体系的新的平衡的基础上重建精神家园。

与现阶段经济体制改革的突破相比较,我们在新的世纪中所要完成的整个社会结构体系的转型和变革,无疑是一项更为宏大和艰巨的社会工程;要解决上述种种问题,必须付出更大的努力。但是,新的世纪毕竟让我们看到了新的希望和前景,现阶段经济体制改革的成果给我们鼓舞和支持。在20世纪的最后几年里,我们应该抓紧时机,打好确立市场经济体制基本框架的最后攻坚战,迎接21世纪全面改革的新阶段的到来。

(原载《新视野》1994年第5期)

深刻认识全面深化改革的整体性要求

(2014年1月)

十八届三中全会通过的《中共中央关于全面深化改革若干重大问题的决定》，对现阶段进一步推进改革的各项任务做出了全面、系统的部署。对于这一重大决策，不能只是从不同的方面各自孤立地去理解，而应紧紧扣住"全面深化"这个主题，从整体的高度去把握。而在这里，马克思主义哲学的方法论意义集中体现出来，我们应自觉运用其基本观点和方法，深刻认识全面深化改革的整体性要求，切实把握三中全会《决定》的内在逻辑。

一

对于中国改革来说，所谓整体性要求不是一种外在的规定，而是其自身所固有的内在要求。认识这一点，首先必须了解这场改革的基本定位。

众所周知，从1978年开始启动、注定要成为"当代中国最鲜明的特色"的这场改革，并不是一种局部的或枝节性的调整和改变，而是一场十分深刻的社会变革，是中国的"第二次革命"①。这次三中全会的《决定》在谈到这场改革时，再次将其表述为"新的伟大革命"②。那么，这样一种带有革命性质的改革，究竟是要改变什么呢？

应该说，虽然改革的具体目标是随着改革本身的不断深化而逐渐确立的，但有两个重要之点却从一开始就十分明确。第一，这场改革不是要否定社会主义，而是社会主义的自我完善；它不是要改变社会主义的基本制度，而是要变革社会主义的具体体制。过去那种借鉴苏联模式建立起来的旧体制已被实践证明是不成功的，改革就是要从根本上改变这种旧体制，从苏联模式的社会主义转向中国特色的社会主义。第二，这场改革是"全面的改革"③，它不仅包括经济体制改革，而且还包括政治体制改革、文化体制改革以及社会其他领域的改革。这样两个重要之点，正是表明了中国改革的基本定位。在以后的进程中，社会主义市场经济被确定为经济体制改革的目标模式，而政治体制改革、文化体制改革以及社会其他领域改革的目标也相应地不断得到明确，改革的基本定位也在这一过程中更加清楚地显现出来。

既然改革从一开始便是这样一种涉及各领域中体制变革的全面性改革，那么这里立刻便遇到了一个带有根本性的问题：这些不同方面的体制并不是各自孤立地存在着，而是归属于一个统一的整体，是作为社会结构体系的有机组成部分而存在的。按照系统观点，整体不等于部分之和，而是大于部分之和；所谓"大于"，在结构意义上就是说，构成这一整体的各个部分不是机械地堆积和拼加在一起，

---

① 《邓小平文选》第 3 卷，人民出版社 1993 年版，第 113 页。
② 《中共中央关于全面深化改革若干重大问题的决定》，人民出版社 2013 年版，第 2 页。
③ 《邓小平文选》第 3 卷，人民出版社 1993 年版，第 237 页。

而是按照其内在的机制和规律有机地联结起来。马克思主义哲学认为，人所生活于其中的社会结构体系是一个包括经济、政治、文化以及其他领域在内的有机联系的整体；而社会基本矛盾即生产力与生产关系、经济基础与上层建筑之间矛盾运动的规律，正是体现了社会结构体系内部有机联系的客观机制。因此，对于我们的改革来说，不论是经济体制改革、政治体制改革、文化体制改革还是社会其他领域的改革，都必须着眼于整个社会结构体系，依照这一体系的有机联系，特别是生产力与生产关系、经济基础与上层建筑之间矛盾运动的规律，协调有序地加以推进。这样一种基本要求，便是这场改革所具有的内在的整体性要求。

值得注意的是，十八届三中全会的《决定》在论述全面深化改革问题时，还涉及其他两个方面的改革，一是生态文明体制改革，二是党的建设制度改革。党的建设属于社会政治领域，这方面改革应与政治体制改革统筹把握；而生态文明体制则不同，它是要对人与自然之间的关系进行调整，这便涉及一种更为广泛的联系，即社会领域与自然领域之间的联系。在马克思主义哲学看来，社会领域与自然领域是物质世界的两个基本构成领域；从根本上说，社会领域是从自然领域中派生出来的，因而其存在与发展都要依赖于自然领域，受到生态环境和资源条件等的制约。但另一方面，社会领域又可以以多种方式作用于自然领域，影响自然界的存在状态。这样一种相互作用、相互制约的机制，规定了社会领域与自然领域之间的有机联系。而所谓生态文明体制改革，也就应该以此为依据，这可以看作是改革的整体性要求在更大范围的进一步体现。

二

整体性要求作为中国改革的内在要求,当然会贯穿于改革的全过程;但在改革的不同阶段上,这一要求又表现出不同的特点和情况。

回顾 30 多年前,当这场改革开始酝酿和拉开序幕的时候,所面临的是一种十分特殊的复杂局面。中国社会刚刚从十年动乱中走出来,各领域都在恢复和重建,可以说是"百废待兴"。在这个时候进行改革,不可避免地会受到各种特定历史条件的限制,特别是要顾及这样两个重要条件:一方面,由于过去长期以来一直强调"阶级斗争为纲",忽视生产力的发展,使得经济建设依然摆脱落后状态,甚至连温饱问题都没有解决。"文化大革命"结束后,迫切需要将工作重点转移到经济建设上来,集中力量把经济搞上去。邓小平曾反复强调,"要横下心来"、"扭着不放","其他一切任务都要服从这个中心,围绕这个中心,决不能干扰它、冲击它。"① 在这种情况下,改革必须以保证经济建设这个中心不受影响为前提,而且还要有效地促进经济发展。另一方面,在经历了接连不断的政治运动特别是"文革"动乱之后,人心思定,社会心理拒斥新的不稳定的可能性。改革如果不能顺应这一愿望,就不会得到广大群众的支持和拥护。同时,如邓小平所说,"如果没有一个稳定的环境,中国什么事情也干不成。"② 因此,改革的进行必须以不引起大的社会震荡、不影响社会稳定为条件。

---

① 《邓小平文选》第 2 卷,人民出版社 1994 年版,第 248—251 页。
② 《邓小平文选》第 3 卷,人民出版社 1993 年版,第 348 页。

如前所述,中国改革不是一种局部的或枝节性的改变,而是一种十分深刻的全面性变革;而在这样一种特殊的历史条件下,要想一揽子将改革的各项任务统统提上日程,在一个时期内同时展开、一步到位,是根本不可能的。因此,中国改革明智地选择了一种渐进式战略,将涉及多个领域、多个方面的纷繁复杂的改革任务分解开来,按照轻重缓急和难易程度,分阶段、分步骤地加以实施。首先是从经济领域入手,以经济体制改革为切入点,而政治体制改革、文化体制改革以及社会其他领域的改革,则是随着经济体制改革的展开而陆续提上日程。而即使就经济体制改革而言,也同样不是一下子铺开,而是先从农村改革入手,在农村改革取得成效的基础上,1984年的中共十二届三中全会才做出《关于经济体制改革的决定》,将改革的重点转向城市,由此"经济体制的全面改革逐步展开"①。

从总体上看,中国改革的渐进式战略是成功的,它较好地处理了发展、改革、稳定三者之间的关系,使得改革在不引起大的社会震荡的情况下平稳推进。而在这一渐进的过程中,改革的整体性要求表现出一种辩证性质:一方面,它促使我们在改革的每一个阶段上,都要把这一阶段的具体任务与改革的总体目标联系起来,统筹规划,综合把握;但另一方面,又为渐进过程中的阶段性调节留下了充足的余地,使改革得以相对集中力量,分别在不同领域和方面取得突破。之所以如此,是因为社会各领域之间的相互作用和制约的客观机制本身就是绝对性和相对性的辩证统一;就这种相互作用和制约规定了各领域存在和发展的可能性范围及趋势而言,它是绝对的、无条件的,而就这种相互作用和制约在规定范围内同时提供了多种可选择性而言,它又是相对的、有条件的。正因为如此,社

---

① 《邓小平文选》第3卷,人民出版社1993年版,第142页。

会发展的具体进程才呈现出丰富多样的特点，而改革的整体性要求也由此而表现出相应的弹性和张力。

当然，从根本上说，客观机制中所具有的这种相对性毕竟是有限度的，当它扩展到一定程度，就会不可避免地遇到绝对性的坚固边界。所以，当改革不断深化，最终进入各个领域的核心层次之后，其内在的整体性要求必然会越来越强烈地表现出来。而我们当前所面对的，正是这种情况。

三

可以说，经过 30 多年的不懈努力，我们的改革在各方面都取得了重大进展。依照渐进式战略的路径设计，改革一步步推进、一层层深化，能够先改的和容易改的大多已经改了，剩下来的都是一些深层次的难点问题。这些问题躲不过、绕不开，必须下决心进行攻坚。据此，三中全会《决定》做出明确判断："当前，我国发展进入新阶段，改革进入攻坚期和深水区。"①《决定》提出，"必须以强烈的历史使命感，最大限度集中全党全社会智慧，最大限度调动一切积极因素，敢于啃硬骨头，敢于涉险滩，以更大决心冲破思想观念的束缚、突破利益固化的藩篱，推动中国特色社会主义制度自我完善和发展。"②

如果我们考察一下现阶段改革所遇到的各种难题，不难看出它们并不是孤立的，而是以不同的方式这样那样地牵扯在一起。单独

---

① 《中共中央关于全面深化改革若干重大问题的决定》，人民出版社 2013 年版，第 7 页。

② 《中共中央关于全面深化改革若干重大问题的决定》，人民出版社 2013 年版，第 7 页。

从某一个方面着手进行改革,很难取得突破,而且还会由于其他方面的局限而造成扭曲的结果。只有从多个方面协同进行改革,将这些相互关联的问题统筹起来加以解决,才有可能真正攻克难关。而这就要求我们依据社会结构体系内部和外部的有机联系,深刻认识和理解改革的整体性要求。近年来关于改革"顶层设计"的呼声越来越高,而所谓"顶层设计"的着眼点,首先便是整体协同。正是在这样的背景下,三中全会《决定》应运而生,其主题词便是"全面深化"。《决定》强调,"必须更加注重改革的系统性、整体性、协同性";为此要成立全面深化改革领导小组,"负责改革总体设计、统筹协调、整体推进、督促落实"。① 由此,中国改革进入到一个以突出整体性要求为特征的新阶段。

正是依照全面深化改革的整体性要求,三中全会《决定》统筹规划、综合协调,对各领域的改革做出了系统部署。对此,必须借助于马克思主义哲学的方法论,深入理解和把握其内在逻辑。

首先,按照《决定》的安排,经济体制改革仍然是全面深化改革的重点。其逻辑思路正如文件中所指出的,"坚持发展仍是解决我国所有问题的关键这个重大判断,以经济建设为中心,发挥经济体制改革牵引作用,推动生产关系同生产力、上层建筑同经济基础相适应,推动经济社会持续健康发展。"② 应该说,这样一个判断和考虑是符合社会结构体系有机联系的内在机制和客观规律的,也是符合现阶段中国社会发展的具体实际的。生产力的发展对于整个社会发展具有根本决定作用,经济建设的这个中心必须继续坚持,而不

---

① 《中共中央关于全面深化改革若干重大问题的决定》,人民出版社2013年版,第3、58页。

② 《中共中央关于全面深化改革若干重大问题的决定》,人民出版社2013年版,第5页。

能动摇；同时又要将经济发展和社会各个领域的发展协调统一起来，推动整个社会结构体系的发展进步。在这个过程中，生产关系层次的经济体制改革无疑起着承上启下的特殊作用：一方面可以对经济发展起到直接的促进作用，而另一方面又可以为上层建筑各领域的改革提供必要的条件和动力。《决定》进而提出，要"紧紧围绕使市场在资源配置中起决定性作用深化经济体制改革"，主要任务包括坚持和完善基本经济制度，加快完善现代市场体系、宏观调控体系、开放型经济体系等方面；这些方面的改革，正是反映了现阶段经济和社会发展的迫切要求，特别是为加快转变经济发展方式，实现更有效率、更加公平、更可持续的发展所必需。

与经济体制改革相配套，《决定》要求协同推进社会各个领域的改革。在政治领域，要"紧紧围绕坚持党的领导、人民当家作主、依法治国有机统一深化政治体制改革"，主要任务包括加快推进社会主义民主政治制度化、规范化、程序化，建设社会主义法治国家，发展更加广泛、更加充分、更加健全的人民民主等方面；在文化领域，要"紧紧围绕建设社会主义核心价值体系、社会主义文化强国深化文化体制改革"，主要任务包括加快完善文化管理体制和文化生产经营机制，建立健全现代公共文化服务体系、现代文化市场体系等方面；在社会领域（狭义），则要"紧紧围绕更好保障和改善民生、促进社会公平正义深化社会体制改革"，主要任务包括改革收入分配制度，促进共同富裕，推进社会领域制度创新，推进基本公共服务均等化，加快形成科学有效的社会治理体制，确保社会既充满活力又和谐有序等方面。所有这些方面的改革任务，都是相互联系、相互制约的，如习近平总书记所指出的，"任何一个领域的改革都会牵动其他领域,同时也需要其他领域改革密切配合。"① 对于经济体制改革来说,上层建筑的反作用在这里十分明显地表现出来,如果不能协同推进上层建筑各领域的改革,经济体制改革的预定目标也很难得到实现。

除了这些领域之外,三中全会《决定》还对生态领域和党的建设方面的改革做出了具体部署。在生态领域,要"紧紧围绕建设美丽中国深化生态文明体制改革",主要任务包括健全国土空间开发、资源节约利用、生态环境保护的体制机制等方面。这些任务的着眼点正是自然领域和社会领域这两大领域之间的有机联系,特别是针对当代社会发展进程中环境问题凸显、生态体系遭遇严重威胁的情况而提出的。西方发达国家在现代化过程中曾经走过的"高生产、高消耗、高污染"的道路,对全球自然环境造成了极大的破坏,中国作为后发展国家,不能再走这条道路,而应该走将促进发展和保护环境结合起来的可持续发展道路。虽然我们在这方面做出了很大的努力,但由于体制和机制不够健全,仍然出现了不少问题。要解决问题,就必须深化生态领域的体制改革,建立适合可持续发展要求的生态文明制度体系,以此推动形成"人与自然和谐发展现代化建设新格局"。

在党的建设领域,《决定》提出要"紧紧围绕提高科学执政、民主执政、依法执政水平深化党的建设制度改革",主要任务包括加强民主集中制建设,完善党的领导体制和执政方式,保持党的先进性和纯洁性等方面。这些任务与政治体制改革的各项任务具有直接的关联性,应将二者有机地结合起来,使之相互支持、相互促进;同时应作为全面深化改革整体进程的有机组成部分,与各领域改革

---

① 《十八大以来重要文献选编》(上),人民出版社 2014 年版,第 510 页。

协同展开。

习近平总书记在对《决定》做说明时特别指出:"全面深化改革是一个复杂的系统工程。"① 三中全会的《决定》为全面改革的系统工程绘制了宏伟的蓝图,我们只有从整体的高度,深刻理解和把握其内在逻辑,才能真正有效地推动这一工程的实施,最终攻克各种难关,使全面深化改革的各项目标真正得到实现。

(原载《马克思主义与现实》2014 年第 1 期)

---

① 《十八大以来重要文献选编》(上),人民出版社 2014 年版,第 507—508 页。

现阶段可持续发展战略的主要着力点

(2009 年 3 月)

可持续发展作为我们的一项基本战略，近年来得到了广泛的重视，并在实践中取得了重要的进展。但同时也应看到，这些进展距离既定的目标还有较大的差距，我国的环境形势仍十分严峻。从现阶段的实际来看，要促进这一战略的真正实施，推动可持续发展的现实进程，还须从各个方面着手加强和改进工作，其中特别是要着力解决以下几个方面的问题。

一、在加大环境治理力度的同时，加快实现经济发展方式的转变

要真正实现可持续发展，从根本上说就是要处理好经济发展与环境保护的关系，既要促进经济的不断发展，又不能破坏和污染环境，以合理的方式实现人类社会与自然界这两大系统之间的物质能量交换。而从目前的情况看，正是在这两者之间的关系上出了问题。以往我们在经济发展方面取得了重大的成果，但却没能很好地实现对环境的保护，付出了太多的环境成本和代价。从 1978 年到 2007 年，我国的经济总量从 3645 亿元增长到 25.73 万亿元，从世界排名

第 10 位跃至仅次于美国、日本的第 3 位①,平均年增长率在 9.8% 以上;工业化水平大大提高,三次产业增加值比重从 28.1∶48.2∶23.7 转变为 11.7∶49.2∶39.1。但是与此同时,我国的自然环境却出现了整体恶化的趋势,从空气、土壤到水均被大面积污染。据调查,我国二氧化硫排放量世界第一,二氧化碳排放量世界第二;1/3 的国土被酸雨侵害,荒漠化以每年增加 1 万多平方公里的速度蔓延;年度污水排放量达 400 多亿吨,超过环境容量的 80% 以上;70% 的江河水系受到污染,90% 的城市河道严重污染,75% 的湖泊出现富营养化。此外,生态平衡也出现诸多问题,自然环境中的各类资源消耗过度,特别是一些主要资源的平均消耗强度远远超出世界平均水平。正如一些论者所指出的,发达国家上百年工业化过程中分阶段出现的环境问题,在我国已经集中显现;我国已进入污染事故多发期和矛盾凸显期。

应该说,对于发达国家在处理经济发展与环境保护方面所出现的问题,以及相应的经验教训,我们是有比较明确的认识的。为此,我们在大力推动经济发展的同时,较早地开展了环境保护工作,并积极参与了国际范围的交流与合作。从上世纪 70—80 年代开始,我们就制定并实施了一系列保护环境的方针、政策和措施,建立了专门的工作机构,并成为联合国环境规划署的理事国。到了 90 年代,中国积极参与筹备和参加了联合国环发大会,并成为联合国可持续发展委员会的成员国;随后又及时发布了《中国 21 世纪议程》。进入 21 世纪,中国又参与筹备和参加了可持续发展世界首脑会议,并发布了《中国 21 世纪初可持续发展行动纲要》。从 1973 年召开第一次全国环境保护会议以来,迄今已召开了 6 次这样的全国性会议;

---

① 参见国家统计局:《关于 2007 年 GDP 数据最终核实结果的公告》,载《中国信息报》2009 年 1 月 15 日。

而我国政府制定的一系列经济与社会发展的计划和规划，都将环境保护作为重要内容纳入其中，并由国家环保部门制定出有关环境保护的专门计划和规划，认真组织实施。在这样一种积极努力的背景下，我国的环境问题仍发展到了如此严重的程度，不能不引起我们的高度重视和密切关注。面对环境整体恶化的趋势，必须做出进一步的研究，有针对性地采取措施，以求更为有效地解决问题。

就问题本身而言，我们所应该做的，首先当然是进一步加大环境治理的力度。要在已有工作的基础上，进一步调配力量，加大投入，下气力解决各领域存在的突出问题。如实施污染物排放总量控制，开展流域水质污染防治，强化重点城市大气污染防治工作，加强重点海域的环境综合整治；建立科学、完善的生态环境监测、管理体系，形成类型齐全、分布合理、面积适宜的自然保护区，建立沙漠化防治体系，强化重点水土流失区的治理；合理使用、节约和保护资源，提高资源利用率和综合利用水平，建立重要资源安全供应体系和战略资源储备制度等。但与此同时，必须充分认识到，要真正解决好我们所面临的环境问题，就不仅要治标，而且要治本，要从产生这些问题的源头上做起。已经出现的问题当然要抓紧治理，但更重要的是不能让新的问题继续发生。从这个意义上说，当前最关键、最迫切的问题，便是加快实现经济发展方式的转变。抓住了这个问题，就抓住了环境问题的根本。

稍微考察一下就不难看出，在我们的发展进程中之所以出现这样严重的环境问题，根本原因就在于经济发展方式上还没能真正超越发达国家所曾采用过的那种传统方式的局限，即以粗放的方式追求工业化的扩展和经济的增长。虽然我们过去也强调要重视经济效益，注重内涵发展，但在实际过程中却普遍存在着片面追求GDP的倾向，热衷于铺摊子、上项目，大手大脚，盲目扩张，低水平重复。这样一种状况再也不能继续下去了。必须按照党和国家的已有决策和部署，下决心转变经济发展方式。而这就要求我们加快进行产业结构的优化升级，大力推动自主创新，提高生产技术水平，积极发展循环经济，促进工业化和信息化相融合，切实走出一条中国特色的新型工业化道路。而在这一过程中，仍要充分发挥后发展国家的"后发优势"，积极吸收和借鉴国外已取得的发展成果，力求实现发展进程中的某种"跨越"，避免重复发达国家所经历过的一些具体阶段。只有将发展方式的问题解决好了，才能为环境问题的真正解决提供前提，可持续发展也才有可能真正实现。这便是所谓必由之路，舍此别无他途。

二、着眼于利益疏导和调节，建立可持续发展的社会机制

要把环境问题的解决与经济发展方式的转变有机地结合起来，实现可持续发展，当然需要政府的积极倡导和推动，包括借助于必要的行政手段。要强化政府管理的权威性，真正做到有令则行，令行禁止。要将转变经济发展方式和保护环境的要求具体体现在行政管理工作中，对于那些违背这一要求的行为，坚决加以整治；包括进一步健全环境影响评价制度，对建设项目和各类开发建设规划严格把关。但同时又要看到，仅仅依靠政府管理和行政手段的确是不够的，要真正有效地解决问题，还必须从经济发展过程中的各种利益关系着眼，综合运用经济的、法律的和行政的等各种手段，建立一种有效的社会机制。

马克思曾指出："人们为之奋斗的一切，都同他们的利益有关。"① 在经济发展过程中，各类市场主体为了实现自身的利益而进

---

① 《马克思恩格斯全集》第 1 卷，人民出版社 1995 年版，第 187 页。

行生产和经营活动,形成了错综交织的利益关系。对利益的追求构成一种深层动力,这种动力的驱动力度往往可以这样那样地超越各种行政命令所产生的效力。固然,环境保护本身也应该是一种利益的体现,并且还应该是根本利益,因为破坏了环境就等于破坏了人类生存的根基;但这毕竟属于全社会的整体利益和长远利益,在实际过程中难免会遇到那个普遍存在的矛盾——整体利益与局部利益、长远利益与眼前利益之间的矛盾,后者对前者的冲击和挑战总会这样那样地表现出来。所以,为了从根本上解决问题,就必须对经济发展中的利益关系进行调节,由此形成一种合理的社会机制,以达到对各种利益驱动进行疏导和控制的目的。就一般原则而言,就是要通过相关的制度设计,将经济发展中的局部利益与整体利益、眼前利益和长远利益挂起钩来,与转变经济发展方式和保护环境的要求挂起钩来,使得市场主体在实现自己的局部利益和眼前利益的同时,必须考虑整体利益和长远利益,考虑转变经济发展方式和保护环境的要求,并将其作为必备的前提;也就是说,只有在确保整体利益和长远利益不被侵害、有利于转变经济发展方式和保护环境的条件下,才有可能实现市场主体自身的局部利益和眼前利益,否则就不能实现。

建立这样一种利益疏导和调节机制,便需要借助于相应的经济手段。近年来已愈来愈为人们所了解的环境经济政策,如绿色税收、绿色信贷、绿色证券、绿色保险、绿色贸易以及区域流域环境补偿机制、排污权交易等,就属于这样的手段。所谓绿色税收主要是指设立环境税,依照市场主体对环境资源的开发利用、污染、破坏或保护的状况进行征收或减免;同时也包括对各种不利于环境保护的补贴政策和收费政策进行清理。所谓绿色信贷和绿色证券属于绿色资本市场,主要是按照转变经济发展方式和环境保护的要求,对企业融资的两种渠道(直接融资和间接融资)进行政策调控。所谓绿色保险又叫生态保险，主要是借助市场机制对企业经营中的环境风险进行控制和管理。所谓绿色贸易，主要是对对外贸易的管理，要按照转变经济发展方式和环境保护的要求，把好进口和出口两道关。所谓区域流域环境补偿机制，主要是调节不同区域和流域之间在环境保护方面的利益关系，使所有受益者合理分担环境成本。而所谓排污权交易，则是借助市场机制，对排污总量进行动态控制，以达到调动市场主体治污积极性、降低污染成本的目的。目前，在国家环保部门和其他有关方面的积极推动下，我国已先后出台了绿色信贷、绿色保险、绿色证券等方面的政策措施，而已有的其他许多政策措施，也都不同程度地体现了环境经济政策的相关要求。但是从总体上看，这方面工作还有待于进一步推动，应抓紧研究制定新的政策措施，尽快形成比较完整的环境经济政策体系。在这方面，国外已积累和形成了许多行之有效的经验和做法，我们应认真学习和借鉴，并使之与我国的具体实际相结合，形成我们自己的特色。

要建立这样一种可持续发展的社会机制，特别是使得包括环境经济政策在内的各类经济手段真正发生效用，还必须从总体上进一步深化经济体制和其他各方面体制改革。应该看到，我们经济发展中存在的某些问题，例如热衷于铺摊子、上项目、盲目扩张等，主要不在于企业，而是与政府有关。这就要求进一步转变政府职能，真正实现政企分开，以及政府公共管理职能与国有资产出资人职能分开，改革国有资产管理体制，建立和完善现代企业制度，从而用市场经济所需要的经济纽带取代原有的行政纽带。同时，要切实改变政府绩效考核中过于偏重 GDP 的倾向，而将转变经济发展方式和环境保护的要求明确纳入考核指标体系。在这里，还涉及存在争议的绿色 GDP 核算方式问题。按照一般的理解，所谓绿色 GDP 应是从传统 GDP 总量中扣除环境资源成本以及对环境资源的保护费用后所剩余的部分。如能将这种核算方式付诸应用，无疑将有助于我们更为具体地把握经济发展与环境保护的关系；但究竟如何建立这种核算体系，在操作层面上还存在不少难题。我们应在已有成果的基础上，继续积极开展这方面的研究，力求取得突破。

在现代社会中，任何一个领域的运行都不能离开法制，可持续发展战略的实施也同样是如此。无论是经济手段还是行政手段，最终也都要靠法律手段来维护。因此，要建立可持续发展的社会机制，必须积极推进环境立法，依法办事。我们已经有了《环境保护法》、《环境影响评价法》、《节约能源法》、《水污染防治法》、《固体废物污染环境防治法》、《防沙治沙法》、《循环经济促进法》等一大批法律、法规，但仍有一些重要领域缺乏专门立法，已有的一些法律也还需要进一步修订完善。要适应建立可持续发展社会机制的实际要求，进一步加强这方面的工作，并坚持有法必依、违法必究，更好地发挥法律手段在促进经济发展方式转换和环境保护、实现可持续发展进程中的作用。

三、大力推进科技创新，为可持续发展提供技术支持

建立着眼于利益疏导和调节的社会机制，是为可持续发展创造必要的社会条件；而要真正做到将经济发展与环境保护统一起来，实现经济发展方式的转变，并对已经遭到破坏的环境进行治理，最终都需要借助于相应的技术手段。没有这种技术手段的支持，机制再好也无济于事。因此，要促进可持续发展战略的实施，必须下气力推进科技创新，切实解决可持续发展中的各种技术问题。

既然经济发展方式的转变在可持续发展中具有根本意义，那么可持续发展视野内的科技创新首先就应从这一方面着眼。从总体上说，要与结构调整相结合，全面推进企业技术改造，大力发展高新

技术产业，淘汰落后生产能力，促使经济增长从主要依靠物质资源消耗向主要依靠科技进步、劳动力素质提高和管理创新转变。在这一过程中，要特别重视开发、推广和应用各种生态友好型实用技术，实行清洁生产，促使各类企业环境污染由末端治理向全程控制转变。近年来我国大力推行节能减排，而这项任务的真正落实，最终依赖于相应的技术研发和推广。虽然在这方面我们已做了不少的努力，也取得了一些初步的成果，但还远远不能满足实际需要，亟待加强和改进。应按照国家《节能减排综合性工作方案》的既定部署，在国家重点基础研究发展计划、国家科技支撑计划和国家高技术发展计划等科技专项计划中，抓紧组织落实一批节能减排的重大技术项目，尽快攻克一批关键和共性技术；同时加快节能减排技术支撑平台建设，优化节能减排技术创新与转化的政策环境，推动建立以企业为主体、产学研相结合的节能减排技术创新与成果转化体系。在节能减排技术产业化示范和推广、建立节能技术服务体系等方面，也要进一步加大力度。

要从根本上改变经济发展方式，一个基本的方向便是发展循环经济。传统的经济发展方式在很大程度上是线性依赖资源消耗，在不断消耗资源的同时产生大量的废弃物，这便是造成环境破坏和污染的根源。而循环经济体现的则是"3R原则"，即资源消耗的减量化（Reduce）、再利用（Reuse）、再循环（Recycle），它要求以一种最为经济、最为合理、最能符合自然生态系统有机联系的方式组织生产活动，从而有效地防止资源耗竭和环境污染问题的发生。从一般道理上讲，发展循环经济已成为普遍共识，得到了广泛的赞同；但要真正做起来，还是需要从技术上去解决。发展循环经济的关键是要做到各类资源的循环利用，尽可能地将生产过程中的废弃物全面回收处理，变废为宝；而这就需要有相应的技术能力，并实际应用到生产过程的各个环节中去。循环经济的技术研发必须按照生产过程的有机联系，从各个环节着眼配套进行，缺少其中任何一个环节，都会使整个循环过程中断。同时，这一技术的应用还要有利于降低成本、提高效益，否则在实际过程中也难以推广。进一步说，循环经济的实际应用可以有不同的范围，包括一个企业内部的循环，也包括各个不同企业之间的循环，以及不同行业、不同产业之间的循环，最终实现整个社会生产领域的循环。这里当然要解决好不同范围内的统筹协调和经营管理问题，而同时也对相关的技术研发提出了更高的要求。要有新的眼界和新的思路，以勇于突破、勇于超越的创新精神推进循环经济的技术研发，努力突破目前存在的各种技术瓶颈。

在为经济发展方式的转变提供技术支持的同时，环境治理方面的技术研发和推广也必须紧紧跟上。已经发生的环境问题必须加以控制和解决，不能任其继续存在并造成危害；而在经济发展方式的转变没有完成之前，新的环境问题也还会这样那样地不断产生出来，我们必须做好迎接挑战的准备。特别是要针对目前比较突出的水污染、空气污染、土壤污染以及土地沙漠化、区域生态脆弱等问题，下气力组织技术攻关，努力创造出更多、更有效的技术成果投入应用。近年来已组织实施了国家重大科技专项"水污染控制技术与治理工程"，开展了湖泊污染治理与生态修复、城市水环境质量改善、饮用水安全保障、新型废水处理等水污染控制和治理技术的研发与示范，加强了重点流域的水污染防治工作；同时还在国家科技攻关计划中设立了"重大环境问题对策与关键支撑技术研究"项目，组织实施了天然林资源保护、退耕还林、"三北"及长江流域等防护林体系建设、京津风沙源治理、野生动植物保护及自然保护区建设、天然草原植被恢复与建设、退牧还草、防沙治沙、土地整治和耕地保护、水土流失重点防治、生态功能保护区建设、生物多样性保护、湿地保护等多项环保工程，对相关领域的突出问题治理发挥了积极作用。但是，从总体情况看，各方面的任务仍十分艰巨，决不可有任何松懈；而用于环境治理的技术成果也还远远不够，需要继续加强研发。目前应进一步落实国家环境技术管理体系建设规划，抓紧实施以水专项为龙头的环保科技创新工程，将环境治理的技术研发与为经济发展方式转变提供技术支持结合起来，努力使我国的环境技术发展到一个新的水平，推动可持续发展战略的进一步实施。

（原载《新视野》2009年第2期）

当代世界发展格局与构建人类命运共同体

(2019 年 11 月)

在当代，面对世界发展的复杂现状和不断变化的国际关系格局，各个国家和民族都在探寻适宜的对策和解决方案，提出了各种不同的思路和主张。与一些国家不顾大局、只考虑一己私利的狭隘做法不同，中国站在人类整体利益的高度提出了"构建人类命运共同体"的重大倡议，在全世界范围引起了广泛关注。如何深刻理解这一倡议，并在实践中推动其真正得到实现？这一过程中又会遇到怎样的困难和障碍，以及如何克服和破解？与此相关的一系列重要问题，都需要我们认真思考和回应。

一、历史与现实："中国方案"的客观依据

应该说，向全世界提出构建人类命运共同体的重大倡议，决不只是一种主观的愿望，更不是一般的外交辞令，而是基于对当代世界发展的内在必然性及其总体趋势的认识和把握，体现了对当代中国与世界关系的深刻理解。

按照历史唯物主义的观点，人类社会同自然界一样，都有着自身内在的客观规律，这些规律从根本上规定着社会历史发展的必然

趋势。一个国家和民族的发展是如此,整个世界的发展也是如此。在古代,由于生产力水平低下,社会交往区域狭小,社会在世界范围的联系还比较有限,各个地区和国家的发展更多地处于封闭或半封闭状态。而进入近代以后,随着资本主义的兴起、大工业生产的发展和世界市场的形成,各个国家和地区之间以及各个民族之间的交往越来越密切,整个世界的格局开始发生深刻变化。正如马克思和恩格斯曾指出的:"资产阶级,由于开拓了世界市场,使一切国家的生产和消费都成为世界性的了","过去那种地方的和民族的自给自足和闭关自守状态,被各民族的各方面的互相往来和各方面的互相依赖所代替了。"① 而 "各个相互影响的活动范围在这个发展进程中越是扩大,各民族的原始封闭状态由于日益完善的生产方式、交往以及因交往而自然形成的不同民族之间的分工消灭得越是彻底,历史也就越是成为世界历史。"②

到了当代,经过几个世纪的发展,这种世界性的依赖和联系越来越广泛。随着第二次世界大战后新技术革命的发生,社会生产力的发展进入了知识经济和信息化时代,一种新的全球化浪潮席卷而来,将人类社会的"世界历史"推进到了一个新的阶段。各个国家之间的相互联系、相互依存从来没有像现在这样紧密,大家共同生活在同一个地球上,命运与共、休戚相关,谁也不能离开这种联系孤立地存在和发展。而与此同时,许多社会问题也作为全球性问题在整个世界的范围内更加突出地表现出来,诸如经济增长问题、金融危机问题、发展鸿沟问题、文化隔阂问题、局部战争问题,以及恐怖主义、难民危机、重大传染性疾病、气候变化等非传统安全问题。正如习近平总书记所指出的:"今天,互联网、大数据、云计

---

① 《马克思恩格斯选集》第 1 卷,人民出版社 2012 年版,第 404 页。
② 《马克思恩格斯选集》第 1 卷,人民出版社 2012 年版,第 168 页。

算、量子卫星、人工智能迅猛发展，人类生活的关联前所未有，同时人类面临的全球性问题数量之多、规模之大、程度之深也前所未有。世界各国人民前途命运越来越紧密地联系在一起。"①

面对这样一种新的复杂局面，我们应该如何去做？推动构建人类命运共同体，便是中国作为一个负责任的大国所给出的回答，是从根本上解决当今世界问题的"中国方案"。习近平总书记明确指出："人类命运共同体，顾名思义，就是每个民族、每个国家的前途命运都紧紧联系在一起，应该风雨同舟、荣辱与共，努力把我们生于斯、长于斯的这个星球建成一个和睦的大家庭，把世界各国人民对美好生活的向往变成现实。"② 按照中共十九大的阐述，这一方案的基本要求，便是"建设持久和平、普遍安全、共同繁荣、开放包容、清洁美丽的世界"③。所谓持久和平，就是要相互尊重、平等协商，坚决摒弃冷战思维和强权政治，走对话而不对抗、结伴而不结盟的国与国交往新路；所谓普遍安全，就是要坚持以对话解决争端、以协商化解分歧，统筹应对传统和非传统安全威胁，反对一切形式的恐怖主义；所谓共同繁荣，就是要同舟共济，促进贸易和投资自由化便利化，推动经济全球化朝着更加开放、包容、普惠、平衡、共赢的方向发展；所谓开放包容，就是要尊重世界文明多样性，以文明交流超越文明隔阂、文明互鉴超越文明冲突、文明共存超越文明优越；所谓清洁美丽，就是要坚持环境友好，合作应对气候变化，保护好人类赖以生存的地球家园。只有实现了这样一些基本要求，

---

① 习近平：《论坚持推动构建人类命运共同体》，中央文献出版社 2018 年版，第 509 页。

② 习近平：《论坚持推动构建人类命运共同体》，中央文献出版社 2018 年版，第 510 页。

③ 《中国共产党第十九次全国代表大会文件汇编》，人民出版社 2017 年版，第 47 页。

才能真正建立起适合于全球化时代世界历史特点的新型国际关系，使各个国家的发展在互利合作中有序展开；也才能有效地解决当今世界的各种重大问题，共同应对人类所面临的风险和挑战。可以说，人类命运共同体的理念体现了全人类共同的价值追求，代表了各个国家和民族根本利益的最大公约数，为当代世界的发展进步指明了方向。

从中国自身的情况来看，我们正在按照中共十九大的战略部署，不断深化改革开放，大力推进经济和社会发展，为实现"两个一百年"奋斗目标和中华民族伟大复兴的中国梦而奋斗。目前全面建成小康社会已进入决胜期，我们要努力完成最后的攻坚，确保第一个百年目标如期实现。在此之后，我们将乘势而上，开启全面建设社会主义现代化国家新征程，向第二个百年奋斗目标进军，推动中华民族伟大复兴的最终实现。而要实现这样一个宏伟的目标，就需要有一个和平的国际环境和稳定的国际秩序，需要与世界各国深入交流与合作。面对全球化时代各个国家和民族之间相互依存的新格局，中国必须把自己的发展与世界的发展联系起来，把本国的利益同世界各个国家的利益结合起来，把中国人民的梦想同各国人民的梦想联系起来。由此可以说，推动构建人类命运共同体既是当代世界发展的必然要求，也是中国自身发展进步、实现中华民族伟大复兴中国梦的必然要求。随着改革开放的不断深化和发展水平的不断提高，中国越来越走近世界舞台的中央，而推动世界发展朝着人类命运共同体的目标迈进，也就越来越成为当代中国所应担当的历史责任。

二、障碍与破除：实现目标的必要条件

构建人类命运共同体是一个汇聚了人类美好向往的理想目标，同时也是一项复杂艰巨的社会工程。要推动这项工程的实施，不可

避免地会遇到各种困难和障碍,对此应该有一个充分的认识。我们强调世界历史发展进程中全人类的共同价值和根本利益,以及全球化时代各个国家和民族的密切联系,但同时也应看到,不同的国家和民族之间毕竟存在着各种差异和分歧,也会发生这样那样的矛盾和冲突。如何处理国际交往中的复杂关系,往往会有多种不同的选择,其中包括这样那样的错误思潮和极端趋向。这些思潮和趋向与构建人类命运共同体的目标要求相背离,会起到很大的阻碍和破坏作用,必须坚决反对和破除。从当前情况看,特别是要着力破除以下一些突出障碍:

第一,国家利己主义和单边主义的障碍。所谓国家利己主义,便是在国际关系和世界事务中只考虑本国、本民族的利益,不顾及其他国家、民族以及整个人类的利益,甚至将本国、本民族的利益凌驾于其他国家和民族之上,为了自己的利益而不惜损害他人利益以及全人类的根本利益。而通常所谓单边主义,虽然具体理解各有不同,但本质上是与这种国家利己主义相通的。遗憾的是,这样一种错误思潮和极端趋向,在当今国际范围的许多重要场合都可以看到。美国特朗普政府上台以来,公开奉行"美国优先"的行为准则,在对外关系中恣意妄为,频频"变脸""毁约""退群",便是十分典型的例子。世界气候大会和《联合国气候变化框架公约》是全人类应对气候变化、保护自然环境的最重要的机制,而特朗普政府竟以"会对美国经济造成伤害"为由,公然宣布退出《公约》缔约方的《巴黎协定》,赤裸裸地显露出极端自私自利的本性。要构建人类命运共同体,就必须坚决反对这种国家利己主义和单边主义,有效管控国际交往中的利益诉求和利益冲突。应该看到,这样一种极端趋向最终是行不通的,企图以损害其他国家和民族的利益为代价实现自己的利益,必然会遭到越来越多的抵制和反对。一个国家和民族要想获得存在和发展的有利条件,必须将自己的利益与其他国家、民族的利益结合起来，相互协调、统筹兼顾。决不能再搞那种一方所得正是另一方所失的"零和博弈"，而应代之以合理考量各方利益关切的互利共赢。

第二，强权政治和霸权主义的障碍。在世界发展进程中，不同国家和民族的发展存在不平衡性，一些国家发展快一些，在一定程度上走在其他国家前面，这本来无可非议。从道理上说，先发展的国家本应给予后发展国家必要的支持和帮助，起到积极的示范和带动作用；而若试图借助由此形成的某些优势，在世界或区域范围建立起自己的霸权地位，大搞强权政治，反过来欺凌和压迫发展相对落后的国家和民族，那就走向了一种错误的极端。在历史上，这种霸权主义和强权政治随处可见，当代世界中也同样是如此，它同构建人类命运共同体的目标根本不相容，必须坚决反对和破除。在这方面，美国的行为同样具有典型性。它作为全球最大的发达国家，长期以来一直把自己看作是世界霸主，用种种手段对其他国家进行胁迫和打压，甚至公开颠覆和侵占，极尽以强凌弱、以大欺小之能事。由于中国在改革开放的推动下持续快速发展，接连赶超其他国家而成为世界第二大经济体，综合国力和国际地位不断提升，在世界事务中发挥出越来越重要的作用，因而被美国看作对其霸权地位的挑战，为其所不容，所以便采用各种卑劣手段极力打压中国，企图破坏中国的改革开放进程，遏制中国的发展势头。然而，当代世界发展的多极化趋势是不可阻挡的，美国的霸权主义行径必然遭到中国及其他国家的坚决抵制和反对。要构建人类命运共同体，就必须坚决打破这种不平等格局，坚持国家不论大小、强弱、贫富一律平等，在相互尊重、平等协商的基础上开展国家间的相互交往与合作，推动建立合作共赢的新型国际关系。

第三，冷战思维和意识形态划界的障碍。第二次世界大战之后，世界范围内曾形成分别以美国和苏联为首的两大阵营，这两大阵营的意识形态和政治主张不同，长期处于相互敌视和对立的"冷战"状态，它们各自采用多种攻击手段，竭力削弱和搞垮对方。而随着苏联解体和苏东剧变，两大阵营的对立不复存在，冷战也因之宣告结束。但是，在美国和一些西方国家中，冷战思维却并没有消失，而是继续根深蒂固地存在，并被运用到当代世界国际交往的各种场合。由于中国等国继续坚持走社会主义道路，始终被美国等西方国家看作是一种敌对力量，总是要这样那样地进行攻击和遏制。以意识形态划界，实行双重标准，决策充满偏见和成见，已成为它们惯常的做法。这样一种极端的趋向，与构建人类命运共同体的目标同样相去甚远，对当代世界发展危害极大。应该明确，世界不同国家、不同民族有着各自不同的具体国情，选择什么样的社会制度和发展道路，是各国、各民族自己的事情，应该由他们自己去决定。在不妨害其他国家和国际社会的前提下，必须相互尊重各自的选择，而不能将自己的意志强加于人。在不同意识形态和社会制度的国家之间，也应本着和平共处、互不干涉的原则，秉持对话而不对抗的理念，在平等的基础上展开公平竞争与互利合作。构建人类命运共同体，必须超越国家之间的意识形态分歧以及社会制度、发展道路的异同，彻底根除已经过时的冷战思维，以新的合作姿态开辟共同发展的新局面。

第四，"文明冲突论"和宗教极端主义的障碍。在人类历史的长河中，由于各方面社会历史条件的差异，在世界不同地区以及不同国家和民族形成了不同的文明传统，这充分体现了历史发展的丰富多样性，使人类文明演进的整体进程更加绚丽和璀璨。应该说，各种不同的文明都有着自己独特的价值，包含着各自的积极成果，当然也会有相应的缺点和不足。对待不同文明的态度应是开放的和包容的，各种文明应该相互尊重、交流互鉴，通过良性互动而不断取得进步。如习近平总书记所指出的："文明因交流而多彩，文明因互鉴而丰富。文明交流互鉴，是推动人类文明进步和世界和平发展的重要动力。"① 但在现实中，却存在着一种十分偏狭的观念，将各种不同的文明看作一个个封闭的体系，只尊崇自己所在或认同的文明，对其他文明则采取拒斥和否定的态度；甚或主张"文明冲突论"，认为不同的文明之间不可能和谐共存，而必然要发生对抗和冲突。至于那种宗教极端主义，更是一种打着宗教旗号从事政治活动的邪恶思潮，为了实现其政治图谋，不惜对宗教教义进行歪曲篡改，煽动宗教狂热，挑起不同信仰之间、不同教派之间以及不同民族之间的敌对和仇恨，制造暴力冲突。这种宗教极端主义往往与恐怖主义、民族分裂主义合流，给国际秩序和地区安全稳定带来很大威胁。要构建人类命运共同体，无疑应反对和破除对待不同文明的错误观念，特别是要清除宗教极端主义的恶劣影响，努力建立不同文明、不同宗教之间和谐共存的正常关系，促进良性互动、交流互鉴。

第五，逆全球化和保护主义的障碍。经济全球化促进了世界经济的一体发展，加深了各个国家之间的依存程度，但这一进程中也出现了一些新的矛盾和困扰，使得国际上出现了各种质疑和反对的声音，亦即所谓逆全球化思潮。而与此同时，与经济全球化的一项重要原则即贸易自由化相对立的保护主义思潮再度抬头，对世界经济秩序造成很大冲击。美国借助关税手段对中国及其他国家大打贸易战，成为一个时期以来国际关系格局中最为严重的事件之一。这两种错误思潮和极端趋向，同样是构建人类命运共同体的主要障碍，不能不下气力破除。应该看到，经济全球化是人类社会生产力发展的必然趋势，它对世界历史发展的积极促进作用应该充分肯定。对于实际进程中所遇到的具体问题，应客观、全面地做出分析，并以

---

① 习近平：《论坚持推动构建人类命运共同体》，中央文献出版社 2018 年版，第 77、78 页。

积极的态度加以解决，而不能因此便得出简单否定的结论。对此，习近平总书记在达沃斯世界经济论坛上曾做过深刻阐述，他指出："经济全球化确实带来了新问题，但我们不能就此把经济全球化一棍子打死，而是要适应和引导好经济全球化，消解经济全球化的负面影响，让它更好惠及每个国家、每个民族。"① 他同时还提醒，当前困扰世界的许多问题，并不能简单归咎于全球化，而应全面分析其背景和原因。至于以美国为代表的新一轮贸易保护主义思潮，更是有着极大的危害，它严重破坏了经济全球化的正常进程，不仅无助于美国经济发展，还会导致全球贸易萎缩，拖累全球经济复苏，并可能成为触发某些严重危机的导火索。实践一再表明，贸易保护主义损人不利己，只有坚定不移地发展全球自由贸易和投资，同时通过平等协商不断完善相关规则，才能真正促进世界经济的健康发展，实现世界各国的联动增长。

当前国际关系中所存在的这样一些错误思潮和极端趋向，有着各自不同的表现，可以进行相对区分和辨析。但同时也应看到，这些思潮和趋向往往不是单一和孤立地存在的，而是这样那样地混杂在一起，在一些重大事件中集中表现出来。如美国对中国进行贸易战，直接表现为一种典型的贸易保护主义行径，但其背后同时还有着更深层次的原因，包括极端自私自利的单边主义立场、唯我独尊的霸权主义心态、根深蒂固的冷战思维、贬抑不同文明的傲慢与偏见等。近期特朗普政府又以所谓香港问题为砝码提出要挟，试图把经贸问题政治化，就愈加清楚地表明了这一点。所以，要破除这些错误思潮和极端趋向，就不能只是单向应对，而应综合分析研判，多方面采取措施，力求从整体上解决问题。

---

① 习近平：《论坚持推动构建人类命运共同体》，中央文献出版社 2018 年版，第 402 页。

三、理念与行动：推动实践的具体路径

构建人类命运共同体是整个世界的大事，事关各个国家和民族的根本利益，自然需要各个国家和民族共同参与。而中国作为这一重大倡议的发起者，理应为此做出积极的努力，与世界各国、各民族一道，从各方面着手坚持推动人类命运共同体的构建，共同创造人类社会的美好未来。

要让构建人类命运共同体成为世界各个国家和民族的共同实践，首先要使各方充分了解和认同这一倡议，将人类命运共同体的理念变成世界范围的普遍共识。而这就需要积极开展对外宣传，进行多种形式的交流与沟通，阐明我们的基本观点和主张，澄清各种疑虑和困惑，尽可能地消除误解和成见。应该说，目前我们在这方面已做了不少工作，并取得了一定的成效。习近平总书记及其他党和国家领导人在各种重大的国际场合多次发表重要演讲和讲话，系统阐述了构建人类命运共同体的一系列相关问题，对"中国方案"作了权威解读，产生了重大反响；习近平《论坚持推动构建人类命运共同体》一书的编辑出版及其多语种外文版的陆续推出，也将在对外宣传和传播方面起到重要作用。按照中央部署，各个宣传文化部门、外事部门以及其他工作部门都在各自的领域中对这一理念进行宣介，各类智库、研究机构及教育培训机构也都积极开展了这方面的交流和研讨活动。然而从总体上看，这方面工作的成效还只是初步的，尚有待于在各个层次上进一步深入展开。鉴于现阶段国际舆论格局"西强我弱"的状况没有根本改变，我们的对外宣传和传播还面临较多困难，有关构建人类命运共同体的宣介也同样是如此。这就要求我们进一步加大工作力度，依托各方面力量，采用更为有效的方式，不断进行新的拓展，努力取得更大的成效。

要实现构建人类命运共同体的理想目标,当然不能只停留在口头上,而是要进一步落实到行动上,通过脚踏实地的努力,将这一重要理念转化为现实实践。我们要按照这一理念的基本要求,处理好对外关系中的一系列重大问题,把自己该做的事情做好。要坚定不移地走和平发展道路,与世界各国友好相处、共同发展,即使在发展中不断走向强大,也决不搞霸权主义那一套。正如中国领导人一再申明的,无论将来发展到哪一步,都将永不称霸、永不扩张、永不谋求势力范围。要继续坚持对外开放的基本国策,坚持打开国门搞建设;面对当前保护主义抬头、自由贸易体制受到冲击的复杂形势,积极谋划新的全方位对外开放大战略,以更加积极主动的姿态走向世界。特别是要进一步加强制度性、结构性安排,促进更高水平对外开放,包括更广领域扩大外资市场准入,更大力度加强知识产权保护国际合作,更大规模增加商品和服务进口,更加有效实施国际宏观经济政策协调,更加重视对外开放政策的贯彻落实等。要继续扩大与世界各国的利益交汇点,积极发展全球伙伴关系,包括运筹好中美、中俄以及中欧之间的关系,构建总体稳定、均衡发展的大国关系框架;按照亲、诚、惠、容的理念,深化同周边国家的互利合作,坚持与邻为善、以邻为伴,睦邻、安邻、富邻;秉持正确义利观和真、实、亲、诚理念,加强同发展中国家团结合作,努力做到义利兼顾,弘义融利。要大力推进"一带一路"建设,把中国的发展同沿线国家的发展结合起来,把中国梦同沿线各国人民的梦想结合起来,本着共商共建共享的原则,更加有力地促进政策沟通、设施联通、贸易畅通、资金融通、民心相通,努力实现优势互补、互利共赢,把"一带一路"真正建成人类命运共同体的实践平台。

在做出以上努力的同时,我们还应积极参与全球治理体系的改革和建设,重视发挥各类国际组织与合作机制的作用,为构建人类命运共同体提供必要的体制和机制保障。要坚持共商共建共享的全球治理观，倡导国际关系民主化，坚持国家不分大小、强弱、贫富一律平等，支持扩大发展中国家在国际事务中的代表性和发言权。力求通过广泛协商，形成全球治理体系的改革方案，使之更加平衡地反映大多数国家特别是广大发展中国家的意愿和利益。支持联合国作为最具代表性和权威性的国际组织发挥作用，维护以联合国宪章为核心的国际秩序；积极推动国际货币基金组织、世界银行等治理机制改革，增加新兴市场国家和发展中国家的代表性和发言权。全面参与世贸组织各项工作，维护多边贸易体制的权威性和有效性；巩固和发挥二十国集团全球经济治理主平台作用，推动建立长效治理机制；完善金砖国家、上海合作组织等以发展中国家为主体的国际合作机制，补强全球治理体系中的南方短板。同时，还应积极参与制定海洋、极地、网络、外空、核安全、气候变化等新兴领域治理规则，加大对教育、科技、文化等领域合作机制和项目的支持力度，积极开展国际反腐败合作等。通过以上多方面的努力，推动国际秩序朝着更加公正合理的方向发展，使之更加有利于人类命运共同体的构建。

在推动构建人类命运共同体的实践中，我们不仅要从各个方面建设性地发挥作用，而且还要积极采取措施，努力破除前进道路上的各种阻力和障碍。要结合人类命运共同体理念的正面宣传，深刻揭露各种错误思潮和极端趋向的实质，指明其严重危害和后果，引导国际舆论辨明是非、抑恶扬善。在国际交往的各种场合，要旗帜鲜明地坚持正确立场，对这些思潮和趋向进行坚决的抵制和斗争，并有针对性地采取措施，尽可能减少和降低其负面影响。对于那些严重危害我国国家利益的恶劣行径，更是要坚决予以回击，决不能任其得逞。正如中国政府明确宣告的，中国坚持走和平发展道路，并不意味着放弃国家的正当权益，更不是要牺牲国家核心利益。任何外国不要指望我们会拿自己的核心利益做交易，不要指望我们会吞下损害我国主权、安全、发展利益的苦果。对于近期美国对中国的贸易摩擦，中国政府也已多次表明立场，指出中美之间合则两利，斗则俱伤，中国愿意采取合作的方式解决问题；但合作是有原则的，磋商是有底线的，在重大原则问题上决不让步。对于贸易战，中国不愿打，不怕打，必要时不得不打。可以说，中国为妥善解决争端做出了积极的努力，表现出极大的耐心和诚意；但美国特朗普政府却出尔反尔、不断发难，企图通过极限施压迫使中国就范，导致贸易摩擦持续升级。对此，我们必须及时调整对策，采取必要的反制措施。要坚持以两手对两手，不论他们玩什么花样，我们都有决心、有能力维护自己的核心利益，打破美国的霸权主义图谋。

最后还应指出的是，中国要在当代世界发展格局中发挥应有作用，推动构建人类命运共同体，就必须进一步推动自身的改革和发展，不断增强自己的综合国力。应该清醒地意识到，虽然通过长期艰苦的努力，我国经济和社会发展已经取得了一系列重大成就，但各方面都还存在明显的差距和不足，总体上仍处于发展中国家的行列。与此相应，在对外关系和国际交往中，各方面能力还不够强，所受的限制和制约仍比较多，国际话语权也很不充分。这就要求我们继续坚持不懈地做出努力，进一步深化改革、促进发展，推动社会主义现代化建设不断迈上新台阶。可以相信，随着"两个一百年"奋斗目标的最终实现，我国的国际地位必将获得进一步的提升，中华民族将会以崭新的姿态屹立于世界民族之林，为当代世界发展和人类命运共同体的构建做出更大的贡献。

（原载《经济社会体制比较》2019 年第 6 期）